*bus*iness | 企业管理

每一个企业都用得上的税务会计操作指南

TAX 企业税务会计
ACCOUNTING
OF ENTERPRISE

夏 鹏 郭鹏任◎编著

中信出版社

CHINA CITIC PRESS

图书在版编目（CIP）数据

企业税务会计 / 夏鹏，郭鹏任编著 . —北京：中信出版社，2010. 12

ISBN 978 - 7 - 5086 - 2522 - 5

Ⅰ. 企… Ⅱ. ①夏… ②郭… Ⅲ. 企业 – 税收会计 Ⅳ. F275. 2 F810. 42

中国版本图书馆 CIP 数据核字（2010）第 220759 号

企业税务会计

QIYE SHUIWU KUAIJI

编 著：夏 鹏 郭鹏任

策划推广：中信出版社（China CITIC Press）

出版发行：中信出版集团股份有限公司（北京市朝阳区惠新东街甲 4 号富盛大厦 2 座 邮编 100029）

（CITIC Publishing Group）

经 销 者：中信联合发行有限责任公司

承 印 者：北京诚信伟业印刷有限公司

开 本：787mm×1092mm 1/16 印 张：24 字 数：418 千字

版 次：2010 年 12 月第 1 版 印 次：2010 年 12 月第 1 次印刷

书 号：ISBN 978 - 7 - 5086 - 2522 - 5/F · 2182

定 价：58. 00 元

目 录

上篇　企业税法解读

下篇 税法和会计准则差异分析

第十二章　收入、成本、费用的差异分析

第十三章　特殊业务的差异分析

第十四章　企业所得税会计

前　言

近年来，我国财税改革风起云涌：

2006 年，企业会计准则发布，自 2007 年起在上市公司范围内执行；2010 年起，在所有大中型企业执行。

2007 年，《中华人民共和国企业所得税法》和《中华人民共和国企业所得税法实施条例》公布，自 2008 年 1 月 1 日起执行。

2008 年，《中华人民共和国增值税暂行条例》和《中华人民共和国增值税暂行条例实施细则》、《中华人民共和国消费税暂行条例》和《中华人民共和国消费税暂行条例实施细则》、《中华人民共和国营业税暂行条例》和《中华人民共和国营业税暂行条例实施细则》发布，自 2009 年 1 月 1 日起执行。

财税体制改革的不断深化，必将引起企业会计核算体系和税收征缴的重大变化。为了帮助广大企业财税相关人员在财务会计与税务会计分离的情况下，理解各项经济业务的会计处理与税收处理的差异，正确进行涉税业务的会计处理；全面掌握税收政策和税务知识，依法合理地处理好企业涉税事项，合理地承担各项税负，避免税收违法行为的发生，我们在对企业会计准则和相关税法进行深入研究的基础上，结合自己的相关研究成果、实践经验和工作实际，编写了本书。

本书共分两篇。上篇企业税法解读，较为详细地介绍了企业汲及的各税种的主要内容和会计处理；下篇围绕企业所得税展开，重点总结了企业会计准则和企业所得税法的差异及其会计处理。这种写作安排的出发点是：掌握会计核算知识是掌握税法、胜任税收工作的首要路径。因此，本书不是单纯地讲解税法，也不是单纯地讲解会计准则，而是在分析税务处理与会计核算两者之间内在联系的基础上，将税法和会计准则紧密结合起来。

本书上篇由沈阳市对外经济贸易会计学会郭鹏任会长编写；下篇第十、十一

章由北京国家会计学院徐子蒙编写；第十二、十三章由《国际商务财会》胡险峰副主编编写，第十四章由夏鹏编写。全书由夏鹏审稿和总纂。

由于编者水平所限，加之时间仓促，本书错漏之处在所难免，欢迎广大读者批评指正。

编者

上篇

企业税法解读

第一章

税法概述

第一节　税法的概念及构成要素

税法是国家制定的用以调整国家与纳税人之间在征纳税方面的权利与义务关系的法律规范的总称。它是国家及纳税人依法征税、依法纳税的行为准则，其目的是保障利益和纳税人的合法权益，维护正常的税收秩序，保证国家的财政收入。

税收的实质是国家为了行使其职能，取得财政收入的一种方式。因此，税法是国家凭借其权力，利用税收工具的强制性、无偿性、固定性的特征参与社会产品和国民收入分配的法律规范的总称。

税法的构成要素一般包括总则、纳税义务人、征税对象、税目、税率、纳税环节、纳税期限、纳税地点、减税免税、罚则、附则等项目。

一、总则

总则主要包括立法依据、立法目的、适用原则等。

二、纳税义务人

纳税义务人即纳税主体，主要是指一切履行纳税义务的法人、自然人及其他组织。

三、征税对象

征税对象即纳税客体，主要是指税收法律关系中征纳双方权利义务所指向的物或行为。这是区分不同税种的主要标志，我国现行税收法律、法规都有自己特定的征税对象。比如，企业所得税的征税对象就是应税所得，增值税的征税对象就是商品或劳务在生产和流通过程中的增值额。

四、税目

税目是各个税种所规定的具体征税项目。它是征税对象的具体化。比如，消费税具体规定了烟、酒等 11 个税目。

五、税率

税率是对征税对象的征收比例或征收额度。税率是计算税额的尺度，也是衡量税负轻重的重要标志。我国现行的税率主要分为以下 4 种：

1. 比例税率。比例税率是指对同一征税对象，不分数额大小，规定相同的征收比例。我国的增值税、营业税、资源税、企业所得税等采用的是比例税率。

2. 超额累进税率。超额累进税率是指把征税对象按数额的大小分成若干等级，每一等级规定一个税率，税率依次提高，但每一纳税人的征税对象则依所属等级，同时适用几个税率分别计算，将计算结果相加后得出应纳税款。目前采用这种税率的有个人所得税。

3. 定额税率。定额税率是指按征税对象确定的计算单位，直接规定一个固定的税额。目前采用定额税率的有资源税、车船使用税等。

4. 超率累进税率。超率累进税率是指以征税对象数额的相对率划分若干级距，分别规定相应的差别税率，相对率每超过一个级距的，对超过的部分就按高一级的税率计算征税。目前，我国采用这种税率的是土地增值税。

六、纳税环节

纳税环节主要指税法规定的征税对象在从生产到消费的流转过程中应当缴纳税款的环节。如流转税在生产和流通环节纳税，所得税在分配环节纳税等。

七、纳税期限

纳税期限是指纳税人按照税法规定缴纳税款的期限。比如，企业所得税在月份或者季度终了后 15 日内预缴，年度终了后 4 个月内汇算清缴，多退少补；营业税的纳税期限，分别为 5 日、10 日、15 日或者 1 个月，纳税人的具体纳税期限，由主管税务机关根据纳税人应纳税额的大小分别核定，不能按照固定期限纳税的，可以按次纳税。

八、纳税地点

纳税地点主要是指根据各个税种纳税对象的纳税环节和有利于对税款的源泉控制而规定的纳税人（包括代征、代扣、代缴义务人）的具体纳税地点。

九、减税免税

减税免税主要是对某些纳税人和征税对象采取减少征税或者免予征税的特殊规定。

十、罚则

罚则主要是指对纳税人违反税法的行为采取的处罚措施。

十一、附则

附则一般都规定与该法紧密相关的内容。比如，该法的解释权，该法生效的时间等。

第二节　税法的分类

税法体系中按各税法的立法目的、征税对象、权限划分、适用范围、职能作用的不同，可分为不同类型的税法。

一、按照税法的基本内容和效力的不同，可分为税收基本法和税收普通法

税收基本法是税法体系的主体和核心，在税法体系中起着税收母法的作用。其基本内容一般包括：税收制度的性质、税务管理机构、税收立法与管理权限、纳税人的基本权利与义务、税收征收范围（税种）等。我国目前还没有制定统一的税收基本法，随着我国税收法制建设的发展和完善，将研究制定税收基本法。

税收普通法是根据税收基本法的原则，对税收基本法规定的事项分别立法进行实施的法律。如个人所得税法、税收征收管理法等。

二、按照税法的职能作用的不同，可分为税收实体法和税收程序法

税收实体法主要是指确定税种立法，具体规定各税种的征收对象、征收范围、税目、税率、纳税地点等。例如《中华人民共和国企业所得税法》、《中华人民共和国个人所得税法》就属于税收实体法。税收程序法是指税务管理方面的法律，主要包括税收管理法、纳税程序法、发票管理法、税务机关组织法、税务争议处理法等。《中华人民共和国税收征收管理法》就属于税收程序法。

三、按照税法征收对象的不同划分

1. 对流转额课税的税法。主要包括增值税、营业税、消费税、关税等税法。这类税法的特点是与商品生产、流通、消费有密切联系。对什么商品征税，税率多高，对商品经济活动都有直接的影响，易于发挥对经济的宏观调控作用。

2. 对所得额课税的税法。主要包括企业所得税、个人所得税等税法。其特点是可以直接调节纳税人收入，发挥其公平税负、调整分配关系的作用。

3. 对财产、行为课税的税法。主要是对财产的价值或某种行为课税。包括房产税、印花税等税法。

4. 对自然资源课税的税法。主要是为保护和合理使用国家自然资源而课征的税。我国现行的资源税、土地使用税等税种均属于资源课税的范畴。

四、按照税收收入归属和征管管辖权限的不同，可分为中央（收入）税法和地方（收入）税法

中央税一般由中央政府统一征收管理，地方税一般由各级地方政府负责征收管理。现行的工商税收按税种划分为中央税、地方税、中央与地方共享税三类；其中，消费税为中央税，增值税和企业所得税、个人所得税为中央与地方共享税，其他税一般为地方税。

五、按照主权国家行使税收管辖权的不同，可分为国内税法、国际税法、外国税法等

国内税法一般是按照属人或属地原则，规定一个国家的内部税收制度。国际税法是指国家间形成的税收制度，主要包括双边或多边国家间的税收协定、条约和国际惯例等。外国税法是指外国各个国家制定的税收制度。

第三节 我国现行的税收法律体系

我国现行的税收法律体系是由税收实体法和税收程序法两大部分构成。

一、税收实体法

我国现行税收实体法体系是在原有税制的基础上，经过 1994 年工商税制改革逐渐完善形成的，其税种按其性质和作用大致分为 6 类：

1. 流转税类。流转税类包括增值税、消费税和营业税。主要在生产、流通或者服务业中发挥调节作用。

2. 资源税类。资源税类包括资源税、城镇土地使用税。主要是对因开发和利用自然资源差异而形成的级差收入发挥调节作用。

3. 所得税类。所得税类主要包括企业所得税、个人所得税。主要是在国民收入形成后，对生产经营者的利润和个人的纯收入发挥调节作用。

4. 特定目的税类。特定目的税类包括城市维护建设税、土地增值税、车辆购置税、耕地占用税等。主要是为了达到特定目的，对特定对象和特定行为发挥调节作用。

5. 财产和行为税类。财产和行为税类包括房产税、城市房地产税、车船税、印花税、契税，主要是对某些财产和行为发挥调节作用。

6. 关税。关税主要对进出我国国境的货物、物品征收。

上述税种中，除《企业所得税法》、《个人所得税法》是以国家法律的形式发布实施外，其他各税种都是经全国人民代表大会授权立法，由国务院以暂行条例的形式发布实施的。这些税收法律、法规组成了我国的税收实体法体系。

二、税收程序法

税收程序法是我国对税收征收管理适用的法律制度，是按照税收管理机关的不同而分别规定的：

由税务机关负责征收的税种的征收管理，按照全国人大常委会发布实施的《税收征收管理法》执行。

由海关机关负责征收的税种的征收管理，按照《海关法》及《进出口关税条例》等有关规定执行。

第四节 我国税收管理体制

一、税收管理体制的概念

税收管理体制是在各级国家机构之间划分税权的制度。税权的划分有纵向划分和横向划分的区别。纵向划分是指税权在中央与地方国家机构之间的划分，横向划分是指税权在同级立法、司法、行政等国家机构之间的划分。

我国的税收管理体制，是税收制度的重要组成部分，也是财政管理体制的重要内容。税收管理权限，包括税收立法权、税收法律法规的解释权、税种的开征或停征权、税目和税率的调整权、税收的加征和减免权等。如果按大类划分，可以简单地将税收管理权限划分为税收立法权和税收执法权两类。

二、税收立法权的划分

（一）税收立法权划分的种类

税收立法权是制定、修改、解释或废止税收法律、法规、规章和规范性文件的权力。税收立法权的明确有利于保证国家税法的统一制定和贯彻执行，充分、准确地发挥各级有权机关管理税收的职能作用，防止各种越权自定章法、随意减免税收现象的发生。

税收立法权的划分可以按不同的方式进行。首先，可以按照税种类型的不同来划分。如按流转税类、所得税类、地方税类来划分。有关特定税收领域的税收立法权通常全部给予特定一级的政府。其次，可以根据任何税种的基本要素来划分。任何税种的结构都由几个要素构成：纳税人、征税对象、税基、税率、税目、纳税环节等。理论上，可以将税种的某一要素如税基和税率的立法权，授予某级政府。但在实践中，这种做法并不多见。第三，可以根据税收执法的级次来划分。立法权可以给予某级政府，行政上的执行权给予另一级，这是一种传统的划分方法，能适用于任何类型的立法权。根据这种模式，有关纳税主体、税基和税率的基本法规的立法权放在中央政府，更具体的税收实施规定的立法权给予较低级政府。因此，需要指定某级政府制定不同级次的法律。我国的税收立法权的划分就是属于此种类型。

（二）我国税收立法权划分的现状

第一，中央税、共享税以及全国统一实行的地方税的立法权集中在中央，以保证中央政令统一，维护全国统一市场和企业平等竞争。其中，中央税是指维护国家权益、实施宏观调控所必需的税种，具体包括消费税、关税、车辆购置税、海关代征增值税和消费税等。中央和地方共享税是指同经济发展直接相关的主要税种，具体包括增值税（中央分享75%，地方分享25%）、企业所得税、个人所得税、资源税（按不同的资源品种划分，海洋石油资源税作为中央税收，其他资源税作为地方税收）、证券交易印花税。地方税具体包括营业税、资源税、土地增值税、印花税、城市维护建设税、土地使用税、房产税、车船使用税等。

第二，依法赋予地方适当的地方税收立法权。我国地域辽阔，地区间经济发展水平很不平衡，经济资源包括税源都存在着较大差异，这种状况给全国统一制定税收法律带来一定的难度。因此，随着分税制改革的进行，有前提地、适当地给地方下放一些税收立法权，使地方可以实事求是地根据自己特有的税源开征新的税种，促进地方经济的发展。这样，既有利于地方因地制宜地发挥当地的经济优势，同时便于同国际税收惯例对接。

（三）我国税收立法权的层次

具体来说，我国税收立法权的层次是这样划分的：

1. 全国性税种的立法权，即包括全部中央税和在全国范围内征收的地方税税法的制定、公布和税种的开征、停征权，属于全国人民代表大会（简称全国人大）及其常务委员会（简称常委会）。

2. 经全国人大及其常委会授权，全国性税种可先由国务院以"条例"或"暂行条例"的形式发布实行。经一段时期后，再行修订并通过立法程序，由全国人大及其常委会正式立法。

3. 经全国人大及其常委会授权，国务院有制定税法实施细则、增减税目和调整税率的权力。

4. 经全国人大及其常委会的授权，国务院有税法的解释权；经国务院授权，国家税务主管部门（财政部和国家税务总局）有税收条例的解释权和制定税收条例实施细则的权力。

5. 省级人民代表大会及其常务委员会有根据本地区经济发展的具体情况和实际需要，在不违背国家统一税法，不影响中央的财政收入，不妨碍社会主义统一市场的前提下，开征全国性税种以外的地方税种的税收立法权。税法的公布，税种的开征、停征，由省级人大及其常务委员会统一规定，所立税法在公布实施前须报全国人大常务委员会备案。

6. 经省级人民代表大会及其常务委员会授权，省级人民政府有本地区地方税法的解释权和制定税法实施细则、调整税目、税率的权力，也可在上述规定的前提下，制定一些税收征收办法，还可以在全国性地方税条例规定的幅度内，确定本地区适用的税率或税额。上述权力除税法解释权外，在行使后和发布实施前须报国务院备案。

地区性地方税收的立法权应只限于省级立法机关或经省级立法机关授权同级政府，不能层层下放。所立税法可在全省（自治区、直辖市）范围内执行，也可只在部分地区执行。

三、税收执法权的划分

根据国务院《关于实行财政分税制有关问题的通知》等有关法律、法规的规定，我国新税制下税收执法管理权限的划分大致如下：

（一）分税制

1. 中央税的税收管理权由国务院及其税务主管部门（财政部和国家税务总局）掌握，由中央税务机构负责征收。

2. 地方税的管理权由地方人民政府及其税务主管部门掌握，由地方税务机构负责征收。

3. 共享税原则上由中央税务机构负责征收，共享税中地方分享的部分，由中央税务机构直接划入地方金库。

（二）地方自行立法的地区性税种

其管理权由省级人民政府及其税务主管部门掌握。省级人民政府可以根据本地区经济发展的实际情况，自行决定继续征收或停止征收地区性税种。

第二章

增值税

增值税是就货物或劳务在生产和流通各环节的增值部分征税的一个税种。1980 年起我国开始对部分行业和产品试行增值税，1984 年利改税时逐步扩大了增值税的征收范围，1994 年税制改革后开始普遍征收增值税。

为进一步完善税制，积极应对国际金融危机对我国经济的影响，2008 年 11 月，国务院审议通过了修订后的《中华人民共和国增值税暂行条例》（以下简称《增值税暂行条例》）。

为切实保证《增值税暂行条例》的顺利实施，财政部与国家税务总局对原有《增值税暂行条例实施细则》作了相应修订，并于 2008 年 12 月公布了修订后的《中华人民共和国增值税暂行条例实施细则》（以下简称《增值税实施细则》），新修订的《增值税暂行条例》和《增值税实施细则》自 2009 年 1 月 1 日起施行。

第一节　增值税的基本规定

一、增值税的纳税人

按照《增值税暂行条例》的规定，在中华人民共和国境内销售货物，提供加工、修理修配劳务（以下简称应税劳务）以及进口货物的单位和个人，为增值税纳税义务人（以下简称纳税人）。其中："货物"是指有形动产，包括电力、热力、气体在内。"销售货物"是指有偿转让货物的所有权；"加工"是指受托加工货物，即委托方提供原料及主要材料，受托方按照委托方的要求，制造货物并收取加工费的业务；"修理修配"是指受托对损伤和丧失功能的货物进行修复，使其恢复原状和功能的业务（员工为本单位或者雇主提供加工、修理修配劳务不包括在内）。

单位租赁或者承包给其他单位或者个人经营的，以承租人或者承包人为纳税人。

为有效进行管理，《增值税暂行条例》按经营规模及会计核算健全与否，将增值税纳税人划分为一般纳税人和小规模纳税人，并采取不同的计税方法和管理方式。

（一）小规模纳税人

1. 从事货物生产或者提供应税劳务的纳税人，以及以从事货物生产或者提供应税劳务为主（比重在50%以上）并兼营货物批发或者零售的纳税人，年应征增值税销售额（以下简称应税销售额）在50万元（含本数，下同）以下的。

2. 从事商业企业的纳税人，年应税销售额在80万元以下的。

3. 年应税销售额超过小规模纳税人标准的其他个人（自然人）继续按小规模纳税人纳税，而非企业性单位和不经常发生应税行为的企业可以自行选择是否按小规模纳税人纳税。

（二）一般纳税人

一般纳税人是相对于小规模纳税人而言的，它是指年应税销售额在规定标准以上，或者会计核算健全并经税务机关认定，享有抵扣税款和使用增值税专用发票等权限的增值税纳税人。

一般纳税人的标准是：从事货物生产或提供应税劳务的纳税人，年应税销售额超过50万元的；从事货物批发或零售的纳税人，年应税销售额超过80万元的。

新开办企业原则上应按小规模纳税人管理，但对新办的小型商贸批发企业，由于尚未进行正常经营，对其一般纳税人资格，一般情况下需要经过一定时间的实际经营才能审核认定。但对具有一定经营规模，拥有固定的经营场所，有相应的经营管理人员，有货物购销合同或书面意向，有明确的货物购销渠道（供货企业证明），预计年销售额可达到80万元以上的新办商贸企业，经主管税务机关审核，也可以认定为一般纳税人，实行辅导期一般纳税人管理。

已开业的小规模纳税人中的小规模企业、个体经营者，年应税销售额达到一般纳税人标准的，应于第一次达到标准年份的次年1月底之前，申请办理一般纳税人的认定手续。

二、增值税的征收范围

按照现行有关法规，增值税的征收范围包括销售货物、进口货物和提供应税劳务。

（一）销售货物

销售货物是指有偿转让货物的所有权。此外，有些提供货物的行为不符合"有偿转让货物的所有权"的条件，但也要视同销售货物征收增值税，具体包括下列 8 种行为：

1. 将货物交付其他单位或者个人代销。

2. 销售代销货物。

3. 设有两个以上机构并实行统一核算的纳税人，将货物从一个机构移送其他机构用于销售，但相关机构设在同一县（市）的除外。

4. 将自产或者委托加工的货物用于非增值税应税项目。

5. 将自产、委托加工的货物用于集体福利或者个人消费。

6. 将自产、委托加工或者购进的货物作为投资，提供给其他单位或者个体工商户。

7. 将自产、委托加工或者购进的货物分配给股东或者投资者。

8. 将自产、委托加工或者购进的货物无偿赠送其他单位或者个人。

（二）进口货物

纳税人通过我国海关进入我国境内的货物均应缴纳进口环节增值税。

（三）应税劳务

应税劳务是指加工、修理和修配劳务。加工是指受托加工货物，即委托方提供原料及主材料，受托方按照委托方的要求制造货物并收取加工费的业务；修理修配是指受托对损伤和丧失功能的货物进行修复，使其恢复原状和功能的业务。

（四）混合销售

如果一项销售行为既涉及货物又涉及非应税劳务（指属于应缴营业税的交通运输业、建筑业、金融保险业、邮电通信业、文化体育业、娱乐业、服务业等 7 个税目征收范围的劳务），则构成混合销售行为。混合销售行为征收增值税的基本规定是：

1. 从事货物的生产、批发或者零售的企业、企业性单位和个体工商户的混合销售行为，视为销售货物，应当缴纳增值税；混合销售行为按规定应征收增值税的，该项混合销售行为涉及的非应税劳务所用购进货物的进项税额符合抵扣条件的，准予扣除进项税额。

2. 对以从事非应税劳务为主、兼营货物销售的单位和个人的混合销售行为，视为非应税劳务，不征收增值税。如其设立单独机构经营货物销售并单独核算，该单独机构发生的混合销售行为应征收增值税。

3. 从事运输业务的单位和个人，如果销售货物并负责运输所售货物，此项混合销售行为应当征收增值税。

（五）其他特殊规定

还有一些货物和应税劳务，如货物期货、典当业和寄售业、代购货物等，也属于增值税征税范围。对纳税人出口的国家规定不予出口退税的货物（以国务院和国家税务总局相关文件公布的为准），也要征收增值税。

三、增值税的税率

（一）一般纳税人

一般纳税人增值税的税率分为 3 档：

第 1 档为基本税率 17%。纳税人销售货物、进口货物或提供应税劳务，除适用低税率的范围外，一律适用基本税率。

第 2 档为低税率 13%。纳税人销售或进口下列货物，适用低税率：粮食、食用植物油；自来水、暖气、冷气、热水、煤气、石油液化气、天然气、沼气、居民用煤炭制品；图书、报纸、杂志；饲料、化肥、农药、农机、农膜；国务院规定的其他货物，以及继续适用 13% 的增值税税率的农产品、音像制品、电子出版物、二甲醚等。

第 3 档为零税率。只适用于纳税人出口货物。但目前多数货物的增值税出口退税率低于法定增值税税率，有关具体内容请参见本书第 6 章"出口货物退（免）税"。

纳税人兼营不同税率的货物或者应税劳务，应当分别核算不同税率货物或者应税劳务的销售额；未分别核算销售额的，从高适用税率。

（二）小规模纳税人

修订后的增值税暂行条例规定，2009 年 1 月 1 日起小规模纳税人增值税的征收率为 3%。

（三）按简易办法征收增值税的优惠政策

1. 纳税人销售自己使用过的固定资产时，分以下两种情况：

（1）一般纳税人销售自己使用过的固定资产，凡根据《财政部　国家税务总局关于全国实施增值税转型改革若干问题的通知》（财税〔2008〕170 号）和财税〔2009〕9 号等文件规定，适用按简易办法依 4% 征收率减半征收增值税政策的，应开具普通发票，不得开具增值税专用发票。但一般纳税人销售自己使用过的除固定资产以外的物品，应当按照适用税率征收增值税。

$$销售额 = 含税销售额/（1+4\%）$$
$$应纳税额 = 销售额 \times 4\%/2$$

（2）小规模纳税人（除其他个人外）销售自己使用过的固定资产，减按2%征收率征收增值税。小规模纳税人销售自己使用过的除固定资产以外的物品，按3%的征收率征收增值税。应开具普通发票，不得由税务机关代开增值税专用发票。

$$销售额 = 含税销售额/（1+3\%）$$
$$应纳税额 = 销售额 \times 2\%$$

2. 一般纳税人销售自产的下列货物，可选择按照简易办法依照6%征收率计算缴纳增值税。选择简易办法计算缴纳增值税后，36个月内不得变更：

（1）县级及县级以下小型水力发电单位生产的电力。小型水力发电单位，是指各类投资主体建设的装机容量为5万千瓦以下（含5万千瓦）的小型水力发电单位。

（2）建筑用和生产建筑材料所用的砂、土、石料。

（3）以自己采掘的砂、土、石料或其他矿物连续生产的砖、瓦、石灰（不含黏土实心砖、瓦）。

（4）用微生物、微生物代谢产物、动物毒素、人或动物的血液或组织制成的生物制品。

（5）自来水。

（6）商品混凝土（仅限于以水泥为原料生产的水泥混凝土）。

3. 一般纳税人销售货物属于下列情形之一的，暂按简易办法依照4%征收率计算缴纳增值税：

（1）寄售商店代销寄售物品（包括居民个人寄售的物品在内）。

（2）典当业销售死当物品。

（3）经国务院或国务院授权机关批准的免税商店零售的免税品。

四、增值税的免税、减税

（一）一般规定

下列项目免征增值税，除下列项目外，增值税的免税、减税项目由国务院规定，任何地区、部门均不得规定免税、减税项目。

1. 农业生产者（种植业、养殖业、林业、牧业、水产业）销售的自产农产品。其中：农业生产者包括从事农业生产的单位和个人；农产品是指初级农产品，具体范围由财政部、国家税务总局确定。

2. 避孕药品和用具。

3. 古旧图书（向社会收购的古书和旧书）。

4. 直接用于科学研究、科学试验和教学的进口仪器、设备。

5. 外国政府、国际组织无偿援助的进口物资和设备。

6. 由残疾人的组织直接进口供残疾人专用的物品。

7. 销售的自己使用过的物品（指其他个人自己使用过的物品）。

值得注意的是，纳税人兼营免税、减税项目的，应当分别核算免税、减税项目的销售额；未分别核算销售额的，不得免税、减税。

（二）特殊规定

小规模纳税人销售额未达到增值税起征点的免征增值税，达到起征点的全额计算缴纳增值税。增值税起征点的适用范围限于个人，其起征点的幅度规定如下：

1. 销售货物的，为月销售额 2 000～5 000 元。

2. 销售应税劳务的，为月销售额 1 500～3 000 元。

3. 按次纳税的，为每次（日）销售额 150～200 元。

本地区适用的起征点，由各省、自治区、直辖市财政厅（局）和国家税务局在规定的幅度内根据实际情况确定，并报财政部、国家税务总局备案。

纳税人销售货物或者应税劳务适用免税规定的，可以放弃免税，依照条例的规定缴纳增值税。放弃免税后，36 个月内不得再申请免税。

第二节　增值税的转型改革

2009 年 1 月 1 日，《增值税暂行条例》及其《实施细则》的实施，标志着我国增值税转型改革在全国范围内全面启动，也标志着我国增值税改革向前迈出了重要一步，这必将对我国宏观经济发展产生积极而又深远的影响。

一、增值税转型改革的主要内容

在对货物和劳务普遍征收增值税的前提下，根据对外购固定资产所含税金扣除方式的不同，增值税分为生产型、收入型和消费型 3 种类型。生产型增值税不允许扣除外购固定资产所含的已征增值税，税基相当于国民生产总值，税基最大，但重复征税也最严重。收入型增值税允许扣除固定资产当期折旧所含的增值税，税基相当于国民收入，税基其次。消费型增值税允许一次性扣除外购固定资产所含的增值税，税基相当于最终消费，税基最小，但消除重复征税也最彻底。目前，在世界上140多个实行增值税的国家中，绝大多数国家实行消费型增值税。

我国于1994年税制改革以来，一直实行的是生产型增值税。所谓增值税转型，是指从生产型增值税转变为消费型增值税。此次增值税转型改革方案的主要内容是：自2009年1月1日起，在维持现行增值税税率不变的前提下，允许全国范围内（不分地区和行业）的所有增值税一般纳税人，抵扣其新购进设备所含的进项税额，未抵扣完的进项税额结转下期继续抵扣。增值税转型改革的主要内容包括以下几个方面：

- 自2009年1月1日起，全国所有增值税一般纳税人新购进设备所含的进项税额可以计算抵扣。
- 购进的应征消费税的小汽车、摩托车和游艇不得抵扣进项税。
- 取消进口设备增值税免税政策和外商投资企业采购国产设备增值税退税政策。
- 小规模纳税人征收率降低为3%。
- 将矿产品增值税税率从13%恢复到17%。

二、增值税转型改革与东北、中部等地区试点办法的异同

从2004年7月1日起，我国对东北地区的8个行业实施增值税转型试点。从2007年7月1日起，对中部地区26个城市的8个行业实施试点。2008年7月1日起，内蒙古自治区东部5个盟市和四川汶川地震受灾严重地区也开始实行试点。除四川汶川地震受灾严重地区外，试点改革的主要内容是，允许一般纳税人购进固定资产进项税额从销项税额中抵扣。为减少对财政收入的影响，对应抵扣的增值税采取了退税的方式，当期应退的税额不得超过当期新增增值税税额，不足抵扣的部分结转下期继续抵扣（以下简称增量抵扣办法），年终如果财政收入状况允许，再采取全国统一的常规办法（由纳税人直接向税务机关申报抵扣，当期应纳增值税额不足抵扣的部分再结转下期抵扣）计算退税，不再按增量抵扣办法控制。据统计，截至2007年年底，东北和中部转型试点地区新增设备进项税额总计244亿元，累计抵减欠缴增值税额和退给企业增值税额186亿元。

2009 年实施的转型改革与试点办法有所不同，主要体现在：

• 新购进机器设备，不考虑本年内企业是否有新增值税税额、是否存在增值税增量，均可实行抵扣。

• 增值税转型改革在全国所有地区同步实施，不再限定行业，统一了全国增值税政策。

• 购进固定资产，凭增值税专用发票和海关完税凭证等合法的抵扣凭证，直接计算抵扣，不再采用退税的操作方式。

三、增值税转型政策的要点

（一）购进固定资产专用发票开具日期有特殊规定

增值税转型改革从 2009 年 1 月 1 日起开始实施，因此，企业在 2009 年 1 月 1 日以前购进的固定资产，即此前已有的存量固定资产，无论是否取得专用发票等合法抵扣凭证，均不得抵扣税款，包括 2008 年 12 月 31 日以前购进但专用发票开具日期为 2009 年 1 月 1 日以后的购进固定资产。只有 2009 年 1 月 1 日以后实际购进，并且发票开具时间是 2009 年 1 月 1 日以后的固定资产，才允许抵扣进项税额。

（二）房屋、建筑物不得抵扣

准予抵扣的固定资产范围仅限于现行增值税征税范围内的固定资产，包括机器、机械、运输工具以及其他与生产、经营有关的设备、工具、器具。房屋、建筑物等不动产，虽然在会计制度中允许作为固定资产核算，但不能纳入增值税的抵扣范围，不得抵扣进项税额。

（三）小规模纳税人不能享受增值税转型

增值税转型是以允许固定资产进项税额在销项税额中计算抵扣为标志的。而现行增值税制将增值税纳税人分为一般纳税人和小规模纳税人两种，其中，一般纳税人按照销项税额抵扣进项税额的方法计算增值税应纳税额，小规模纳税人采用简易办法征收增值税，不抵扣进项税额。因此，小规模纳税人购进固定资产，不能享受增值税转型的实惠。

（四）增值税转型扩大至全国范围

增值税转型改革是在全国范围内统一实施，原先实行扩大增值税抵扣范围试点政策的东北、中部、内蒙古东部地区以及四川汶川地震受灾严重地区，也都纳入增值税转型改革的总体范畴内，执行相同的政策。即不再按照增值税税收增量计算退税，而是直接计算抵扣，所留存的尚未退税的部分进项税额从当前"待抵扣"状态变成"可抵扣"状态。

（五）某些购进固定资产不在抵扣范围内

增值税转型改革将固定资产进项税额纳入抵扣范围，但纳税人购进的应征消费税的游艇、小汽车和摩托车仍然不允许抵扣进项税额，排除在此次转型改革范围之外。其主要考虑是，纳税人购买小汽车、摩托车等经常用于非生产经营用途，由企业自身消费用，从操作上难以界定哪些属于生产用，哪些属于消费用，容易混入生产经营用途抵扣税款，如果将其计算抵扣将造成税负不公。因此借鉴国际惯例，规定对于购进的游艇、小汽车和摩托车不得抵扣进项税额，但主要用于生产经营的载货汽车则允许抵扣。

四、与生产型增值税相关的优惠政策的清理

增值税是一种中性税，具有链条式的抵扣机制，环环相扣，上环节减免的税款将自动在下环节补征上来，因此，从税收效率角度看，增值税本身非常排斥减免税。但由于生产型增值税在经济生活中造成重复征税现象，特别是资本有机构成较高的行业，重复征税问题较为严重，因此，我国在1994年税制改革之后，陆续出台了一些增值税优惠政策，包括减税、免税和退税，以照顾特定行业的纳税人，促进特定产业发展。增值税转型改革降低了纳税人税负，消除了重复征税因素，因此有必要将与生产型增值税相关的优惠政策加以清理，规范完善税制，堵塞管理漏洞。

（一）进口设备和外商投资企业采购国产设备政策

与增值税转型最为相关的政策包括，进口设备免征增值税政策和外商投资企业采购国产设备增值税退税政策。

进口设备免征增值税政策是在我国实行生产型增值税的背景下出台的，主要是为了鼓励相关产业扩大利用外资、引进国外先进技术。但在执行中也反映出一些问题，主要有：进口免税设备范围较宽，不利于自主创新、设备国产化和我国装备制造业的振兴；内资企业进口设备的免税范围小于外资企业，税负不公。转型改革后，企业购买设备，不管是进口的还是国产的，其进项税额均可以抵扣，原有政策已经可以用新的方式替代，对进口设备免税的必要性已不复存在，这一政策应予停止执行。

外商投资企业采购国产设备增值税退税政策也是在生产型增值税和对进口设备免征增值税的背景下出台的。由于转型改革后，这部分设备一样能得到抵扣，因此，外商投资企业采购国产设备增值税退税政策也相应停止执行。

（二）小规模纳税人的征收率统一降低

适用转型改革的对象是增值税一般纳税人，改革后这些纳税人的增值税负担会普遍下降。而规模小、财务核算不健全的小规模纳税人（包括个体工商户），由于是按照简易办法计算缴纳增值税，不抵扣进项税额，其增值税负担不会因转型改革而降低。因此，为了平衡小规模纳税人与一般纳税人之间的税负水平，促进中小企业的发展和扩大就业，需要相应降低小规模纳税人的征收率。

原有政策规定，小规模纳税人按工业和商业两类分别适用6%和4%的征收率。考虑到现实经济活动中小规模纳税人混业经营十分普遍，实际征管中难以明确划分工业和商业小规模纳税人，转型改革后，对小规模纳税人不再区分工业和商业设置两档征收率，将小规模纳税人的征收率统一降低至3%。

（三）恢复矿产品的增值税税率

1994年税制改革时，部分矿产品仍实行计划价格和计划调拨，历史遗留问题较多，经国务院批准，1994年5月起将金属矿、非金属矿采选产品的税率由17%调整为13%。这一政策对采掘业的稳定和发展起到了一定的作用，但也出现一些问题，主要有：一是对不可再生的矿产资源适用低税率，不符合资源节约、环境保护的要求；二是减少了资源开采地的税收收入，削弱资源开采地提供公共产品的能力；三是矿产资源基本都作为原料使用，矿山企业少交的增值税因下个环节减少进项税额而补征回来，政策效果并不明显；四是导致征纳双方要对这类适用低税率的货物与其他货物进行划分，增大征收和纳税成本。

增值税转型改革后，矿山企业外购设备将纳入进项税额的抵扣范围，整体税负将有所下降，为公平税负，规范税制，促进资源节约和综合利用，需要将金属矿、非金属矿采选产品的增值税税率恢复到17%。提高矿产品增值税税率以后，因下个环节可抵扣的进项税额相应增加，最终产品所含的增值税在总量上并不会增加或减少，只是税负在上下环节之间会发生一定转移，在总量上财政收入并不因此增加或减少。

第三节　增值税应纳税额的计算

一、一般纳税人增值税应纳税额的计算

（一）增值税的应税销售额

增值税的应税销售额是指纳税人销售货物或提供应税劳务从购买方收取的全

部价款和价外费用。价外费用包括价外向购买方收取的手续费、补贴、基金、集资费、返还利润、奖励费、违约金、滞纳金、延期付款利息、赔偿金、代收款项、代垫款项、包装费、包装物租金、储备费、优质费、运输装卸费以及其他各种性质的价外收费。但下列项目不包括在内：

1. 受托加工应征消费税的消费品所代收代交的消费税。

2. 同时符合以下条件的代垫运费：承运部门的运费发票开具给购货方，且纳税人将该发票转交给购货方。

凡价外费用，不论会计上如何核算，在计算增值税应税销售额均应并入计算。

纳税人采取折扣方式销售货物，销售额和折扣额在同一张发票上分别注明的，按折扣后的销售净额征收增值税；如将折扣额另开发票的，不论会计上如何处理，均不得将折扣额从应税销售额中扣除。

增值税的应税销售额以人民币计算。纳税人以外币结算的，可选择销售额发生当天或当月1日的外币汇率进行折算。纳税人应事先确定采用何种折合率，确定后1年内不得变更。

一般纳税人销售货物或应税劳务采用销售额和销项税额合并定价方法的，应税销售额按以下公式计算：

$$应税销售额 = 含税销售额 \div （1 + 增值税税率）$$

（二）增值税销项税额

纳税人销售货物或提供应税劳务，按照应税销售额和法定税率计算并向购买方收取的增值税额为销项税额。其计算公式为：

$$销项税额 = 应税销售额 \times 增值税税率$$

因销售货物退回或者折让而退还给购买方的增值税额，应从发生销售货物退回或者折让当期的销项税额中扣减；因购进货物退出或者折让而收回的增值税额，应从发生购进货物退出或者折让当期的进项税额中扣减。

一般纳税人销售货物或者应税劳务，开具增值税专用发票后，发生销售货物退回或者折让、开票有误等情形，应按国家税务总局的规定开具红字增值税专用发票。未按规定开具红字增值税专用发票的，增值税额不得从销项税额中扣减。

（三）增值税进项税额

纳税人购进货物或者接受应税劳务所支付或负担的增值税税额为进项税

额。外贸企业购进货物后，无论内销还是出口，须将所取得的增值税专用发票在规定的认证期限内到税务机关办理认证手续。凡未在规定的认证期限内办理认证手续的增值税专用发票，不予抵扣或退税。下列进项税额准予从销项税额中抵扣：

1. 纳税人购进货物或应税劳务，从销售方取得的增值税专用发票上注明的增值税额。需要注意的是：新颁布的《增值税暂行条例》规定，企业新购入的机器设备（除专门用于非应税项目、免税项目、在建工程及游艇、汽车和摩托车等）所含进项税额自 2009 年 1 月 1 日起允许在销项税额中抵扣。

2. 进口应税货物从海关取得的海关进口增值税专用缴款书上注明的增值税额。

3. 购进农产品，除取得增值税专用发票或者海关进口增值税专用缴款书外，按照农产品收购发票或者销售发票上注明的农产品买价和 13％ 的扣除率计算的进项税额。进项税额计算公式为：

$$进项税额 = 买价 \times 扣除率$$

4. 购进或者销售货物以及在生产经营过程中支付运输费用的，按照运输费用结算单据上注明的运输费用金额和 7％ 的扣除率计算的进项税额，但随同运费支付的装卸费、保险费等其他杂费不得计算扣除进项税额。进项税额计算公式为：

$$进项税额 = 运输费用金额 \times 扣除率$$

5. 纳税人取得的 2008 年 12 月 31 日以前开具的废旧物资专用发票，应在开具之日起 90 天内办理认证，并在认证通过的当月按 10％ 计算当期增值税进项税额申报抵扣。自 2009 年 4 月 1 日起，废旧物资专用发票一律不得作为增值税扣税凭证计算抵扣进项税额。

同时，需要注意的是，下列项目的进项税额不得从销项税额中抵扣：

1. 用于非增值税应税项目、免征增值税项目、集体福利或者个人消费的购进货物或者应税劳务；纳税人兼营免税项目或非应税项目而无法准确划分的，不得抵扣的进项税额按以下公式计算：

$$
\begin{array}{l}
不得抵 \\
扣的进 \\
项税额
\end{array}
=
\begin{array}{l}
当月全 \\
部进 \\
项税额
\end{array}
\times
\left(
\begin{array}{l}
当月免税项目销 \\
售额、非应税项 \\
目营业额的合计
\end{array}
\div
\begin{array}{l}
当月全部 \\
销售额营 \\
业额合计
\end{array}
\right)
$$

2. 非正常损失的购进货物及相关的应税劳务。

3. 非正常损失的在产品、产成品所耗用的购进货物或者应税劳务。

4. 国务院财政、税务主管部门规定的纳税人自用消费品。

5. 上述第 1 项至第 4 项规定的货物的运输费用和销售免税货物的运输费用。

（四）增值税应纳税额的计算

一般纳税人的销售货物或者提供应税劳务，应纳税额为当期销项税额抵扣当期进项税额后的余额，应纳税额计算公式：

$$应纳税额 = 当期销项税额 - 当期进项税额$$

当期销项税额小于当期进项税额不足抵扣时，不足部分可结转下期继续抵扣。

二、小规模纳税人增值税应纳税额的计算

（一）应税销售额的计算

小规模纳税人销售货物或者应税劳务采用销售额和应纳税额合并定价方法的，按下列公式计算销售额：

$$销售额 = 含税销售额 \div （1 + 征收率）$$

（二）应纳税额的计算

小规模纳税人销售货物或者应税劳务，实行按照销售额和征收率计算应纳税额的简易办法，并不得抵扣进项税额。应纳税额计算公式为：

$$应纳税额 = 销售额 \times 征收率$$

三、进口货物增值税应纳税额的计算

纳税人进口货物，增值税应纳税额按组成计税价格和规定税率计算。其计算公式为：

$$组成计税价格 = 关税完税价格 + 关税 + 消费税$$
$$应纳税额 = 组成计税价格 \times 增值税税率$$

第四节　增值税的会计核算

一、一般纳税人一般购销业务的核算

（一）会计科目设置

对企业应交的增值税，会计上在"应交税费"科目下设置"应交增值税"明细科目进行核算。"应交增值税"明细科目的借方发生额反映企业购进货物或接受应税劳务而支付的进项税额、实际已缴纳的增值税额等，贷方发生额反映企业销售货物或提供应税劳务应缴纳的增值税额、出口退税、转出已支付或应分担的增值税等，期末借方余额反映企业尚未抵扣的增值税。

"应交增值税"明细科目采用多栏式账户，设置了9个专栏。

1. 5个借方专栏

"进项税额"专栏，记录企业购入货物或接受应税劳务而支付的、准予从销项税额中抵扣的增值税额。企业购入货物或接受应税劳务支付的进项税额用蓝字登记，退回所购货物应冲销的进项税额用红字登记。

"已交税金"专栏，记录企业已缴纳的增值税额。企业已缴纳的增值税额用蓝字登记，退回多交的增值税额用红字登记。

"减免税款"专栏，反映企业按规定减免的增值税款。

"出口抵减内销产品应纳税额"专栏，反映企业按规定计算的出口货物的进项税额抵减内销产品的应纳税额。

"转出未交增值税"专栏，反映企业月份终了转出未交的增值税。

2. 4个贷方专栏

"销项税额"专栏，记录企业销售货物或提供应税劳务应收取的增值税额。企业销售货物或提供应税劳务应收取的销项税额用蓝字登记，退回销售货物应冲销的销项税额用红字登记。

"出口退税"专栏，记录企业出口货物，向海关办理报关出口手续后，凭有关凭证向税务机关申报办理出口退税而收到退回的税款。出口货物退回的增值税额用蓝字登记，出口货物办理退税后发生退货或退关而补交已退的税款用红字登记。

"进项税额转出"专栏，记录企业的购进货物等发生非正常损失及其他原因而不应从销项税额中抵扣，按规定应转出的进项税额。

"转出多交增值税"专栏，反映企业月份终了转出多交的增值税。

（二）采购物资或接受应税劳务的核算

企业采购物资或接受应税劳务时，按照增值税专用发票上注明的价款，计入商品的采购成本，借记"物资采购"、"管理费用"等科目，或计入加工、修理修配等物资成本，借记"委托加工物资"、"管理费用"等科目；按照注明的增值税额，计入进项税额，借记"应交税费——应交增值税（进项税额）"科目；按照价税合计额，贷记"银行存款"、"应付账款"等科目。对于进口商品，则按照海关完税凭证上注明的进口环节增值税额，计入进项税额；按照进口环节增值税的计税价格（即关税完税价格、关税及消费税），计入进口商品的采购成本。

【例2-1】某企业购进商品一批，增值税专用发票上注明的价款为400万元，增值税额为68万元，价税款已支付。该企业的会计分录如下：

借：物资采购　　　　　　　　　　　　　　　4 000 000

　　应交税费——应交增值税（进项税额）　　　680 000

　　贷：银行存款　　　　　　　　　　　　　　　4 680 000

（三）销售货物或提供劳务的核算

企业销售货物或提供应税劳务时，按照不含税的销售收入贷记"主营业务收入"科目，按照向购买方收取的增值税额，计入销项税额，贷记"应交税费——应交增值税（销项税额）"科目。如果定价时含税，则应将含税价还原为不含税价作为销售收入。

【例2-2】某企业销售一批进口货物给国内某商场，增值税专用发票上注明的价款为300万元，增值税额为51万元，价税款尚未收到。该企业的会计分录如下：

借：应收账款——××商场　　　　　　　　　3 510 000

　　贷：主营业务收入　　　　　　　　　　　　　3 000 000

　　　　应交税费——应交增值税（销项税额）　　　510 000

（四）缴纳增值税的核算

企业当期增值税销项税额与进项税额的差额，即为当期应交增值税额。

月份终了，企业计算出当月应交未交的增值税，借记"应交税费——应交增值税（转出未交增值税）"科目，贷记"应交税费——未交增值税"科目；缴纳增值税时，借记"应交税费——未交增值税"科目，贷记"银行存款"科目。

二、小规模纳税人一般购销业务的核算

（一）会计科目设置

小规模纳税人的应交增值税，会计上在"应交税费"科目下设置"应交增值税"明细科目，采用三栏式账户进行核算。

（二）销售货物或提供劳务的核算

小规模纳税人销售货物或提供应税劳务时，按照不含税价格计算销售收入，贷记"主营业务收入"科目；按照不含税价格和增值税征收率计算增值税额，贷记"应交税费——应交增值税"科目；按照价税合计额借记"应收账款"、"银行存款"等科目。

【例2-3】某企业为小规模纳税人，销售一批货物并开具普通发票，发票金额为103万元，款项已收到。该企业的会计分录如下：

销售额 = 103 ÷（1 + 3%）= 100（万元）

应纳税额 = 100 × 3% = 3（万元）

借：银行存款   1 030 000

    贷：主营业务收入   1 000 000

        应交税费——应交增值税   30 000

（三）采购物资或接受应税劳务的核算

小规模纳税人购进货物或应税劳务时，不论是否具有增值税专用发票，支付的增值税额均不作为进项税额，不得从销项税额抵扣，而是计入购货成本。按照购进时支付的价税总额，借记"物资采购"等科目，贷记"应付账款"、"银行存款"等科目。

【例2-4】某企业为小规模纳税人，购进商品一批，增值税专用发票上注明的价款为40万元，增值税额为6.8万元，价税款已支付。该企业的会计分录如下：

借：物资采购   468 000

    贷：银行存款   468 000

（四）缴纳增值税的核算

小规模纳税人当期发生的增值税销项税额即为其应纳税额。缴纳增值税时，

借记"应交税费——应交增值税"科目，贷记"银行存款"科目。

三、其他有关增值税业务的核算

（一）视同销售的核算

对于企业将货物交付他人代销；销售代销货物；将自产或委托加工的货物用于非应税项目；将自产、委托加工或购买的货物作为投资提供给其他单位或个体经营者；将自产、委托加工或购买的货物分配给股东或投资者；将自产、委托加工的货物用于集体福利或个人消费等行为，不论会计上如何核算，税收上均视同销售货物，需按规定计算缴纳增值税。

1. 对外投资

企业以应税商品对外投资的，按照增值税专用发票上注明的增值税额，作为销项税额，贷记"应交税费——应交增值税（销项税额）"科目；按照投资商品的账面价值，贷记"库存商品"科目；按照投资确认价，借记"长期股权投资"科目；按照借贷方差额，借记"营业外支出"科目或贷记"资本公积"科目。

【例2－5】甲企业与乙企业达成投资协议，甲企业用库存货物300万元以评估价格280万元向乙企业投资。适用的增值税税率为17%。甲企业的会计分录如下：

借：长期股权投资	2 800 000	
资本公积	710 000	
贷：库存商品		3 000 000
应交税费——应交增值税（销项税额）		510 000

2. 对外捐赠

企业对外捐赠商品的，按照增值税专用发票上注明的增值税额，作为销项税额，贷记"应交税费——应交增值税（销项税额）"科目；按照捐赠商品的账面价值，贷记"库存商品"科目；按照价税合计额，借记"营业外支出"科目。

【例2－6】某企业将100套课桌捐赠给希望工程基金会，每套课桌进价120元，市场售价150元。适用的增值税税率为17%。该企业的会计分录如下：

销项税额 = $100 \times 150 \times 17\% = 2\ 250$（元）

借：营业外支出——捐赠	14 550

贷：库存商品——课桌　　　　　　　　　　　　　　　　12 000

　　应交税费——应交增值税（销项税额）　　　　　　　2 550

3. 用于非应税项目或作为集体福利

企业将自产或委托加工的货物用于非应税项目或作为集体福利的，视同销售计算缴纳增值税，增值税额由非应税项目或集体福利负担。按照货物成本，贷记"库存商品"科目；按照增值税额，贷记"应交税费——应交增值税（销项税额）"科目；按照合计额，借记"在建工程"、"应付福利费"等科目。

【例 2 – 7】某企业年终将 30 万元库存货物作为集体福利发放给职工。适用的增值税税率为 17%。该企业的会计分录如下：

借：应付福利费　　　　　　　　　　　　　　　　　　351 000

　　贷：库存商品　　　　　　　　　　　　　　　　　　300 000

　　　　应交税费——应交增值税（销项税额）　　　　　 51 000

（二）购进免税农产品的核算

增值税一般纳税人购进免税农产品应使用税务机关批准的收购凭证，对其使用未经税务机关批准的收购凭证，以及不按税务机关的要求使用、保管收购凭证的，其收购的农产品不得计算进项税额抵扣。企业购进免税农产品，按农产品购入价的 13% 作为进项税额，借记"应交税费——应交增值税（进项税额）"科目；按买价扣除进项税额后的数额，作为购进成本，借记"物资采购"等科目；按购入价，贷记"银行存款"、"应付账款"等科目。注意，进项税额的计算公式为：

$$进项税额 = 买价 \times 扣除率（13\%）$$

【例 2 – 8】某生产企业购进大豆加工成食用油出口，购进免税农产品并使用税务机关批准的收购凭证上注明的价款为 40 万元，价款已支付。该企业的会计分录如下：

借：物资采购　　　　　　　　　　　　　　　　　　　348 000

　　应交税费——应交增值税（进项税额）　　　　　　　52 000

　　贷：银行存款　　　　　　　　　　　　　　　　　　400 000

（三）接受投资的核算

企业接受投资转入的物资，按增值税专用发票上注明的增值税额，借记"应交税费——应交增值税（进项税额）"科目；按确定的价值，借记"原材料"等科目；按其在注册资本中所占有的份额，贷记"实收资本"或"股本"科目；按其差额，贷记"资本公积"科目。

【例2-9】某企业接受某合作单位作为投资的原材料500万元，增值税专用发票上注明的增值税额85万元，该企业的会计分录如下：

借：原材料（或库存商品）   5 000 000
　　应交税费——应交增值税（进项税额）   850 000
　　贷：实收资本——某合作企业   5 850 000

（四）接受捐赠物资的核算

企业接受捐赠的商品，按照增值税专用发票上注明的增值税额，作为进项税额，借记"应交税费——应交增值税（进项税额）"科目；按照确认的捐赠商品价值，借记"库存商品"科目；按照价税合计额，贷记"营业外收入——捐赠利得"科目。

【例2-10】某企业接受某合作单位捐赠的货物200万元，增值税专用发票上注明的增值税额34万元，该企业的会计分录如下：

借：原材料（或库存商品）   2 000 000
　　应交税费——应交增值税（进项税额）   340 000
　　贷：营业外收入——捐赠利得   2 340 000

（五）不予抵扣项目的核算

对于按规定不予抵扣的项目，属于购入货物时即可认定其进项税额不能抵扣的，如购入直接用于免税项目或非应税项目的货物，增值税专用发票上注明的增值税额计入货物或接受劳务的成本。属于购入货物时，不能直接认定其进项税额能否抵扣的，增值税专用发票上注明的增值税额计入当期的进项税额，如果这部分购入货物以后用于按规定不得抵扣进项税额的项目，则将原已计入进项税额的增值税转入有关的承担者予以承担，借记"在建工程"、"应付福利费"、"待处理财产损溢"等有关科目，贷记"应交税费——应交增值税（进项税额转出）"科目。

（六）转出多交增值税和未交增值税的核算

为了分别反映增值税一般纳税人欠交增值税和待抵扣增值税的情况，企业应在"应交税费"科目下设置"未交增值税"明细科目，核算企业月份终了从"应交税费——应交增值税"科目中转出的当月未交或多交的增值税。月份终了，企业计算出当月应交未交的增值税，借记"应交税费——应交增值税（转出未交增值税）"科目，贷记"应交税费——未交增值税"科目；当月多交的增值税，借记"应交税费——未交增值税"科目，贷记"应交税费——应交增值税（转出多交增值税）"科目；结转后，月份终了"应交税费——未交增值税"科目的余额，反映企业尚未抵扣的增值税。

企业当月缴纳当月的增值税，通过"应交税费——应交增值税（已交税金）"科目核算；当月缴纳以前各期未交的增值税，则通过"应交税费——未交增值税"科目核算。

（七）先征后返增值税的核算

企业收到先征后返的增值税时，应借记"银行存款"科目，贷记"补贴收入"科目。

第五节　增值税的纳税申报

增值税的纳税期限分别为 1 日、3 日、5 日、10 日、15 日、1 个月或者 1 个季度。纳税人的具体纳税期限，由主管税务机关根据纳税人应纳税额的大小分别核定；不能按照固定期限纳税的，可以按次纳税。

纳税人以 1 个月或者 1 个季度为 1 个纳税期的，自期满之日起 15 日内申报纳税；以 1 日、3 日、5 日、10 日或者 15 日为 1 个纳税期的，自期满之日起 5 日内预缴税款，于次月 1 日起 15 日内申报纳税并结清上月应纳税款。

扣缴义务人解缴税款的期限，也依照上述规定执行。

（一）一般纳税人的纳税申报

一般纳税人应当于月度终了后 15 日内向税务机关报送纳税申报资料，办理纳税申报。纳税申报资料主要包括：增值税纳税申报表、增值税纳税申报表附列资料、发票领用存月报表、分支机构销售明细表、主管税务机关规定的其他资料。

（二）小规模纳税人的纳税申报

在纳税期结束后，小规模纳税人应按规定向税务机关填报《增值税纳税申报表》，办理纳税申报。

第三章

营业税

第一节　营业税的一般规定

营业税是对在我国境内提供应税劳务、转让无形资产或销售不动产取得的营业收入征收的一种税。其中："劳务"是指属于交通运输业、建筑业、金融保险业、邮电通信业、文化体育业、娱乐业、服务业税目征收范围的劳务（以下简称应税劳务）。

提供应税劳务、转让无形资产或者销售不动产，是指有偿提供《营业税暂行条例》规定的劳务、有偿转让无形资产或者有偿转让不动产所有权的行为（以下简称应税行为）。但单位或者个体工商户聘用的员工为本单位或者雇主提供《营业税暂行条例》规定的劳务，不包括在内。其中："有偿"是指取得货币、货物或者其他经济利益。

一、营业税的纳税义务人

在中华人民共和国境内提供《营业税暂行条例》规定的劳务、转让无形资产或者销售不动产的单位（指企业、行政单位、事业单位、军事单位、社会团体及其他单位）和个人（指个体工商户和其他个人），以及营业税的代扣代缴、代收代缴义务人（以下简称扣缴义务人），为营业税的纳税人。在判断是否要征收营业税时，要注意以下几点：

- 提供或者接受劳务的单位或者个人在境内。
- 所转让的无形资产（不含土地使用权）的接受单位或者个人在境内。
- 所转让或者出租土地使用权的土地在境内。
- 所销售或者出租的不动产在境内。

单位以承包、承租、挂靠方式经营的，承包人、承租人、挂靠人（以下统称承包人）发生应税行为，承包人以发包人、出租人、被挂靠人（以下统称发包人）名义对外经营并由发包人承担相关法律责任的，以发包人为纳税人；否则以承包人为纳税人。

二、营业税的税目和税率

营业税的税目分为：交通运输业、建筑业、金融保险业、邮电通信业、文化体育业、娱乐业、服务业、转让无形资产和销售不动产等9类，其税率采用比例税率，分为：3%、5%和20%三档。具体内容见表3-1。

表3-1　营业税税目、税率表

税　　目	税　　率
一、交通运输业	3%
二、建筑业	3%
三、金融保险业	5%
四、邮电通信业	3%
五、文化体育业	3%
六、娱乐业	5%～20%
七、服务业	5%
八、转让无形资产	5%
九、销售不动产	5%

纳税人经营娱乐业具体适用的税率，由省、自治区、直辖市人民政府在本条例规定的幅度内决定。

第二节　营业税应纳税额的计算

一、营业税的计税依据

营业税的计税依据是提供应税劳务的营业额、转让无形资产的转让额或销售不动产的销售额，统称为营业额。纳税人兼有不同税目的应税行为，应当分别核算不同税目的营业额、转让额、销售额，未分别核算的，税务部门将从高适用税率。

（一）应税劳务

应税劳务具体包括：属于交通运输业、建筑业、金融保险业、邮电通信业、文化体育业、娱乐业、服务业（包括代理业、旅店业、饮食业、旅游业、仓储业、租赁业、广告业及其他服务业）税目征收范围的劳务。

（二）转让无形资产与销售不动产

1. 转让无形资产具体包括：转让土地使用权、专利权、非专利技术、商标权、著作权、商誉等。

2. 销售不动产具体包括：销售建筑物或构筑物及其他土地附着物。

3. 视同发生应税行为：单位或者个人将不动产或者土地使用权无偿赠送其他单位或者个人；单位或者个人自己新建（以下简称自建）建筑物后销售，其所发生的自建行为。

（三）混合销售与兼营业务

一项销售行为如果既涉及应税劳务又涉及货物，为混合销售行为。混合销售行为应当分别核算应税劳务的营业额和货物的销售额，其应税劳务的营业额缴纳营业税，货物销售额不缴纳营业税。

1. 销售自产货物并同时提供建筑业劳务的混合销售，采用分别核算、分别征收增值税和营业税的办法。即应当分别核算应税劳务的营业额和货物的销售额，其应税劳务的营业额缴纳营业税，货物销售额不缴纳营业税；未分别核算的，由主管税务机关核定其应税劳务的营业额。

2. 除上述提供建筑业劳务的同时销售自产货物的行为外，从事货物的生产、批发或者零售的企业、企业性单位和个体工商户的混合销售行为，视为销售货物，不缴纳营业税；其他单位和个人的混合销售行为，视为提供应税劳务，缴纳营业税。

（四）其他经济业务

1. 纳税人将承揽的运输业务分给其他单位或者个人的，以其取得的全部价款和价外费用扣除其支付给其他单位或者个人的运输费用后的余额为营业额。

2. 纳税人从事旅游业务的，以其取得的全部价款和价外费用扣除替旅游者支付给其他单位或者个人的住宿费、餐费、交通费、旅游景点门票和支付给其他接团旅游企业的旅游费后的余额为营业额。

3. 纳税人将建筑工程分包给其他单位的，以其取得的全部价款和价外费用扣除其支付给其他单位的分包款后的余额为营业额。

4. 外汇、有价证券、期货等金融商品买卖业务，以卖出价减去买入价后的余额为营业额。

5. 提供建筑业劳务（不含装饰劳务）的，其营业额应当包括工程所用原材料、设备及其他物资和动力价款在内，但不包括建设方提供的设备的价款。

6. 娱乐业的营业额为经营娱乐业收取的全部价款和价外费用，包括门票收费、台位费、点歌费、烟酒、饮料、茶水、鲜花、小吃等收费及经营娱乐业的其他各项收费。

二、价外费用

营业税计税依据的营业额包括收取的全部价款和价外费用。价外费用，包括收取的手续费、补贴、基金、集资费、返还利润、奖励费、违约金、滞纳金、延期付款利息、赔偿金、代收款项、代垫款项、罚息及其他各种性质的价外收费，但不包括同时符合以下条件代为收取的政府性基金或者行政事业性收费：

● 由国务院或者财政部批准设立的政府性基金，由国务院或者省级人民政府及其财政、价格主管部门批准设立的行政事业性收费。

● 收取时开具省级以上财政部门印制的财政票据。

● 所收款项全额上缴财政。

三、营业税应纳税额的计算

（一）基本计算公式

纳税人提供应税劳务、转让无形资产或者销售不动产，按照营业额和规定的税率计算应纳税额。应纳营业税额的计算公式为：

$$应纳营业税额 = 营业额 \times 营业税税率$$

营业额以人民币计算。纳税人以人民币以外的货币结算营业额的，应当折合成人民币计算。其营业额的人民币折合率可以选择营业额发生的当天或者当月1日的人民币汇率中间价。纳税人应当在事先确定采用何种折合率，确定后1年内不得变更。

（二）不确定营业额的营业税计算公式

纳税人提供应税劳务、转让无形资产或者销售不动产的价格明显偏低并无正当理由的，由主管税务机关核定其营业额。按下列顺序确定其营业额：

1. 按纳税人最近时期发生同类应税行为的平均价格核定。

2. 按其他纳税人最近时期发生同类应税行为的平均价格核定。

3. 按下列公式核定：

$$组成计税价格 = \frac{营业成本或工程成本 \times (1 + 成本利润率)}{1 - 营业税税率}$$

$$应纳营业税额 = 组成计税价格 \times 营业税税率$$

公式中的成本利润率，由省、自治区、直辖市税务局确定。

第三节　营业税的减免

根据《营业税暂行条例》，下列项目免征营业税：

1. 托儿所、幼儿园、养老院、残疾人福利机构提供的育养服务，婚姻介绍，殡葬服务。

2. 残疾人员个人提供的劳务（指残疾人员本人为社会提供的劳务）。

3. 医院、诊所和其他医疗机构提供的医疗服务。

4. 学校和其他教育机构（普通学校以及经地、市级以上人民政府或者同级政府的教育行政部门批准成立、国家承认其学员学历的各类学校）提供的教育劳务，学生勤工俭学提供的劳务。

5. 农业机耕（农业、林业、牧业中使用农业机械进行耕作，包括耕耘、种植、收割、脱粒、植物保护等的业务）、排灌（对农田进行灌溉或排涝的业务）、病虫害防治（从事农业、林业、牧业、渔业的病虫害测报和防治的业务）、植物保护、农牧保险（为种植业、养殖业、牧业种植和饲养的动植物提供保险的业务）以及相关技术培训业务（与农业机耕、排灌、病虫害防治、植物保护业务相关以及为使农民获得农牧保险知识的技术培训业务），家禽、牲畜、水生动物的配种和疾病防治（包括与该项劳务有关的提供药品和医疗用具的业务）。

6. 纪念馆、博物馆、文化馆、文物保护单位管理机构、美术馆、展览馆、书画院、图书馆举办文化活动（在自己的场所举办的属于文化体育业税目征税范围的文化活动）的门票收入（第一道门票的收入），宗教场所举办文化、宗教活动的门票收入。

7. 境内保险机构为出口货物提供的保险产品，包括出口货物保险和出口信用保险。

营业税的免税、减税项目由国务院规定。任何地区、部门均不得规定免税、减税项目。纳税人兼营免税、减税项目的，应当分别核算免税、减税项目的营业额；未分别核算营业额的，不得免税、减税。

第四节　营业税的会计核算

一、科目设置

对应交营业税，会计上在"应交税费"科目下设置"应交营业税"明细科目进行核算。

二、会计核算

（一）交通运输业、建筑业、金融保险业、邮电通信业、文化体育业、娱乐业、服务业，企业在计算缴纳营业税时，将营业税计入业务成本。

借：营业税金及附加

　　贷：应交税费——应交营业税

【例3－1】某对外运输公司本月实现国际海运收入300万元（人民币），其中应付国外某海运公司转运费5万美元，外汇折合率1∶6.8。该对外运输公司的会计分录如下：

应纳营业税＝（3 000 000－50 000×6.8）×3%＝79 800（元）

借：营业税金及附加　　　　　　　　　　　　　　　79 800

　　贷：应交税费——应交营业税　　　　　　　　　　　　79 800

（二）企业转让无形资产的营业税直接抵减营业外收入；企业转让不动产的营业税，通过"固定资产清理"科目核算。

【例3－2】某企业本月转让专利权取得收入40万元，出售固定资产取得收入270万元，该企业相应的会计分录如下：

转让专利权应纳营业税＝400 000×5%＝20 000（元）

出售固定资产应纳营业税＝2 700 000×5%＝135 000（元）

借：其他业务支出　　　　　　　　　　　　　　　　20 000

　　固定资产清理　　　　　　　　　　　　　　　135 000

　　贷：应交税费——应交营业税　　　　　　　　　　　155 000

（三）代理进出口业务，按代理费计算缴纳营业税时，将营业税计入代理业务成本。会计分录是：

借：其他业务支出——代理进出口
　　贷：应交税费——应交营业税

【例3-3】某企业代理某生产企业出口一批货物，收取手续费20 000元，该企业相应的会计分录如下：

应纳营业税 = 20 000 × 5% = 1 000（元）

借：其他业务支出——代理出口　　　　　　　　　　　　　　1 000
　　贷：应交税费——应交营业税　　　　　　　　　　　　　　　1 000

（四）企业实际缴纳营业税时的会计分录：

借：应交税费——应交营业税
　　贷：银行存款

（五）因多缴税金等原因得到税务机关的返还时，直接冲减原已计入的成本。

借：银行存款
　　贷：营业税金及附加
　　　　其他业务支出

第五节　营业税的纳税申报

营业税的纳税期限分别为5日、10日、15日、1个月或者1个季度。纳税人的具体纳税期限，由主管税务机关根据纳税人应纳税额的大小分别核定；不能按照固定期限纳税的，可以按次纳税。

纳税人以1个月或者1个季度为一个纳税期的，自期满之日起15日内申报纳税；以5日、10日或者15日为一个纳税期的，自期满之日起5日内预缴税款，于次月1日起15日内申报纳税并结清上月应纳税款。

扣缴义务人解缴税款的期限，依照上述规定执行。

第四章

消费税

第一节　消费税的一般规定

消费税是在普遍征收增值税的基础上，对特定的消费品和消费行为征收的一个税种。

消费税是对在我国境内从事生产、委托加工和进口规定的应税消费品的单位和个人征收的一种流转税。

一、消费税的纳税人

在中华人民共和国境内生产、委托加工和进口应税消费品的单位（企业、行政单位、事业单位、军事单位、社会团体及其他单位）和个人（个体工商户及其他个人），以及国务院确定的销售应税消费品的其他单位和个人，为消费税的纳税人。

二、消费税的税目与税率

消费税的征收范围主要包括 5 类 14 个税目：

第 1 类是过度消费会对人类健康、社会秩序、生态环境等方面造成危害的特殊消费品，如烟、酒、鞭炮、焰火等。

第 2 类是奢侈品和非生活必需品，如贵重首饰、化妆品等。

第 3 类是高能耗及高档消费品，如小汽车、摩托车等。

第 4 类是不可再生和替代的资源性消费品，如汽油、柴油等。

第 5 类是其他需要用消费税调节的消费品，如汽车轮胎等。

从 2009 年 5 月 1 日起，经国务院批准，财政部、国家税务总局对烟产品消费税政策作了重大调整。调整后，甲类香烟的消费税从价税率由原来的 45% 调整至

56%，乙类香烟由 30% 调整至 36%，雪茄烟由 25% 调整至 36%。甲乙类香烟划分标准也进行了调整，原来 50 元的分界线上浮至 70 元。

目前我国卷烟实行专卖政策，一条烟从厂家到消费者手中要经过 3 个环节，分别对应着厂家调拨价、烟草公司（专卖局）批发价、商家的零售价 3 种价格。一般而言，调拨价与批发价最高保持 40% 的差异，批发价与零售价保持 10% ~ 15% 的差异。

消费税税目税率见表 4 - 1。

表 4 - 1 消费税税目税率（税额）表

税　　目	税　　率
一、烟	
1. 卷烟	
（1）甲类卷烟	56% 加 0.003 元/支
（2）乙类卷烟	36% 加 0.003 元/支
2. 雪茄烟	36%
3. 烟丝	30%
二、酒及酒精	
1. 白酒	20% 加 0.5 元/500 克（或者 500 毫升）
2. 黄酒	240 元/吨
3. 啤酒	
（1）甲类啤酒	250 元/吨
（2）乙类啤酒	220 元/吨
4. 其他酒	10%
5. 酒精	5%
三、化妆品	30%
四、贵重首饰及珠宝玉石	
1. 金银首饰、铂金首饰和钻石及钻石饰品	5%
2. 其他贵重首饰和珠宝玉石	10%
五、鞭炮、焰火	15%

（续）

税　　目	税　　率
六、成品油	
1. 汽油	
（1）含铅汽油	0.28 元/升
（2）无铅汽油	0.20 元/升
2. 柴油	0.10 元/升
3. 航空煤油	0.10 元/升
4. 石脑油	0.20 元/升
5. 溶剂油	0.20 元/升
6. 润滑油	0.20 元/升
7. 燃料油	0.10 元/升
七、汽车轮胎	3%
八、摩托车：按气缸容量（排气量）	
1. 250 毫升（含 250 毫升）以下的	3%
2. 250 毫升以上的	10%
九、小汽车	
1. 乘用车：按气缸容量（排气量）	
（1）1.0 升（含 1.0 升）以下	1%
（2）1.5~1.5 升（含 1.5 升）	3%
（3）1.5~2.0 升（含 2.0 升）	5%
（4）2.0~2.5 升（含 2.5 升）	9%
（5）2.5~3.0 升（含 3.0 升）	12%
（6）3.0~4.0 升（含 4.0 升）	25%
（7）4.0 升以上	40%
2. 中轻型商用客车	5%
十、高尔夫球及球具	10%
十一、高档手表	20%
十二、游艇	10%
十三、木制一次性筷子	5%
十四、实木地板	5%

三、消费税的征收环节

消费税最终由消费者负担，但为了便于税收征管，消费税的纳税环节是在流转环节。具体来说：

- 纳税人生产的应税消费品，由生产者在销售时纳税。
- 纳税人自产自用的应税消费品，用于连续生产应税消费品的，不纳税；用于生产非应税消费品和用于在建工程、管理部门、非生产机构、提供劳务、馈赠、赞助、集资、广告、样品、职工福利、奖励等方面时，在移送使用环节纳税。
- 委托加工的应税消费品，由受托方在向委托方交货时，代扣代缴税款。
- 进口的应税消费品，在报关进口环节缴纳消费税。
- 金银首饰、铂金首饰、钻石及钻石饰品在零售环节缴纳消费税。

从 2009 年 5 月 1 日起，经国务院批准，财政部、国家税务总局对烟产品消费税政策作了重大调整。此次政策调整最引人注目的是在卷烟批发环节上加征了一道从价税，税率为 5%。

纳税人兼营不同税率的应当缴纳消费税的消费品（以下简称应税消费品），应当分别核算不同税率应税消费品的销售额、销售数量；未分别核算销售额、销售数量，或者将不同税率的应税消费品组成成套消费品销售的，从高适用税率。

第二节　消费税应纳税额的计算

一、消费税的计税方法

消费税的计税方法有两种：一种是从量定额计征，适用于价格差异不大、计量单位规范的应税消费品，如黄酒、啤酒、汽油、柴油等；另一种是从价定率计征，适用于价格差异较大、计量单位不规范的应税消费品，如卷烟、贵重首饰、化妆品等。

实行从量定额办法计算应纳税额的应税消费品，计量单位的换算标准如下：

- 黄酒　1 吨 = 962 升
- 啤酒　1 吨 = 988 升
- 汽油　1 吨 = 1 388 升
- 柴油　1 吨 = 1 176 升
- 航空煤油　1 吨 = 1 246 升

- 石脑油　1 吨 = 1 385 升
- 溶剂油　1 吨 = 1 282 升
- 润滑油　1 吨 = 1 126 升
- 燃料油　1 吨 = 1 015 升

二、消费税的计税依据

(一) 从价定率计征的计税依据

实行从价定率计征方法的消费品，消费税的计税依据是含消费税但不含增值税的销售额。具体来说：

1. 消费税计税销售额是纳税人销售应税消费品向购买方收取的全部价款和价外费用，但不包括增值税税款。价外费用，是指价外向购买方收取的手续费、补贴、基金、集资费、返还利润、奖励费、违约金、滞纳金、延期付款利息、赔偿金、代收款项、代垫款项、包装费、包装物租金、储备费、优质费、运输装卸费以及其他各种性质的价外收费，但下列项目不包括在内：

(1) 同时符合以下条件的代垫运输费用：承运部门的运输费用发票开具给购买方的；纳税人将该项发票转交给购买方的。

(2) 同时符合以下条件代为收取的政府性基金或者行政事业性收费：由国务院或者财政部批准设立的政府性基金，由国务院或者省级人民政府及其财政、价格主管部门批准设立的行政事业性收费；收取时开具省级以上财政部门印制的财政票据；所收款项全额上缴财政。

2. 如果销售额中未扣除增值税税款，或因不得开具增值税专用发票而发生价款和增值税税款合并收取的，在计算消费税时，应换算为不含增值税的销售额。其计算公式为：

$$应税消费品的销售额 = 含增值税销售额 \div (1 + 增值税税率或征收率)$$

(二) 自产自用应税消费品的计税依据

纳税人自产自用的应税消费品，凡是用于连续生产应税消费品的不纳税。"用于连续生产应税消费品"是指纳税人将自产自用的应税消费品作为直接材料生产最终应税消费品，自产自用应税消费品构成最终应税消费品的实体。

纳税人自产自用的应税消费品用于其他方面的，即将自产自用应税消费品用于生产非应税消费品、在建工程、管理部门、非生产机构、提供劳务、馈赠、赞助、集资、广告、样品、职工福利、奖励等方面，按纳税人生产的同类消费品的销售价格计算纳税。没有同类消费品销售价格的，按照组成计税价格计算纳税。其计算公式为：

实行从价定率办法计算纳税的组成计税价格计算公式为：

$$组成计税价格 = （成本 + 利润） \div （1 - 比例税率）$$

实行复合计税办法计算纳税的组成计税价格计算公式为：

$$组成计税价格 = （成本 + 利润 + 自产自用数量 \times 定额税率） \div （1 - 比例税率）$$

其中，成本是指应税消费品的产品生产成本；利润是指根据应税消费品的全国平均成本利润率计算的利润，应税消费品的全国平均成本利润率由国家税务总局确定。

（三）委托加工应税消费品的计税依据

委托加工的应税消费品，按照受托方同类消费品的销售价格计算纳税；没有同类消费品销售价格的，按照组成计税价格计算纳税。其计算公式为：

$$组成计税价格 = （材料成本 + 加工费） \div （1 - 比例税率）$$

其中，材料成本是指委托方所提供加工材料的实际成本，委托方必须在委托加工合同上如实注明或以其他方式提供材料成本，凡未提供材料成本的，受托方所在地税务机关有权核定其材料成本；加工费是指受托方加工应税消费品向委托方收取的全部费用，包括代垫辅料的实际成本。

（四）进口消费品的计税依据

进口消费品按组成计税价格计算纳税。其计算公式为：

实行从价定率办法计算纳税的组成计税价格计算公式为：

$$组成计税价格 = （关税完税价格 + 关税） \div （1 - 消费税比例税率）$$

实行复合计税办法计算纳税的组成计税价格计算公式为：

$$\frac{组成}{计税价格} = \left(\frac{关税完}{税价格} + 关税 + \frac{进口}{数量} \times \frac{消费税}{定额税率} \right) \div \left(1 - \frac{消费税}{比例税率} \right)$$

另外，连同包装物销售的，不论包装是否单独计价，不论在会计方面如何核

算，均应并入应税消费品的销售额中计算纳税。如果包装物不连同销售而是收取押金，押金不应计入应税消费品的销售额中计算纳税。但对因逾期未收回的包装物不再退还的或者已收取的时间超过 12 个月的押金，应并入应税消费品的销售额，按照应税消费品的适用税率缴纳消费税。

对既作价随同应税消费品销售，又另外收取押金的包装物的押金，凡纳税人在规定的期限内没有退还的，均应并入应税消费品的销售额，按照应税消费品的适用税率缴纳消费税。

三、消费税应纳税额的计算

消费税实行从价定率、从量定额，或者从价定率和从量定额复合计税（以下简称复合计税）的办法计算应纳税额。应纳税额计算公式：

实行从价定率办法计算的应纳税额 = 销售额 × 比例税率

实行从量定额办法计算的应纳税额 = 销售数量 × 定额税率

实行复合计税办法计算的应纳税额 = 销售额 × 比例税率 + 销售数量 × 定额税率

纳税人销售的应税消费品，以人民币计算销售额。纳税人以人民币以外的货币结算销售额的，应当折合成人民币计算。人民币折合率可以选择销售额发生的当天或者当月 1 日的人民币汇率中间价。纳税人应在事先确定采用何种折合率，确定后 1 年内不得变更。

第三节　消费税的会计核算

一、科目设置

对应交消费税，会计上在"应交税费"科目下设置"应交消费税"明细科目进行核算。

二、会计分录

1. 企业销售应税消费品时，按照应交消费税额，借记"营业税金及附加"科目，贷记"应交税费——应交消费税"科目；实际缴纳时，借记"应交税费——应交消费税"科目，贷记"银行存款"科目。

2. 企业以应税消费品换取生产资料、消费资料或抵偿债务等，应分别视同销售和采购进行会计处理，按售价，借记"物资采购"、"应付账款"等科目，贷记"主营业务收入"科目；同时对应交消费税作与1相同的会计处理。

3. 企业将应税消费品用于对外投资或在建工程、非生产机构等其他方面，按规定应缴纳的消费税，应计入有关成本，借记"长期股权投资"、"在建工程"等科目，贷记"应交税费——应交消费税"科目。

4. 委托加工应税消费品，由受托方在委托方提货时代扣代缴消费税，借记"银行存款"、"应收账款"等科目，贷记"应交税费——应交消费税"科目；委托方将加工商品收回后直接用于销售的，应将代扣代缴的消费税计入委托加工商品的成本，借记"委托加工物资"科目，贷记"银行存款"、"应付账款"等科目；委托方将加工商品收回后用于连续生产应税消费品，按规定准予抵扣的，应按代扣代缴的消费税，借记"应交税费——应交消费税"科目，贷记"应付账款"、"银行存款"等科目。

5. 进口应税消费品的，缴纳的消费税应计入进口货物的成本，借记"固定资产"、"物资采购"等科目，贷记"应交税费——应交消费税"科目。

6. 企业收到先征后返的消费税时，直接冲减原已计入的"营业税金及附加"等科目。

第四节　消费税的纳税申报

消费税的纳税期限分别为1日、3日、5日、10日、15日、1个月或者1个季度。纳税人的具体纳税期限，由主管税务机关根据纳税人应纳税额的大小分别核定；不能按照固定期限纳税的，可以按次纳税。

纳税人以1个月或者1个季度为1个纳税期的，自期满之日起15日内申报纳税；以1日、3日、5日、10日或者15日为1个纳税期的，自期满之日起5日内预缴税款，于次月1日起15日内申报纳税并结清上月应纳税款。

第五章

关税及代征税

关税是以进出国境或关境的货物和物品为征税对象，由海关按照税法规定征收的一种税种。我国目前对进出境货物征收的关税分为进口关税和出口关税两类。进口关税主要是为了体现国家主权，调节国内外产品成本之间的差异，保护民族工业；出口关税则主要是为了保护本国的自然资源或限制、调控某些商品的出口。关税及代征税尤其适合于有进出口业务的外贸企业。

第一节 关税的一般规定

一、关税的纳税义务人

关税的纳税义务人一般为进口货物的收货人、出口货物的发货人、进境物品的所有人。接受纳税委托办理货物报关等有关手续的代理人，可以代办纳税手续，但必须遵守委托人应遵守的各项规定，承担纳税人的各项义务，按规定办理各项纳税事宜。

二、关税税率

为应对国际金融危机对我国经济和对外贸易的冲击，有效实施积极的财政政策，关税作为调节经济的重要杠杆，将进一步加强其在保持对外贸易稳定增长，优化进出口商品结构，促进经济发展方式转变和产业结构调整以及扩大内需等方面的调控作用。

（一）进口关税税率

按照我国加入世贸组织承诺的关税减让义务，2002 年以来，我国认真履行了加入世贸组织承诺的关税减让义务和我国加入曼谷协定承诺的关税减让义务。中国加入世贸组织前，关税总水平为 15.3%，其中工业品的平均关税为 14.7%。经过数年的调整，2007 年我国关税的总水平已下降至 9.8%，其中，农产品平均税率为 15.2%，工业品平均税率为 8.95%。

自 2009 年 1 月 1 日起，我国进一步降低鲜草莓等 5 个税目商品的进口关税。由于涉及的降税商品范围和税率降幅较小，对关税总水平影响不大，2009 年的关税总水平与 2008 年相同，仍为 9.8%。其中，农产品平均税率仍为 15.2%，工业品平均税率仍为 8.9%。经过此次降税，除上述鲜草莓等 5 种商品还有 1 年的降税实施期外，我国已经基本履行完毕加入世贸组织的降税承诺，关税总水平由加入世贸组织时的 15.3% 降至目前的 9.8%。

1. 最惠国税率

最惠国税率适用原产于与我国共同适用最惠国待遇条款的世贸组织成员国或地区的进口货物，或原产于与我国签订有相互给予最惠国待遇条款的双边贸易协定的国家或地区进口的货物以及原产于我国境内的进口货物。

2009 年，根据我国加入世界贸易组织承诺的关税减让义务，对进口关税作了调整，降低"进口税则"中鲜草莓等 5 个税目的最惠国税率，其余税目的最惠国税率维持不变。调整后，2009 年关税总水平为 9.8%；2009 年，根据国内市场供需变化情况，还取消豆饼、猪肉、印楝油的进口暂定税率，恢复为最惠国税率。

2. 暂定税率

国家每年将根据我国经济贸易政策的需要制定关税暂定税率，即在海关进出口税则规定的进口税率的基础上，对部分进口货物年度内暂时执行的关税税率。这种暂定税率一般按年度制定，并且随时可以根据需要恢复按法定税率征税。

为了支持我国农业和农村经济发展，促进我国农业增产和农民增收，2009 年我国对动物饲料、农药中间体等农业生产资料以及茶叶采摘机、土豆、甜菜收获机、青储饲料收获机和大型收割机等农用机械设备及零部件实施较低的进口暂定税率。

为缓解纺织、钢材、化肥等行业面临的经营困难，2009 年我国通过较低暂定税率的形式，适当降低部分国内需求较大的生产性原料的进口关税。

为支持高新技术发展，鼓励企业自主创新，推动产业结构升级，促进振兴国内装备制造业。2009 年我国对有利于新技术引进及推广应用的关键设备及零部件实施较低的进口暂定税率，包括取向性硅电钢宽板、离子交换膜、液晶显示板用偏振片等部分国内暂不能生产或技术性能指标不能满足需要的电子、化工、信息技术产品原料，气体激光发生器、空调用无级变速压缩机等设备。

为促进节约能源资源、保护环境、鼓励利用再生资源、促进经济可持续发展。2009 年我国对硒、燃料油、电解铜、钽废碎料等能源资源类产品，甘油、石脑油等基础性原材料，风力发电设备关键件等有利于环境保护的设备及零部件继续实施较低的进口暂定税率。

3. 协定税率

协定税率适用原产于我国参加的含有关税优惠条款的区域性贸易协定的有关缔约方的进口货物。2009 年起，我国在以往与有关国家和地区签订的一系列自由贸易协定和关税优惠协定的基础上，进一步实施比最惠国税率更加优惠的协定税率和特惠税率，促进与有关国家和地区的贸易合作，以实现互利共赢，共同发展。

• 2009 年，中国—新西兰贸易协定税率实施第二步降税。降税后平均优惠幅度超过 40%。2010 年对原产于新西兰的 7 040 个税目商品继续实施中国—新西兰自由贸易协定税率。

• 2009 年，中国—东盟自由贸易协定税率实施第三步正常降税，降税后相对于最惠国税率，平均优惠幅度约 80%。2010 年继续对原产于东盟 10 国（文莱、柬埔寨、印度尼西亚、老挝、马来西亚、缅甸、菲律宾、新加坡、泰国、越南）的部分税目商品继续实施中国—东盟自由贸易协定税率。

• 2009 年，中国—巴基斯坦自由贸易协定税率实施第三步全面降税。降税后，协定税率低于相应最惠国税率的税目有 6 191 个，平均优惠幅度约 37%。2010 年，对原产于巴基斯坦的 6 240 个税目商品继续实施中国—巴基斯坦自由贸易协定税率。

• 2009 年，中国—智利自由贸易协定税率实施第四步全面降税。降税后平均优惠幅度超过 80%。2010 年对原产于智利的 7 029 个税目商品继续实施中国—智利自由贸易协定税率。

• 2009 年，"亚太贸易协定"协定税率中的个别税目商品的适用税率进一步下调，平均优惠幅度约 23%。2010 年对原产于韩国、印度、斯里兰卡、孟加拉国和老挝的 1 767 个税目商品继续实施亚太贸易协定税率。

• 我国内地继续对原产于中国香港和澳门的产品实施零关税，根据目前原产地标准的制定情况，2010 年对原产于中国香港的 1 587 个税目商品、对原产于中国澳门的 1 209 个税目商品实施零关税。

• 根据中国—新加坡自由贸易协定，自 2009 年 1 月 1 日起，我国首次对原产于新加坡的部分商品实施降税。与中国—东盟自由贸易协定相比（新加坡同时是东盟成员国），我国有 708 个税目对新加坡加速降税，其余税目与中国—东盟自由贸易协定降税幅度保持一致。降税后，实施中国—新加坡自由贸易协定税率的税目有 2 739 个，平均优惠幅度约 75% 。2010 年对原产于新加坡的 2 753 个税目商品继续实施中国—新加坡自由贸易协定税率。

• 自 2010 年 7 月 1 日起，对进口原产于埃塞俄比亚联邦民主共和国等 33 个已完成换文手续的最不发达国家的部分商品实施零关税。这 33 个国家是：埃塞俄比亚、贝宁、布隆迪、赤道几内亚、厄立特里亚、吉布提、刚果、几内亚、几内亚比绍、科摩罗、利比里亚、马达加斯加、马里、马拉维、毛里塔尼亚、莫桑比克、卢旺达、塞拉利昂、苏丹、坦桑尼亚、多哥、乌干达、赞比亚、莱索托、乍得、中非、阿富汗、孟加拉、尼泊尔、东帝汶、也门、萨摩亚、瓦努阿图。

4. 特惠税率

特惠税率适用原产于与我国签订含有特殊关税优惠条款的贸易协定的国家或地区的进口货物。

2010 年，根据我国与有关国家或地区签署的贸易或关税优惠协定以及国务院有关决定，继续对老挝等东南亚 4 国、埃塞俄比亚等非洲 31 国、阿富汗等 6 国，总计 41 个联合国认定的最不发达国家的部分税目商品实施特惠税率，其中绝大多数商品实施零税率，并且税目范围涵盖了我国自上述国家进口的绝大多数商品。

5. 普通税率

普通税率适用原产于上述国家或地区之外的国家或地区的进口货物以及原产地不明的货物。

6. 配额税率

根据我国加入世贸组织议定书的规定，我国可继续对少数产品实行关税配额管理，配额内进口的执行配额税率，超过配额进口的执行最惠国税率。

2008 年度对小麦等 8 类 45 个税目的商品实行关税配额管理。对尿素、复合肥、磷酸氢二铵三种化肥的配额税率执行 1% 的税率。对配额外进口的一定数量棉花实行 5% ~40% 滑准税，对滑准税率低于 5% 的进口棉花按 0.57 元/公斤从量税计征。其他商品的税率维持不变。

2009 年，根据我国加入世界贸易组织承诺的关税减让义务，对进口关税作了调整。对小麦等 8 类 45 个税目的商品实施关税配额管理，税目和税率不变。对配额外进口的一定数量棉花实施滑准税。对尿素、复合肥、磷酸氢二铵 3 种化肥实施 1% 的暂定配额税率；对冻鸡等 55 种商品实施从量税、复合税。其中，调整了 11 个胶片税目的从量税税率。

（二）出口关税税率

1. 普通税率

2010 年，我国海关总署对于出口关税调整，"出口税则"的出口普通税率维持不变。

2. 暂定税率

每年国家将根据我国经济贸易政策的需要制定关税暂定税率，即在海关进出口税则规定的出口税率的基础上，对部分出口货物实施年度内的关税税率。这种暂定税率一般按年度制定，并且随时可以根据需要恢复按法定税率征税。

为促进节约能源资源、保护环境、鼓励利用再生资源、促进经济可持续发展，2009 年我国对煤炭、原油、金属矿砂等能源资源类产品以及木浆、焦炭、铁合金、钢坯、部分钢材等生产能耗高、对环境影响大的产品继续实施出口暂定税率。

经国务院关税税则委员会第四次全体会议审议通过，并经国务院批准，我国自 2009 年 7 月 1 日起，对部分产品的出口暂定关税进行调整：

● 取消部分产品的出口暂定关税，主要包括小麦、大米、大豆及其制粉，硫酸，钢丝等，共计 31 项产品。

● 对黄磷继续征收 20% 的出口关税，对其他磷、磷矿石继续征收 10% ~ 35% 的出口暂定关税，对合成氨、磷酸、氯化铵、重过磷酸钙、二元复合肥等化肥产品（包括工业用化肥）统一征收 10% 的出口暂定关税。

● 调整尿素、磷酸一铵、磷酸二铵等 3 项化肥产品征收出口关税的淡、旺季时段，将尿素的淡季出口税率适用时间延长一个月，磷酸一铵、二铵的淡季出口税率适用时间延长一个半月。

● 降低部分产品的出口暂定关税，主要包括微细目滑石粉，中小型型钢，氟化工品，钨、钼、铟等有色金属及其中间品，共计 29 项产品。

（三）特别关税

特别关税包括报复性关税、反倾销税、反补贴税、保障性关税。征收特别关税的货物、适用国别、税率、期限和征收办法，将由国务院关税税则委员会作出决定，海关总署负责实施。

1. 报复性关税

任何国家或者地区对其进口的原产于我国的货物征收歧视性关税或者给予其他歧视性待遇的，我国对原产于该国家或者地区的进口货物征收报复性关税。

2. 反倾销税与反补贴税

在激烈的市场竞争中，倾销和补贴行为在国际贸易中时常发生，且有愈演愈烈之势。其危害是一些发达国家或国际组织往往使用不公平手段抢占市场份额，抑制我国相关产业的发展。为保护我国产业，根据《中华人民共和国反倾销条例》和《中华人民共和国反补贴条例》规定，进口产品经初裁确定倾销或者补贴成立，并由此对国内产业造成损害的，可以采取临时反倾销或反补贴措施，实施期限为自决定公告规定实施之日起，不超过 4 个月。采取临时反补贴措施在特殊情形下，可以延长至 9 个月。经终裁确定倾销或者补贴成立，并由此对国内产业造成损害的，可以征收反倾销税和反补贴税，征收期限一般不超过 5 年，但经复审确定终止征收反倾销税或反补贴税，有可能导致倾销或补贴以及损害的继续或再度发生，征收期限可以适当延长。反倾销税和反补贴税的纳税人为倾销或补贴产品的进口经营者。

3. 保障性关税

当某类商品进口量剧增，对我国相关产业带来巨大威胁或损害时，按照世界贸易组织有关规则，可以启动一般保障措施，即在与有实质利益的国家或地区进行磋商后，在一定时期内提高该项商品的进口关税或采取数量限制措施，以保护国内产业不受损害。根据《中华人民共和国保障措施条例》规定，有明确证据表明进口产品数量增加，在不采取临时保障措施将对国内产业造成难以补救的损害的紧急情况下，可以作出初裁决定，并采取临时保障措施。临时保障措施采取提高关税的形式。终裁决定确定进口产品数量的增加，并由此对国内产业造成损害的，可以采取保障措施。保障措施可以采取提高关税、数量限制等形式，针对正在进口的产品实施，不区分产品来源国家或地区。

自 2009 年 7 月 1 日起，经国务院关税税则委员会第四次全体会议审议通过，并经国务院批准，取消部分化肥及化肥原料的特别出口关税，主要包括黄磷、磷矿石、合成氨、磷酸、氯化铵、重过磷酸钙、二元复合肥等，共计 27 项产品。

三、关税运用

进出口货物，应当适用海关接受该货物申报进口或者出口之日实施的税率。进口货物到达前，经海关核准先行申报的，应当适用装载该货物的运输工具申报进境之日实施的税率。

有下列情形之一，需缴纳税款的，应当适用海关接受申报办理纳税手续之日实施的税率：

- 保税货物经批准不复运出境的。
- 减免税货物经批准转让或者移作他用的。
- 暂准进境货物经批准不复运出境，以及暂准出境货物经批准不复运进境的。
- 租赁进口货物，分期缴纳税款的。

补征和退还进出口货物关税，应当按照上述规定确定适用的税率。

因纳税义务人违反规定需要追征税款的，应当适用该行为发生之日实施的税率；行为发生之日不能确定的，适用海关发现该行为之日实施的税率。

第二节　关税的计算

一、进口关税应纳税额的计算

（一）进口关税应纳税额的计算公式

$$应纳进口关税 = 进口货物完税价格 \times 进口关税税率$$

（二）进口货物完税价格的确定

我国进口货物的完税价格由海关以到岸价格（包括成交价格以及该货物运抵中华人民共和国境内输入地点起卸前的运费、包装费、保险费和其他劳务费）为基础审查确定。

进口货物的成交价格，是指卖方向中华人民共和国境内销售该货物时，买方为进口该货物时向卖方实付、应付的价款总额，包括直接支付的价款和间接支付的价款。

以租赁方式进口的货物，以海关审查确定的该货物的租金作为完税价格。

运往境外加工的货物，出境时已经向海关报明并在海关规定的期限内复运进境的，应当以境外加工费和料件费以及复运进境的运输及其相关费用和保险费审查确定完税价格。

运往境外修理的机械器具、运输工具或者其他货物，出境时已向海关报明并在海关规定的期限内复运进境的，应当以境外修理费和料件费审查确定完税价格。

1. 应当计入完税价格的进口货物费用

● 由买方负担的购货佣金以外的佣金和经纪费。

● 由买方负担的在审查确定完税价格时与该货物视为一体的容器的费用。

● 由买方负担的包装材料费用和包装劳务费用。

● 与该货物的生产和向中华人民共和国境内销售有关的，由买方以免费或者以低于成本的方式提供并可以按适当比例分摊的料件、工具、模具、消耗材料及类似货物的价款，以及在境外开发、设计等相关服务的费用。

● 作为该货物向中华人民共和国境内销售的条件，买方必须支付的、与该货物有关的特许权使用费。

● 卖方直接或者间接从买方获得的该货物进口后转售、处置或者使用的收益。

2. 不计入完税价格的进口货物费用

进口时，在货物的价款中列明的下列税收、费用，不计入该货物的完税价格：

● 厂房、机械、设备等货物进口后进行建设、安装、装配、维修和技术服务的费用。

● 进口货物运抵境内输入地点起卸后的运输及其相关费用、保险费。

● 进口关税及国内税收。

3. 成交价格不能确定时的进口完税价格

进口货物的成交价格不符合规定条件或者成交价格不能确定的，海关经了解有关情况，并与纳税义务人进行价格磋商后，依次按下列价格估定该货物的完税价格：

● 与该货物同时或者大约同时向中华人民共和国境内销售的相同货物的成交价格。

● 与该货物同时或者大约同时向中华人民共和国境内销售的类似货物的成交价格。

● 与该货物进口的同时或者大约同时，将该进口货物、相同或者类似进口货物在第一级销售环节销售给无特殊关系买方最大销售总量的单位价格，但应当扣除以下项目：同等级或者同种类货物在中华人民共和国境内第一级销售环节销售时，通常的利润和一般费用以及通常支付的佣金；进口货物运抵境内输入地点起卸后的运输及其相关费用、保险费；进口关税及国内税收。

● 按照下列各项总和计算的价格：生产该货物所使用的料件成本和加工费用，向中华人民共和国境内销售同等级或者同种类货物通常的利润和一般费用，该货物运抵境内输入地点起卸前的运输及其相关费用、保险费。

- 以合理方法估定的价格。

我国进口货物的到岸价格经海关审查不能确定的，海关依次按下列价格为基础估定完税价格：

- 从该项进口货物同一出口国购进的相同或者类似货物的成交价格。
- 该项进口货物的相同或者类似的货物在国际市场上的成交价格。
- 该项进口货物的相同或者类似货物在国内市场上的批发价格，减去进口关税、进口环节其他税收以及进口后的运输、储存、营业费用及利润后的价格。其计算公式为：

$$完税价格 = （国内市场批发价格 - 进口关税等）\div（1 + 进口税税率）$$

二、出口关税应纳税额的计算

（一）出口关税应纳税额的计算公式

$$应纳出口关税 = 出口货物完税价格 \times 出口关税税率$$

（二）出口货物完税价格的确定

我国出口货物的完税价格由海关以离岸价格（货物的成交价格以及该货物运至我国境内输出地点装载前的运输及其相关费用、保险费）为基础审查确定。基本的换算公式为：

$$出口货物完税价格 = 离岸价格 \times 外汇汇率 \div（1 + 出口关税税率）$$

我国出口货物的成交价格，是指该货物出口时卖方为出口该货物应当向买方直接收取和间接收取的价款总额。出口关税不计入完税价格。

出口货物的成交价格不能确定的，海关经了解有关情况，并与纳税义务人进行价格磋商后，依次按下列价格估定该货物的完税价格：

- 与该货物同时或者大约同时向同一国家或者地区出口的相同货物的成交价格。
- 与该货物同时或者大约同时向同一国家或者地区出口的类似货物的成交价格。
- 按照下列各项总和计算的价格：境内生产相同或者类似货物的料件成本、加工费用，通常的利润和一般费用，境内发生的运输及其相关费用、保险费。
- 以合理方法估定的价格。

第三节 关税的会计核算

一、进口关税的核算

我国对进口关税，会计上在"应交税费"科目下设置"应交进口关税"明细科目进行核算。企业计算应缴纳的进口关税时，借记"商品采购"科目，贷记"应交税费——应交进口关税"科目；实际缴纳进口关税时，借记"应交税费——应交进口关税"科目，贷记"银行存款"科目。

（一）自营进口业务

【例5-1】某外贸企业从法国进口某货物，国外进价（FOB）USD20 000，支付国外运费 USD3 000，保险费 USD1 000，结算支付当日假定美元兑人民币外汇牌价1：6.84，该进口货物的关税税率为30%，增值税税率17%。

关税完税价格 =（20 000 + 3 000 + 1 000）× 6.84 = 164 160（元）

应纳关税税额 = 164 160 × 30% = 49 248（元）

该外贸企业应编制的会计分录如下：

借：商品采购——进口商品采购 49 248
　　贷：应交税费——应交进口关税 49 248
借：应交税费——应交进口关税 49 248
　　贷：银行存款 49 248

（二）代理进口业务

代理进口的关税计征为受托单位代扣代缴。

【例5-2】仍用【例5-1】的数据，其会计分录如下：
借：应收账款 49 248
　　贷：应交税费——应交进口关税 49 248
借：应交税费——应交进口关税 49 248
　　贷：银行存款 49 248

二、出口关税的核算

对出口关税，会计上在"应交税费"科目下设置"应交出口关税"明细科目

进行核算。企业计算应缴纳的出口关税时，借记"营业税金及附加"科目，贷记"应交税费——应交出口关税"科目；实际缴纳出口关税时，借记"应交税费——应交出口关税"科目，贷记"银行存款"科目。

（一）自营出口业务

【例5-3】某外贸企业出口货物50吨，离岸价格1 000美元/吨，当日美元兑人民币外汇牌价为1：6.84，该出口货物适用的出口税率为20%，该公司应纳关税为：

出口关税税额＝（50×1 000×6.84）÷（1＋20%）×20%＝57 000（元）

其会计分录如下：

借：营业税金及附加——应交出口关税　　　　　　　　　57 000

　　贷：应交税费——应交出口关税　　　　　　　　　　　　57 000

借：应交税费——应交出口关税　　　　　　　　　　　　57 000

　　贷：银行存款　　　　　　　　　　　　　　　　　　　　57 000

（二）代理出口业务

【例5-4】因出口关税由受托企业为委托企业代扣代缴，仍使用【例5-3】的相关数据，其会计分录为：

借：应收账款——××企业　　　　　　　　　　　　　　57 000

　　贷：应交税费——应交出口关税　　　　　　　　　　　　57 000

借：应交税费——应交出口关税　　　　　　　　　　　　57 000

　　贷：银行存款　　　　　　　　　　　　　　　　　　　　57 000

第四节　海关代征消费税、增值税的核算

根据国际惯例，进口货物征收关税后，可以视为未征收国内税的产品，因此进口货物进口后还应缴纳国内税。凡进口增值税、消费税的应税产品，除国家另有规定外，均应征收进口环节增值税和消费税。对进口产品征收进口环节增值税、消费税，是在增值税、消费税的一般规定上制定的专项税收规定，主要是为了调节国内外产品税收负担的差异，使之能够公平竞争。

我国对进口产品征收增值税和消费税，目前是由财政部、国家税务总局和海

关总署制定政策规定，由国家税务总局委托海关在进口环节代征。进口增值税、消费税应在货物实际进境时，即在纳税人按进出口货物通关规定向海关申报后，海关放行前一次性缴纳。其纳税环节为报关进口时，纳税地点为报关进口地海关。

征收进口环节增值税、消费税的产品，一般必须具备两个条件：一是属于增值税和消费税税目、税率表所规定的征收范围；二是必须已报关进口。只要是报关进口的应税产品，不论是国外产品还是我国已出口转销国内的产品，不论是进口者自行采购还是国外赠送的产品，不论是进口者自用还是作为贸易或其他用途的产品，纳税人在进口产品缴纳关税的同时，均应按照我国税法规定缴纳应税产品的进口环节增值税、消费税。进口增值税和消费税的税目、税率及会计处理均与国内增值税、消费税相同。

一、消费税应纳税额的核算

（一）从价定率的应税消费品

$$组成计税价格 =（关税完税价格 + 关税）÷（1 - 消费税税率）$$
$$应纳税额 = 组成计税价格 × 消费税税率$$

【例5-5】某外贸企业从国外进口成套化妆品一批，到岸价格84 000美元。海关征收关税税率假定为20%，消费税税率为30%，假定进关日即为结算日，当天汇率为1：7.00。

该企业向海关缴纳的消费税为：

组成计税价格 =（84 000×7.00 + 84 000×7.00×20%）÷（1 - 30%）

= （588 000 + 117 600）÷70% = 1 008 000（元）

应纳税额 = 1 008 000×30% = 302 400（元）

编制会计分录如下：

借：商品采购——进口商品采购——化妆品　　　　　　302 400
　　货：应交税费——应交进口消费税　　　　　　　　　　　　302 400
借：应交税费——应交进口消费税　　　　　　　　　302 400
　　贷：银行存款　　　　　　　　　　　　　　　　　　　　302 400

（二）从量定额的应税消费品

$$从量定额消费税税额 = 应税进口消费品数量 × 消费税税率$$

【例5-6】某外贸企业从国外进口柴油一批，在报关进口时海关核定的进口征税数量为15 000吨，消费品柴油计量单位的换算标准1吨=1 178升，每升柴油的征税额假定为0.1元。

应纳税额=15 000×1 178×0.1=1 767 000（元）

该外贸企业应编制的会计分录如下：

借：商品采购——进口商品采购——柴油　　　　　　　1 767 000

　　货：应交税费——应交进口消费税　　　　　　　　　　　　　1 767 000

借：应交税费——应交进口消费税　　　　　　　　　　1 767 000

　　贷：银行存款　　　　　　　　　　　　　　　　　　　　　　1 767 000

二、增值税应纳税额的核算

（一）进口一般应税货物

$$组成计税价格=到岸价格+进口关税税额$$
$$应纳税额=组成计税价格×增值税税率$$

【例5-7】某外贸企业本月进口化工材料一批，到岸价格150 000美元。海关征收关税税率假定为20%，增值税税率为17%，假定进关日即为结算日，当天汇率为1：7.20，全部款项由银行存款支付。

到岸价格=150 000×7.20=1 080 000（元）

关税=150 000×7.20×20%=216 000（元）

商品购入价格=1 080 000+216 000=1 296 000（元）

应纳增值税=（1 080 000+216 000）×17%=220 320（元）

该外贸企业应编制的会计分录如下：

借：商品采购——进口商品采购——化工材料　　　　216 000

　　贷：应交税费——应交进口关税　　　　　　　　　　　　216 000

借：商品采购——进口商品采购——化工材料　　　　1 080 000

　　应交税费——应交进口关税　　　　　　　　　　　216 000

　　应交税费——应交增值税（进项税额）　　　　　　220 320

　　贷：银行存款　　　　　　　　　　　　　　　　　　　　1 516 320

（二）进口消费品的应纳增值税额

$$组成计税价格 = 到岸价格 + 进口关税税额 + 消费税税额$$
$$应纳税额 = 组成计税价格 \times 增值税税率$$

【例5-8】某外贸企业进口橡胶轮胎一批，到岸价格50 000美元，关税税率假定为30％，消费税税率10％，增值税税率为17％。海关填发税款缴纳证之日国家外汇牌价1：7.00。

到岸价格 = 50 000 × 7.00 = 350 000（元）

关税 = 50 000 × 7.00 × 30％ = 105 000（元）

商品购入价格 = 350 000 + 105 000 = 455 000（元）

应纳消费税 =（350 000 + 105 000）÷（1 - 10％）× 10％ = 50 555.56（元）

应纳增值税 =（350 000 + 105 000 + 50 555.56）× 17％ = 85 944.44（元）

该外贸企业应编制的会计分录如下：

借：商品采购——进口商品采购——橡胶轮胎   155 555.56

  货：应交税费——应交进口关税   105 000

     应交税费——应交进口消费税   50 555.56

借：商品采购——进口商品采购——橡胶轮胎   350 000

  应交税费——应交进口关税   105 000

  应交税费——应交增值税（进项税额）   85 944.44

  应交税费——应交进口消费税   50 555.56

  贷：银行存款   591 500

第五节 关税及代征税的征收

进出口货物的纳税义务人，应当自海关填发税款缴款书之日起15日内，向指定银行缴纳税款。如关税缴纳期限的最后一日是周末或法定节假日，则关税缴纳期限顺延至周末或法定节假日过后的第一个工作日。逾期缴纳的，除依法追缴外，自关税缴纳期限届满之次日起至缴清税款之日止，按日加收滞纳税款万分之五的滞纳金，周末或法定节假日不予扣除。进出口货物完税后，如发现少征或者漏征税款，海关自缴纳税款或者货物放行之日起1年内，向纳税义务人或者他们的代理人补征。因纳税义务人或者他们的代理人违反规定而造成少征或漏征的，海关在 3 年内可以追征。

纳税义务人对海关确定的征税、减税、补税或者退税等有异议时，可以向海关书面申请复议，但同时应当在规定期限内按照海关核定的税额缴纳税款。纳税义务人应自海关填发税款缴款书之日起 30 日内，向原征税海关的上一级海关书面申请复议，逾期申请复议的，海关不予受理。海关应当自收到复议申请之日起 60 日内作出复议决定，并以复议决定书的形式正式答复纳税义务人；纳税义务人对海关复议决定仍然不服的，可在收到复议决定期之日起 15 日内，向人民法院起诉。

第六节 计税常数表的应用

《进口关税与进口环节代征税计税常数表》在进出口企业进口货物时，是对所征关税和代征税进行验证的一种很好的工具。该表共分两部分（见表 5 - 1、表 5 - 2）。

一、表 5 - 1 适用于征收消费税、增值税的进口商品

鉴于此类商品的法定增值税税率均为 17%，因此确定其关税税率和消费税税率后，在表内找出这两个税率交叉栏内的常数，用进口货物的到岸价格乘以该常数所得之积即为应纳税款总额（进口关税、消费税及增值税税款之和）。

【例 5 - 9】以【例 5 - 8】的计算结果来验证海关填开的税款的准确性。该笔进口业务海关计算的应纳税税额汇总后为：

$$海关计算的应纳税总额 = 关税税额 + 消费税税额 + 增值税税额$$
$$= 105\,000 + 50\,555.56 + 85\,944.44$$
$$= 241\,500$$

验证应纳税总额时查表 5 - 1 内关税 "30" 一栏及消费税 "10" 栏，交叉处其常数为 0.6900。

$$应纳税总额 = 50\,000 \times 7.00 \times 0.6900 = 241\,500$$

经验证，用常数计算的应纳税总额，与海关分别计算后汇总的应纳税总额相等。

表 5 - 1　进口关税与进口环节代征税（消费税及增值税）计税常数表

关税 （%）	消费税税率（%）								
	3	5	9	10	12	15	20	30	45
6	0.2786	0.3055	0.3629	0.3780	0.4093	0.4591	0.5503	0.7717	1.2549
9	0.3147	0.3424	0.4014	0.4170	0.4492	0.5004	0.5941	0.8219	1.3187
14	0.3751	0.4040	0.4657	0.4820	0.5157	0.5692	0.6673	0.9054	1.4251
20	0.4474	0.4779	0.5429	0.5600	0.5955	0.6518	0.7550	1.0057	1.5527
30	0.5680	0.6011	0.6714	0.6900	0.7284	0.7894	0.9013	1.1729	1.7655
35	0.6284	0.6626	0.7357	0.7550	0.7949	0.8582	0.9744	1.2564	1.8718
40	0.6887	0.7242	0.8000	0.8200	0.8614	0.9271	1.0475	1.3400	1.9782
50	0.8093	0.8374	0.9286	0.9500	0.9943	1.0647	1.1938	1.5071	2.1909
55	0.8696	0.9089	0.9929	1.0150	1.0608	1.1335	1.2669	1.5907	2.2973
60	0.9299	0.9705	1.0571	1.0800	1.1273	1.2024	1.3400	1.6743	2.4036
70	1.0505	1.0937	1.1857	1.2100	1.2602	1.3400	1.4863	1.8413	2.6164
75	1.1108	1.1553	1.2500	1.2750	1.3267	1.4088	1.5594	1.9250	2.7227
80	1.1711	1.2168	1.3143	1.3400	1.3932	1.4776	1.6325	2.0086	2.8291
100	1.4124	1.4632	1.5714	1.6000	1.6591	1.7529	1.9250	2.3429	3.2545
110	1.5330	1.5863	1.7000	1.7300	1.7920	1.8906	2.0713	2.5100	3.4673
120	1.6536	1.7095	1.8286	1.8600	1.9250	2.0282	2.2175	2.6771	3.6800
150	2.0155	2.0789	2.1813	2.2500	2.3239	2.4412	2.6563	3.1786	4.3182
200	2.3773	2.4484	2.8571	2.6400	2.9886	2.8541	3.3875	3.6800	4.9564

注：1. 鉴于应征消费税的进口商品的法定增值税税率均为 17%，故表内省略了增值税税率一栏。但表内所列常数均已包括增值税在内。

2. 常数计算公式为

$$常数 = \frac{进口关税税率 + 消费税税率 + 增值税税率 + 进口关税税率 \times 增值税税率}{1 - 消费税税率}$$

二、表 5-2 适用于征收增值税的进口商品

应先确定其关税税率和增值税税率,然后在表内找出两个税率交叉栏内的常数,用进口货物的到岸价格乘以该常数所得之积即为应纳税款总额(进口关税、增值税税款之和)。

【例 5-10】以【例 5-7】的计算结果来验证海关填开的税款的准确性。该笔进口业务海关计算的应纳税税额汇总后为:

应纳税款 = 216 000 + 220 320 = 436 320(元)

验证应纳税总额时,查表 5-2 内关税"20"一栏及增值税"17"一栏交叉处,它的常数为 0.4040。

$$应纳税总额 = 150\,000 \times 7.20 \times 0.4040 = 436\,320(元)$$

经验证,用常数计算的应纳税总额,与海关分别计算后汇总的应纳税总额相等。

表 5-2　进口关税与进口环节代征税(增值税)计税常数表

关税 (%)	增值税(%)		关税 (%)	增值税(%)		关税 (%)	增值税(%)	
	13	17		13	17		13	17
0	0.1300	0.1700	19	0.3447	0.3923	51	0.7063	0.7667
1.5	0.1470	0.1876	20	0.3560	0.4040	52	0.7176	0.7784
2	0.1526	0.1934	21	0.3673	0.4157	55	0.7515	0.8135
3	0.1639	0.2051	22	0.3786	0.4274	60	0.8080	0.8720
5	0.1865	0.2285	23	0.3899	0.4391	65	0.8645	0.9305
5.5	0.1922	0.2344	24	0.4012	0.4508	68	0.8984	0.9656
5.8	0.1955	0.2379	25	0.4125	0.4625	70	0.9210	0.9890
6	0.1978	0.2402	26	0.4238	0.4742	75	0.9775	1.0475
7	0.2091	0.2519	28	0.4464	0.4976	78	1.0114	1.0826
7.5	0.2148	0.2578	30	0.4690	0.5210	80	1.0340	1.1060
8	0.2204	0.2636	33	0.5029	0.5561	85	1.0905	1.1645
9	0.2317	0.2753	34	0.5142	0.5678	90	1.1470	1.2230

（续）

关税 （%）	增值税（%）		关税 （%）	增值税（%）		关税 （%）	增值税（%）	
	13	17		13	17		13	17
9.7	0.2396	0.2835	35	0.5255	0.5795	100	1.2600	1.3400
10	0.2430	0.2870	38	0.5594	0.6146	110	1.3730	1.4570
11	0.2543	0.2987	39	0.5707	0.6263	120	1.4860	1.5740
12	0.2656	0.3104	40	0.5820	0.6380	130	1.5990	1.6910
13	0.2769	0.3221	42	0.6046	0.6614	140	1.7120	1.8080
14	0.2882	0.3338	43	0.6159	0.6731	150	1.8250	1.9250
15	0.2995	0.3455	45	0.6385	0.6965	180	2.1640	2.2760
17	0.3221	0.3689	48	0.6724	0.7316	230	2.7290	2.8610
18	0.3334	0.3806	50	0.6950	0.7550	270	3.1810	3.3290

注：常数＝进口关税税率＋增值税税率＋进口关税税率×增值税税率

第六章

出口货物退（免）税

出口退税是对报关出口货物国内应征间接税予以免除，或对出口货物在国内生产和流通环节已征间接税予以抵扣或退还。所谓间接税是指税负不是由税收的缴纳人实际承担，而是由最终消费者实际承担，我国的增值税和消费税都属于间接税。出口退税是国际上通行的税收和贸易惯例，也是世贸组织允许的促进出口措施。出口退税之所以被普遍接受而不被视为补贴，主要是基于以下原因：

第一，从税收法理分析，间接税属于转嫁税，虽对生产和流通企业征收，但实际上最终由消费者负担。按照间接税的属地性原则，各国消费者只负担本国的间接税，没有负担其他国家间接税的义务。对于进口国而言，进口货物在进口国境内消费，其间接税应由进口国的最终消费者负担，进口国要对进口货物依照本国税法征收间接税；同样，对于出口国而言，由于出口货物是在国外消费，应将出口货物在国内生产和流通环节所缴纳的间接税予以退还。出口国对出口货物实行出口退税，可以避免双重课税，符合税收的公平原则和中性原则。

第二，从发展国际贸易来看，不同国家的货物要在国际市场上公平竞争，必然要求税负平等，而各国税制的不同必然造成货物的含税成本相差较大，只有实行出口退税，才能使出口货物以不含税价格进入国际市场，公平参与竞争。

1994 年开始施行的《中华人民共和国增值税暂行条例》、《中华人民共和国消费税暂行条例》中明确规定，对出口货物实行增值税零税率，并免征消费税。对于出口商品，不但在出口环节不征税，而且税务机关还要退还该商品在国内生产、流通环节已负担的税款，使出口商品以不含税的价格进入国际市场，对出口货物的增值税、消费税实行比较规范的出口退税办法。本章内容尤其适合于有进出口业务的外贸企业。

第一节　出口货物退（免）税的基本规定

一、出口退税的税种和退税率

（一）出口退税的税种

我国出口货物退税的税种包括：增值税和消费税。

（二）增值税的退税率

1994 年国家统一进行税制改革时，确定的出口货物的增值税的征、退税率是一致的。随着国际市场和国内经济形势的变化，国家在不同时期分别对出口退税政策进行了调整，我国出口退税政策自 1994 年税制改革至 2010 年 7 月，历经了10 余次大幅调整。

1995 年和 1996 年，由于国内经济形势、财政负担、税收征管水平、防范骗取出口退税等方面的原因，进行了第一次出口退税政策调整，由原来的对出口产品实行零税率调整为 3%、6% 和 9% 三档。

随着国家经济紧缩政策结束以及亚洲金融风暴等方面的影响，为促进出口，1998 年进行了第二次调整，提高了部分出口产品退税率至 5%、13%、15%、17% 四档。

此后，外贸出口连续三年大幅度、超计划增长带来了财政拖欠退税款的问题。2004 年 1 月 1 日起，国家第三次调整出口退税率为 5%、8%、11%、13% 和17% 五档。

2005 年进行了第四次调整，中国分期分批调低和取消了部分"高耗能、高污染、资源性"产品的出口退税率，同时适当降低了纺织品等容易引起贸易摩擦等产品的出口退税率，提高重大技术装备、IT 产品、生物医药产品的出口退税率。

2007 年 7 月 1 日起，为了进一步抑制外贸出口的过快增长，缓解我国外贸顺差过大带来的突出矛盾。同时，进一步落实科学发展观，优化出口商品结构，抑制"高耗能、高污染、资源性"产品的出口，促进外贸增长方式的转变和进出口贸易的平衡，减少贸易摩擦，促进经济增长方式的转变和经济社会的可持续发展，2007 年 7 月 1 日执行了第五次调整政策，调整共涉及 2 831 项商品，约占海关税则中全部商品总数的 37%。经过这次调整，出口退税率变成 5%、9%、11%、13% 和 17% 五档。

2008 年 8 月 1 日第六次出口退税政策调整后，部分纺织品、服装的出口退税率由11%提高到13%，部分竹制品的出口退税率提高到11%。

自2008年11月1日起进行了第七次调整，适当调高部分劳动密集型和高技术含量、高附加值商品的出口退税率。此次出口退税率调整涉及内容广泛，共涉及3 486项商品，大约占海关税则中全部商品总数的25.8%。将部分纺织品、服装、玩具出口退税率提高到14%；将日用及艺术陶瓷出口退税率提高到11%；将部分塑料制品出口退税率提高到9%；将部分家具出口退税率分别提高到11%、13%；将艾滋病药物、基因重组人胰岛素冻干粉、黄胶原、钢化安全玻璃、电容器用钽丝、船用锚链、缝纫机、风扇、数控机床硬质合金刀等商品的出口退税率分别提高到9%、11%、13%；将部分橡胶制品、林产品的退税率由5%提高到9%；将部分模具、玻璃器皿的退税率由5%提高到11%；将部分水产品的退税率由5%提高到13%；将箱包、鞋、帽、伞、家具、寝具、灯具、钟表等商品的退税率由11%提高到13%；将部分化工产品、石材、有色金属加工材料等商品的退税率分别由5%、9%提高到11%、13%；将部分机电产品的退税率分别由9%提高到11%、11%提高到13%、13%提高到14%。此次调整后，我国的出口退税率分为5%、9%、11%、13%、14%和17%六档。

自2009年2月1日起进行了第八次调整，将纺织品、服装的出口退税率由14%提高至15%。

自2009年4月1日起进行了第九次调整，将纺织品和服装的出口退税率提高至16%。出口退税率提高到13%的有合金镍条、杆、型材，镍丝、镍管；铝合金制空心异型材，不锈钢热轧条、杆，外径25毫米的其他精炼铜管，部分橡胶及其制品，毛皮衣服等皮革制品，日用陶瓷、显像管玻壳、金属家具等制品。

自2009年6月1日起进行了第十次调整，将电视用发送设备、缝纫机等商品的出口退税率提高到17%；罐头、果汁、桑丝等农业深加工产品，电动齿轮泵、半挂车等机电产品，光学元件等仪器仪表，胰岛素制剂等药品，箱包、鞋帽、伞、毛发制品、玩具、家具等商品的出口退税率提高到15%；部分塑料、陶瓷、玻璃制品，部分水产品，车削工具等商品的出口退税率提高到13%；合金钢异型材等钢材、钢铁结构体等钢铁制品、剪刀等商品的出口退税率提高到9%；玉米淀粉、酒精的出口退税率提高到5%。此次调整后，我国的出口退税率分为5%、9%、11%、13%、14%、15%和17%七档。

自2010年7月15日起进行了第十一次调整，取消部分商品出口退税，包括部分钢材和有色金属加工材，玉米淀粉及部分塑料及制品等。取消出口退税的其他商品还有部分橡胶、玻璃及制品，银粉、酒精、农药、医药、化工产品等。

（三）消费税的退税率

虽然增值税的出口退税率几经调整，但消费税的出口退税率却始终执行一个标准。计算出口货物应退（免）消费税税款的税率或单位税额，依《中华人民共和国消费税暂行条例》所附的消费税税目（税额）表执行。也就是说，出口货物应退（免）消费税的税率或单位税额，是随着其征税税率或单位税额的改变而作相应调整的，除国家规定出口不予退（免）税的货物外，流通型外贸企业实行"征多少、退多少"，生产型外贸企业实行"全额免税"。

对于没有或不能对不同税率的出口货物分开核算和申报的，无法分清适用退税率的，一律从低适用退税率计算退税。

（四）出口不予退税的货物

企业出口《财政部国家税务总局关于调整出口货物退税率的通知》（财税〔2003〕222号）及其他有关文件规定的不予退税的货物，应分别按下列公式计算应纳税额。

1. 一般纳税人出口不予退税的货物

$$应纳税额 = \frac{出口货物离岸价格 \times 外汇人民币牌价}{1 + 法定增值税税率} \times 法定增值税税率$$

2. 小规模纳税人出口不予退税的货物

$$应纳税额 = （出口货物离岸价格 \times 外汇人民币牌价） \div （1 + 征收率） \times 征收率$$

二、出口货物退（免）税的企业范围

出口企业，一般是指商务部及其授权单位批准，享有进出口经营权的企业和委托外贸企业出口自产货物的生产企业。具体可分为外贸企业、有进出口经营权的生产企业、工贸公司、外商投资企业、委托外贸企业代理出口的生产企业、经批准成立的中外合资商业企业、特准退税企业。

修订后的《中华人民共和国对外贸易法》对进出口经营权由审批制改为登记制，从事对外贸易经营活动的法人、其他组织和个人，均可按照法定程序取得进出口经营资格。但按照国家税务总局有关规定，个人须注册登记为个体工商户、个人独资企业或成为合伙企业成员，方可申请出口退（免）税。

三、出口退（免）税的货物范围

我国出口货物在现阶段的退税是以海关报关出口的增值税、消费税应税货物为主要对象的，但考虑到国家宏观调控的需要以及与国际惯例接轨，对一些非海关报关出口的特定货物也实行了退税。

（一）一般退税的货物范围

凡属于已征或应征增值税、消费税的出口货物，除国家明确规定不予退税的货物和出口企业从小规模纳税人购进并持普通发票的部分货物（特准的出口商品除外）外，都是出口退税的货物范围，均应退还已征的增值税和消费税，或免征应征的增值税和消费税。

可以退税的出口货物一般应具备以下4个条件：

- 必须是属于增值税、消费税征税范围的货物。
- 必须是报关离境的货物。
- 必须是财务上作销售处理的货物。目前，我国只对贸易性质的出口货物予以退税，非贸易性质的出口货物，如向国外捐赠，在国外展出不作对外销售的样品货物，个人在国内购买且国家允许自带离境的已征增值税、消费税的货物，不适用退税规定。因此，出口货物只有在财务上作销售后，才能办理退税。
- 必须是收汇并已核销的货物。

（二）特准退税的货物范围

除同时符合上述4个条件的货物外，还有一些出口货物虽不符合上述条件，但考虑到其销售方式、消费环节、结算方法等方面的特殊性，以及国际间的特殊情况，国家特准退还或免征其增值税和消费税。这些货物主要包括：

- 对外承包工程公司将货物运出境外用于对外承包工程的货物。
- 对外承接修理修配业务的企业用于对外修理修配的货物。
- 外轮供应公司、远洋运输供应公司销售给外轮、远洋国轮而收取外汇的货物。
- 企业在国内采购货物并运往境外作为在国外投资的货物。
- 利用外国政府或国际金融组织贷款，通过国际招标由国内企业中标的机电产品。
- 境外带料加工装配业务所使用出境设备、原材料、散件。
- 利用中国政府的援外优惠贷款和合资合作项目基金方式下出口的货物。
- 对外补偿贸易和易货贸易、小额贸易出口的货物。
- 对港澳台贸易出口的货物。
- 保税区内企业从区外有进出口经营权的企业购进货物，保税区内企业将这部分货物出口或加工后出口的货物。

- 保税区外的出口企业委托保税区内仓储企业仓储并代理报关离境的货物。
- 出口企业从小规模纳税人购进的抽纱、工艺品、香料油、山货、草柳竹藤制品、渔网渔具、松香、五倍子、生漆、鬃尾等货物。

（三）特准不予退税的免税出口货物

按税法规定免征增值税、消费税的出口货物，不予办理出口退税，这类货物主要包括：

- 来料加工复出口的货物。
- 避孕药品和用具、古旧图书。
- 有出口卷烟经营权的企业出口国家出口卷烟计划内的卷烟。
- 军品以及军队系统企业出口军需部门调拨的货物。
- 国家规定的其他免税货物，包括农业生产者销售的自产农产品、饲料、农膜，化肥生产企业生产销售的碳酸氢铵、普通过磷酸钙、钙镁磷肥、复混肥、钾肥、重钙，原生产碳酸氢铵、普通过磷酸钙、钙镁磷肥产品的小化肥生产企业改产生产销售的尿素、磷铵和硫磷铵，农药生产企业销售的敌敌畏、氧乐果、六硫磷等，批发和零售的种子、种苗、化肥、农药、农机，电影制片厂销售的电影拷贝等。

2007 年 7 月 1 日起，又将 10 项商品的出口退税改为出口免税政策。主要包括：花生果仁、油画、雕饰板、邮票和印花税票等。

出口的货物如属税法规定免征增值税的，不予出口退税，其耗用的原材料、零部件等支付的进项税额，包括准予抵扣的运输费用所含的进项税额，不能从内销货物的销项税额中抵扣，应计入产品成本。

（四）特准不予退税的出口货物

有些特定的出口货物，虽然已征收了增值税、消费税，但按现行规定，除经国家批准属于进料加工复出口贸易外，不予退还或免征增值税、消费税。这些货物主要包括：

- 国家计划外出口的原油，中外合作油（气）田开采的天然气。
- 国家禁止出口的货物，包括天然牛黄、麝香、铜及铜基合金等（进料加工复出口除外）。
- 援外出口货物（利用中国政府的援外优惠贷款和援外合资合作项目基金援外方式下出口的货物除外）。
- 生产企业自营或委托出口的非自产货物。
- 非生产企业、非市县外贸企业、非农业产品收购单位、非基层供销社和非成套机电设备供应公司销售给出口企业出口的货物（非生产性出口企业购进原材料委托生产企业加工并回收出口的货物除外）等。

2007年7月1日起，进一步取消了553项"高耗能、高污染、资源性"产品的出口退税，主要包括：濒危动物、植物及其制品，盐、溶剂油、水泥、液化丙烷、液化丁烷、液化石油气等矿产品，肥料，氯和染料等化工产品（精细化工产品除外），金属碳化物和活性炭产品，皮革，部分木板和一次性木制品，一般普碳焊管产品（石油套管除外），非合金铝制条杆等简单有色金属加工产品，以及分段船舶和非机动船舶。

自2010年7月15日起，进一步取消了406项商品的出口退税。主要包括部分钢材，部分有色金属加工材，银粉，酒精、玉米淀粉，部分农药、医药、化工产品，部分塑料及制品、橡胶及制品、玻璃及制品等。

（五）边境地区一般贸易和边境小额贸易的出口货物（以人民币结算）

凡在内蒙古、辽宁、吉林、黑龙江、广西、新疆、西藏、云南省（自治区）行政区域内登记注册的出口企业，以一般贸易或边境小额贸易方式从陆地指定口岸出口到接壤毗邻国家的货物，并采取银行转账人民币结算方式的，可享受应退税额全额出口退税政策。外汇管理部门对上述货物出具出口收汇核销单。企业在向海关报关时，应提供出口收汇核销单，对未及时提供出口收汇核销单而影响企业收汇核销和出口退税的，由企业自行负责。

以人民币现金结算方式出口的货物，不享受出口退税政策。

陆地指定口岸是指经国家有关部门批准的边境口岸。名单如下：

- 内蒙古自治区：室韦、黑山头、满洲里、阿日哈沙特、额布都格、二连、珠恩嘎达布其、满都拉、甘其毛道、策克。

- 辽宁省：丹东、太平湾。

- 吉林省：集安、临江、长白、古城里、南坪、三合、开三屯、图们、沙坨子、圈河、珲春、老虎哨。

- 黑龙江省：东宁、绥芬河、密山、虎林、饶河、抚远、同江、萝北、嘉荫、孙吴、逊克、黑河、呼玛、漠河（包括洛古河）。

- 广西壮族自治区：龙邦、水口、凭祥、友谊关、东兴、平孟、硐中、爱店、硕龙、岳圩、平尔、科甲。

- 云南省：猴桥、瑞丽、畹町、孟定、打洛、磨憨、河口、金水河、天保、片马、盈江、章凤、南伞、孟连、沧源、田蓬。

- 西藏自治区：普兰、吉隆、樟木、日屋。

● 新疆维吾尔自治区：老爷庙、乌拉斯台、塔克什肯、红山嘴、吉木乃、巴克图、阿拉山口、霍尔果斯、都拉塔、阿黑土别克、木扎尔特、吐尔尕特、伊尔克什坦、卡拉苏、红其拉甫。

接壤毗邻国家是指：俄罗斯、朝鲜、越南、缅甸、老挝、哈萨克斯坦、吉尔吉斯斯坦、塔吉克斯坦、巴基斯坦、印度、蒙古、尼泊尔、阿富汗、不丹。

四、出口退税的核心凭证资料

出口退税的凭证资料，是指企业在申报办理出口退税时，按规定必须提供的各种有效凭证，其中出口货物报关单（出口退税专用）、出口收汇核销单（出口退税专用）为各种有效凭证中的核心凭证。

（一）出口货物报关单（出口退税专用）

出口货物报关单是经海关审查对出口货物放行离境的一种书面证明，它是货物出口与否的基本证明，是划分货物出口销售和国内销售的重要依据。出口货物报关单一式四份，其中三份为白色单，一份为黄色单。企业申报退税时，必须提供黄色的并在右上角注明"出口退税专用"字样的单证。海关出具给企业的出口货物报关单（出口退税专用）编号，必须与出口货物报关单（统计联）的编号一致，并将编号打印在右上角，"批准文号"栏内应批注出口收汇核销单编号，同时还应在报关单上加盖各海关在税务机关备案的海关验讫章和海关人员印章或签字。

出口企业若遗失报关单并向海关补办时，必须在报关出口后6个月内向海关提出补办申请，逾期海关不予受理。出口企业申请补办时，须提供主管出口退税的税务机关签发的《关于申请出具（补办报关单）证明的报告》。

出口企业将货物报关并离境出口后，因故发生退运情况的，如海关已签发报关单且出口企业已将报关单交给当地主管退税的税务机关申报退税，出口企业可向主管退税的税务机关申请办理《出口商品退运已补税证明》，海关据以办理退运手续；如出口企业尚未将报关单交退税机关申报退税，可直接凭海关签发的报关单向主管海关办理退运手续。

（二）出口收汇核销单（出口退税专用）

出口收汇核销单（或出口收汇核销清单）是由国家外汇管理局制发，出口单位凭此向海关出口报关，向外汇指定银行办理出口收汇，向外汇管理局办理出口收汇核销，向税务机关办理出口退税申报的有统一编号及使用期限的凭证。

出口企业在申报出口货物退（免）税时，应提供出口收汇核销单，但对尚未到期结汇的,也可不提供出口收汇核销单,退税部门按照现行出口货物退(免)税管理的有关规定审核办理退(免)税手续。

出口企业须在货物报关出口之日(以出口货物报关单上注明的出口日期为准)起210天内,向所在地主管退税部门提供出口收汇核销单(远期收汇除外)。经退税部门审核,对审核有误和出口企业到期仍未提供出口收汇核销单的,出口货物已退(免)税款一律追回;未办理退(免)税的,不再办理退(免)税。

但对有下列情形之一的,自发生之日起两年内,出口企业申报出口货物退(免)税时,必须提供出口收汇核销单:纳税信用等级评定为 C 级或 D 级;未在规定期限内办理出口退(免)税登记的;财务会计制度不健全,日常申报出口货物退(免)税时多次出现错误或不准确情况的;办理出口退(免)税登记不满一年的;有偷税、逃避追缴欠税、骗取出口退税、抗税、虚开增值税专用发票等涉税违法行为记录的;有违反税收法律、法规及出口退(免)税管理规定其他行为的。

另外需要注意的是:自 2004 年 6 月 1 日以后办理出口退(免)税登记的出口企业,自首次申报办理出口退(免)税之日起两年内在申报出口货物退(免)税时,必须提供出口收汇核销单。因改制、改组以及合并、分立等原因新设立并重新办理出口退(免)税登记的出口企业,如原出口企业不存在国税发〔2004〕64号文件第二条所列情形,经省级税务机关批准,在申报退(免)税时可不提供出口收汇核销单,按国税发〔2004〕64 号文件有关规定采取事后审核。

1. 出口收汇核销单的基本规定

• 出口收汇核销单为三联式,第一联为企业存根联,第二联为外管局存根联,第三联为出口退税专用联。未经外汇管理局核销,第二联和第三联不得自行撕开。

• 出口收汇核销单由企业向外汇管理局领取并根据出口货物情况先进行填写并盖章,然后由报关出口的海关根据出口货物的情况进行审核并加盖"出口货物验讫章"骑缝印,最后由当地外汇管理局凭银行结汇水单核销收汇情况,并加盖"已核销"印。

• 出口单位在使用出口收汇核销单前,必须在出口收汇核销单的存根联和出口退税专用联上"出口单位名称"处加盖该出口单位的公章,如实、准确、齐全填写有关栏目,并与出口货物报关单上记载的有关内容一致。

• 外汇管理局在按规定办理完收汇核销手续后,将已核销的净收汇额填在退税联上并签字、加盖"已核销"章;部分收汇部分核销的,外汇管理局仅做部分收汇的核销，填注核销净余额，不办理出口退税专用联的签章手续，待收汇全部核销后再办理出口退税专用联的签发手续。核销中发现有违反出口收汇核销规定的，外汇管理局应在对该出口单位进行处理及纠正其错误后，再办理出口退税专用联的签章手续。

外汇管理局将出口收汇核销单的电子数据整理汇集后传输给退税机关，退税机关对企业申报的核销单进行核对。

- 对于预计收款日期超过报关单日期210天以上（含210天）的远期收汇，出口单位应在报关前凭远期出口合同、出口收汇核销单向外汇管理局备案，并应在出口收汇核销单的"收汇方式"栏注明远期天数。凡未向外汇管理局备案的，一律视为即期出口收汇。

- 出口单位不论是自营出口还是代理出口，均应使用本单位所领的出口收汇核销单办理出口报关。

- 出口单位在向税务机关申报出口退税和办理"代理出口货物证明"时，必须逐票附上对应的出口收汇核销单（出口退税专用），税务机关审核无误后予以办理出口退税和签发"代理出口货物证明"。对各省、自治区、直辖市及计划单列市外经贸主管部门批准的报关出口后在210天以上结汇的出口货物，凭批准文件可延期在1年内提供出口收汇核销单（出口退税专用）。

2. 出口收汇核销单（出口退税专用）的丢失及补办

出口单位未办理报关不慎将出口收汇核销单丢失的，外汇管理局应按有关规定，为出口单位办理该核销单的注销及登报声明作废手续。出口单位丢失出口收汇核销单后，必须在5个工作日内向外汇管理局申报，经核实批准后予以注销。外汇管理局将统一登报声明作废，费用由丢失核销单者负担。

出口单位报关后不慎将出口收汇核销单丢失的，外汇管理局凭出口报关单（收汇核销专用）或海关出具的有关出口证明上的核销单号及有关单据，为出口单位先办理收汇核销及登报声明作废手续，然后再办理出口收汇核销单（出口退税专用）补办证明的签发手续。

出口单位对外汇管理局签发的出口收汇核销单（出口退税专用）丢失后申请补办的，外汇管理局须凭主管出口单位退税的税务机关出具的与该核销单对应的出口未办理退税的证明，方可出具出口收汇核销单（出口退税专用）补办证明。

3. 退运、退货的处理

出口单位报关后因故退运时，须先向外汇管理局备案，外汇管理局应在有关出口收汇核销单"核销情况"栏内填注意见并加盖"监督收汇章"。海关凭此及其他证明给有关出口单位办理退运手续，并在有关出口报关单和出口收汇核销单上加盖"验讫章"后退给出口单位。

出口单位必须在1个月内将上述单据退外汇管理局，外汇管理局凭此注销该核销单。出口单位出口后因故退货时，外汇管理局凭海关出具的有关该批货物的复进口证明办理该核销单的注销手续。

第二节　流通型企业的出口退税

一、出口退税需提供的凭证

商品流通型企业（即通常的外贸、工贸公司，下同）申报出口退税时，除提供出口货物报关单（出口退税专用）、出口收汇核销单（出口退税专用）等核心凭证或远期收汇证明以外，还需提供以下退税单证资料并装订成册：

- 增值税专用发票（抵扣联）。
- 出口货物外销发票。
- 出口货物销售明细账。
- 出口退税货物进货凭证申报明细表。
- 出口为消费税的货物，提供消费税税收（出口货物专用）缴款书。
- 出口退税申报明细表。
- 出口退税汇总申报表。
- 主管出口退税的税务机关要求附送或提供的其他退税凭证资料。
- 实行电算化管理且自行录入的出口企业，还需报送申报软盘。

此外，如果企业有委托代理出口业务的，还需要提供"代理出口货物证明"，如果企业有进料加工复出口业务的，还需要提供"进料加工贸易申请表"及有关单证。

特别需要注意的是，外贸企业购进货物后，无论内销还是出口，须将所取得的增值税专用发票在规定的认证期限内到税务机关办理认证手续。凡未在规定的认证期限内办理认证手续的增值税专用发票，不予抵扣或退税。

对外贸企业丢失增值税专用发票时，在办理出口退税时按以下丢失凭证的数量办理：

1. 丢失已开具增值税专用发票发票联和抵扣联的，在增值税专用发票认证相

符后，可凭增值税专用发票记账联复印件及销售方所在地主管税务机关出具的
《丢失增值税专用发票已报税证明单》，经购买方主管税务机关审核同意后，向主
管出口退税的税务机关申报出口退税。

2. 丢失已开具增值税专用发票抵扣联的，在增值税专用发票认证相符后，可
凭增值税专用发票发票联复印件向主管出口退税的税务机关申报出口退税。

二、出口退税的核算

按规定计算的应收出口退税，借记"其他应收款——应收出口退税（增值
税）"，科目，贷记"应交税费——应交增值税（出口退税）"科目；计算的不予
退回的税款，借记"主营业务成本"科目，贷记"应交税费——应交增值税（进
项税额转出）"科目。收到退回的税款，借记"银行存款"科目，贷记"其他应
收款——应收出口退税（增值税）"科目。

（一）一般贸易出口退税的核算

1. 从一般纳税人购进出口货物出口退税的核算

外贸企业出口货物增值税的应退税额，应依据购进出口货物增值税专用发票
上所注明的进项税额和出口货物适用的出口退税率计算。

$$应退税额 = 购进出口货物增值税专用发票上注明的金额 \times 退税率$$

$$或 = 出口货物数量 \times 加权平均进货单价 \times 退税率$$

$$不得退税税额 = 购进出口货物增值税专用发票上注明金额 \times （征税率 - 退税率）$$

$$或 = 出口货物数量 \times 加权平均进货单价 \times （征税率 - 退税率）$$

【例 6-1】某外贸企业外购服装 10 000 件并取得增值税专用发票，发票注明
的金额为 700 000 元，进项税额 119 000 元。该批服装出口后，企业收齐单证申报
出口退税，适用的出口退税率为 13%。

（1）应退增值税的申报

企业按规定计算申报的应退增值税，并作如下会计分录：

应退增值税额 = 700 000 × 13% = 91 000（元）

借：其他应收款——应收出口退税（增值税）　　　　　　　91 000

　　贷：应交税费——应交增值税（出口退税）　　　　　　　　91 000

（2）征退税差处理

企业按规定计算出口货物征退税差，计入出口销售成本，作如下会计分录：

应计入成本的征退税差＝700 000×（17%－13%）＝28 000（元）

借：主营业务成本——出口服装　　　　　　　　　　28 000

　　贷：应交税费——应交增值税（进项税额转出）　　　　　　28 000

（3）收到出口退税款

企业实际收到退税款91 000元，作如下会计分录：

借：银行存款　　　　　　　　　　　　　　　　　91 000

　　贷：其他应收款——应收出口退税（增值税）　　　　　　91 000

（4）出口退关

对已办理退税申报的出口货物发生退关或退货的，出口企业应按规定到主管税务机关申报办理《出口商品退运已补税证明》，按实际已退增值税额补交税款。

【例6－2】沿用【例6－1】资料，假定该批出口服装发生退关，企业按实际已退增值税额补交税款91 000元，作如下会计分录：

借：应交税费——应交增值税（出口退税）　　　　91 000

　　贷：银行存款　　　　　　　　　　　　　　　　　91 000

同时，应将原计入成本的出口货物征退税差部分从成本中转出，作如下会计分录：

借：应交税费——应交增值税（进项税额转出）　　28 000

　　贷：主营业务成本——出口服装　　　　　　　　　　28 000

如尚未申报退税的出口货物发生退关或退货，不需补交税款，也不作会计处理。

（5）实退与原申报退税数差额的处理

【例6－3】假定某外贸企业出口货物后，向税务机关申报出口退税104 000元，并已作相关会计处理。经税务机关审核，申报时适用的退税率与实际退税率不符（或者因不可弥补缺失单证及其他原因造成无法退税），实际准予退税93 600元，与原申报退税数相差10 400元。企业应调整差额，作如下会计分录：

借：主营业务成本——出口服装　　　　　　　　　10 400

　　贷：其他应收款——应收出口退税（增值税）　　　　　　10 400

（6）丧失退税机会的处理

如果外贸企业未按规定退税期限申报，又未补办延期申请，那么企业就丧失了退税机会，此时，外贸企业可将未退的增值税税款转入主营业务成本，借记"主营业务成本"科目，贷记"应交税费——应交增值税（进项税额转出）"科目。

2. 从小规模纳税人购进货物出口退税的核算

税法规定，小规模纳税人自营（或委托）出口的货物，出口环节免税并不予办理退（免）税。

外贸企业从小规模纳税人购进持普通发票特准退税的出口货物（抽纱、工艺品、香料油、山货、草柳竹藤制品、渔网渔具、松香、五倍子、生漆、鬃尾等货物），以及通过供货企业申请并取得税务部门代开增值税专用发票的出口货物，出口环节免税并退还出口货物增值税额。

2009 年修订后的《增值税暂行条例》规定，2009 年 1 月 1 日起小规模纳税人增值税的征收率为 3%。根据出口退税率不准超过已征增值税率的基本原则，小规模纳税人增值税的退税率应为 3%。

（1）外贸企业从小规模纳税人购进持普通发票特准退税的出口货物，由于普通发票上所列的销售额中包含了应纳增值税额，因此应先换算成不含税价格，再据以计算应退税额，其计算公式为：

$$应退税额 = 普通发票所列销售额 / （1 + 征收率） \times 3\%$$

【例 6 - 4】某外贸企业购入抽纱一批，取得普通发票，发票注明金额 51 500 元。该批货物出口后，申报退税额为：

应退税额 = 51 500 ÷ （1 + 3%） × 3% = 1 500 （元）

申报退税时的会计分录：

借：其他应收款——应收出口退税（增值税）   1 500

    贷：应交税费——应交增值税（出口退税）   1 500

收到退税款时的会计分录：

借：银行存款   1 500

    贷：其他应收款——应收出口退税（增值税）   1 500

（2）外贸企业从小规模纳税人购进并取得税务机关代开的增值税专用发票的出口货物，应退税额计算公式为：

$$应退税额 = 增值税专用发票注明的销售金额 \times 3\%$$

【例6－5】某外贸企业购入草柳竹藤制品一批，取得税务机关代开的增值税专用发票，发票注明销售金额60 000元。该批货物出口后，申报退税额为：

应退税额＝60 000×3%＝1 800（元）

申报退税时的会计分录：

借：其他应收款——应收出口退税（增值税） 1 800

　　贷：应交税费——应交增值税（出口退税） 1 800

收到退税款时的会计分录：

借：银行存款 1 800

　　贷：其他应收款——应收出口退税（增值税） 1 800

3. 委托加工出口货物增值税应退税额的计算

外贸企业委托生产企业加工收回后报关出口的货物，按购进国内原辅材料的增值税专用发票上注明的进项金额，依原辅材料的退税率计算原辅材料应退税额。支付的加工费，按受托方开具的增值税专用发票上注明的加工费金额，依复出口货物的退税率，计算加工费的应退税额。

4. 出口应税消费品应退消费税额的计算

外贸企业收购应税消费品出口，除退还其已纳增值税外，还应退还其已纳的消费税。消费税的应退税额分别根据该货物消费税的征税办法确定，计算公式分别为：

实行从价定率征收办法的：

$$应退税额＝购进出口货物的进货金额×消费税税率$$

实行从量定额征收办法的：

$$应退税额＝出口数量×单位税额$$

外贸企业委托加工收回的应税消费品出口，其应退消费税额按上述公式计算。

自营出口货物的外贸企业，在货物报关出口后申报退税时，按申请退税的金额，借记"其他应收款——应收出口退税（消费税）"科目，贷记"主营业务成本"科目。

（二）加工贸易出口退税的核算

1. 进料加工出口退税的核算

进料加工是指有进出口经营权的企业，为了加工出口货物而用外汇从国外进口原材料、辅料、元器件、配套件、零部件和包装材料等（以下简称进口料件），经加工生产成货物收回后复出口的一种出口贸易方式。进料加工出口货物的退税办法与一般贸易出口货物的退税办法基本上是一致的，但由于进料加工出口货物在料件的进口环节存在着不同程度的减免税，在计算进料加工出口退税时，必须对已实行减免税的进口料件进行进项扣除，以使出口货物的退税款与国内实际征收的税款保持一致，避免出现多退税的情况。

（1）进口料件采取作价销售方式。在进料加工贸易方式下，外贸企业将减税或免税进口的料件转售给其他企业加工生产出口货物时，应给生产企业开具增值税专用发票，并按增值税专用发票上注明的金额，填具《进料加工贸易申请表》，报经主管其出口退税的税务机关同意并签章后，报送主管征税的税务机关。征税税务机关据此按规定税率计算销售料件的增值税应交税款，并在增值税专用发票上注明，但注明的应交税款不计征入库，而是由主管退税的税务机关在出口企业办理出口退税时在当期应退税额中抵扣。对有些货物增值税征、退税率不一致的，实际应抵扣额按进料加工出口退税率计算扣除。这种方式下应退税额的具体计算方法是：

应退税额＝出口货物的应退税额－销售进口料件的应抵扣税额

其中，

$$\begin{matrix} 销售进口 \\ 料件的应 \\ 抵扣税额 \end{matrix} = \begin{matrix} 销售进 \\ 口料件 \\ 金\quad额 \end{matrix} \times \begin{matrix} 进料加工 \\ 复出口货 \\ 物退税率 \end{matrix} - \begin{matrix} 海关已对进口 \\ 料件实际征收 \\ 的增值税税额 \end{matrix}$$

对于进料加工方式下进口料件取得的海关征收增值税完税凭证，出口企业不得交主管征税的税务机关作为计算当期进项税额的依据，而是应交主管出口退税的税务机关作为计算退税的依据。

（2）进口料件采取委托加工方式。在进料加工贸易方式下，外贸企业采取委托加工方式收回出口的货物，其购进国内原辅材料的应退税额，按购进时取得的增值税专用发票上注明的进项金额，依原辅材料适用的退税率计算；其支付加工费的应退税额，按受托方开具的增值税专用发票上注明的加工费金额依进料加工出口货物适用的退税率计算；其进口料件实征的进口环节增值税，凭海关完税凭证计算应退税额，具体计算方法如下：

$$应退\ =\ 购进原辅材料增\ \times\ 原\quad辅\ +\ 增值税专用\ \times\ 进料加\ +\ 海关已对进$$
$$税额\quad\ 值税专用发票上\quad材\quad料\quad\ 发票注明的\quad\ 工出口\quad口料件实征$$
$$\quad\quad\ 的进项金额\quad\quad\quad退税率\quad加工费金额\quad退税率\quad增值税税款$$

2. 来料加工出口退税的核算

来料加工（来件装配）一般是指由外商提供原材料、半成品、零部件、元器材（必要时也提供一些技术设备），由我方加工企业根据外商的要求进行加工装配，成品交由外商销售，我方加工企业收取加工费的一种贸易方式。来料加工（来件装配）业务的确定，一般以海关核签的来料加工货物报关单和来料加工登记手册为准。

按照现行政策规定，来料加工（来件装配）进口的原材料、半成品、零部件、元器材，免征进口环节增值税和消费税；来料加工（来件装配）出口的货物免征增值税、消费税；加工出口企业取得的工缴费收入免征增值税、消费税；来料加工（来件装配）出口货物所耗用的国内原材料的已征税款不予退税，也不得抵扣，应计入生产成本。

企业以来料加工（来件装配）贸易方式免税进口的原材料、半成品、零部件、元器材，凭海关核签的来料加工进口料件报关单和来料加工登记手册向主管其出口退税的税务机关办理《来料加工贸易免税证明》，持此证明向主管其征税的税务机关申报办理免征其加工或委托加工货物工缴费的增值税、消费税。企业在来料加工（来件装配）的货物全部出口后，必须及时凭来料加工出口货物报关单和海关已核销的来料加工登记手册、收汇凭证向主管其出口退税的税务机关办理核销手续。逾期未核销的，主管其出口退税的税务机关将会同海关及主管征税的税务机关对其进行补税和处罚。

第三节　生产型企业的出口退（免）税

一、生产企业出口退（免）税的程序

生产企业在货物出口并按会计制度的规定在财务上作销售后，先向主管征税机关的征税部门或岗位（以下简称征税部门）办理增值税纳税和免、抵税申报，并于每月1~15日（逢节假日顺延）向主管征税机关的退税部门或岗位（以下简称退税部门）办理退税申报。

（一）办理增值税纳税及免、抵税申报

生产企业向主管征税机关的征税部门办理增值税纳税及免、抵税申报时，应提供以下资料。

- 《增值税纳税申报表》及其规定的附表。
- 退税部门确认的上期《生产企业出口货物免、抵、退税申报汇总表》。
- 税务机关要求的其他资料。

（二）办理"免、抵、退"税申报

生产企业向主管征税机关的退税部门办理"免、抵、退"税申报时，除提供出口货物报关单（出口退税专用）、出口收汇核销单（出口退税专用）的核心凭证或远期收汇证明以外，还需提供以下退税单证资料：

- 《生产企业出口货物免、抵、退税申报汇总表》。
- 《生产企业出口货物免、抵、退税申报明细表》。
- 经征税部门审核签章的当期《增值税纳税申报表》。
- 有进料加工出口业务的还应填报《生产企业进料加工登记申报表》、《生产企业进料加工进口料件申报明细表》、《生产企业进料加工海关登记手册核销申请表》、《生产企业进料加工贸易免税证明》。
- 如有委托代理出口业务的，还需提供"代理出口货物证明"。

（三）中标的机电产品

国内生产企业中标销售的机电产品申报"免、抵、退"税时，除提供上述申报表外，还应提供以下资料。

- 招标单位所在地主管税务机关签发的《中标证明通知书》。
- 由中国招标公司或其他国内招标组织签发的中标证明（正本）。
- 中标人与中国招标公司或其他招标组织签订的供货合同（协议）。
- 中标人按照标书规定及供货合同向用户发货的发货单。
- 销售中标机电产品的普通发票或外销发票。
- 中标机电产品用户收货清单。
- 国外企业中标再分包给国内生产企业供应的机电产品，还应该提供与中标人签署的分包合同（协议）。

二、生产企业出口退（免）税的计算方法

《财政部国家税务总局关于进一步推进出口货物实行免抵退税办法的通知》（财税〔2002〕7号）规定，生产企业自营或委托外贸企业代理出口（以下简称

出口）自产货物，除另有规定外，增值税一律实行免、抵、退税管理办法。增值税小规模纳税人出口自产货物实行免征增值税办法，相关进项税额不予退还或抵扣。生产企业出口自产的属于应征消费税的产品，实行免征消费税办法。

"免"税，是指对生产企业出口的自产货物，免征本企业生产销售环节增值税；"抵"税，是指生产企业出口自产货物所耗用的原材料、零部件、燃料、动力等所含应予退还的进项税额，抵顶内销货物的应纳税额；"退"税，是指生产企业出口的自产货物在当月内应抵顶的进项税额大于应纳税额时，对未抵顶完的部分予以退税。

（一）一般贸易出口退（免）税的计算方法

生产企业出口货物"免、抵、退"税的具体计算方法是：

- 如果当期期末留抵税额≤当期免抵退税额，则：

$$当期应退税额 = 当期期末留抵税额$$

$$当期免抵税额 = 当期免抵退税额 - 当期应退税额$$

其中：当期期末留抵税额为当期《增值税纳税申报表》的"期末留抵税额"。

$$\begin{matrix} 当期 \\ 免抵 \\ 退税额 \end{matrix} = \begin{matrix} 出口 \\ 货物 \\ 离岸价 \end{matrix} \times \begin{matrix} 外汇 \\ 人民币 \\ 牌价 \end{matrix} \times \begin{matrix} 出口 \\ \\ 退税率 \end{matrix} - \begin{matrix} 免抵 \\ 退税额 \\ 抵减额 \end{matrix}$$

$$免抵退税额抵减额 = 免税购进原材料价格 \times 出口退税率$$

免税购进原材料包括从国内免税购进原材料和进料加工免税进口料件，其中进料加工免税进口料件的价格为组成计税价格，即货物到岸价加海关实征关税和消费税。

- 如果当期期末留抵税额＞当期免抵退税额，则：

$$当期应退税额 = 当期免抵退税额$$

$$当期免抵税额 = 0$$

$$\begin{matrix} 当期 \\ 应纳 \\ 税额 \end{matrix} = \begin{matrix} 当期内销 \\ 货物的 \\ 销项税额 \end{matrix} - \left(\begin{matrix} 当期 \\ 进项 \\ 税额 \end{matrix} - \begin{matrix} 当期免抵退 \\ 税不得免征 \\ 和抵扣税额 \end{matrix} \right)$$

其中：

$$
\begin{array}{l}
\text{当期免抵退} \\
\text{税不得免征} \\
\text{和抵扣税额}
\end{array}
=
\begin{array}{l}
\text{出 口} \\
\text{货 物} \\
\text{离岸价}
\end{array}
\times
\begin{array}{l}
\text{外 汇} \\
\text{人民币} \\
\text{牌 价}
\end{array}
\times
\left(
\begin{array}{l}
\text{出 口} \\
\text{货 物} \\
\text{征税率}
\end{array}
-
\begin{array}{l}
\text{出 口} \\
\text{货 物} \\
\text{退税率}
\end{array}
\right)
-
\begin{array}{l}
\text{免抵退税不} \\
\text{得免征和抵} \\
\text{扣税抵减额}
\end{array}
$$

$$
\begin{array}{l}
\text{免抵退税不} \\
\text{得免征和抵} \\
\text{扣税抵减额}
\end{array}
=
\begin{array}{l}
\text{免税购} \\
\text{进原材} \\
\text{料价格}
\end{array}
\times
\left(
\begin{array}{l}
\text{出 口} \\
\text{货 物} \\
\text{征税率}
\end{array}
-
\begin{array}{l}
\text{出 口} \\
\text{货 物} \\
\text{退税率}
\end{array}
\right)
$$

（二）加工贸易出口退（免）税的计算

1. 进料加工出口退（免）税

进料加工是指有进出口经营权的企业，为了加工出口货物而用外汇从国外进口原材料、辅料、元器件、配套件、零部件和包装材料等（以下简称进口料件），经加工生产成货物收回后复出口的一种出口贸易方式。

生产企业以进料加工贸易方式进口料件加工后出口的，其进口料件应当先依据海关核准的《进料加工登记手册》填具"进料加工贸易申请表"，报经主管其出口退税的税务机关同意盖章后，将此申请表送主管其征税的税务机关，准许其在计征加工成品的增值税时，对这部分进口料件按规定的征税率计算税款予以抵扣。货物出口后，比照一般贸易方式出口货物实行"免、抵、退"税办法，主管其出口退税的税务机关在计算其免抵退税额时，对这部分进口料件按规定的退税率计算税额并予以扣减。

2. 来料加工出口退（免）税

来料加工（来件装配）一般是指由外商提供原材料、半成品、零部件、元器材（必要时也提供一些技术设备），由我方加工企业根据外商的要求进行加工装配，成品交由外商销售，我方加工企业收取加工费的一种贸易方式。来料加工（来件装配）业务的确定，一般以海关核签的来料加工货物报关单和来料加工登记手册为准。

外贸生产型企业以来料加工贸易方式出口的，其退税方式和程序与流通型外贸企业的出口退税相同，可参考本章第二节相关内容。

（三）生产企业出口自产的属于应征消费税的产品

生产企业出口自产的属于应征消费税的产品，实行免征消费税办法，分别按不同的征收方法就销售收入或销售数量免税。

（四）生产企业外购产品出口

1. 生产企业出口的以下产品，可视同自产产品准予按原免抵退税政策执行：

● 外购的与本企业所生产的产品名称、性能相同，且使用本企业注册商标的产品。

● 外购的与本企业所生产的产品配套出口的产品。

● 收购经主管出口退税的税务机关认可的集团公司（或总厂）成员企业（或分厂）的产品。

● 委托加工收回的产品。

2. 从 2004 年 7 月起，经商财政部同意国家税务总局批准，对部分试点列名生产企业外购出口的产品准予按免抵退税政策执行。并且根据管理上的需要，在各地上报的基础上不定期的调整列名生产企业名单。例如，自 2008 年 8 月 1 日起，国家重新批准了天津三星光电子有限公司等 62 家生产企业为外购产品出口试行免抵退试点企业。

三、生产企业增值税出口退税的核算

根据按规定计算的当期应予抵扣的税额，借记"应交税费——应交增值税（出口抵减内销产品应纳税额）"科目，贷记"应交税费——应交增值税（出口退税）"科目；因应抵扣的税额大于应纳税额而未全部抵扣，按规定应予退回的税款，借记"其他应收款——应收出口退税（增值税）"科目，贷记"应交税费——应交增值税（出口退税）"科目；按规定计算的当期出口货物不予免征、抵扣和退税的税额，计入出口货物成本，借记"主营业务成本"科目，贷记"应交税费——应交增值税（进项税额转出）"科目。收到退回的税款，借记"银行存款"科目，贷记"其他应收款——应收出口退税（增值税）"科目。

在出口企业的经营中，销售上既有内销又有出口，耗料上既有国内采购又有进料加工，出口种类上既有实行退税的品种又有出口征税的品种，出口退税率上既有全额退税又有差额退税，由于上述各种情况都有不同的政策规定，尤其是企业上述情形同时存在时，会计处理相对复杂一些。企业申报出口退税后，月末一般会出现下述三种情况：

一是出口应退税额全部抵减内销应纳税额后，当月仍需缴纳增值税。

二是当月有退税申报额，无免抵税额。

三是当月既有退税申报额，也有免抵税额。

【例 6 - 5】某外贸生产企业 2009 年 7 ~ 9 月资料如表 6 - 1 所示，该企业适用 17% 的征税率和 13% 的退税率，假定 2009 年 7 月没有上期留抵税额。

表 6 – 1　某外贸生产企业 2009 年 7 ~ 9 月资料　　　　　　　　（单位：万元）

项　　目		7 月	8 月	9 月
进项税额	上期留抵税额	0		
	本期增加	150	160	110
内销	销售额	800	400	500
	销项税额	136	68	85
外销	准予退税的出口额	700	500	700
	不予退税的出口额	117	35. 1	
	进口料件金额	300	0	200

　　下面分三种情况分析该外贸生产企业 2009 年 7 ~ 9 月出口退税情况，分别见表 6 – 2、表 6 – 3、表 6 – 4。

（一）出口应退税额全部抵减内销应纳税额后，当月仍需缴纳增值税

表 6 – 2　某外贸生产企业 2009 年 7 月出口退税计算表　　　　　（单位：万元）

月份	计 算 项 目	计 算 公 式	计算结果	会计处理
7 月	不得免征和抵扣税额抵减额	$300 \times (17\% - 13\%)$	12	
	不得免征和抵扣税额	$700 \times (17\% - 13\%) - 12$	16	√
	不予退税的出口额计提销项税额	$117 \div (1 + 17\%) \times 17\%$	17	√
	准予抵扣的进项税额	$150 - 16$	134	
	应纳税额	$(136 + 17) - 134$	19	√
	免抵退税额抵减额	$300 \times 13\%$	39	
	免抵退税额	$700 \times 13\% - 39$	52	
	应退税额		0	
	免抵税额	$52 - 0$	52	√
	期末留抵税额		0	

　　1. 不予抵扣税额转入出口成本：

　　借：主营业务成本——自营出口销售成本　　　　　　　　160 000

　　　　贷：应交税费——应交增值税（进项税额转出）　　　　　160 000

2. 出口货物按规定应计提销项税额：

借：应收账款——应收外汇账款　　　　　　　　　1 170 000

　　贷：主营业务收入——自营出口销售收入　　　　　1 000 000

　　　　应交税费——应交增值税——销项税额　　　　　170 000

3. 出口产品当月应予抵扣的税款：

借：应交税费——应交增值税（出口抵减内销产品应纳税额）520 000

　　贷：应交税费——应交增值税（出口退税）　　　　　　520 000

4. 月度终了结转本月未交增值税：

借：应交税费——应交增值税（转出未交增值税）　　190 000

　　贷：应交税费——未交增值税　　　　　　　　　　190 000

　　需要注意的是，"免、抵、退"是在税务机关的两个部门进行的，进项税额认证和抵顶内销应纳增值税是在征税部门，而应免抵增值税或退税是在退税部门进行的，当企业经计算出口应退税额全部抵减内销应纳税额后，当月仍需缴纳增值税时，仍然要对"免抵税额"向退税部门进行申报并进行会计处理，否则，会因漏申报而丧失"免、抵"机会。

（二）当月有退税申报额，无免抵税额

表6－3　某外贸生产企业2009年8月出口退税计算表　　　　　　（单位：万元）

月份	计 算 项 目	计 算 公 式	计算结果	会计处理
8月	不得免征和抵扣税额抵减额			
	不得免征和抵扣税额	500 × （17% － 13%）	20	√
	准予抵扣的进项税额	160 － 20	140	
	不予退税的出口额计提销项税额	35.1 ÷ （1 ＋17%）×17%	5.1	√
	应纳税额	（68 ＋5.1）－140	－66.9	
	免抵退税额抵减额			
	免抵退税额	500 ×13%	65	
	应退税额	｜ －66.9 ｜ ＞ 65	65	√
	免抵税额	65 － 65	0	
	期末留抵税额		66.9	

经计算，8月末当期待抵增值税（进项税额余额）669 000元，大于免抵退税净额650 000元。因此，当期应退税额为650 000元，期末留抵税额为669 000元。

编制会计分录如下：

1. 不予抵扣税额转入出口成本：

借：主营业务成本——自营出口销售成本　　　　200 000
　　贷：应交税费——应交增值税（进项税额转出）　　200 000

2. 出口货物按规定应计提销项税额：

借：应收账款——应收外汇账款　　　　　351 000
　　贷：主营业务收入——自营出口销售收入　　300 000
　　　　应交税费——应交增值税（销项税额）　　51 000

需要注意的是，征税部门审定的《增值税纳税申报表》中的"期末留抵税额"是向退税部门申报"应退税额"的必要条件，"应退税额"必须是有本期的"期末留抵税额"大于或等于准备申报的退税额时，申报退税才能成立。并且按规定，应在下月初（一般在15日之前）计提并申报。

（三）当月既有退税申报额，也有免抵税额

表6-4　某外贸生产企业2009年9月出口退税计算表　　　　（单位：万元）

月份	计 算 项 目	计 算 公 式	计算结果	会计处理
9月	上期留抵税额		66.9	
	计提并申报退税		65	√
	不得免征和抵扣税额抵减额	200×（17%－13%）	8	
	不得免征和抵扣税额	700×（17%－13%）－8	20	√
	准予抵扣的进项税额	（66.9－65）＋110－20	91.9	
	应纳税额	85－91.9	－6.9	
	免抵退税额抵减额	200×13%	26	
	免抵退税额	700×13%－26	65	
	应退税额	｜－6.9｜＜65	6.9	√
	免抵税额	65－6.9	58.1	√

1. 计提上期的出口产品退税并申报：

借：其他应收款——应收出口退税（增值税）　　　650 000
　　贷：应交税费——应交增值税（出口退税）　　　　　650 000

2. 不予抵扣税额转入出口成本：

借：主营业务成本——自营出口销售成本　　　　200 000
　　贷：应交税费——应交增值税（进项税额转出）　　200 000

3. 出口产品当月应予抵扣的税款：

借：应交税费——应交增值税（出口抵减内销产品应纳税额）581 000
　　贷：应交税费——应交增值税（出口退税）　　　　　581 000

4. 该外贸生产企业10月初的会计核算：

借：其他应收款——应收出口退税（增值税）　　　　69 000
　　贷：应交税费——应交增值税（出口退税）　　　　　69 000

或者在10月编制复合会计分录：

借：应交税费——应交增值税（出口抵减内销产品应纳税额）
　　　　　　　　　　　　　　　　　　　　　　　581 000
　　其他应收款——应收出口退税（增值税）　　　69 000
　　贷：应交税费——应交增值税（出口退税）　　　650 000

四、生产企业消费税出口退（免）税的核算

对于消费税出口退税，会计上在"应收账款"下设置"应收出口退税（消费税）"明细科目进行核算。

没有进出口经营权的生产企业委托外贸企业代理出口货物的，应在计算消费税时，按应交消费税，借记"其他应收款——应收出口退税（消费税）"科目，贷记"应交税费——应交消费税"科目。实际收到退回的税金，借记"银行存款"科目，贷记"其他应收款——应收出口退税（消费税）"科目。发生退关或退货而补交已退的消费税，作相反的会计分录。

有进出口经营权的生产企业直接出口或通过外贸企业出口的货物，按规定直接予以免征消费税，会计上不作核算。

第四节　代理出口业务的出口退税

随着国家经济的不断发展，对外开放的不断扩大，以及外贸管理方式的转变，大量生产企业拥有了进出口经营权，传统意义上的外贸收购业务受到了很大冲击。尤其在商务部下发了《关于调整进出口经营资格标准和核定程序的通知》后，对外贸易大幅度降低了准入门槛，越来越多的经营主体进入对外贸易领域，代理出口业务相对弱化。但目前国内许多中小型企业（包括许多民营或私营企业）受限于国外客户资源或者外贸专业人才的缺乏，短期内仍需要与专业外贸企业进行合作，因此，代理出口业务仍是出口业务的一种类型。

一、代理出口的确认

受托企业接受其他企业的委托代理出口业务，包括开拓国际市场、出口成交、办理发运、交单结汇等全过程工作，称为代理出口业务。如只代委托方办理出口成交而不负责办理制单结汇的，或者只代委托方办理出运、加工、整理、改装等部分工作的，只能称为代办业务，而不能称为代理出口业务。代理出口业务有以下几个特点：

1. 受托企业经办受托出口业务的原则是：不垫付资金，不负担基本费用，不承担出口销售盈亏，不承担经营风险，有偿服务。

2. 受托企业按照出口销货发票的金额及规定的手续费率，向委托方计收手续费，作为经办受托出口业务的服务收入。

3. 为了划清双方责任，受托方与委托方应事先协商并签订代理出口协议，明确规定代理范围、经营商品、商品交接、储存运输、费用负担、手续费率、外汇划拨、索赔处理、结算方式以及双方其他职责等。

4. 国内费用，其直接费用应由委托方负担，间接费用在受托方收取的手续费中进行补偿。

5. 受托出口业务的外汇结算有两种方式：一是异地结汇，即在受托方向银行交单时办妥必要手续，由银行收到外汇时，扣除境外运费、保险费、佣金及代理手续费后，将外汇余额直接划拨委托方。二是由受托方办理结汇后，扣除各种代垫费用，将外汇余额划拨委托方。

6. 代理出口的货物，一律由受托企业到主管其退税的税务机关办理"代理出口货物证明"，移交委托方向所在税务机关申请办理退（免）税手续。

二、受托出口业务

（一）《代理出口货物证明》的办理

一般情况下，《代理出口货物证明》由受托代理出口的企业在代理出口货物已实际结汇后到主管出口退税的税务机关办理。税务机关应及时录入证明的有关内容，并与有关电子数据核对无误后出证。

在办理《代理出口货物证明》时，受托代理出口的企业应提供下列资料：

- 《代理出口协议》。
- 受托方代理出口的《出口货物报关单（出口退税联）》。
- 出口货物销售（统一）发票。
- 《出口收汇核销单（出口退税专用）》（协议规定由委托方收汇核销的除外）。

受托企业将代理出口的货物与本企业其他出口货物一并报关出口或收汇核销的，还应附送出口货物报关单或出口收汇核销单原件和复印件各一份。

（二）受托企业的会计核算

1. 科目的设置

为了反映和核算受托出口商品的业务，企业收到受托出口商品按约定的外销价格，借记"受托代销商品"科目，贷记"受托代销商品款"科目；代办出口托运和出口交单，借记"应收账款——应收外汇账款"科目，贷记"受托代销商品"；计算代销手续费，借记"受托代销商品款"科目，贷记"其他业务收入"；结清代销商品款时，借记"受托代销商品款"科目，贷记"银行存款"科目。

2. 核算程序和账务处理

目前，代理出口业务有两种形式：即视同买断方式和收取手续费方式。

视同买断方式是指由委托方和受托方签订协议，委托方按协议价收取所代销商品的货款，实际售价（出口价）可由受托方自定，实际售价与协议价之间的差额归受托方所有的销售方式。受托单位销售的委托代销商品收入的实现及账务处理，与本企业商品对外销售收入的实现及账务处理相同（即视同自营出口销售）。

收取手续费方式是指受托方根据所代销商品数量向委托方收取手续费的销售方式。在这种代销方式下，委托方应在受托方将商品销售后，并向委托方开具代销清单时，确认收入；受托方在商品销售后，按应收取的手续费确认收入。

【例 6-6】某外贸企业代××企业出口商品一批，合同金额为 16 000 美元（CIF），代理手续费率 3%，假设当日银行买价为 1 美元 = 7.20 元人民币。那么，受托企业的会计处理包括以下几个环节。

（1）收到代管商品

当委托企业交来代管出口商品时，应根据业务或储运部门开具的盖有"代理业务"戳记的入库单，按合同规定的出口金额扣除手续费后折合为人民币记账。

受托代销商品 = 16 000 × 7.20 = 115 200（元）

借：受托代销商品——××客户   115 200

    贷：受托代销商品款——国内委托企业   115 200

如委托企业自行将商品运往车站、码头交货的，会计上只通过备查账簿"代管物资"反映，不作上述分录。

（2）代办出口托运和出口交单

受托方根据代理出口合约及代管商品，代办出口单证并向运输单位办理托运手续。在代理商品装运出口后，在信用证规定日期内，将全套出口单证按合同规定结算方式向银行办理交单手续时，应凭储运部门通知，作如下会计分录（设银行美元买入价同上）：

借：应收账款——应收外汇账款——××客户（16 000 美元）115 200

    贷：受托代销商品——××客户   115 200

（3）代销手续费收入

受托代销商品 = 16 000 × 7.20 × 3% = 3 456（元）

借：受托代销商品款——国内委托企业   3 456

    贷：其他业务收入——代理出口销售收入——××企业   3 456

如该进出口企业是以代理出口为主营业务的，可在"主营业务收入"科目核算。

（4）出口收汇

银行收妥货款扣除银行费用 20 美元。根据当日银行买入价 1 美元 = 7.21 元人民币，受托方应根据银行结汇水单，作如下会计分录：

借：银行存款——××银行   115 215.80

    受托代销商品款——国内委托企业（银行费用）   144.20

　　　贷：应收账款——应收外汇账款——××客户（16 000 美元）

　　　　　　　　　　　　　　　　　　　　　　　　　　115 200

　　　　受托代销商品款——国内委托企业（汇兑损益）　　　160

　　（5）代付境外费用

　　假设代付海运费 800 美元、保险费 300 美元（当日银行卖出价 1 美元 = 7.17
元人民币），代付境外佣金 800 美元（当日银行卖出价 1 美元 = 7.16 元人民币），
应分别作如下会计分录：

　　代付运保费 = （800 + 300）× 7.17 = 7 887（元）

　　代付境外佣金 = 800 × 7.16 = 5 728（元）

　　借：受托代销商品款——国内委托企业——代付运保费　　7 887

　　　　受托代销商品款——国内委托企业——代付境外佣金　5 728

　　　　贷：银行存款——××银行　　　　　　　　　　　　　13 615

　　（6）代付国内费用

　　代理出口的国内各项直接费用，假设支付人民币 800 元，应凭有关单据作如
下会计分录：

　　借：受托代销商品款——国内委托企业　　　　　　　　　　800

　　　　贷：银行存款——××银行　　　　　　　　　　　　　　800

　　（7）清算代理货款

　　代理出口业务在收妥货款结汇入账后，结清境内、外各项费用及应收手续费
后，应即按代销合约的规定向委托方清算代理货款。

$$\begin{array}{c}应付\\款项\end{array} = \begin{array}{c}出口\\销售\\收入\end{array} - \begin{array}{c}国外\\佣金\end{array} - \begin{array}{c}国外\\运费\\保费\end{array} - \begin{array}{c}代理\\业务\\手续费\end{array} - \begin{array}{c}代付\\国内\\费用\end{array} \pm \begin{array}{c}汇兑\\损益\end{array}$$

　　应付款项 = 115 200 - 5 728 - 7 887 - 3 456 - 800 - 144.20 + 160 = 97 344.80
（元）

　　借：受托代销商品款——国内委托企业　　　　　　　　97 344.80

　　　　贷：银行存款——××银行　　　　　　　　　　　　97 344.80

三、委托出口业务

（一）委托方办理退（免）税时需提供的凭证

- 《代理出口货物证明》。
- 《出口货物报关单（出口退税联）》。
- 《出口收汇核销单（出口退税专用)》。
- 《代理出口协议（合同）》副本。
- 出口货物销售明细账。

如果受托方将代理出口的货物与受托方的其他货物一并报关或收汇核销的，委托方申请退税时必须提供经受托方主管出口退税的税务机关签章后的《出口货物报关单（出口退税联）》或《出口货物收汇核销单（出口退税专用)》复印件。

（二）委托出口退（免）税的计算

根据现行政策规定，委托方是有出口经营权的企业，如外贸企业、工贸企业等，代理出口货物的应退税款应依据该货物增值税专用发票的金额和相关退税率计算确定。

若委托方属于小规模纳税人，其委托代理出口的货物一律免征增值税、消费税，其进项税额不予抵扣或退税。

若委托方是生产企业，该企业有进出口经营权，其委托代理出口货物一律比照生产企业的自营出口货物按"免、抵、退"办法计算退（免）税款；如该企业没有进出口经营权，其委托代理出口的货物也应比照"免、抵、退"税的办法计算其应纳税额和应退税额。

实行"免、抵、退"税的生产企业委托其他外贸企业代理出口的消费税应税货物，依据其实际出口数量或出口销售收入（离岸价）予以免征消费税。

生产企业委托其他外贸企业代理出口货物的销售额，应与内销货物的销售额分开核算，出口货物的销售额以出口货物销售（统一）发票上的离岸价入账，出口货物销售（统一）发票可以是委托方开具或受托方开具。生产企业将委托代理货物报关出口并在财务上作销售后，与自营出口业务一并向主管其征税的税务机关进行当月出口货物"免、抵、退"税的申报。

（三）委托企业的会计核算

1. 科目的设置

为了反映和核算委托出口商品的业务，企业应设置"委托代销商品"科目，核算已发出的代理出口商品；设置"应收账款——应收外汇账款"科目，核算按代理协议应收货款；设置"主营业务收入——委托出口销售收入"科目和"主营业务成本——委托出口销售成本"科目，核算代理出口销售收入以及结转的成本。

2. 核算程序和账务处理

【例6-7】某外贸企业接受委托出口商品一批，合同金额为 16 000 美元（CIF），代理手续费率3%（按出运当天外汇买入价计算）。假设当日银行买价1美元=7.20 元人民币。该批商品成本100 000 元。那么，委托企业的会计处理包括以下几个环节。

（1）出运委托出口商品

当委托企业出运出口商品时，应根据业务或储运部门开具的盖有"委托出口业务"戳记的出库单记账。

借：委托代销商品——××商品　　　　　　　　　　100 000
　　贷：库存商品——××商品　　　　　　　　　　　　　　100 000

（2）收到出口托运和出口单证

受托方根据代理出口合约及代管商品，代办出口单证并向运输单位办理托运手续。在代理商品装运出口后，将全套出口单证按合同规定结算方式向银行办理交单手续后，委托方应凭受托方通知，作如下会计分录（假设银行美元买入价同上）：

借：应收账款——××进出口公司（16 000 美元）　　115 200
　　贷：主营业务收入——委托出口——××商品　　　　　115 200

同时结转成本：

借：主营业务成本——委托出口——××商品　　　　100 000
　　贷：委托代销商品——××商品　　　　　　　　　　　100 000

（3）清算委托代理出口货款

受托企业收妥货款结汇入账后，将各种单据转交委托企业，结清境内、外各项费用及应收手续费后，按代销合约的规定向委托方清算代理货款。共发生如下代理费用：

结汇银行费用20 美元（当日银行买入价1：7.21）；代付海运费800 美元、保险费300 美元（当日银行卖出价1：7.17），代付境外佣金800 美元（当日银行卖出价1：7.16）；代理出口支付的国内各项直接费用人民币800 元。

委托代销商品汇兑收益=16 000×（7.21-7.20）=160（元）

银行费用 = 20 × 7.21 = 144.20 （元）

代付运保费 = （800 + 300） × 7.17 = 7 877 （元）

代付境外佣金 = 800 × 7.16 = 5 728 （元）

委托代销手续费 = 16 000 × 7.20 × 3% = 3 456 （元）

应收款项 = 115 200 − 5 728 − 7 887 − 3 456 − 800 − 144.20 + 160 = 97 344.80 （元）

借：银行存款——××银行　　　　　　　　　　　97 344.80

　　财务费用——委托出口——银行手续费　　　　144.20

　　营业费用——委托出口手续费　　　　　　　　3 456

　　营业费用——委托出口国内费用　　　　　　　800

　贷：主营业务收入——委托出口——××商品（运保费）7 877（红字）

　　　主营业务收入——委托出口——××商品（佣金）　5 728（红字）

　　　财务费用——委托出口——汇兑收益　　　　160

　　　应收账款——××进出口公司（16 000 美元）　115 200

（4）出口退税申报

委托出口企业将委托代理货物报关出口并在财务上作销售后，申报退（免）税的会计处理比照自营出口业务的会计处理。流通型企业向主管其退税的税务机关进行当月出口货物退税的申报；生产型企业向主管其征税的税务机关进行当月出口货物"免、抵、退"税的申报。

第五节　小规模纳税人的出口免税

小规模纳税人自营和委托出口的货物，免征增值税、消费税，其进项税额不予抵扣或退税。自 2008 年 1 月 1 日起，小规模纳税人自营或委托出口的货物应按照以下规定向税务机关进行免税或免税核销申报。

一、出口货物免税认定

小规模纳税人应在规定期限内填写《出口货物退（免）税认定表》，并持有关资料到主管税务机关办理出口货物免税认定。

已办理对外贸易经营者备案登记的小规模纳税人办理出口货物免税认定的期限是办理对外贸易经营者备案登记之日起 30 日内。应申报以下资料：

- 税务登记证（由税务机关查验）。
- 加盖备案登记专用章的《对外贸易经营者备案登记表》。
- 中华人民共和国海关进出口货物收发货人报关注册登记证书。

未办理对外贸易经营者备案登记委托其他外贸企业出口货物的小规模纳税人办理出口货物免税认定的期限是首份代理出口协议签订之日起30日内。应申报以下资料：

- 税务登记证（由税务机关查验）。
- 代理出口协议。

二、出口货物增值税的"免税"

小规模纳税人自营或委托出口货物后，须在次月向主管税务机关办理增值税纳税申报，并提供《小规模纳税人出口货物免税申报表》及电子申报数据。

主管税务机关受理纳税申报时，应对《免税申报表》中的"出口货物免税销售额（人民币）"合计数与同期《增值税纳税申报表》（适用于小规模纳税人）中的"出口货物免税销售额"进行核对。经核对相符后，在《免税申报表》（第一联）签章并交小规模纳税人。如核对不符，或者《增值税纳税申报表》中申报了出口货物免税销售额而未报送《免税申报表》，主管税务机关应将申报资料退回小规模纳税人，由其补正后重新申报。

小规模纳税人应按月将收齐有关出口凭证的出口货物，填写《小规模纳税人出口货物免税核销申报汇总表》、《小规模纳税人出口货物免税核销申报明细表》，并于货物报关出口之日（以出口货物报关单上注明的出口日期为准）次月起4个月内的各申报期内（申报期为每月1~15日），持下列资料到主管税务机关（负责出口退税业务的部门或岗位）按月办理出口货物免税核销申报，并同时报送出口货物免税核销电子申报数据：

1. 出口发票。
2. 小规模纳税人自营出口货物应提供的其他资料。包括：

- 出口货物报关单（出口退税专用）。
- 出口收汇核销单（出口退税专用）。申报时出口货物尚未收汇的，可在货物报关出口之日起210日内提供出口收汇核销单（出口退税专用）；在试行申报出口货物退（免）税免于提供纸质出口收汇核销单的地区，对实行"出口收汇核销网上报审系统"的小规模纳税人，可以比照相关规定执行，申报出口货物免税时免于提供纸质出口收汇核销单，税务机关以出口收汇核销单电子数据审核出口货物免税；属于远期收汇的，应按照现行出口退税规定提供远期结汇证明。

　　3. 小规模纳税人委托出口货物应提供的其他资料。包括：

- 代理出口货物证明。
- 代理出口协议。
- 出口货物报关单（出口退税专用）或其复印件。
- 出口收汇核销单（出口退税专用）或其复印件。出口收汇核销单（出口退税专用）提供要求与上述小规模纳税人自营出口货物提供要求相同。

　　4. 主管税务机关要求提供的其他资料。

三、出口货物应征收的增值税

　　小规模纳税人出口下列货物，除另有规定者外，应征收增值税。下列货物为应税消费品的，若小规模纳税人为生产企业，还应征收消费税。

- 国家规定不予退（免）增值税、消费税的货物。
- 未进行免税申报的货物。
- 未在规定期限内办理免税核销申报的货物。
- 虽已办理免税核销申报，但未按规定向税务机关提供有关凭证的货物。
- 经主管税务机关审核不批准免税核销的出口货物。
- 未在规定期限内申报开具《代理出口货物证明》的货物。

上述小规模纳税人出口货物应征税额按以下方法确定：

1. 增值税应征税额的计算公式

$$增值税应征税额 ＝（出口货物离岸价 × 外汇人民币牌价）÷（1 ＋ 征收率）× 征收率$$

2. 消费税应征税额的计算公式

（1）实行从量定额征税办法的出口应税消费品：

$$消费税应征税额 ＝ 出口应税消费品数量 × 消费税单位税额$$

（2）实行从价定率征税办法的出口应税消费品：

$$消费税应征税额 ＝ \frac{出口应税消费品离岸价 × 外汇人民币牌价}{1 ＋ 增值税征收率} × 消费税适用税率$$

（3）实行从量定额与从价定率相结合征税办法的出口应税消费品：

$$
\begin{array}{l}
\text{消费税} \\
\text{应 征} \\
\text{税 额}
\end{array}
=
\begin{array}{l}
\text{出口应} \\
\text{税消费} \\
\text{品数量}
\end{array}
\times
\begin{array}{l}
\text{消费税} \\
\text{单 位} \\
\text{税 额}
\end{array}
+
\frac{\text{出口消费品离岸价} \times \text{外汇人民币牌价}}{1 + \text{增值税征收率}}
\times
\begin{array}{l}
\text{消费税} \\
\text{适 用} \\
\text{税 率}
\end{array}
$$

上述出口货物的离岸价及出口数量以出口发票上的离岸价或出口数量为准（委托代理出口的，出口发票可以是委托方开具的或受托方开具的），若出口价格以其他价格条件成交的，应扣除按会计制度规定允许冲减出口销售收入的运费、保险费、佣金等。若出口发票不能真实反映离岸价或出口数量，小规模纳税人应当按照离岸价或真实出口数量申报，税务机关有权按照《中华人民共和国税收征收管理法》、《中华人民共和国增值税暂行条例》、《中华人民共和国消费税暂行条例》等有关规定予以核定。

第六节　出口旧设备的出口退税

一、出口自用的旧设备

增值税一般纳税人和非增值税纳税人出口自用的旧设备，根据以下公式计算其应退税额：

$$
\text{应退税额} =
\begin{array}{l}
\text{增值税专用发} \\
\text{票所列明的金} \\
\text{额（不含税额）}
\end{array}
\times
\begin{array}{l}
\text{设备} \\
\text{折余} \\
\text{价值}
\end{array}
\div
\begin{array}{l}
\text{设备} \\
\text{原值}
\end{array}
\times
\begin{array}{l}
\text{适 用} \\
\text{退税率}
\end{array}
$$

$$
\text{设备折余价值} = \text{设备原值} - \text{已提折旧}
$$

增值税一般纳税人和非增值税纳税人出口自用的旧设备，须按照有关税收法律法规规定的向主管税务机关备案的折旧年限计算提取折旧，并计算设备折余价值。主管税务机关接到企业出口自用旧设备的退税申报后，须填写《旧设备折旧情况确认表》交由负责企业所得税管理的税务机关核实无误后办理退税。

增值税一般纳税人和非增值税纳税人出口自用旧设备后，应填写《出口旧设备退（免）税申报表》，并持下列资料，向其主管税务机关申请退税。

- 出口货物报关单（出口退税专用）或代理出口货物证明。
- 购买设备的增值税专用发票。

- 主管税务机关出具的《旧设备折旧情况确认表》。
- 主管税务机关要求提供的其他资料。

增值税一般纳税人和非增值税纳税人以一般贸易方式出口旧设备的，除上述资料外，还须提供出口收汇核销单。

增值税一般纳税人和非增值税纳税人出口自用的旧设备，凡购进时未取得增值税专用发票但其他单证齐全的，实行出口环节免税不退税的办法。

二、出口外购的旧设备

增值税一般纳税人和非增值税纳税人出口外购的旧设备，实行出口环节免税不退税的办法。企业出口外购旧设备后，须在规定的出口退（免）税申报期限内填写《出口旧设备退（免）税申报表》，并持出口货物报关单（出口退税专用）、购买设备的普通发票或进口完税凭证及主管税务机关要求提供的其他资料向主管税务机关申报免税。

三、小规模纳税人出口旧设备

小规模纳税人出口自用的旧设备和外购旧设备，实行出口环节免税不退税的办法。

四、扩大增值税抵扣范围的企业出口旧设备

申报退税的出口企业属于扩大增值税抵扣范围企业的，其自获得扩大增值税抵扣范围资格之日起出口的自用旧设备，主管税务机关应核实该设备所含增值税进项税额未计算抵扣后方可办理退税；如经主管税务机关核实，该设备所含增值税进项税额已计算抵扣，则不得办理退税。

第七节　其他贸易形式的出口退税

一、援外出口的退税

我国援外出口有两种形式：一是对一般物资援助项下的出口货物；二是对利用中国政府的援外优惠贷款和合资合作项目基金方式下的出口货物。

对一般物资援助项下的出口货物是指中国对外经济技术援助项下，由中国政府向受援国政府提供民用生产或生活用物资，承办企业代政府执行物资采购和运

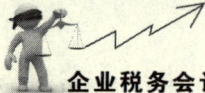

送任务，并在执行任务后与政府办理结算，结算方式包括：实报实销结算制和承包结算制。这种形式下出口的货物不予退税。实行实报实销结算制的，不征增值税，只对承办企业取得的手续费收入征收营业税；实行承包结算制的，对承包企业按"对内总承包价"征收增值税。

对利用中国政府的援外优惠贷款和合资合作项目基金方式下的出口货物，是指援外企业利用中国政府的援外优惠贷款和援外合资合作项目基金在受援国兴办合资企业或合资合作项目，因项目投资带动国内设备物资出口的货物，以及利用中国政府的援外优惠贷款向受援国提供我国生产的成套设备和机电产品出口的货物。这种形式下出口的货物，比照一般贸易出口办理出口退税。援外企业向主管其出口退税的税务机关申报办理退税时，应提供以下凭证：商务部（或原外经贸部）批准使用援外优惠贷款，或援外合资合作项目基金的批文（援外任务书）复印件；与中国进出口银行签订的援外优惠贷款协议复印件，或与商务部（或原外经贸部）有关部门签订的援外合资合作项目基金借款合同复印件；购进出口货物的增值税专用发票（抵扣联）；出口货物报关单（出口退税联）；出口发票。

二、补偿贸易的退税

补偿贸易是指一方提供技术、设备，对方不付现汇，待工程建成投产后，以其产品或双方事先商定的其他商品偿还进口价款的一种贸易方式。补偿贸易项目生产的出口货物，在生产环节照章征收增值税、消费税，货物补偿报关出口后办理退税。

三、边境小额贸易的退税

边境小额贸易是指我国边境地区经批准获得边境小额贸易经营权的企业，通过国家指定的陆地边境口岸与毗邻国家边境地区的企业或其他贸易机构之间的贸易活动。对边境小额贸易出口货物，凡海关作为报关出口，并符合退税范围和手续的，可比照一般贸易出口货物予以退税。从 2004 年 10 月 1 日起，对云南边境小额贸易出口货物以人民币银行转账方式结算的出口退税进行试点，其退税额按100% 退付；对以现金方式结算的，其退税额按 40% 退付。

四、境外带料加工贸易的退税

境外带料加工贸易是指我国企业以现有技术、设备投资为主，在境外以加工装配的方式，带动和扩大国内设备、技术、原材料出口的国际经贸合作方式。从事境外带料加工贸易业务的企业经批准作为实物性投资的出境设备、原材料和散件，准予办理出口退税。具体办法如下：

1. 生产企业向境外投资的原材料、散件等生产用材料，如果是自产的，比照一般贸易或加工贸易出口货物，实行"免、抵、退"税办法；如果是外购的，按以下公式计算应退税额：

$$应退税额 = 增值税专用发票上列明的金额 \times 适用退税率$$

2. 生产企业向境外投资的自用二手设备（属固定资产的），如果是1994年1月1日以后购进的，应退税额按以下公式计算：

$$应退税额 = 增值税专用发票上列明的金额 \times \frac{设备折余价值}{设备原值} \times 适用退税率$$

$$其中，设备折余价值 = 设备原值 - 设备已提折旧$$

设备原值和设备已提折旧均按会计核算数据确定。

如果二手设备是1994年1月1日以前购进的，应退税额按以下公式计算：

$$应退税额 = \frac{购货发票列明的金额}{1 + 扣除率} \times \frac{设备折余价值}{设备原值} \times 适用退税率$$

其中，购货发票是指企业购买设备时取得的普通销货发票，扣除率指购货时新税制实施之前原增值税货物的征税税率。

生产企业向境外投资的外购二手设备，凭取得的外购二手设备的普通发票或增值税专用发票上列明的金额，计算二手设备的应退税额。

3. 外贸企业向境外投资的设备、器材、原材料、散件等实物，比照一般贸易出口货物按以下公式计算应退税额：

$$应退税额 = 增值税专用发票上列明的金额 \times 适用退税率$$

五、易货贸易的退税

易货贸易是指在换货的基础上，把等值的出口货物和进口货物直接结合起来的贸易方式。易货贸易出口销售在核算上与一般贸易出口销售相同，只是易货贸易一般收不到外汇。易货贸易出口货物的退税，也基本比照一般贸易出口货物办理，只是不需要提供收汇核销单。

六、运往保税区货物的退税

保税区全称为加工贸易保税区，是指一个国家划出一定范围，在海关的监管之下，对为制造出口货物而进口的原材料、零部件以及在区内储存、加工、装配后需复出境的货物，准予暂缓办理纳税手续。进入保税区货物属海关保税货物，自进口之日起至全部出口之日止，受海关监管。

按现行政策规定，非保税区货物出口到保税区的，不予办理退税。非保税区企业在销售货物时应按规定缴纳增值税、消费税。

保税区内企业从区外有进出口经营权的企业购进货物，保税区内企业将这部分货物出口或加工出口后，凭有关凭证申报办理退税。保税区外的出口企业将出口货物销售给国外客户，并将货物存放在保税区内，由仓储企业代理报关离境的出口货物，保税区外的出口企业可凭该批出口货物的增值税专用发票、运往保税区的出口货物报关单、仓储企业提供的仓储凭证以及出口备案清单、结汇水单等凭证，向税务机关申报办理退税。

七、存入监管仓库货物的退税

对存入出口监管仓库的货物，在货物实际离境出口后，出境地海关予以签发报关单（出口退税联）并作出口统计。报关出口但实际不离境的，不予办理出口退税，海关不得签发报关单（出口退税联）。

以转关运输方式存入监管仓库的货物，启运地海关不予签发报关单（出口退税联），出境地海关在验收确认货物入库后，按境内存入保税仓库货物作单项统计。待货物实际离境后，方可由启运地海关签发报关单（出口退税联）供出口企业办理出口退税，并作出口统计。

八、出口加工区的退税

出口加工区是指经国务院批准，由海关监管的特殊封闭区域。对出口加工区运往区外的货物，海关按照对进口货物的有关规定办理报关手续，并按照制成品征税。对出口加工区外企业运入出口加工区的货物视同出口，由海关办理出口报关手续并签发报关单（出口退税联），区外企业凭报关单（出口退税联）及有关凭证，向税务机关申报办理出口退税。对在出口加工区内加工、生产的产品和应税劳务免征增值税、消费税。对出口加工区内企业出口到境外的货物，不予办理退税。

例如，2008 年 2 月 15 日起，对区内生产企业在国内采购用于生产出口产品的并已经取消出口退税的成品革、钢材、铝材和有色金属材料（不含钢坯、钢锭、电解铝、电解铜等金属初级加工产品）等原材料，进区时按增值税法定征税率予以退税。

九、运往境外作为在国外投资的货物退税

国内企业在国内购买运往境外作为对国外投资的货物，视同出口货物予以退税。企业在所购用于对国外投资货物报关出口后，持商务部（或原外经贸部）及授权单位批准其在国外投资的文件复印件、在国外开办企业的注册登记副本和有关合同副本及其他凭证，向主管其出口退税的税务机关申报办理退税。应退税额按用于国外投资货物购进的增值税专用发票所列进货金额和适用退税率计算。

十、出口样品、展品的退税

出口企业报关出口的样品、展品如最终在境外销售，出口企业可凭出口样品、展品的出口货物报关单（出口退税联）等有关单证办理出口退税。

第七章

企业所得税

第一节　企业所得税概述

新的《中华人民共和国企业所得税法》（以下简称新《企业所得税法》）于2007年3月16日颁布，《中华人民共和国企业所得税法实施条例》（以下简称《实施条例》）于2007年12月6日颁布，新《企业所得税法》和《实施条例》于2008年1月1日起施行，原《中华人民共和国外商投资企业和外国企业所得税法》和《中华人民共和国企业所得税暂行条例》、《中华人民共和国外商投资企业和外国企业所得税法实施细则》和《中华人民共和国企业所得税暂行条例实施细则》同时废止。

一、企业所得税的纳税人

在中华人民共和国境内，企业和其他取得收入的组织（以下统称企业）为企业所得税的纳税人。新《企业所得税法》将内资所得税法和外资所得税法进行整合，把两套不同的所得税法"合二为一"。新《企业所得税法》实施后，我国不同性质、不同类别的企业，包括国有企业、集体企业、民营企业、合资企业和外资企业均适用同一个《企业所得税法》。

新《企业所得税法》将企业分为居民企业和非居民企业：

居民企业是指依法在中国境内成立，或者依照外国（地区）法律成立但实际管理机构在中国境内的企业。"实际管理机构"是指对企业的生产经营、人员、账务、财产等实施实质性全面管理和控制的机构。

非居民企业是指依照外国（地区）法律成立且实际管理机构不在中国境内，但在中国境内设立机构、场所的，或者在中国境内未设立机构、场所，但有来源于中国境内所得的企业。"机构、场所"是指在中国境内从事生产经营活动的机构、场所，包括：

- 管理机构、营业机构、办事机构。
- 工厂、农场、开采自然资源的场所。
- 提供劳务的场所。
- 从事建筑、安装、装配、修理、勘探等工程作业的场所。
- 其他从事生产经营活动的机构、场所。

二、企业所得税的税率

原有的企业所得税税率有近 10 种，新《企业所得税法》对此进行了统一，不管是内资企业还是外资企业，基准税率都是 25%。当然，为了鼓励高新技术企业的发展，照顾小型微利企业，同时制订了一个优惠税率。这样，新《企业所得税法》实施以后，存在着三档税率：

一是基准税率：25%。

二是适用于高新技术企业的税率：15%。

三是适用于小型微利企业的税率：20%。

第二节 应纳税所得额

企业每一纳税年度的收入总额，减除不征税收入、免税收入、各项扣除以及允许弥补的以前年度亏损后的余额，为应纳税所得额。

应纳税所得额＝收入总额－成本、费用、税金和损失±税收调整项目金额

一、收入

（一）征税收入

企业应纳税所得额的计算，以权责发生制为原则，属于当期的收入和费用，不论款项是否收付，均作为当期的收入和费用；不属于当期的收入和费用，即使款项已经在当期收付，均不作为当期的收入和费用。

企业以货币形式和非货币形式从各种来源取得的收入，为收入总额。"货币形式"包括现金、存款、应收账款、应收票据、准备持有至到期的债券投资以及债务的豁免等；"非货币形式"包括固定资产、生物资产、无形资产、股权投资、存货、不准备持有至到期的债券投资、劳务以及有关权益等。收入总额一般包括

以下几项:

1. 销售货物收入。它是指企业销售商品、产品、原材料、包装物、低值易耗品以及其他存货取得的收入。

2. 提供劳务收入。它是指企业从事建筑安装、修理修配、交通运输、仓储租赁、金融保险、邮电通信、咨询经纪、文化体育、科学研究、技术服务、教育培训、餐饮住宿、中介代理、卫生保健、社区服务、旅游、娱乐、加工以及其他劳务服务活动取得的收入。

3. 转让财产收入。它是指企业转让固定资产、生物资产、无形资产、股权、债权等财产取得的收入。

4. 股息、红利等权益性投资收益。它是指企业因权益性投资从被投资方取得的收入。

5. 利息收入。它是指企业将资金提供他人使用但不构成权益性投资,或者因他人占用本企业资金取得的收入,包括存款利息、贷款利息、债券利息、欠款利息等收入。

6. 租金收入。它是指企业提供固定资产、包装物或者其他有形资产的使用权取得的收入。

7. 特许权使用费收入。它是指企业提供专利权、非专利技术、商标权、著作权以及其他特许权的使用权取得的收入。

8. 接受捐赠收入。它是指企业接受的来自其他企业、组织或者个人无偿给予的货币性资产、非货币性资产。

9. 其他收入。它是指企业取得的除上述 8 项规定的收入外的其他收入,包括企业资产溢余收入、逾期未退包装物押金收入、确实无法偿付的应付款项、已作坏账损失处理后又收回的应收款项、债务重组收入、补贴收入、违约金收入、汇兑收益等。

(二) 不征税收入

新《企业所得税法》在收入总额的规定中新增加了不征税收入的概念,即财政拨款、纳入财政管理的行政事业性收费、政府性基金等属于财政性资金的收入为不征税收入。

1. 财政拨款是指各级人民政府对纳入预算管理的事业单位、社会团体等组织拨付的财政资金,但国务院和国务院财政、税务主管部门另有规定的除外。

2. 行政事业性收费是指依照法律法规等有关规定,按照国务院规定程序批准,在实施社会公共管理,以及在向公民、法人或者其他组织提供特定公共服务过程中，向特定对象收取并纳入财政管理的费用。

3. 政府性基金是指企业依照法律、行政法规等有关规定，代政府收取的具有专项用途的财政资金。

4. 国务院规定的其他不征税收入。主要指企业取得的，由国务院财政、税务主管部门规定专项用途并经国务院批准的财政性资金。

二、扣除

在内外资企业两套所得税法下，企业的税前扣除标准和税前扣除项目是不统一的。原企业所得税法对内资企业和外资企业在成本费用扣除方面存在一定的差异，总体上是内资企业偏紧、外资企业偏松。税前扣除办法的不一致，是造成内资企业和外资企业实际税负相差较大的原因之一。为此，新《企业所得税法》对企业实际发生的各项成本费用作出统一的扣除规定，包括工资支出、公益性捐赠支出等，实行一致的政策待遇，按照统一的扣除办法和标准来执行。

（一）税前扣除的条件与原则

企业所发生的支出，是否准予在税前扣除，以及扣除范围和标准的大小，直接决定着企业应纳税所得额的计算，进而影响到企业应纳税额的大小。企业所得税法规定，企业实际发生的与取得收入有关的、合理的支出，包括成本、费用、税金、损失和其他支出，准予在计算应纳税所得额时扣除。

其中，有关的支出是指与取得收入直接相关的支出；合理的支出是指符合生产经营活动常规，应当计入当期损益或者有关资产成本的必要和正常的支出。

"成本"是指企业在生产经营活动中发生的销售成本、销货成本、业务支出以及其他耗费。

"费用"是指企业在生产经营活动中发生的销售费用、管理费用和财务费用，已经计入成本的有关费用除外。

"税金"是指企业发生的除企业所得税和允许抵扣的增值税以外的各项税金及其附加。

"损失"是指企业在生产经营活动中发生的固定资产和存货的盘亏、毁损、报废损失，转让财产损失，呆账损失，坏账损失，自然灾害等不可抗力因素造成的损失以及其他损失。

"其他支出"是指除成本、费用、税金、损失外，企业在生产经营活动中发生的与生产经营活动有关的、合理的支出。

（二）工资、薪金支出的扣除

原企业所得税法对内资企业的工资薪金支出扣除实行计税工资制度，对外资企业实行据实扣除制度，这是造成内、外资企业税负不均的重要原因之一。新《企业所得税法》对内资企业取消了工资限额扣除政策，规定企业发生的合理的工资、薪金支出，准予扣除。

"工资、薪金"是指企业每一纳税年度支付给在本企业任职或者受雇的员工的所有现金形式或者非现金形式的劳动报酬，包括基本工资、奖金、津贴、补贴、年终加薪、加班工资，以及与员工任职或者受雇有关的其他支出。

（三）企业为职工缴纳保险费的扣除

企业依照国家或地方政府规定的范围和标准为职工缴纳的基本养老保险费、基本医疗保险费、失业保险费、工伤保险费、生育保险费等基本社会保险费和住房公积金，准予扣除。

企业为投资者或者职工支付的补充养老保险费、补充医疗保险费，在国务院财政、税务主管部门规定的范围和标准内，准予扣除。

企业为投资者或者职工支付的商业保险费，不得扣除（国家特殊规定除外）。

（四）捐赠的扣除

新《企业所得税法》进一步扩大了税收支持社会公益捐赠的力度，将内资企业和单位的捐赠税前扣除比例由应纳税所得额的3%调整为利润总额的12%。同时，借鉴国际通行做法，将现行对外资企业捐赠税前扣除从无比例限制统一到利润总额12%的比例上，实行内外资企业一致的政策。

实行捐赠扣除比例限制，主要是为了堵塞税收漏洞，防止部分企业利用捐赠扣除达到少缴税的目的，这是世界上主要国家和地区的通行做法。为增强企业所得税法的可操作性，《实施条例》对公益性捐赠作了界定：公益性捐赠是指企业通过公益性社会团体或者县级以上人民政府及其部门，用于《中华人民共和国公益事业捐赠法》规定的公益事业的捐赠。同时明确规定了公益性社会团体的范围和条件。

（五）广告费、业务宣传费的扣除

因为广告费具有一次性投入大、受益期长的特点，因而应该视同资本化支出，不能在发生当期一次性扣除。业务宣传费与广告费性质相似，也应一并进行限制。关于企业发生的广告费和业务宣传费支出的税前扣除，原企业所得税法对内资企业实行的是根据不同行业采用不同的比例限制扣除的政策，对外资企业则没有限制。《实施条例》统一了企业的广告费和业务宣传费支出税前扣除政策，规定除国务院财政、税务主管部门另有规定外，广告费和业务宣传费支出不超过当年销售（营业）收入15%的部分，准予扣除。超过的部分，准予在以后纳税年度结转扣除。

（六）业务招待费的扣除

原企业所得税法对内、外资企业业务招待费支出实行按销售收入的一定比例限额扣除。新《企业所得税法》认为业务招待费是由商业招待和个人消费混合而成的，其中个人消费的部分属于非经营性支出，不应该税前扣除。因此，就需要对业务招待费进行一定的比例限制。但商业招待和个人消费之间通常是难以划分的，为加强管理，同时借鉴国际经验，《实施条例》规定，企业发生的与生产经营活动有关的业务招待费支出，按照发生额的60%扣除，但最高不得超过当年销售（营业）收入的5‰。

（七）职工福利费、工会经费、职工教育经费的扣除

原企业所得税法规定，对企业的职工福利费、工会经费、职工教育经费支出分别按照计税工资总额的14%、2%、1.5%计算扣除。《实施条例》继续维持了职工福利费和工会经费的扣除标准，但由于计税工资已经放开，《实施条例》将"计税工资总额"调整为"工资薪金总额"，扣除额也就相应提高。为鼓励企业加大职工教育投入，《实施条例》规定，除国务院财政、税务主管部门另有规定外，企业发生的职工教育经费支出，不超过工资薪金总额2.5%的部分，准予扣除；超过部分，准予在以后纳税年度结转扣除。

（八）固定资产折旧的扣除

固定资产按照直线法计算的折旧，准予扣除。企业应当自固定资产投入使用月份的次月起计算折旧；停止使用的固定资产，应当自停止使用月份的次月起停止计算折旧。

原企业所得税法规定，残值比例在5%以内的，由企业自主决定；新《企业所得税法》规定，企业应当根据固定资产的性质和使用情况，合理确定固定资产的预计净残值。固定资产的预计净残值一经确定，不得变更。

原企业所得税法没有规定企业折旧年限，折旧年限是由各行业在财务制度中分别制定。新《企业所得税法》规定固定资产计算折旧的最低年限如下：

- 房屋、建筑物，最低年限为20年。
- 飞机、火车、轮船、机器、机械和其他生产设备，最低年限为10年。
- 与生产经营活动有关的器具、工具、家具等，最低年限为5年。
- 飞机、火车、轮船以外的运输工具，最低年限为4年。

- 电子设备，最低年限为 3 年。

同时，规定下列固定资产不得计算折旧扣除：

- 房屋、建筑物以外未投入使用的固定资产。
- 以经营租赁方式租入的固定资产。
- 以融资租赁方式租出的固定资产。
- 已足额提取折旧仍继续使用的固定资产。
- 与经营活动无关的固定资产。
- 单独估价作为固定资产入账的土地。
- 其他不得计算折旧扣除的固定资产。

（九）生物性资产折旧的扣除

生产性生物资产，是指企业为生产农产品、提供劳务或者出租等而持有的生物资产，包括经济林、薪炭林、产畜和役畜等。生产性生物资产按照直线法计算的折旧，准予扣除。

企业应当自生产性生物资产投入使用月份的次月起计算折旧；停止使用的生产性生物资产，应当自停止使用月份的次月起停止计算折旧。

企业应当根据生产性生物资产的性质和使用情况，合理确定生产性生物资产的预计净残值。生产性生物资产的预计净残值一经确定，不得变更。

生产性生物资产计算折旧的最低年限如下：

- 木类生产性生物资产，最低年限为 10 年。
- 畜类生产性生物资产，最低年限为 3 年。

（十）无形资产摊销的扣除

无形资产按照直线法计算的摊销费用，准予扣除。无形资产的摊销年限不得低于 10 年。

作为投资或者受让的无形资产，有关法律规定或者合同约定了使用年限的，可以按照规定或者约定的使用年限分期摊销。

外购商誉的支出，在企业整体转让或者清算时，准予扣除。

下列无形资产不得计算摊销费用扣除：

- 自行开发的支出已在计算应纳税所得额时扣除的无形资产。
- 自创商誉。
- 与经营活动无关的无形资产。
- 其他不得计算摊销费用扣除的无形资产。

（十一）长期待摊费用扣除

企业发生的下列支出作为长期待摊费用，按照规定摊销的，准予扣除：

1. 已足额提取折旧的固定资产的改建支出。它是指改变房屋或者建筑物结构、延长使用年限等发生的支出，按照固定资产预计尚可使用年限分期摊销。

2. 租入固定资产的改建支出。它是指改变房屋或者建筑物结构、延长使用年限等发生的支出，按照合同约定的剩余租赁期限分期摊销。

3. 固定资产的大修理支出。它是指同时符合以下两个条件并按照固定资产尚可使用年限分期摊销的支出：修理支出达到取得固定资产时的计税基础 50% 以上；修理后固定资产的使用年限延长两年以上。

4. 其他应当作为长期待摊费用的支出。它是指同时符合以下两个条件并且摊销年限不得低于 3 年的支出：修理支出达到取得固定资产时的计税基础 50% 以上，修理后固定资产的使用年限延长两年以上。

（十二）投资资产成本的扣除

企业对外投资期间，投资资产的成本在计算应纳税所得额时不得扣除。但企业在转让或者处置投资资产时，投资资产的成本，准予扣除。

所称投资资产，是指企业对外进行权益性投资和债权性投资形成的资产。投资资产按照以下方法确定成本：

1. 通过支付现金方式取得的投资资产，以购买价款为成本。

2. 通过支付现金以外的方式取得的投资资产，以该资产的公允价值和支付的相关税费为成本。

（十三）存货的扣除

企业使用或者销售存货，按照规定计算的存货成本，准予在计算应纳税所得额时扣除。所称存货，是指企业持有以备出售的产品或者商品、处在生产过程中的在产品、在生产或者提供劳务过程中耗用的材料和物料等。

企业使用或者销售的存货的成本计算方法，可以在先进先出法、加权平均法、个别计价法中选用一种。计价方法一经选用，不得随意变更。

（十四）转让资产的扣除

企业转让资产，该项资产的净值，准予在计算应纳税所得额时扣除。其中资产的净值是指有关资产、财产的计税基础减除已经按照规定扣除的折旧、折耗、摊销、准备金等后的余额。

（十五）借款费用和利息支出的扣除

1. 借款费用。企业在生产经营活动中发生的合理的不需要资本化的借款费用，准予扣除。

企业为购置、建造固定资产、无形资产和经过 12 个月以上的建造才能达到预定可销售状态的存货发生借款的，在有关资产购置、建造期间发生的合理的借款费用，应当作为资本性支出计入有关资产的成本，并依照《实施条例》的规定扣除。

2. 利息支出。企业在生产经营活动中发生的下列利息支出，准予扣除：

（1）非金融企业向金融企业借款的利息支出、金融企业的各项存款利息支出和同业拆借利息支出、企业经批准发行债券的利息支出。

（2）非金融企业向非金融企业借款的利息支出，不超过按照金融企业同期同类贷款利率计算的数额的部分。

（十六）汇兑损失

企业在货币交易中，以及纳税年度终了时将人民币以外的货币性资产、负债按照期末即期人民币汇率中间价折算为人民币时产生的汇兑损失，除已经计入有关资产成本以及与向所有者进行利润分配相关的部分外，准予扣除。

（十七）其他

1. 企业依照法律、行政法规有关规定提取的用于环境保护、生态恢复等方面的专项资金，准予扣除。上述专项资金提取后改变用途的，不得扣除。

2. 企业参加财产保险，按照规定缴纳的保险费，准予扣除。

3. 企业根据生产经营活动的需要租入固定资产支付的租赁费，按照以下方法扣除：

（1）以经营租赁方式租入固定资产发生的租赁费支出，按照租赁期限均匀扣除。

（2）以融资租赁方式租入固定资产发生的租赁费支出，按照规定构成融资租入固定资产价值的部分应当提取折旧费用，分期扣除。

三、应纳税额

企业的应纳税所得额乘以适用税率，减除依照税收优惠的规定减免和抵免的税额后的余额，为应纳税额。

$$应纳税额 = 应纳税所得额 \times 适用税率 - 减免税额 - 抵免税额$$

减免税额和抵免税额，是指依照企业所得税法和国务院的税收优惠规定减征、免征和抵免的应纳税额。

第三节　税收优惠

税收优惠的主要原则是：促进技术创新和科技进步，鼓励基础设施建设，鼓励农业发展及环境保护与节能，支持安全生产，统筹区域发展，促进公益事业和照顾弱势群体等，进一步促进国民经济全面、协调、可持续发展和社会全面进步，有利于构建和谐社会。

新《企业所得税法》根据国民经济和社会发展的需要，借鉴国际上的成功经验，按照"简税制、宽税基、低税率、严征管"要求，对现行税收优惠政策进行适当调整，实现了两个转变：

一是政策体系上以区域优惠为主转变为以产业优惠为主（即国家重点鼓励扶持的产业）、区域优惠为辅。

二是优惠方式上将以直接税额式减免转变为直接税额式减免和间接税基式减免相结合，比如投资抵免、加速折旧等，尽量少使用直接的减税和免税方式。

一、扶持农、林、牧、渔业发展的税收优惠

新《企业所得税法》规定，现行农林牧渔业的税收优惠政策继续保留。农业是弱势产业，世界各国一般都对农业实行特殊扶持政策。我国是农业大国，对农、林、牧、渔业项目给予税收优惠，有利于提高农业综合生产能力和增值能力，促进农业产业结构、产品结构和区域布局的优化，对引导社会向农业的投资、加强农业基础建设、增加农民收入和建设社会主义新农村，将起到积极作用。新《企业所得税法》第二十七条规定，企业从事农、林、牧、渔业项目的所得可以免征、减征企业所得税。《实施条例》第八十六条据此明确：

（一）免征企业所得税项目

企业从事下列项目的所得，免征企业所得税：

• 蔬菜、谷物、薯类、油料、豆类、棉花、麻类、糖料、水果、坚果的种植。

• 农作物新品种的选育。

• 中药材的种植。

• 林木的培育和种植。

• 牲畜、家禽的饲养。

• 林产品的采集。

- 灌溉、农产品初加工、兽医、农技推广、农机作业和维修等农、林、牧、渔服务业项目。
- 远洋捕捞。

（二）减半征收企业所得税项目

企业从事下列项目的所得，减半征收企业所得税：

- 花卉、茶以及其他饮料作物和香料作物的种植。
- 海水养殖、内陆养殖。

二、鼓励基础设施建设的税收优惠

新《企业所得税法》规定，对国家重点扶持的基础设施投资可以实行税收优惠政策。保留并适度调整对基础设施的优惠，保持政策的连续性，有利于新税法的顺利通过和实施。《企业所得税法》第二十七条规定，企业从事国家重点扶持的公共基础设施项目投资经营的所得可以免征、减征企业所得税。《实施条例》第八十七条据此明确，企业从事港口码头、机场、铁路、公路、城市公共交通、电力、水利等项目投资经营所得，自项目取得第一笔生产经营收入所属纳税年度起，给予"三免三减半"的优惠。

采用从企业取得第一笔生产经营收入所属纳税年度起计算减免税的新办法，一方面可以避免企业通过推迟获利年度来延期享受减免税待遇的做法；另一方面也可兼顾项目投资规模大、建设周期长的情况，较原内资企业从开业之日起、外资税法将"获利年度"作为减免税的起始年度计算减免税优惠，更加符合实际；还可鼓励企业缩短建设周期，尽快实现盈利，提高投资效益。

三、从事环境保护、节能节水项目所得的税收优惠

《企业所得税法》第二十七条规定，企业从事符合条件的环境保护、节能节水项目的所得可以免征、减征企业所得税。《实施条例》第八十八条据此明确，企业从事公共污水处理、公共垃圾处理、沼气综合开发利用、节能减排技术改造、海水淡化等项目的所得，自项目取得第一笔生产经营收入所属纳税年度起，给予"三免三减半"的优惠。

《国务院办公厅转发发展改革委等部门关于加快推行合同能源管理促进节能服务产业发展意见的通知》（国办发〔2010〕25号）规定，对节能服务公司实施合同能源管理项目，符合税法有关规定的，自项目取得第一笔生产经营收入所属纳税年度起，第一年至第三年免征企业所得税，第四年至第六年减半征收企业所

得税；对用能企业按照能源管理合同实际支付给节能服务公司的合理支出，均可以在计算当期应纳税所得额时扣除，不再区分服务费用和资产价款进行税务处理；能源管理合同期满后，节能服务公司转让给用能企业的因实施合同能源管理项目形成的资产，按折旧或摊销期满的资产进行税务处理。节能服务公司与用能企业办理上述资产的权属转移时，也不再另行计入节能服务公司的收入。

《财政部国家税务总局国家发展和改革委员会关于公布环境保护节能节水项目企业所得税优惠目录（试行）的通知》（财税〔2009〕166号），经国务院批准，公布了《环境保护、节能节水项目企业所得税优惠目录（试行）》，自2008年1月1日起施行，共涉及5个方面内容：（1）公共污水处理：包括城镇污水处理项目、工业废水处理项目。（2）公共垃圾处理：包括生活垃圾处理项目、工业固体废物处理项目及危险废物处理项目。（3）沼气综合开发利用：包括畜禽养殖场和养殖小区沼气工程项目。（4）节能减排技术改造：包括既有高能耗建筑节能改造项目；既有建筑太阳能光热、光电建筑一体化技术或浅层地能热泵技术改造项目；既有居住建筑供热计量及节能改造项目；工业锅炉、工业窑炉节能技术改造项目；电机系统节能、能量系统优化技术改造项目；煤炭工业复合式干法选煤技术改造项目；钢铁行业干式除尘技术改造项目；有色金属行业干式除尘净化技术改造项目；燃煤电厂烟气脱硫技术改造项目。（5）海水淡化：包括用作工业、生活用水的海水淡化项目和用作海岛军民饮用水的海水淡化项目。

四、从事资源综合利用所得的税收优惠

《企业所得税法》第三十三条规定："企业综合利用资源，生产符合国家产业政策规定的产品所取得的收入，可以在计算应纳税所得额时减计收入。"企业自2008年1月1日起，以《资源综合利用企业所得税优惠目录》（下称《目录》）中所列资源为主要原材料，生产《目录》内符合国家或行业相关标准的产品取得的收入，在计算应纳税所得额时，减按90%计入当年收入总额。享受上述税收优惠时，《目录》内所列资源占产品原料的比例应符合《目录》规定的技术标准。

五、购置用于环境保护、节能节水、安全生产等专用设备的税收优惠

根据新《企业所得税法》的规定，将原企业所得税法的环保、节水设备投资抵免企业所得税政策扩大到环境保护、节能节水、安全生产等专用设备，主要目

的是鼓励企业加大对以上方面的资金投入力度，更加突出产业政策导向，贯彻国家可持续发展战略，有利于我国节约型社会的建设。《企业所得税法》第三十四条规定："企业购置用于环境保护、节能节水、安全生产等专用设备的投资额，可以按一定比例实行税额抵免。"《实施条例》第一百条据此明确，企业购置并实际使用《环境保护专用设备企业所得税优惠目录》、《节能节水专用设备企业所得税优惠目录》和《安全生产专用设备企业所得税优惠目录》规定的环境保护、节能节水、安全生产等专用设备的，该专用设备的投资额的 10% 可以从企业当年的应纳税额中抵免；当年不足抵免的，可以在以后 5 个纳税年度结转抵免。

企业购置并实际投入适用、已开始享受税收优惠的专用设备，如从购置之日起 5 个纳税年度内转让、出租的，应在该专用设备停止使用当月停止享受企业所得税优惠，并补缴已经抵免的企业所得税税款。转让的受让方可以按照该专用设备投资额的 10% 抵免当年企业所得税应纳税额；当年应纳税额不足抵免的，可以在以后 5 个纳税年度结转抵免。

《国家税务总局关于环境保护节能节水安全生产等专用设备投资抵免企业所得税有关问题的通知》（国税函〔2010〕256 号）规定，自 2009 年 1 月 1 日起，纳税人购进并实际使用《环境保护专用设备企业所得税优惠目录》、《节能节水专用设备企业所得税优惠目录》和《安全生产专用设备企业所得税优惠目录》范围内的专用设备并取得增值税专用发票的，在按照《财政部国家税务总局关于执行环境保护专用设备企业所得税优惠目录、节能节水专用设备企业所得税优惠目录和安全生产专用设备企业所得税优惠目录有关问题的通知》（财税〔2008〕48 号）第二条规定进行税额抵免时，如增值税进项税额允许抵扣，其专用设备投资额不再包括增值税进项税额；如增值税进项税额不允许抵扣，其专用设备投资额应为增值税专用发票上注明的价税合计金额。企业购买专用设备取得普通发票的，其专用设备投资额为普通发票上注明的金额。

六、促进技术创新和科技进步的税收优惠

为了促进技术创新和科技进步，《企业所得税法》规定了 4 个方面的税收优惠，《实施条例》分别作了具体规定：

（一）技术转让

《企业所得税法》第二十七条规定，企业符合条件的技术转让所得可以免征、减征企业所得税。《实施条例》第九十条据此明确，一个纳税年度内，居民企业技术转让所得不超过 500 万元的部分，免征企业所得税；超过 500 万元的部分，

减半征收企业所得税。

（二）开发新技术、新产品、新工艺

鼓励企业技术创新是新税法规定税收优惠的一项重要内容。为贯彻落实国家科技发展纲要精神，鼓励企业自主创新，《企业所得税法》第三十条规定，企业开发新技术、新产品、新工艺发生的研究开发费用，可以在计算应纳税所得额时加计扣除。《实施条例》第九十五条据此明确，企业的上述研究开发费用在未形成无形资产计入当期损益的，在按照规定据实扣除的基础上，按照研究开发费用的 50% 加计扣除（即企业的研发费用实行 150% 的扣除政策）。形成无形资产的，按照无形资产成本的 150% 摊销。这个扣除比例在全世界范围内是比较高的，有利于引导企业增加研发资金投入，提高我国企业核心竞争力。

（三）创业投资

《企业所得税法》规定，对创业投资企业实行按企业投资额一定比例抵扣应纳税所得额的优惠政策，从而引导社会资金更多投资到中小高新技术企业，有利于风险投资尽快回收，减少投资风险，促进高新技术企业的成长和发展。《企业所得税法》第三十一条规定："创业投资企业从事国家需要重点扶持和鼓励的创业投资，可以按投资额的一定比例抵扣应纳税所得额。"《实施条例》第九十七条据此明确，这一优惠是指，创业投资企业采取股权投资方式，投资于未上市的中小高新技术企业已经满两年以上的，可以按照其投资额的 70%，在股权持有满两年的当年，抵扣该创业投资企业的应纳税所得额；当年不足抵扣的，可以在以后纳税年度结转抵扣。

（四）加速折旧

《企业所得税法》第三十二条规定："企业的固定资产由于技术进步等原因，确需加速折旧的，可以缩短折旧年限或者采取加速折旧的方法。"《实施条例》第九十八条据此明确，可以享受这一优惠的固定资产包括：

1. 由于技术进步，产品更新换代较快的固定资产。
2. 常年处于强震动、高腐蚀状态的固定资产。

采取缩短折旧年限方法的，最低折旧年限不得低于新《企业所得税法》和《实施条例》中规定折旧年限的 60%；采取加速折旧方法的，可以采取双倍余额递减法或者年数总和法。

七、符合条件的非营利组织的收入的税收优惠

《企业所得税法》第二十六条规定，符合条件的非营利组织的收入，为免税

收入。《实施条例》第八十四条据此从登记程序、活动范围、财产的用途与分配等方面，界定了享受税收优惠的非营利组织的条件，对非营利组织的营利性活动取得的收入，不予免税。

八、非居民企业的预提税所得的税收优惠

《企业所得税法》第四条规定，未在中国境内设立机构、场所的非居民企业取得的来源于中国境内的所得，以及非居民企业取得的来源于中国境内但与其在中国境内所设机构、场所没有实际联系的所得，适用税率为20%。按照《企业所得税法》第二十七条规定，对上述所得，可以免征、减征企业所得税的规定，减按10%的税率征收企业所得税。

对外国政府向中国政府提供贷款取得的利息所得、国际金融组织向中国政府和居民企业提供优惠贷款取得的利息所得，以及经国务院批准的其他所得，可以免征企业所得税。

九、小型微利企业的税收优惠

在我国的企业总量中，小企业占的比重很大。小企业在国民经济中占有特殊的地位。为更好地发挥小企业在自主创新、吸纳就业等方面的优势，利用税收政策鼓励、支持和引导小企业的发展，参照国际通行做法，《企业所得税法》规定对符合规定条件的小型微利企业实行减按20%的优惠税率。

按照便于征管的原则，《实施条例》第九十二条规定了小型微利企业的标准：

1. 工业企业，年度应纳税所得额不超过30万元，从业人数不超过100人，资产总额不超过3 000万元。

2. 其他企业，年度应纳税所得额不超过30万元，从业人数不超过80人，资产总额不超过1 000万元。

十、重点扶持的高新技术企业的税收优惠

借鉴国际税收政策和我国高新技术产业发展的成功经验，对国家需要重点扶持的高新技术企业继续实行优惠政策是非常必要的。考虑到我国目前对高新技术企业实行15%的优惠税率仅限于国家高新技术产业开发区内，区内区外政策待遇不一致，难以充分发挥有效作用。因此，《企业所得税法》规定对高新技术企业实行15%的优惠税率，不再作地域限制，在全国范围都适用。目的是继续保持高新技术企业税收优惠政策的稳定性和连续性，有利于促进高新技术企业加快技术

创新和科技进步的步伐，推动我国产业升级换代，实现国民经济的可持续发展。

考虑到高新技术企业的认定标准是一个执行政策的操作性问题，需要根据发展变化的情况不断加以完善，《实施条例》第九十三条从三个方面考虑对高新技术企业进行了认定：

（一）高新技术企业的范围

《实施条例》将高新技术企业的界定范围，由现行按高新技术产品划分改为按高新技术领域划分，规定产品（服务）应属于《国家重点支持的高新技术领域》的范围，以解决现行政策执行中产品列举不全、覆盖面偏窄、前瞻性不足等问题。

（二）高新技术企业的具体认定标准

《实施条例》原则规定研究开发费用占销售收入的比例、高新技术产品（服务）收入占企业总收入的比例、科技人员占企业职工总数的比例不低于规定比例，以及其他条件。具体的指标将在国务院科技、财政、税务主管部门会同国务院有关部门制定的认定办法中明确，以便今后根据发展的需要适时调整。

（三）核心自主知识产权

《实施条例》将高新技术企业的首要条件界定为拥有"核心自主知识产权"，其主要原因是，目前国家并没有对"自主知识产权"进行正式界定，如果将其理解为企业自身拥有的知识产权，则把商标权、外观设计、著作权等与企业核心技术竞争力关系不大的也包括在内，范围太宽泛。因此，《实施条例》最后采用"核心自主知识产权"作为高新技术企业的认定条件之一，相对容易操作，也突出了技术创新导向。其内涵主要是企业拥有的、并对企业主要产品或服务在技术上发挥核心支持作用的知识产权。

十一、股息、红利的税收优惠

新《企业所得税法》规定，符合条件的居民企业之间的股息、红利等权益性投资收益为免税收入。

根据原有企业所得税法规定，内资企业如从低税率的企业取得股息、红利收入要补税率差。实施新《企业所得税法》后，为更好体现税收政策优惠意图，使西部大开发有关企业、高新技术企业、小型微利企业等享受到低税率优惠政策的好处，《实施条例》第八十三条明确对来自于所有非上市企业，以及连续持有上市公司股票12个月以上取得的股息、红利收入，给予免税，不再实行补税率差的做法。

十二、关于对安置特殊就业人员的税收优惠

税收优惠政策是鼓励企业安置特殊就业人员、扩大就业的重要、有效措施，国家近年来已出台了许多相关税收优惠政策。为了进一步完善促进就业的税收政策，在《企业所得税法》第三十条、《实施条例》第九十六条，对该项政策作了适当调整：

1. 将优惠范围扩大到所有安置特殊就业人员的企业，有利于鼓励社会各类企业吸纳特殊人员就业，为社会提供更多的就业机会，更好地保障弱势群体的利益。

2. 实行工资加计扣除政策并取消安置人员的比例限制。企业安置残疾人员按照支付给残疾职工工资的100%加计扣除，企业安置国家鼓励安置的其他就业人员所支付的工资的加计扣除办法，由国务院另行规定。这样调整，既有利于使所有安置人员就业的企业都能享受到税收优惠，也有利于把税收优惠真正落实到需要照顾的人群头上，避免出现作假带来的税收漏洞。

3. 《财政部国家税务总局关于延长下岗失业人员再就业有关税收政策审批期限的通知》（财税〔2010〕10号）规定：《财政部国家税务总局关于延长下岗失业人员再就业有关税收政策的通知》（财税〔2009〕23号）规定的税收优惠政策的审批期限于2009年12月31日到期后，继续执行至2010年12月31日，即：对符合条件的企业在新增加的岗位中，当年新招用持《再就业优惠证》人员，与其签订1年以上期限劳动合同并缴纳社会保险费的，3年内按实际招用人数予以定额依次扣减营业税、城市维护建设税、教育费附加和企业所得税。定额标准为每人每年4 000元，可上下浮动20%，由各省、自治区、直辖市人民政府根据本地区实际情况在此幅度内确定具体定额标准，报财政部和国家税务总局备案。

第四节　新旧企业所得税法的过渡

为缓解新《企业所得税法》出台对部分老企业税负增加的影响，避免对老企业持续经营造成不良影响（特别是考虑到企业原来进行投资决策时对投资回报率的预测），在新税法实施后，在一定期间对已经批准设立并依照设立时的税收法律、行政法规规定，可以享受低税率和定期减免税优惠的老企业，给予过渡性照顾。主要内容为：

一、原享受低税率优惠政策的企业

自 2008 年 1 月 1 日起，原享受低税率优惠政策的企业，在新《企业所得税法》施行后 5 年内逐步过渡到法定税率。其中：享受企业所得税 15% 税率的企业，2008 年按 18% 税率执行，2009 年按 20% 税率执行，2010 年按 22% 税率执行，2011 年按 24% 税率执行，2012 年按 25% 税率执行；原执行 24% 税率的企业，2008 年起按 25% 税率执行。

对按照国发〔2007〕39 号文件有关规定适用 15% 企业所得税率并享受企业所得税定期减半优惠过渡的企业，应一律按照国发〔2007〕39 号文件第一条第二款规定的过渡税率计算的应纳税额实行减半征税，即 2008 年按 18% 税率计算的应纳税额实行减半征税，2009 年按 20% 税率计算的应纳税额实行减半征税，2010 年按 22% 税率计算的应纳税额实行减半征税，2011 年按 24% 税率计算的应纳税额实行减半征税，2012 年及以后年度按 25% 税率计算的应纳税额实行减半征税。

对原适用 24% 或 33% 企业所得税率并享受国发〔2007〕39 号文件规定企业所得税定期减半优惠过渡的企业，2008 年及以后年度一律按 25% 税率计算的应纳税额实行减半征税。

二、原享受定期减免税优惠的老企业

自 2008 年 1 月 1 日起，原享受企业所得税"两免三减半"、"五免五减半"等定期减免税优惠的企业，新税法施行后继续按原税收法律、行政法规及相关文件规定的优惠办法及年限享受至期满为止，但因未获利而尚未享受税收优惠的，其优惠期限从 2008 年度起计算。

享受上述过渡优惠政策的企业，是指 2007 年 3 月 16 日以前经工商等登记管理机关登记设立的企业。

三、西部大开发企业

为积极引导西部地区投资方向，提升西部地区经济总量，支持西部地区加快发展，促进我国区域经济社会协调发展，新税法规定继续执行西部大开发地区鼓励类企业的所得税优惠政策。

四、取消的优惠政策

取消了生产性外资企业定期减免税优惠政策，以及产品主要出口的外资企业减半征税优惠政策等。

第五节　特别纳税调整和征收管理

一、特别纳税调整

为更好地防止避税行为，《企业所得税法》明确了转让定价的核心原则，即"独立交易原则"；明确了企业及相关方提供资料的义务；增列了"成本分摊协议"条款。增加这些内容，进一步完善了转让定价和预约定价立法的内容，强化了纳税人及相关方在转让定价调查中的权利义务，对成本分摊协议的认可和规范有利于保护本国居民无形资产收益权，防止滥用成本分摊协议，乱摊成本费用，侵蚀税基。

根据《企业所得税法》有关特别纳税调整的规定，借鉴国际反避税经验，《实施条例》对关联交易中的关联方、关联业务的调整方法、独立交易原则、预约定价安排、提供资料义务、核定征收、防范受控外国企业避税、防范资本弱化、一般反避税条款，以及对补征税款加收利息等方面作了明确规定。

这些规定强化了反避税手段，有利于防范和制止避税行为，维护国家利益。特别强调，税务机关实施特别纳税调整后，除应补缴税款外，还需缴纳按税款所属期银行贷款利率计算的利息另加 5 个百分点的利息。对企业按照《企业所得税法》和《实施条例》的规定提供有关资料的，可以免除 5 个百分点的加收利息，只按照税款所属纳税年度与补税期间同期的人民币贷款基准利率计算加收利息。

二、征收管理

（一）汇总纳税具体办法

《企业所得税法》第五十条和第五十一条分别规定，居民企业在中国境内设立不具有法人资格的营业机构，应当汇总纳税；非居民企业在中国境内设立两个或者两个以上机构、场所的，经税务机关审核批准，可以选择由其主要机构、场所汇总纳税。由此，可能出现地区间税源转移问题，各界都非常关注。由于税源转移处理属于地方财政分配问题，《实施条例》不宜规定得过细，授权汇总纳税的具体办法由国务院财政、税务主管部门另行制定。《实施条例》施行后，将根据"统一计算、分级管理、就地预缴、汇总清算、财政分配"的原则，合理确定总分机构所在地政府的分享比例和办法，妥善解决实行企业所得税法后引起的税源转移问题，处理好地区间利益关系。具体办法将由国务院财政、税务主管部门另行制定，报经国务院批准后实施，因此，《实施条例》中仅保留了原则性的表述。

（二）法人母子公司不再合并纳税

新《企业所得税法》规定，除国务院另有规定外，企业之间不得合并缴纳企业所得税。但《实施条例》并没有对集团内法人企业间合并纳税作出相关规定，这一问题将如何解决？

从1994年起，我国对经国务院批准成立的120家大型试点企业集团，实行合并缴纳企业所得税政策。当初政策的出发点是：在母子公司之间核算不真实、企业集团政企不分的情况下，减轻企业负担，支持企业集团发展。除了120个大型集团，就是我国垄断性行业，是国务院特殊规定的，像铁道部、金融、保险、电力、移动这些都属于国家汇总合并，它们底下都具备独立法人，包括省级也好、地市也好，都具备独立法人。为什么国家对它实行汇总合并？因为国际影响较大，中国有很多这样的企业成为了500强。

新《企业所得税法》实施后，从规范税制来讲，作为独立法人的母子公司也应分别独立纳税。《企业所得税法》第五十二条规定，除国务院另有规定外，企业之间不得合并缴纳企业所得税。考虑到《企业所得税法》实行了法人税制，企业集团内部的母子公司原则上应独立纳税，合并纳税应从严掌握，这样也有利于减缓地区间税源转移问题。因此，没有在《实施条例》中规定合并纳税的范围和条件，对个别确需合并纳税的，今后由国务院根据实际情况再作具体规定。

第八章

其他税种

第一节　印花税

一、印花税的一般规定

（一）纳税人

在中华人民共和国境内书立、领受《中华人民共和国印花税暂行条例》（下称《印花税暂行条例》）所列举凭证的单位和个人，都是印花税的纳税义务人（以下简称纳税人）。

"所列举凭证"是指在中国境内具有法律效力，受中国法律保护的凭证，上述凭证无论在中国境内或者境外书立，均应依照条例规定贴花。

"单位和个人"是指国内各类企业、事业、机关、团体、部队以及中外合资企业、合作企业、外资企业、外国公司企业和其他经济组织及其在华机构等单位和个人。

凡是缴纳工商统一税的中外合资企业、合作企业、外资企业、外国公司企业和其他经济组织，其缴纳的印花税，可以从所缴纳的工商统一税中如数抵扣。

（二）征税范围

《印花税暂行条例》规定，下列凭证为应纳税凭证：

1. 购销、加工承揽、建设工程承包、财产租赁、货物运输、仓储保管、借款、财产保险、技术合同或者具有合同性质的凭证。

2. 产权转移书据（单位和个人产权的买卖、继承、赠与、交换、分割等所立的书据）。

3. 营业账簿（单位或者个人记载生产经营活动的财务会计核算账簿）。

4. 权利、许可证照。

5. 经财政部确定征税的其他凭证。

二、印花税的税目与税率

目前，我国的印花税采用列举税目的方式确定征税对象，分别采用比例和定额两种税率，见表 8-1。

表 8-1 印花税税目税率表

税　　目	计税依据	适用税率
股票转让（包括继承、赠与等）	证券市场当日实际成交价格	1‰
财产租赁合同	租金收入	1‰
财产保险合同	保费收入	
仓储保管合同	仓储保管费用	
加工承揽合同	加工承揽收入	0.5‰
建设工程勘查设计合同	勘查设计收取的费用	
货物运输合同	货物运输费用	
产权转移书据	产权转让金额	
营业账簿中的资金账簿	实收资本和资本公积两项金额之和	
购销合同	购销金额	0.3‰
建筑安装工程承包合同	工程承包金额	
技术合同	技术合同所载价款、报酬、使用费	
借款合同	借款金额	0.05‰
记载资金以外的其他营业账簿	按件计税	每件 5 元
记载资金的营业账簿	按固定资产原值和自有流动资金总额	0.05‰
权利许可证照	按件计税	每件 5 元

三、印花税的减免

《印花税暂行条例》规定，下列凭证免纳印花税：

• 已缴纳印花税的凭证的副本或者抄本。

• 财产所有人将财产赠给政府、社会福利单位、学校所立的书据。

- 国家指定的收购部门与村民委员会、农民个人书立的农副产品收购合同。
- 无息、贴息贷款合同。
- 外国政府或者国际金融组织向我国政府及国家金融机构提供优惠贷款所书立的合同。
- 经财政部批准免税的其他凭证。

四、印花税应纳税额的计算

（一）按金额比例贴花

采用按金额比例贴花的凭证（包括各类经济合同及合同性质的凭证和产权转移书据），其应纳税额为：

$$应纳税额 = 合同或单据和书据所记载的金额 \times 适用税率$$

（二）按件定额贴花

采用按件定额贴花的凭证（包括权利许可证照和其他账簿），其应纳税额为：

$$应纳税额 = 证照和账簿数量（件数）\times 5（元/件）$$

五、印花税的会计处理

在税法上，对印花税不通过"应交税费"科目核算，而是直接通过"管理费用"科目核算，同时在表外设置"印花税票"科目，对购置的印花税票进行表外统登核算和管理。

企业直接购买印花税票时，将印花税计入管理费用，借记"管理费用"科目，贷记"银行存款"或"现金"科目，同时在表外借记"印花税票"科目。

企业预购备用印花税的，将印花税计入待摊费用，借记"待摊费用"科目，贷记"银行存款"或"现金"科目；每次摊销或用预购印花税贴花完税时，按实际数额，借记"管理费用"科目，贷记"待摊费用"科目。

第二节　城市维护建设税和教育费附加

城市维护建设税是改善和维护城市建设筹集专项资金，依据纳税人缴纳的增值税、营业税和消费税税额征收的一种税；教育费附加是为扶持发展教育事业筹集专用资金，依据纳税人缴纳的增值税、营业税和消费税税额征收的一种费。

一、纳税人

一般增值税、消费税、营业税的纳税人都是城市维护建设税和教育费附加的纳税人，但下列情况除外：对进口产品征收进口环节增值税、消费税时，不征收城市维护建设和教育费附加。

二、征税范围

城市维护建设税和教育费附加按照企业缴纳增值税、消费税、营业税的税款总额和规定税率计算缴纳。对"三税"实行先征后返、先征后退、即征即退办法的，除另有规定外，对随"三税"附征的城市维护建设税和教育费附加，一律不予退（返）还。生产企业出口货物全面实行免抵退税办法后，经国家税务总局正式审核批准的当期免抵的增值税税额，应纳入城市维护建设税和教育费附加的计征范围，分别按规定的税（费）率征收城市维护建设税和教育费附加。

三、税率

城市维护建设税的税率，纳税人所在地为城市市区的，税率为7%；所在地为县城、镇区的，税率为5%；所在地不在城市市区、县城或镇区的，税率为1%。
教育费附加的费率统一为3%。

四、计算公式

城市维护建设税和教育费附加的计算公式为：

应纳城市维护建设税＝实际缴纳的增值税、消费税和营业税税额×适用税率
应纳教育费附加＝实际缴纳的增值税、消费税和营业税税额×3%

五、城市维护建设税和教育费附加的会计处理

对城市维护建设税和教育费附加，会计上在"应交税费"科目下设置"应交城市维护建设税"和"应交教育费附加"明细科目进行核算。企业按规定根据实际缴纳的增值税、营业税和消费税计算出应交城市维护建设税和教育费附加时，借记"营业税金及附加"等科目，贷记"应交税费——应交城市维护建设税"和"应交税费——应交教育费附加"科目。实际缴纳城市维护建设税和教育费附加

时，借记"应交税费——应交城市维护建设税"和"应交税费——应交教育费附加"科目，贷记"银行存款"或"现金"科目。

【例8-1】某企业 2010 年 10 月实际缴纳增值税 80 000 元，缴纳营业税40 000元。应交城市维护建设税和教育费附加为：

应交城市维护建设税 =（80 000 + 40 000）×7% = 8 400（元）

应交教育费附加 =（80 000 + 40 000）×3% = 3 600（元）

借：营业税金及附加　　　　　　　　　　　　　　　　12 000

　　贷：应交税费——应交城市维护建设税　　　　　　　 8 400

　　　　应交税费——应交教育费附加　　　　　　　　　 3 600

第三节　房产税

1951 年原政务院颁布实施《城市房地产税暂行条例》，1986 年国务院颁布《中华人民共和国房产税暂行条例》（国发〔1986〕90 号）后，对内资企业和个人统一征收"房产税"，而"城市房地产"仅对外资企业和外籍个人征收。由此，在对房产征税上形成了内外两套税制的格局。

改革开放后，为适应不同时期经济和社会发展的需要，我国一直对外商投资企业、外国企业及外籍个人征收实行优惠税收政策，对外商投资实行特殊税种。随着我国改革开放的不断深入和社会主义市场经济体制的逐步完善，特别是在我国加入世界贸易组织以后，这种内外有别的税制结构与市场经济要求的公平、一致的税收环境已很不适应。为统一内外税制，2008 年 12 月 31 日，国务院公布了第 546 号令，自 2009 年 1 月 1 日起废止《城市房地产税暂行条例》，外商投资企业、外国企业和组织以及外籍个人（以下简称外资企业和外籍个人），统一按照《中华人民共和国房产税暂行条例》（下称《房产税暂行条例》）缴纳房产税。

一、征税范围

《房产税暂行条例》规定的征税范围是城市、县城、建制镇和工矿区，其中，城市是指国务院批准设立的市，具体区域为市区、郊区和市辖县县城；县城是指未设立建制镇的县人民政府所在地；建制镇是指经省、自治区、直辖市人民政府批准设立的建制镇；工矿区是指工商业比较发达，人口比较集中，符合国务院规定的建制镇标准，但尚未设立镇建制的大中型工矿企业所在地。

二、纳税人

房产税的纳税人是指在我国城市、县城、建制镇和工矿区内拥有房屋的单位和个人。具体而言，产权属全民所有的，房屋的经营管理单位为纳税人；产权属于集体和个人所有的，拥有产权的单位和个人为纳税人；产权出典的，承典人为纳税人；产权所有人、承典人均不在房产所在地，或产权未确定及租典纠纷未解决的，房产代管人或使用人为纳税人。

三、计税依据

房产税依照房产原值一次减除10%至30%后的余值计算缴纳。没有房产原值作为依据的，由房产所在地税务机关参考同类房产核定。具体减除幅度，由省、自治区、直辖市人民政府规定。

房产出租的，以房产租金收入为房产税的计税依据。

四、税率

房产税采用比例税率。按房产余值计征的，税率为1.2%；按租金收入计征的，税率为12%。

五、房产税的计算

依照房产余值计算缴纳房产税的，计算公式为：

$$全年应纳房产税额 = 房产余值 \times 1.2\%$$
$$房产余值 = 房产原值（或重置价值）\times（1 - 扣除率）$$

依照房屋租金收入计算缴纳房产税的，计算公式为：

$$全年应纳房产税额 = 全年租金收入 \times 12\%$$

以人民币以外的货币为记账本位币的外资企业及外籍个人在缴纳房产税时，均应将其根据记账本位币计算的税款按照缴款上月最后一日的人民币汇率中间价折合成人民币。

六、房产税的减、免税

《房产税暂行条例》规定，下列房产免纳房产税：

- 国家机关、人民团体、军队自用的房产。
- 由国家财政部门拨付事业经费的单位自用的房产。
- 宗教寺庙、公园、名胜古迹自用的房产。
- 个人所有非营业用的房产。
- 经财政部批准免税的其他房产。

现行政策规定，对个人出租住房和企事业单位、社会团体以及其他组织按市场价格向个人出租用于居住的住房，减按4%的税率征收房产税。

现行《房产税暂行条例》对一些房产规定免税，包括对个人所有非营业用房产免税。对纳税确有困难的纳税人，《条例》还授权省、自治区、直辖市人民政府确定定期减征或免征房产税。

七、房产税的会计处理

对房产税，会计上在"应交税费"科目下设置"应交房产税"明细科目进行核算。

企业自用房产计提房产税时，借记"管理费用"科目，贷记"应交税费——应交房产税"科目；企业出租房产计提房产税时，借记"其他业务支出"科目，贷记"应交税费——应交房产税"科目；实际缴纳房产税时，借记"应交税费——应交房产税"科目，贷记"银行存款"科目。

【例8-2】某企业房产原值500万元，当地政府规定减除幅度20%，全年应纳房产税额为：

房产余值 = 5 000 000 × （1 - 20%） = 4 000 000 （元）

全年应纳房产税额 = 4 000 000 × 1.2% = 48 000 （元）

借：管理费用——房产税　　　　　　　　　　　　　　48 000

　　贷：应交税费——应交房产税　　　　　　　　　　　48 000

【例8-3】某企业将闲置的一座仓库出租给某企业，全年租金50万元，全年应纳房产税额为：

全年应纳房产税额 = 500 000 × 12% = 60 000 （元）

借：其他业务支出——仓库出租　　　　　　　　　　　60 000

　　贷：应交税费——应交房产税　　　　　　　　　　　60 000

八、房产税的征收管理

房产税实行按年征收，分期缴纳，纳税期限由各省、自治区、直辖市人民政府规定。房产税由房产所在地的地方税务机关负责征收，征收管理依照《中华人民共和国税收征收管理法》的有关规定执行。为了做好房产税的征收管理工作，按照房产税暂行条例的授权，各省、自治区、直辖市人民政府都制定了房产税暂行条例实施细则，根据本地区的实际情况对房产税纳税的期限，纳税申报的内容等征收管理的具体事项作出了规定。外资企业和外籍个人应按照《房产税暂行条例》及房产所在省（自治区、直辖市）人民政府的规定，定期向房产所在地的地方税务机关申报缴纳房产税。纳税人房产的情况（包括房产数量、原值、租金收入等）发生变化的，要及时向地方税务机关申报变更纳税信息。

第四节　车船税

我国自 2004 年启动新一轮税制改革以来，车船税是第一个实现内外统一的税种，也是 1994 年税制改革以来第一个实现全面改革的地方税税种。

一、纳税人

在中华人民共和国境内，车辆、船舶（以下简称车船）的所有人或者管理人为车船税的纳税人，"车船"是指依法应当在车船管理部门登记的车船，"管理人"是指对车船具有管理使用权，不具有所有权的单位。

车船税是以行驶的车船为征税对象、向拥有并使用车船的单位和个人征收的一种税种。

二、计税依据和税率

车船税采用定额税率计税，详见表 8－2。

表 8 - 2　车船税税目税额表　　　　　　　　　　　（单位：元/辆/车、元/吨/年）

税　目		计税标准	税　额	备　注
载客汽车	大型客车	核定载客≥20 人每辆	480 ~ 660 元	包括电车
	中型客车	核定载客 10 ~ 19 人每辆	420 ~ 660 元	
	小型客车	核定载客≤9 人每辆	360 ~ 660 元	
	微型客车	发动机气缸排气量≤1 升每辆	60 ~ 480 元	
载货汽车		按自重每吨	16 ~ 120 元	包括半挂牵引车、挂车
三轮汽车				
低速货车				
专业作业车				装置有专用设备或器具用于专项作业的汽车
轮式专用机械车				具有装卸、挖掘、平整设备的轮式自行机械
客货两用车				
摩托车		每辆		
船舶		净吨位≥10 001 吨每吨	6	拖船和非机动驳船分别按船舶税额的 50% 计算
		净吨位 2 001 ~ 10 000 吨每吨	5	
		净吨位 201 ~ 2 000 吨每吨	4	
		净吨位≤200 吨每吨	3	

车辆自重尾数在 0.5 吨以下（含 0.5 吨）的，按照 0.5 吨计算；超过 0.5 吨的，按照 1 吨计算。船舶净吨位尾数在 0.5 吨以下（含 0.5 吨）的不予计算，超过 0.5 吨的按照 1 吨计算。1 吨以下的小型车船，一律按照 1 吨计算。

三、车船税的计算

车船税的计算公式为：

载客车应纳税额＝辆数×适用税额

$$非载客车应纳税额 = 净吨位数 × 适用税额$$

$$机动船应纳税额 = 载重吨位数 × 适用税额$$

$$拖船和非机动船应纳税额 = 载重吨位数 × 适用税额/2$$

购置的新车船，购置当年的应纳税额自纳税义务发生的当月起按月计算。计算公式为：

$$应纳税额 = （年应纳税额/12）× 应纳税月份数$$

四、车船税的减、免

《车船税暂行条例》规定，下列车船免征车船税：

- 非机动车船（不包括非机动驳船）。
- 拖拉机。
- 捕捞、养殖渔船。
- 军队、武警专用的车船。
- 警用车船。
- 按照有关规定已经缴纳船舶吨税的船舶。
- 依照我国有关法律和我国缔结或者参加的国际条约的规定应当予以免税的外国驻华使馆、领事馆和国际组织驻华机构及其有关人员的车船。

国务院财政部门、税务主管部门可以根据实际情况，在《车船税税目税额表》规定的税目范围和税额幅度内，划分子税目，并明确车辆的子税目税额幅度和船舶的具体适用税额。车辆的具体适用税额由省、自治区、直辖市人民政府在规定的子税目税额幅度内确定。

省、自治区、直辖市人民政府可以根据当地实际情况，对城市、农村公共交通车船给予定期减税、免税。

五、车船税的会计处理

对车船税，会计上在"应交税费"科目下设置"应交车船税"明细科目进行核算。企业按规定计算应缴纳的车船税时，借记"管理费用"科目，贷记"应交税费——应交车船税"科目；实际缴纳车船税时，借记"应交税费——应交车船税"科目，贷记"银行存款"科目。

【例 8-4】某企业拥有大型客车 2 辆，年税额 600 元/辆；中型客车 4 辆，年税额 500 元/辆;微型客车 10 辆,年税额 300 元/辆;载重汽车 20 辆,每辆自重 4 吨,年税额 80 元/吨。全年应纳车船税额为:

全年应纳车船税额 = $2 \times 600 + 4 \times 500 + 10 \times 300 + 20 \times 4 \times 80 = 12\,600$(元)

借:管理费用——车船税　　　　　　　　　　　　　　12 600

　　贷:应交税费——应交车船税　　　　　　　　　　　　12 600

第五节　土地使用税

一、土地使用税的一般规定

(一)纳税人

《中华人民共和国城镇土地使用税暂行条例》(下称《土地使用税暂行条例》)规定,在城市、县城、建制镇、工矿区范围内使用土地的单位(包括国有企业、集体企业、私营企业、股份制企业、外商投资企业、外国企业以及其他企业和事业单位、社会团体、国家机关、军队以及其他单位)和个人(包括个体工商户以及其他个人),为城镇土地使用税(以下简称土地使用税)的纳税义务人。

土地使用税由拥有土地使用权的单位或个人缴纳。拥有土地使用权的纳税人不在土地所在地的,由代管人或实际使用人纳税;土地使用权未确定或权属纠纷未解决的,由实际使用人纳税;土地使用权共有的,由共有的各方按其实际使用的土地面积占总面积的比例,分别计算缴纳土地使用税。

(二)征税范围

土地使用税以纳税人实际占用的土地面积为计税依据,依照规定税额计算征收。土地占用面积的组织测量工作,由省、自治区、直辖市人民政府根据实际情况确定。尚未组织测量,但纳税人持有政府部门核发的土地使用证书的,以证书确认的土地面积为准;尚未核发土地使用证书的,应由纳税人据实申报土地面积。

对居民住宅区内业主共有的经营性房产,由实际经营(包括自营和出租)的代管人或使用人缴纳房产税。其中自营的,依照房产原值减除 10% ~30% 后的余值计征,没有房产原值或不能将业主共有房产与其他房产的原值准确划分开的,由房产所在地地方税务机关参照同类房产核定房产原值;出租的,依照租金收入计征。

自 2007 年 1 月 1 日起,外商投资企业和外国企业(以下简称外资企业)纳入城镇土地使用税的征税范围。

二、土地使用税的税目与税率

国务院决定自2007年1月1日起，将城镇土地使用税每平方米年税额在原有规定的基础上提高2倍。土地使用税每平方米年税额如下：

- 大城市1.5元至30元。
- 中等城市1.2元至24元。
- 小城市0.9元至18元。
- 县城、建制镇、工矿区0.6元至12元。

城市、县城、建制镇、工矿区的具体征税范围，由各省、自治区、直辖市人民政府划定。

省、自治区、直辖市人民政府，应当在上述所列税额幅度内，根据市政建设状况、经济繁荣程度等条件，确定所辖地区的适用税额幅度。

市、县人民政府应当根据实际情况，将本地区土地划分为若干等级，在省、自治区、直辖市人民政府确定的税额幅度内，制定相应的适用税额标准，报省、自治区、直辖市人民政府批准执行。

经省、自治区、直辖市人民政府批准，经济落后地区土地使用税的适用税额标准可以适当降低，但降低额不得超过上述规定最低税额的30%。经济发达地区土地使用税的适用税额标准可以适当提高，但须报经财政部批准。

三、应纳税额的计算

土地使用税以纳税人实际占用的土地面积为计税依据，依照规定税额计算征收。土地使用税按年计算、分期缴纳。缴纳期限由省、自治区、直辖市人民政府确定。

四、土地使用税的会计处理

对土地使用税，会计上在"应交税费"科目下设置"应交土地使用税"明细科目进行核算。企业按规定计算应缴纳的土地使用税时，借记"管理费用"科目，贷记"应交税费——应交土地使用税"科目；实际缴纳土地使用税时，借记"应交税费——应交土地使用税"科目，贷记"银行存款"科目。

【例8-5】某企业坐落在该市一级地段（核定年税额10元/m²），占地4 000m²；另有3个统一核算的分公司坐落在该市三级地段（核定年税额5元/m²），占地 6 000m^2；一处仓库坐落在该市五级地段（核定年税额 2 元/m^2），占地 10 000m^2。

全年应纳土地使用税 = 4 000 × 10 + 6 000 × 5 + 10 000 × 2 = 90 000（元）

借：管理费用 90 000

贷：应交税费——应交土地使用税 90 000

五、土地使用税的减免

《土地使用税暂行条例》规定，下列土地免缴土地使用税：

- 国家机关、人民团体、军队自用的土地。
- 由国家财政部门拨付事业经费的单位自用的土地。
- 宗教寺庙、公园、名胜古迹自用的土地。
- 市政街道、广场、绿化地带等公共用地。
- 直接用于农、林、牧、渔业的生产用地（不包括农副产品加工场地和生活、办公用地；直接用于采摘、观光的种植、养殖、饲养的土地，免征城镇土地使用税；利用林场土地兴建度假村等休闲娱乐场所的，其经营、办公和生活用地，应按规定征收城镇土地使用税）。
- 经批准开山填海整治的土地和改造的废弃土地，从使用的月份起免缴土地使用税 5 年至 10 年。
- 由财政部另行规定免税的能源、交通、水利设施用地和其他用地。

除上述规定外，纳税人缴纳土地使用税确有困难需要定期减免的，由省、自治区、直辖市税务机关审核后，报国家税务局批准。

第六节　土地增值税

一、纳税人

《中华人民共和国土地增值税暂行条例》（下称《土地增值税暂行条例》）规定，转让国有土地使用权、地上的建筑物及其附着物（以下简称转让房地产）并取得收入的单位和个人，为土地增值税的纳税义务人（以下简称纳税人）。

转让国有土地使用权、地上的建筑物及其附着物并取得收入，是指以出售或者其他方式有偿转让房地产的行为。不包括以继承、赠与方式无偿转让房地产的行为。

国有土地，是指按国家法律规定属于国家所有的土地。

地上的建筑物，是指建于土地上的一切建筑物，包括地上地下的各种附属设施。

附着物，是指附着于土地上的不能移动，一经移动即遭损坏的物品。

收入，包括转让房地产的全部价款及有关的经济收益。

单位，是指各类企业单位、事业单位、国家机关和社会团体及其他组织。

二、征税范围与计税依据

土地增值税按照纳税人转让房地产所取得的增值额和规定的税率计算征收。增值额是指转让房地产所取得的收入减去规定扣除项目金额后的余额。企业转让房地产所取得的收入，包括货币收入、实物收入和其他收入。

计算土地增值税的主要扣除项目有：

1. 取得土地使用权所支付的金额。即纳税人为取得土地使用权所支付的地价款和按国家统一规定缴纳的有关费用。

2. 开发土地的成本、费用。即纳税人进行房地产开发项目实际发生的成本（以下简称房地产开发成本），包括土地征用及拆迁补偿费、前期工程费、建筑安装工程费、基础设施费、公共配套设施费、开发间接费用。

3. 新建房屋及配套设施的成本、费用。即与房地产开发项目有关的销售费用、管理费用、财务费用。

上述计算扣除的具体比例，由各省、自治区、直辖市人民政府规定。

4. 旧房及建筑物的评估价格。即在转让已使用的房屋及建筑物时，由政府批准设立的房地产评估机构评定的重置成本价乘以成新度折扣率后的价格。评估价格须经当地税务机关确认。

5. 与转让房地产有关的税金。在转让房地产时缴纳的营业税、城市维护建设税、印花税。因转让房地产缴纳的教育费附加，也可视同税金予以扣除。

6. 纳税人建造普通标准住宅出售，增值额未超过《土地增值税实施细则》第七条第（一）、（二）、（三）、（五）、（六）项扣除项目金额之和20%的，免征土地增值税；增值额超过扣除项目金额之和20%的，应就其全部增值额按规定计税。

7. 财政部规定的其他扣除项目。

三、土地增值税的税率

土地增值税实行四级超率累进税率，详见表 8 - 3。

表 8 - 3 土地增值税四级超率累进税率表

增值额占扣除项目金额比率	适用税率	速算扣除系数
未超过 50%（含，下同）的部分	30%	0%
超过 50%、未超过 100% 的部分	40%	5%
超过 100%、未超过 200% 的部分	50%	15%
超过 200% 的部分	60%	35%

四、土地增值税的计算

土地增值税的计算方法有两种：一种是分档计算法，其计算公式为：

$$应纳税额 = \sum（各级次增值额 \times 适用税率）$$

另一种是速算扣除法，其计算公式为：

$$应纳税额 = 增值额 \times 适用税率 - 扣除项目金额 \times 速算扣除系数$$

在实际工作中，分档计算法比较烦琐，一般可以采取速算扣除法计算。

（一）出售旧建筑物

转让旧房应按房屋及建筑物的评估价格、取得土地使用权所支付的地价款和按国家统一规定缴纳的有关费用，以及在转让环节缴纳的税金，作为扣除项目金额计征土地增值税。对取得土地使用权未支付地价款或不能提供已支付的地价款凭证的，不允许扣除取得土地所有权所支付的金额。

【例 8 - 6】某企业转让一栋建筑物，当时造价 100 万元，无偿取得土地使用权。评估结果，如果按现行市场价的材料、人工费计算，建造同样的建筑物需 800 万元。该建筑物 6 成新，按 600 万元出售，支付有关税费 33 万元。

评估价格 $= 800 \times 60\% = 480$（万元）

允许扣除项目的金额 $= 480 + 33 = 513$（万元）

增值额 $= 600 - 513 = 87$（万元）

增值率 $= 87 \div 513 \times 100\% = 16.96\%$

应纳税额 $= 87 \times 30\% - 513 \times 0\% = 26.10$ （万元）

（二）建造并出售新建筑物

土地增值税按照纳税人转让房地产所取得的增值额和适用的超额累进税率计算征收，从事房地产开发的纳税人可按取得土地使用权所支付的金额与房地产开发成本计算的金额之和，加计20%扣除。

【例8-7】某企业所属房地产开发公司出售一栋写字楼，收入8 000万元。开发该写字楼支出的项目为：地价款及各项费用800万元；房地产开发成本2 200万元；财务费用中利息支出500万元（其中加罚利息100万元）；转让环节缴纳的税费444万元，该公司所在地政府规定的房地产开发费用计算扣除比例为5%。

房地产开发费用 $= (500 - 100) + (800 + 2\ 200) \times 5\% = 550$ （万元）

加计扣除金额 $= (800 + 2\ 200) \times 20\% = 600$ （万元）

允许扣除项目的金额合计 $= 800 + 2\ 200 + 550 + 444 + 600 = 4\ 594$ （万元）

增值额 $= 8\ 000 - 4\ 594 = 3\ 406$ （万元）

增值率 $= 3\ 406 \div 4\ 594 \times 100\% = 74.14\%$

应纳税额 $= 3\ 406 \times 40\% - 4\ 594 \times 5\% = 1\ 132.70$ （万元）

五、土地增值税的会计处理

对土地增值税的计算，会计上在"应交税费"科目下设置"应交土地增值税"科目进行核算。

企业转让的国有土地使用权连同地上建筑物及其附着物一并在"固定资产"或"在建工程"等科目核算的，转让时应缴纳的土地增值税借记"固定资产清理"、"在建工程"等科目，贷记"应交税费——应交土地增值税"科目；土地使用权在"无形资产"科目核算的，按实际收到的金额，借记"银行存款"科目，按应交的土地增值税，贷记"应交税费——应交土地增值税"科目，同时冲销土地使用权的账面价值，贷记"无形资产"科目，按其差额，借记"营业外支出"或贷记"营业外收入"科目。

企业兼营房地产业务的，转让房地产并取得收入时，按规定计算应交土地增值税，借记"其他业务支出"科目，贷记"应交税费——应交土地增值税"科目。

实际缴纳土地增值税时，借记"应交税费——应交土地增值税"科目，贷记"银行存款"等科目。

第九章

国际税收及征收管理

第一节 国际税收和税收管辖权

国际税收是指涉及两个或两个以上国家的政府，在对跨国纳税人行使各自的征税权利而形成的税收征纳关系中，发生的国家之间的税收分配关系。

税收管辖权是一国政府在税收事务上所拥有的基本权，表现为税收立法权和税收管理权，是各国税务当局行使征税权利的依据，它是国家主权的重要组成部分。

一个主权国家在政治权力所能达到的范围，从地域概念讲，包括该国疆界内的全部空间；从人员概念讲，包括该国国内的所有公民和居民。与此相适应，一个国家的税收管辖权也可按照属地或属人两种不同的原则确立。

在国际税收中，纳税人通常分为两种类型：一是具有无限纳税义务的纳税人；二是具有有限纳税义务的纳税人。对于前者，不论是自然人还是法人，往往构成一国税收上的居民，对于其来源于世界范围内的所得都要向该国纳税。而后者，通常作为一国的非居民，仅对其来源于该国境内的所得向该国纳税。从税收管辖权的角度来说，对一国的居民行使居民管辖权，对该国的非居民行使地域管辖权，这已成为国际上的通行做法，并成为各国涉外税制中的准则。

我国涉外所得税，就是根据我国具体情况，参照国际税收惯例，同时按照属人原则和属地原则确定税收管辖权的。

第二节　避免双重征税协定

一、国际税收协定

国际税收协定是指两个或两个以上国家，为了协调、处理对纳税人征税方面的财权利益分配关系，签订的一种书面协议。

国际重复征税，是指两个或两个以上的国家，在同一期间内，对参与或被认为是参与国际经济活动的同一纳税人取得的同一笔所得征收同样或类似的税收。通过缔结国际税收协定，可以解决国际重复征税问题和国际间偷税漏税问题，同时，可避免国际间的税收歧视。

二、避免双重征税协定的作用

（一）避免和消除对跨国纳税人的重复征税

避免由于国际间税收管辖权的重叠而形成的双重征税是国家间签订税收协定所要解决的核心问题。税收管辖权通常包括居民税收管辖权和所得来源地税收管辖权，世界上多数国家都同时行使这两种税收管辖权，因而不可避免地造成对一个跨国纳税人所取得的同一项所得，其居民国和所得来源国均根据各自的国内税法进行征税，即重复征税的情况。为此，国家间通过签订避免双重征税协定，区分不同类型所得，全面协调国家间的税收管辖权，从而避免和消除双重征税，促进国际经济交流。

（二）防止跨国偷漏税

由于仅靠一国主管税务当局的力量，难以对跨国纳税人实施有效监控，因此，通过加强国际间的税务行政合作来防止跨国偷漏税，是国家间税收协定所要解决的问题之一。在避免双重征税协定中，通常都列有"情报交换"条款，缔约国之间按照协定的规定相互提供税收情报已成为防止跨国偷漏税的有力手段。

（三）避免税收歧视

避免税收歧视，实行纳税无差别待遇，是处理国际间税收关系的一项重要原则，也是谈判签订税收协定的目标之一。国家间在签订避免双重征税协定时，通常都列有"无差别待遇"条款，以保证缔约国一方的纳税人在缔约国另一方应负担的纳税义务，不比缔约国另一方的纳税人，在相同或类似的情况下所受到的纳税待遇不同或负担更重。

三、与我国签订《避免双重征税协定》的国家和地区

（一）亚洲

与我国签订《避免双重征税协定》的亚洲国家和地区包括日本、马来西亚、新加坡、泰国、巴基斯坦、科威特、塞浦路斯、蒙古、阿联酋、韩国、印度、以色列、越南、土耳其、亚美尼亚、乌兹别克、孟加拉、老挝、菲律宾、卡塔尔、尼泊尔、哈萨克斯坦、印度尼西亚、阿曼、伊朗、巴林、吉尔吉斯斯坦、斯里兰卡、文莱。

（二）欧洲

与我国签订《避免双重征税协定》的欧洲国家和地区包括法国、英国、比利时、德国、挪威、丹麦、芬兰、瑞典、意大利、荷兰、原捷克斯洛伐克、波兰、保加利亚、瑞士、西班牙、罗马尼亚、奥地利、匈牙利、马耳他、卢森堡、俄罗斯、克罗地亚、白俄罗斯、斯洛文尼亚、乌克兰、冰岛、立陶宛、拉脱维亚、原南斯拉夫、葡萄牙、爱沙尼亚、爱尔兰、摩尔多瓦、希腊、马其顿、阿尔巴尼亚、阿塞拜疆、格鲁吉亚。

（三）非洲

与我国签订《避免双重征税协定》的非洲国家和地区包括毛里求斯、苏丹、埃及、塞舌尔、南非、突尼斯、摩洛哥、尼日利亚、阿尔及利亚、沙特阿拉伯。

（四）北美洲

与我国签订《避免双重征税协定》的北美洲国家和地区包括美国、加拿大、巴巴多斯、古巴、牙买加、特立尼达和多巴哥、墨西哥。

（五）南美洲

与我国签订《避免双重征税协定》的南美洲国家包括巴西、委内瑞拉。

（六）大洋洲

与我国签订《避免双重征税协定》的大洋洲国家包括澳大利亚、新西兰、巴布亚新几内亚。

四、避免国际重复征税采用的方法

（一）消除和缓和国际重复征税的一般方法

1. 豁免法，又称免税法。是指行使居民管辖权的国家，对本国居民取得来自国外的所得免于征税。

2. 扣除法。是指一国政府为了免除国际重复征税，事先从本国纳税人来源于

世界范围内的所得中，扣除该项所得负担的外国税额，就其余额征税的方法。

3. 抵免法。又称外国税收抵免，是指行使居民管辖权的国家，对其居民取得的国内和国外所得一律予以汇总征税，但居住国允许居民将在国外向外国政府已纳的税额，在应向本国缴纳的税额中予以扣除。

（二）税收饶让

税收饶让，又称税收饶让抵免。指居民国政府对其居民在国外得到的所得税减免税部分，视同在外国已缴纳了税收，准予饶让抵免，不再按居民国税法规定补征税款。在中国与其他国家关于对所得避免双重征税和防止偷漏税的协定中规定的税收饶让，有的是单方面承担的，如中国与英国签订的避免双重征税协定；有的是双方都承担的，如中国与马来西亚的协定；有的未规定，如中国与美国的协定。

实际上，对于被投资国政府给予外国投资者的减免税，外国投资者未必最终就能够享受到。外国投资者在被投资国政府所得享受了减免税，是否要在其居民国政府纳税，这主要看两国政府税收协定中是否有税收饶让的条款。

在与我国签订并已生效的 86 个双边协定中，载有税收饶让条款的有 43 个，其中 21 个是缔约国双方相互给予饶让抵免，22 个是缔约国对方单方面给予我国饶让抵免。

五、国际避税地

一般来说，跨国纳税人认为，凡是能够为其提供税收上的特别好处和财务上的特别利益的国家和地区，就是国际避税地。

目前，世界国际避税地可以分为三大类型：

（一）纯国际避税地

• 没有所得税或一般财产税的国家和地区：巴哈马、百慕大、开曼群岛、瑙鲁、瓦努阿图、特克斯和凯科斯、格陵兰、法罗群岛、新客里多尼亚、索马里、圣皮埃尔岛、密光隆岛等。

• 免征某些所得税或一般财产税的国家和地区：安圭拉岛、安提瓜岛、巴林、巴巴多斯、英属维尔京岛、坎彭、塞浦路斯、直布罗陀、格恩西岛、以色列、牙买加、泽西岛、黎巴嫩、列支敦士登、中国澳门、摩纳哥、蒙塞拉特、荷属安的列斯群岛、圣赫勒拿岛、圣文森特岛、新加坡、斯匹次卑尔根群岛、瑞士等。

（二）只行使地域管辖权的国际避税地

完全放弃居民（公民）管辖权，只行使地域管辖权的国家和地区：阿根廷、埃塞俄比亚、哥斯达黎加、中国香港、利比里亚、马来西亚、巴拿马、委内瑞拉等。

（三）能提供某些特殊优惠的国际避税地

在按照各国通例制定税法的同时，能提供某些特殊优惠的国家和地区：卢森堡、荷兰、希腊、爱尔兰、英国、加拿大、菲律宾等。

第三节　境外投资所得税征收管理

一、税法基本规定

根据《中华人民共和国企业所得税法》（以下简称《企业所得税法》）及《中华人民共和国企业所得税法实施条例》（以下简称《实施条例》）的有关规定，企业取得境外所得在计征企业所得税时抵免境外已纳或负担所得税额。即纳税人来源于中国境外的所得，应该依法在我国缴纳企业所得税，但已在境外缴纳的所得税税款，在我国汇总缴纳所得税时从应纳税额中扣除，扣除额不能超过境外所得依照我国税法规定计算的应纳税额。也就是说，我国企业在境外的投资所得，只有所在国征收的企业所得税税率低于我国税率时，才可能在我国补税；如果其税率相等或高于我国税率，我国则不再征收。企业取得来源于中国香港、中国澳门、中国台湾地区的应税所得，参照上述规定执行。

《企业所得税法》规定企业所得税税率为25%，在国际上这处于偏低水平，低于实行企业所得税的国家、地区的平均税率（28.6%），也低于我国周边18个国家和地区的平均税率（26.7%）。这意味着，在多数情况下，中国到海外投资的企业来源于境外所得，今后不必在国内补交企业所得税税款。

需要注意的是，企业对外投资期间，投资资产的成本在计算应纳税所得额时不得扣除；企业在汇总计算缴纳企业所得税时，其境外营业机构的亏损不得抵减境内营业机构的盈利。

二、境外所得税税额和抵免限额的确定

按照《企业所得税法》及其《实施条例》、税收协定等相关规定，企业应准确计算下列当期与抵免境外所得税有关的项目后，确定当期实际可抵免分国别（地区）的境外所得税税额和抵免限额：境内所得的应纳税所得额和分国别（地区）的境外所得的纳税所得额；分国别（地区）的可抵免境外所得税税额；分国

别（地区）的境外所得税的抵免限额。

企业不能准确计算上述项目实际可抵免分国别（地区）的境外所得税税额的，在相应国家（地区）缴纳的税收均不得在该企业当期应纳税额中抵免，也不得结转以后年度抵免。

（一）境外应纳税所得额的确定

企业应就其按照《实施条例》第七条规定确定的中国境外所得（境外税前所得），按以下规定计算《实施条例》第七十八条规定的境外应纳税所得额：

1.居民企业在境外投资设立不具有独立纳税地位的分支机构，其来源于境外的所得，以境外收入总额扣除与取得境外收入有关的各项合理支出后的余额为应纳税所得额。各项收入、支出按《企业所得税法》及《实施条例》的有关规定确定。

居民企业在境外设立不具有独立纳税地位的分支机构取得的各项外所得，无论是否汇回中国境内，均应计入该企业所属纳税年度的境外应纳税所得额。

2.居民企业应就其来源于境外的股息、红利等权益性投资收益，以及利息、租金、特许权使用费、转让财产等收入，扣除按照《企业所得税法》及《实施条例》等规定计算的与取得该项收入有关的各项合理支出后的余额为应纳税所得额。来源于境外的股息、红利等权益性投资收益，应按被投资方作出利润分配决定的日期确认收入实现；来源于境外的利息、租金、特许权使用费、转让财产等收入，应按有关合同约定应付交易对价款的日期确认收入实现。

3.非居民企业在境内设立机构、场所的，应就其发生在境外但与境内所设机构、场所有实际联系的各项应税所得，比照上述第2项的规定计算相应的应纳税所得额。

4.在计算境外应纳税所得额时，企业为取得境内、外所得而在境内、境外发生的共同支出，与取得境外应税所得有关的、合理的部分，应在境内、境外（分国别或地区）应税所得之间，按照合理比例进行分摊后扣除。

5.在汇总计算境外应纳税所得额时，企业在境外同一国家（地区）设立不具有独立纳税地位的分支机构，按照《企业所得税法》及《实施条例》的有关规定计算的亏损，不得抵减其境内或他国（地区）的应纳税所得额，但可以用同一国家（地区）其他项目或以后年度的所得按规定弥补。

（二）可抵免境外所得税税额的确定

可抵免境外所得税税额，是指企业来源于中国境外的所得依照中国境外税收法律以及相关规定应当缴纳并已实际缴纳的企业所得税性质的税款。但不包括：

1. 按照境外所得税法律及相关规定属于错缴或错征的境外所得税税款。

2. 按照税收协定规定不应征收的境外所得税税款。

3. 因少缴或迟缴境外所得税而追加的利息、滞纳金或罚款。

4. 境外所得税纳税人或者其利害关系人从境外征税主体得到实际返还或补偿的境外所得税税款。

5. 按照我国《企业所得税法》及其《实施条例》规定，已经免征我国企业所得税的境外所得负担的境外所得税税款。

6. 按照国务院财政、税务主管部门有关规定已经从企业境外应纳税所得额中扣除的境外所得税税款。

三、税收抵免时境外所得间接负担的税额的计算

（一）计算公式

用境外所得间接负担的税额进行税收抵免时，其取得的境外投资收益实际间接负担的税额，是指根据直接或者间接持股方式合计持股20%以上（含20%）的规定层级的外国企业股份，由此应分得的股息、红利等权益性投资收益中，从最低一层外国企业起逐层计算的属于由上一层企业负担的税额，其计算公式如下：

$$\begin{array}{l}\text{本层企业所纳税额} \\ \text{属于由一家上一层} \\ \text{企业负担的税额}\end{array} = \left(\begin{array}{l}\text{本层企业就利润} \\ \text{和投资收益所} \\ \text{实际缴纳的税额}\end{array} + \begin{array}{l}\text{符合规定的由} \\ \text{本层企业间接} \\ \text{负担的税额}\end{array}\right) \times \begin{array}{l}\text{本层企业向一家} \\ \text{上一层企业分配} \\ \text{的股息（红利）}\end{array} \div \begin{array}{l}\text{本层企} \\ \text{业所得税} \\ \text{后利润额}\end{array}$$

由居民企业直接或者间接持有20%以上股份的外国企业限于符合以下持股方式的三层外国企业：

第一层：单一居民企业直接持有20%以上股份的外国企业。

第二层：单一第一层外国企业直接持有20%以上股份，且由单一居民企业直接持有或通过一个或多个符合规定持股条件的外国企业间接持有总和达到20%以上股份的外国企业。

第三层：单一第二层外国企业直接持有20%以上股份，且由单一居民企业直接持有或通过一个或多个符合规定持股条件的外国企业间接持有总和达到20%以上股份的外国企业。

（二）举例说明

下面以居民企业A集团公司的组织架构（见图9-1），及其对符合间接抵免

持股条件的判定结果为例，对 A 公司于 2010 年初申报的 2009 年度符合条件的各层公司生产经营及分配股息情况，计算 A 公司可进入抵免的间接负担的境外所得税额详见下文：

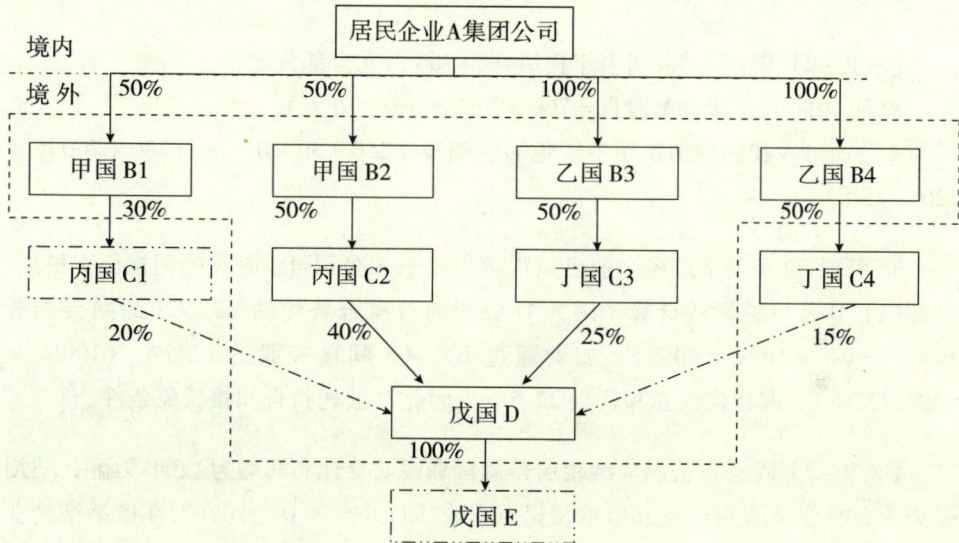

图 9-1　A 集团公司组织架构图

1. E 公司间接抵免持股条件的判定

居民企业 A 通过其他公司对 E 的间接控制由于超过了三层（E 公司处于向下第四层），因此，E 公司不能纳入 A 公司的间接抵免范畴；即使 D 公司和 E 公司在戊国实行集团合并（汇总）纳税，D 公司就 E 公司所得所汇总缴纳的税额部分，也须在计算 A 公司间接负担税额时在 D 公司合并（汇总）税额中扣除。

2. 甲国 B1 及其下层各企业已纳税额中属于 A 公司可予抵免的间接负担税额

（1）C1 公司受企业 A 间接控股 15%（50%×30%），不符合 A 公司的间接抵免条件。由此，C1 对 D 公司的 20% 持股而分得股息直接缴纳的预提所得税及该股息所包含的 D 公司税额，均不应计算为由 A 公司可予抵免的间接负担税额。

（2）B1 公司税额的计算。从图 9-1 可以看出，B1 公司符合 A 公司的间接抵免持股条件。

【例 9-1】假定 B1 公司应纳税所得总额为 1 000 万元，其中来自 C1 公司的投资收益为 300 万元，按 10% 缴纳 C1 公司所在国预提所得税，无符合抵免条件的间接税额；B1 公司适用税率为 30%，那么相关计算过程如下：

C1 公司所在国预提所得税额 $= 300 \times 10\% = 30$（万元）

B1 公司实际缴纳所在国所得税额 $= (1\,000 - 300) \times 30\% = 210$（万元）

B1 公司当年税后利润 $= 1\,000 - 210 - 30 = 760$（万元）

【例 9 - 2】假定 B1 公司当年税后利润 760 万元全部分配。

B1 公司向 A 公司分配股息 $= 760 \times 50\% = 380$（万元）

A 公司可在我国应纳税额中抵免的税额 $= (210 + 30 + 0) \times (380 \div 760) = 120$（万元）

3. 甲国 B2 及其下层各企业已纳税额中属于 A 公司可予抵免的间接负担税额

(1) D 公司税额的计算。因为 D 公司通过符合条件的 B2、C2 的间接控股 10%（$50\% \times 50\% \times 40\%$），加上通过 B3、C3 间接控股达 12.5%（$100\% \times 50\% \times 25\%$），间接控股总和达到 22.5%。因此 D 公司符合间接抵免条件。

【例 9 - 3】假定 D 公司应纳税所得总额和税前会计利润均为 1 250 万元，适用税率为 20%，无投资收益和缴纳预提所得税项目。当年 D 公司在所在国缴纳企业所得税为 250 万元；D 公司将当年税后利润 1 000 万元全部分配。

D 公司向 C2 公司分配股息 $= 1\,000 \times 40\% = 400$（万元）

D 公司已纳税额可由 C2 公司间接负担的税额 $= (250 + 0 + 0) \times (400 \div 1\,000) = 100$（万元）

(2) C2 公司税额的计算。因为 C2 公司被企业 A 间接控股达到 25%（$50\% \times 50\%$），符合 A 公司的间接抵免持股条件。

【例 9 - 4】假定 C2 公司应纳税所得总额为 2 000 万元；其中从 D 公司分得股息 400 万元，按 10% 缴纳 D 公司所在国预提所得税额为 40（$400 \times 10\%$）万元，符合条件的间接负担下层公司税额 100 万元；C2 公司适用税率为 25%，假设其当年享受直接和间接抵免后实际缴纳所在国所得税额为 360 万元。

C2 公司税后利润 $= 2\,000 - 360 - 40 = 1\,600$（万元）

【例 9 - 5】假定 C2 公司将当年税后利润的一半用于分配。同时，将该公司 2008 年未分配税后利润 1 600 万元（实际缴纳所得税额为 400 万元，且无投资收益和缴纳预提所得税项目）一并分配。那么相关计算如下：

向 B2 公司分配股息（2009 年度）$= 1\,600 \times 50\% \times 50\% = 400$（万元）

向 B2 公司分配股息（2008 年度）＝1 600×50%＝800（万元）

C2 公司向 B2 公司按其持股比例分配股息＝400＋800＝1 200（万元）

2009 年度间接负担的税额＝（360＋40＋100）×（400÷1 600）＝125（万元）

2008 年度间接负担的税额＝（400＋0＋0）×（800÷1 600）＝200（万元）

可由 B2 公司间接负担的税额＝125＋200＝325（万元）

（3）B2 公司税额的计算。从图 9－1 可以看出，B2 公司符合 A 公司的间接抵免持股条件。

【例 9－6】假定 B2 公司应纳税所得总额为 5 000 万元，其中来自 C2 公司的投资收益为 1 200 万元，按 10% 缴纳 C2 公司所在国预提所得税额为 120（1 200×10%）万元，符合条件的间接负担下层公司税额 325 万元；B2 公司适用税率为30%，假设其当年享受直接和间接抵免后实际缴纳所在国所得税额为 1 140 万元。

B2 公司税后利润＝5 000－1 140－120＝3 740（万元）

【例 9－7】假定 B2 公司税后利润 3 740 万元全部分配。

B2 公司向 A 公司分配股息＝3 740×50%＝1 870（万元）

A 公司在我国应纳税额中抵免的税额＝（1 140＋120＋325）×（1 870÷3 740）＝792.5（万元）

4. 乙国 B3 及其下层各企业已纳税额中属于 A 公司可予抵免的间接负担税额

（1）D 公司税额的计算。因为 D 公司通过符合条件的 B3、C3 间接控股达12.5%（100%×50%×25%），加上通过 B2、C2 的间接控股 10%（50%×50%×40%），间接控股总和达到 22.5%。因此 D 公司符合间接抵免条件。

【例 9－8】假定 D 公司应纳税所得总额为 1 250 万元，适用税率为20%，无投资收益和缴纳预提所得税项目。当年 D 公司在所在国缴纳企业所得税为 250 万元；D 公司将当年税后利润 1 000 万元全部分配。

D 公司向 C3 公司分配股息＝1000×25%＝250（万元）

C3 公司就分得股息间接负担的税额＝（250＋0＋0）×（250÷1 000）＝62.5（万元）

（2）C3 公司税额的计算。因为 C3 公司被居民企业 A 间接控股达到 50%（100%×50%），符合 A 公司的间接抵免持股条件。

【例 9 - 9】假定 C3 公司应纳税所得总额为 1 000 万元；其中从 D 公司分得股息 250 万元，按 10% 缴纳 D 公司所在国预提所得税额为 25（250×10%）万元，符合条件的间接负担下层公司税额 62.5 万元。C3 公司适用税率为 30%，假设其当年享受直接和间接抵免后实际缴纳所在国所得税额为 245 万元。

C3 公司税后利润 = 1 000 - 245 - 25 = 730（万元）

【例 9 - 10】假定 C3 公司税后利润 730 万元全部分配。

C3 公司向 B3 公司分配股息 = 730×50% = 365（万元）

B3 公司就分得股息间接负担的税额 =（245 + 25 + 62.5）×（365÷730）= 166.25（万元）

（3）B3 公司税额的计算。从图 9 - 1 可以看出，B3 公司符合 A 公司的间接抵免持股条件。

【例 9 - 11】假定 B3 公司应纳税所得总额为 2 000 万元，其中来自 C3 公司的投资收益为 365 万元，按 10% 缴纳 C3 公司所在国预提所得税额为 36.5（365×10%）万元，符合条件的间接负担下层公司税额 166.25 万元。B3 公司适用税率为 30%，假设其当年享受直接和间接抵免后实际缴纳所在国所得税额为 463.5 万元。

B3 公司税后利润 = 2 000 - 463.5 - 36.5 = 1 500（万元）

【例 9 - 12】假定 B3 公司税后利润 1 500 万元全部分配。

B3 公司向 A 公司分配股息 = 1 500×100% = 1 500（万元）

A 公司在我国应纳税额中抵免的税额 =（463.5 + 36.5 + 166.25）×（1 500÷1 500）= 666.25（万元）

5. 乙国 B4 及其下层各企业已纳税额中属于 A 公司可予抵免的间接负担税额

（1）D 公司税额的计算。因为 D 公司被 C4 公司持有的 15% 股份不符合 A 公司享受间接抵免的持股比例条件，因此，其所纳税额中属于该 15% 股息负担的部分不能通过 C4 等公司计入 A 公司可予抵免的间接负担税额。

（2）C4 公司税额的计算。因为 C4 公司被居民企业 A 间接控股达到 50%（100%×50%），符合 A 公司的间接抵免持股条件。

【例 9 - 13】假定 C4 公司应纳税所得总额为 1 000 万元；其中从 D 公司分得股息 150 万元，其按 10% 直接缴纳 D 公司所在国的预提所得税额 15（150×10%）

万元，属于可计算 A 公司间接抵免的税额，无符合条件的间接负担税额。C4 公司适用税率为 25%，假设其当年享受直接和间接抵免后实际缴纳所在国所得税额为 235 万元。

C4 公司税后利润 = 1 000 − 235 − 15 = 750（万元）

【例 9 – 14】假定 C4 公司税后利润 750 万元全部分配。

C4 公司向 B4 公司分配股息 = 750 × 50% = 375（万元）

B4 公司就分得股息间接负担的税额 =（235 + 15 + 0）×（375 ÷ 750）= 125（万元）

（3）B4 公司税额的计算。从图 9 – 1 可以看出，B4 公司符合 A 公司的间接抵免持股条件。

【例 9 – 15】假定 B4 公司应纳税所得总额为 2 000 万元，其中来自 C4 公司的投资收益为 375 万元，按 10% 缴纳 C4 公司所在国预提所得税额为 37.5（375 × 10%）万元，符合条件的间接负担下层公司税额 125 万元。B4 公司适用税率为 30%，假设其当年享受直接和间接抵免后实际缴纳所在国所得税额为 462.5 万元。

B4 公司税后利润 = 2 000 − 462.5 − 37.5 = 1 500（万元）

【例 9 – 16】假定 B4 公司税后利润 1 500 万元全部分配。

B4 公司向 A 公司分配股息 = 1 500 × 100% = 1 500（万元）

A 公司在我国应纳税额中抵免的税额 =（462.5 + 37.5 + 125）×（1 500 ÷ 1 500）= 625（万元）

6. A 公司可适用抵免的全部境外所得税额

完成上述计算后，A 公司可适用间接抵免的境外所得及间接负担的境外已纳税额分别为：

（1）可适用间接抵免的境外所得（含直接所缴预提所得税但未含间接负担的税额）为 5 250 万元，其中：

来自甲国的境外所得 = 380（B1 股息）+ 1 870（B2 股息）= 2 250（万元）

来自乙国的境外所得 = 1 500（B3 股息）+ 1 500（B4 股息）= 3 000（万元）

（2）可抵免的间接负担境外已纳税额为 2 203.75 万元，其中：

来自甲国的境外已纳税额 = 120（B1 税额）+ 792.5（B2 税额）= 912.5（万元）

来自乙国的境外已纳税额 = 666.25（B3 税额）+ 625（B4 税额）= 1 291.25（万元）

（3）A 公司可适用抵免的全部境外所得税额为：

来自甲国所得的全部可抵免税额 = 225 + 912.5 = 1 137.5（万元）

其中：缴纳甲国预提所得税为 225（2 250 × 10%）万元；来自甲国的可抵免间接负担境外已纳税额为 912.5 万元（间接负担 B1 税额 120 万元 + 间接负担 B2 税额 792.5 万元）。

来自乙国所得的全部可抵免税额 = 300 + 1 291.25 = 1 591.25（万元）

其中：缴纳乙国预提所得税为 300（3 000 × 10%）万元；来自乙国的可抵免间接负担境外已纳税额为 1 291.25 万元（间接负担 B3 税额 666.25 万元 + 间接负担 B4 税额 625 万元）。

四、分国别（地区）境外税额的抵免限额的计算

企业应按照《企业所得税法》及其《实施条例》的有关规定分国别（地区）计算境外税额的抵免限额。

【例 9 - 17】仍以图 9 - 1 中对居民企业 A 公司已确定的可予计算间接抵免的境外所得及税额为例，假设 A 公司申报的境内所得总额为 8 776.25 万元，同时假设 A 公司用于管理 4 个 B 子公司的管理费合计为 433.75 万元，其中用于甲国 B1、B2 公司的管理费用 184.5 万元，用于乙国 B3、B4 公司的管理费用为 249.25 万元。

按规定，管理费用应在计算来自两个国家 4 个 B 子公司的股息应纳税所得时对应调整扣除。

（1）境外股息所得应为境外股息净所得与境外直接缴纳税额和间接缴纳税额之和

来源于甲国股息所得 = 2 250 + 912.5 = 3 162.5（万元）

来源于乙国股息所得 = 3 000 + 1 291.25 = 4 291.25（万元）

（2）境外股息所得对应调整扣除相关管理费后的应纳税所得额

来源于甲国应纳税所得额 = 3 162.5 - 184.5 = 2 978（万元）

来源于乙国应纳税所得额 = 4 291.25 - 249.25 = 4 042（万元）

扣除管理费后的应纳税所得额 =（3 162.5 + 4 291.25）- 433.75 = 7 020（万元）

（3）境外间接负担税额还原计算后境内、外应纳税所得总额

$$\begin{matrix}应纳税\\所得额=\\总\quad额\end{matrix}\begin{matrix}已还原直接\\税额的境内+\\外所得总额\end{matrix}\begin{matrix}可予计算\\抵免的\\间接税额\end{matrix}$$

应纳税所得额总额 =（8 776.25 + 7 020）+（912.5 + 1 291.25）

　　　　　　　　　= 15 796.25 + 2 203.75 = 18 000（万元）

（4）企业应纳税总额

企业应纳税总额 = 18 000 × 25% = 4 500（万元）

（5）计算抵免限额

$$\begin{matrix}某国所\\得税抵=\\免限额\end{matrix}\begin{matrix}境内、境外所\\得按税法计算\\的应纳税总额\end{matrix}\times\frac{来源于某国（地区）应纳税所得额}{境内、境外应纳税所得总额}$$

①来源于甲国所得的抵免限额 = 4 500 × 2 978 ÷ 18 000 = 744.5（万元）
②来源于乙国所得的抵免限额 = 4 500 × 4 042 ÷ 18 000 = 1 010.5（万元）

在计算境外应纳税所得额时，企业为取得境内、外所得而在境内、境外发生的共同支出，与取得境外应税所得有关的、合理的部分，应在境内、境外分国（地区）别应税所得之间，按照合理比例进行分摊后扣除。所称共同支出，是指与取得境外所得有关但未直接计入境外所得应纳税所得额的成本费用支出，通常包括未直接计入境外所得的营业费用、管理费用和财务费用等支出。

在计算实际应抵免的境外已缴纳和间接负担的所得税税额时，企业在境外一国（地区）当年缴纳和间接负担的符合规定的所得税税额低于所计算的该国（地区）抵免限额的，应以该项税额作为境外所得税抵免额从企业应纳税总额中据实抵免；超过抵免限额的，当年应以抵免限额作为境外所得税抵免额进行抵免，超过抵免限额的余额允许从次年起在连续5个纳税年度内，用每年度抵免限额抵免当年应抵税额后的余额进行抵补。即企业每年应分国家（地区）在抵免限额内据实抵免境外所得税额，超过抵免限额的部分可在以后连续5个纳税年度延续抵免；企业当年境外一国（地区）可抵免税额中既有属于当年已直接缴纳或间接负担的境外所得税额，又有以前年度结转的未逾期可抵免税额时，应首先抵免当年已直

接缴纳或间接负担的境外所得税额后，抵免限额有余额的，可再抵免以前年度结转的未逾期可抵免税额，抵免后仍有余额的，可以继续向以后年度结转。

五、对境外所得已纳税额抵免的简易计算

居民企业从与我国政府订立税收协定（或安排）的国家（地区）取得的所得，按照该国（地区）税收法律享受了免税或减税待遇，且该免税或减税的数额按照税收协定规定应视同已缴税额在中国的应纳税额中抵免的，该免税或减税数额可作为企业实际缴纳的境外所得税额用于办理税收抵免。

1. 企业从境外取得营业利润所得以及符合境外税额间接抵免条件的股息所得，虽有所得来源国（地区）政府机关核发的具有纳税性质的凭证或证明，但因客观原因无法真实、准确地确认应当缴纳并已经实际缴纳的境外所得税税额的，除就该所得直接缴纳及间接负担的税额在所得来源国（地区）的实际有效税率低于我国《企业所得税法》第四条第一款规定税率50%以上的外，可按境外应纳税所得额的 12.5% 作为抵免限额，企业按该国（地区）税务机关或政府机关核发具有纳税性质凭证或证明的金额，其不超过抵免限额的部分，准予抵免；超过的部分不得抵免。

2. 企业从境外取得营业利润所得以及符合境外税额间接抵免条件的股息所得，凡就该所得缴纳及间接负担的税额在所得来源国（地区）的法定税率且其实际有效税率明显高于我国的，可直接以按规定计算的境外应纳税所得额和我国企业所得税法规定的税率计算的抵免限额作为可抵免的已在境外实际缴纳的企业所得税税额。

目前，法定所得税税率明显高于我国的境外所得来源国（地区）的仅有美国、阿根廷、布隆迪、喀麦隆、古巴、法国、日本、摩洛哥、巴基斯坦、赞比亚、科威特、孟加拉国、叙利亚、约旦、老挝。

第四节　预提所得税征收管理

预提税是指跨国收益的来源地政府根据来源地优先征税原则对该跨国收益征收的企业所得税，属于国际税收范围。按照国际通行做法，来源国对汇出境外的利润有优先征税权，一般征收预提所得税的税率多在 10% 以上，如越南、泰国，其税率为 10%，美国、匈牙利、菲律宾、哥伦比亚的税率分别为 30%、20%、15%、7%。改革开放初期，我国为吸引外资解决我国资金不足的问题，原企业所

得税法规定，对汇出境外的利润暂免征收预提所得税。新《企业所得税法》规定从 2008 年 1 月 1 日起，开始征收预提所得税。

一、预提税的概念

预提税（withholding tax）是预提所得税的简称，是指源泉扣缴的所得税，这不是一个税种，而是一种具有代扣代缴性质，按照预提方式课征的一种个人所得税或公司所得税。

新《企业所得税法》规定：从 2008 年 1 月 1 日起，外商投资企业的税后利润汇出境外和外国公司（企业）在中国境内未设立机构、场所的，或者虽设立机构、场所但取得的所得与其所设机构、场所没有实际联系的，应当就其来源于中国境内的所得缴纳企业所得税，按规定的税率征收预提所得税。

中国政府同某些国家或地区签订有关协议规定减免的，按照税收协定执行，并按照新税法采取"管理地点"方式判定，例如：如果外商投资企业的投资主体是在英属维尔京群岛、开曼群岛等注册的公司，预提所得税税率为 20%；如果外商投资企业的投资主体是在美国、欧洲、日本、澳洲等注册的公司，预提所得税税率减按 10%；如果外商投资企业的投资主体是在中国香港、新加坡、瑞士、爱尔兰、毛里求斯或巴贝多（Barbedos）注册的公司，可享受 5% 股息预提税的优惠政策。

二、预提税的纳税义务人和扣缴义务人

依照我国《企业所得税法》第十九条规定缴纳的所得税，以实际受益人为纳税义务人，以支付人为扣缴义务人。税款由支付人在每次支付的款额中扣缴。扣缴义务人每次所扣的税款，应当于 5 日内缴入国库，并向当地税务机关报送扣缴所得税报告表。

三、预提税的课税对象

从税法的规定可以看出，预提税的课税对象主要包括 5 类：股息（利润）、利息、租金、特许权使用费和其他所得。税法又具体界定了它们的内容和征税依据。

（一）股息

股息（利润）是指根据投资比例、股权、股份或者其他非债权关系分享利润的权利取得的所得。

（二）利息

利息是指外国企业在中国境内未设立机构、场所而从中国境内取得的存款利息、垫付款或延期付款利息。

（三）租金

租金则分融资租赁和经营租赁两种情况。融资租赁的租金指外商以租赁方式提供给我国公司企业设备、物件所取得所得中扣除设备价款后的部分；经营租赁的租金则包括承租方支付的包装费、运输费、保险费、资料费等费用。

（四）特许权使用费

特许权使用费是指外国企业在中国未设立机构、场所而提供的在中国境内使用的专利权、专有技术、商标权、著作权等所取得的使用费。

1. 外商提供专利权、专有技术所得包括其收取的使用费金额，包括与其有关的图纸、资料费，技术服务费和人员培训费以及其他相关费用。

2. 外商提供的计算机软件（包括系统软件和应用软件），凡计算机软件部分作为专利权、版权转让的或对转让计算机软件的使用范围等规定有限制性条款的，其收取的使用费应缴纳预提税。

（五）其他所得

其他所得主要是指财产转让收益等，包括在中国境内的房屋、建筑物及其设施、土地使用权等财产的转让。

1. 外商转让股权所得超出其出资的，应对该超出的部分征收预提税。

2. 外商转让财产（包括有形财产、土地使用权等）所取得的所得超出其原值的部分应依法缴纳预提税。

预提税额的计算公式：

$$预提税额 = 收入金额 \times 税率$$
$$或，支付单位代扣代缴所得税额 = 支付金额 \times 税率$$

四、预提税的免税减税

《企业所得税法》规定，对下列所得，免征、减征所得税：

- 外国投资者从外商投资企业取得的利润，免征所得税。
- 国际金融组织贷款给中国政府和中国国家银行的利息所得，免征所得税。
- 外国银行按照优惠利率贷款给中国国家银行的利息所得，免征所得税。
- 为科学研究、开发能源、发展交通事业、农林牧业生产以及开发重要技术提供专有技术所取得的特许权使用费，经国务院税务主管部门批准，可以减按10%的税率征收所得税，其中技术先进或者条件优惠的，可以免征所得税。

除上述规定以外，需要给予所得税减征、免征的，由国务院规定。

实践中对预提税的减免优惠较多，主要包括税法规定的普遍适用的减免、双边协定中规定的减免、区域性的减免以及地方政府规定的减免。对于这些不同种类的减免，有不同的条件和手续要求，代扣代缴企业应分别情况审查其减征、免征手续是否完备，适用税率是否正确。

尤其值得注意的是，税法规定与我国政府同有关国家签订的避免双重征税的税收协定有时会出现冲突，当存在这种情况时，应以正式生效的协定约定为准，并遵照执行。

下 篇

税法和会计准则差异分析

第十章

基本原理的差异分析

第一节 税法与会计准则适用范围的差异

《企业所得税法》第一条规定："在中华人民共和国境内，企业和其他取得收入的组织（以下统称企业）为企业所得税的纳税人，依照本法的规定缴纳企业所得税。个人独资企业、合伙企业不适用本法。"会计准则规定："本准则适用于在中华人民共和国境内设立的企业（包括公司）。"对比两者的规定，主要有以下差异：

一、适用于企业的范围不同

《企业所得税法》适用于根据《中华人民共和国公司法》、《中华人民共和国私营企业暂行条例》的规定成立的有限责任公司和股份有限公司，根据《中华人民共和国全民所有制工业企业法》、《中华人民共和国中外合资经营企业法》、《中华人民共和国中外合作经营企业法》、《中华人民共和国外资企业法》、《中华人民共和国乡镇企业法》、《中华人民共和国城镇集体所有制企业条例》、《中华人民共和国乡村集体所有制企业条例》的规定成立的企业，但不适用于个人独资企业、合伙企业。而会计准则适用于在中华人民共和国境内设立的企业（包括公司），包括个人独资企业、合伙企业。

二、《企业所得税法》适用于非企业组织

《企业所得税法》不仅适用于企业，还适用于其他取得收入的组织，包括根据《事业单位登记管理暂行条例》的规定成立的事业单位、根据《社会团体登记管理条例》的规定成立的社会团体、根据《民办非企业单位登记管理暂行条例》的规定成立的民办非企业单位、根据《基金会管理条例》的规定成立的基金会、

根据《外国商会管理暂行规定》的规定成立的外国商会、根据《中华人民共和国农民专业合作社法》的规定成立的农民专业合作社以及取得收入的其他组织。而会计准则不适用于这些组织，其中，事业单位适用《事业单位会计准则》，依照国家法律、行政法规登记的社会团体、基金会、民办非企业单位和寺院、清真寺、教堂等，适用于《民间非营利组织会计制度》。

三、《企业所得税法》适用于居民企业和非居民企业

《企业所得税法》第二条规定，企业分为居民企业和非居民企业。居民企业，是指依法在中国境内成立，或者依照外国（地区）法律成立但实际管理机构在中国境内的企业。非居民企业，是指依照外国（地区）法律成立且实际管理机构不在中国境内，但在中国境内设立机构、场所的，或者在中国境内未设立机构、场所，但有来源于中国境内所得的企业。第三条规定："居民企业应当就其来源于中国境内、境外的所得缴纳企业所得税。非居民企业在中国境内设立机构、场所的，应当就其所设机构、场所取得的来源于中国境内的所得，以及发生在中国境外但与其所设机构、场所有实际联系的所得，缴纳企业所得税。非居民企业在中国境内未设立机构、场所的，或者虽设立机构、场所但取得的所得与其所设机构、场所没有实际联系的，应当就其来源于中国境内的所得缴纳企业所得税。"会计准则不区分居民企业与非居民企业，适用于在中华人民共和国境内设立的企业（包括公司）。如果套用税法的概念，新会计准则应该不适用于非居民企业。

第二节　税法与会计准则基本假设的差异

一、纳税主体与会计主体

纳税主体，是指纳税人和扣缴义务人。从纳税人来说，《企业所得税法》第一条规定："在中华人民共和国境内，企业和其他取得收入的组织（以下统称企业）为企业所得税的纳税人，依照本法的规定缴纳企业所得税。"此条规定明确了企业所得税的纳税人是企业。从扣缴义务人来说，《企业所得税法》第三十七条规定："非居民企业取得本法第三条第三款规定的各项所得应纳的所得税，实行源泉扣缴，以支付人为扣缴义务人。税款由扣缴义务人在每次支付或者到期应支付时，从支付或者到期应支付的款项中扣缴。"《企业所得税法》第三十八条规

定："对非居民企业在中国境内取得工程作业和劳务所得应纳的所得税，税务机关可以指定工程价款或者劳务费的支付人为扣缴义务人。"

会计主体，是指企业会计确认、计量和报告的空间范围。会计准则规定："企业应当对其本身发生的交易或者事项进行会计确认、计量和报告。"此条规定明确了会计主体的规定。

在一般情况下，纳税主体与会计主体是一致的，一个纳税主体也是一个会计主体。在特定条件下，纳税主体不同于会计主体，例如，按照税法的规定，分公司不是一个纳税主体，却可能是一个会计主体；又如，未实行合并纳税的企业集团，不是一个纳税主体，却可能编制合并财务报表，作为一个会计主体；再如，由企业管理的证券投资基金、企业年金基金等，尽管不属于纳税主体，但属于会计主体，应当对每项基金进行会计确认、计量和报告。

二、持续经营假设

持续经营，是指会计主体的生产经营活动将无限期地继续下去，在可预见的将来，不会倒闭及进行清算。会计准则规定："企业会计确认、计量和报告应当以持续经营为前提。"在这个前提下，会计便可认定企业拥有的资产将会在正常的经营过程中被合理地支配和耗用，企业债务也将在持续经营过程中得到有序的补偿。

《企业所得税法》虽然没有持续经营假设的规定，但第三条第一款规定的居民企业应当就其来源于中国境内、境外的所得缴纳企业所得税。第二款规定的非居民企业在中国境内设立机构、场所的，应当就其所设机构、场所取得的来源于中国境内的所得，以及发生在中国境外但与其所设机构、场所有实际联系的所得，缴纳企业所得税。这两款所得的计算，基本上是以持续经营为前提的。

《企业所得税法》的一些特殊规定，不以持续经营为前提。如《企业所得税法》第五十三条第三款规定，企业依法清算时，应当以清算期间作为一个纳税年度。第五十五条规定，企业在年度中间终止经营活动的，应当自实际经营终止之日起 60 日内，向税务机关办理当期企业所得税汇算清缴。企业应当在办理注销登记前，就其清算所得向税务机关申报并依法缴纳企业所得税。此时，应纳税所得额的计算，与持续经营假设相反。

三、纳税年度与会计分期

纳税年度，是指企业所得税的计算起止日期。《企业所得税法》第五十三条规定:"企业所得税按纳税年度计算。纳税年度自公历1月1日起至12月31日止。"企业在一个纳税年度中间开业,或者终止经营活动,使该纳税年度的实际经营期不足12个月的,应当以其实际经营期为一个纳税年度。企业依法清算时,应当以清算期间作为一个纳税年度。

会计分期,是指一个企业持续经营的生产经营活动划分为一个个连续的、长短相同的期间。会计准则规定:"企业应当划分会计期间,分期结算账目和编制财务会计报告。会计期间分为年度和中期。中期是指短于一个完整的会计年度的报告期间。"

纳税年度与会计分期既有联系,也有区别:当企业的会计年度选用公历年度时,纳税年度就等于企业的会计年度;当企业的会计年度不选用公历年度时,纳税年度就不等于企业的会计年度。企业在一个纳税年度中间开业,或者终止经营活动,使该纳税年度的实际经营期不足12个月的,以及企业依法清算时,纳税年度也不等于会计年度。企业所得税分月或者分季预缴时,预缴税款所属期等同于相同期间的会计中期。

四、货币计量

《企业所得税法》第五十六条规定,依照本法缴纳的企业所得税,以人民币计算。所得以人民币以外的货币计算的,应当按照中国人民银行公布的人民币基准汇价折合成人民币计算并缴纳税款。会计准则规定,企业会计应当以货币计量。这说明,企业所得税计算和企业的会计核算,都是以货币为基本计量单位。企业的会计核算,一般以人民币为记账本位币,业务收支以人民币以外的货币为主的企业,可以选定其中一种货币为记账本位币,但是在计算缴纳企业所得税、编报财务会计报告时,都应当折算为人民币。

第三节 税法和会计准则会计要素处理的差异

会计要素是根据交易或者事项的经济特征所确定的财务会计对象的基本分类。会计准则规定,企业应当按照交易或者事项的经济特征确定会计要素。会计要素包括资产、负债、所有者权益、收入、费用和利润。其中,资产、负债和所有者权益侧重于反映企业的财务状况,收入、费用和利润侧重于反映企业的经营成果。会计要素与计算应纳税所得额密切相关,但会计要素的定义、确认与《企业所得税法》的税务处理有一些差异。

一、资产

会计准则规定，资产是指企业过去的交易或者事项形成的、由企业拥有或者控制的、预期会给企业带来经济利益的资源。企业过去的交易或者事项包括购买、生产、建造行为或其他交易或者事项。预期在未来发生的交易或者事项不形成资产。符合以上规定的资产定义的资源，在同时满足与该资源有关的经济利益很可能流入企业，且该资源的成本或者价值能够可靠地计量时，确认为资产。

企业所得税法对资产的税务处理，主要包括资产的分类、确认、计价、扣除方法和处置几个方面的内容：

资产在税务处理方面可分为固定资产、生物资产、无形资产、长期待摊费用、投资资产、存货等几个主要类别。

资产在同时满足以下条件时可确认为税务处理项目：一是与该资源有关的经济利益很可能流入企业，能够带来应税收入；二是该资源的成本或者价值能够可靠地计量。符合资产定义和资产确认条件的项目，允许进行税务处理；符合资产定义但不符合资产确认条件的项目，不允许进行税务处理。《企业所得税法》第十一条、第十二条规定，与经营活动无关的资产，不得计算折旧、摊销费用，不允许扣除。

资产税务处理的扣除方法，包括固定资产和生物资产的折旧、无形资产和长期待摊费用的摊销、存货成本的结转、投资资产成本的扣除等。

资产处置收入扣除账面价值和相关税费后所产生的所得，应并入资本利得征收企业所得税；所产生的损失，可冲减资本利得。

二、负债

会计准则规定，负债是指企业过去的交易或者事项形成的、预期会导致经济利益流出企业的现时义务。现时义务是指企业在现行条件下已承担的义务。未来发生的交易或者事项形成的义务，不属于现时义务，不应当确认为负债。符合上述规定的负债定义的义务，在同时满足与该义务有关的经济利益很可能流出企业，且未来流出的经济利益的金额能够可靠地计量时，确认为负债。

企业所得税法对负债的处理，区分负债的法定义务和推定义务。

法定义务是指企业具有约束力的合同或者法律法规规定的义务所形成的负债，在税务处理上，一般不允许负债本身直接在税前扣除，但由于负债而产生的费用，符合税法规定的允许在税前扣除。按照《企业所得税法》第八条的有关规定，短期借款、应付票据、应付账款、长期借款、应付债券、长期应付款等而产生的合理的借款费用，一般允许在税前扣除；但高于银行同期同类贷款利率的借款费用，不允许在税前扣除。

推定义务是指根据企业的经营习惯、对客户的承诺或者公开宣布的政策而导致企业将承担的义务所形成的负债，在税务处理上，一般不允许这些负债在税前扣除。例如，企业多年来制定了一项销售政策，对于售出商品提供一定期限内的售后保修服务，预期将为售出商品提供的保修服务就属于推定义务，应当将其确认为一项负债，但按照《企业所得税法》第八条的规定，此费用尚未发生时，不允许在税前扣除。企业的预提费用属于流动负债，也应当在实际发生时在税前扣除。

三、所有者权益

会计准则规定，所有者权益是指企业资产扣除负债后由所有者享有的剩余权益。公司的所有者权益又称为股东权益。所有者权益的来源包括所有者投入的资本、直接计入所有者权益的利得和损失、留存收益等。直接计入所有者权益的利得和损失，是指不应计入当期损益、会导致所有者权益发生增减变动的、与所有者投入资本或者向所有者分配利润无关的利得或者损失。利得是指由企业非日常活动所形成的、会导致所有者权益增加的、与所有者投入资本无关的经济利益的流入。损失是指由企业非日常活动所发生的、会导致所有者权益减少的、与向所有者分配利润无关的经济利益的流出。

在企业所得税上，不同来源的所有者权益的处理是不同的。

所有者投入的资本，包括构成企业注册资本或者股本的金额、投入资本超过注册资本或者股本部分的金额（即计入资本公积的资本溢价或者股本溢价），不计入企业的应纳税所得额。

直接计入所有者权益的利得和损失，包括接受现金捐赠、拨款转入、外币资本折算差额、债务的豁免等，按照《企业所得税法》第六条的规定，应计入应纳税所得额征收企业所得税。

留存收益是企业历年实现的净利润留存于企业的部分，主要包括累计计提的盈余公积和未分配利润，属于企业的税后利润，不应再重复征税。

四、收入

会计准则规定，收入是指企业在日常活动中形成的、会导致所有者权益增加的、与所有者投入资本无关的经济利益的总流入。收入只有在经济利益很可能流入从而导致企业资产增加或者负债减少、且经济利益的流入额能够可靠计量时才能予以确认符合收入定义和收入确认条件的项目，应当列入利润表。

《企业所得税法》规定的收入定义，包括收入总额、不征税收入和免税收入等。

企业以货币形式和非货币形式从各种来源取得的收入，为收入总额。包括：销售货物收入，提供劳务收入，转让财产收入，股息、红利等权益性投资收益，利息收入，租金收入，特许权使用费收入，接受捐赠收入和其他收入。同时《企业所得税法》还界定了不征税收入与免税收入的内容。具体见本书第七章内容。

税法中的收入总额是一个包含收入内容往往比会计收入定义多的概念，一切能够提高企业纳税能力的收入，都应当计入收入总额，列入企业所得税纳税申报表。收入总额应是使企业资产总额增加或负债总额减少，同时导致所有者权益发生变化的收入。如果收入使资产与负债同额增或减，结果未导致所有者权益发生变化，则不是应税收入，如从银行贷款、企业代第三方收取的款项等，都不应当确认为收入。

五、费用

会计准则规定，费用是指企业在日常活动中发生的、会导致所有者权益减少的、与向所有者分配利润无关的经济利益的总流出。费用只有在经济利益很可能流出从而导致企业资产减少或者负债增加且经济利益的流出额能够可靠计量时才能予以确认。企业为生产产品、提供劳务等发生的可归属于产品成本、劳务成本等的费用，应当在确认产品销售收入、劳务收入等时，将已销售产品、已提供劳务的成本等计入当期损益。企业发生的支出不产生经济利益的，或者即使能够产生经济利益但不符合或者不再符合资产确认条件的，应当在发生时确认为费用，计入当期损益。企业发生的交易或者事项导致其承担了一项负债而又不确认为一项资产的，应当在发生时确认为费用，计入当期损益。符合费用定义和费用确认条件的项目，应当列入利润表。

在企业所得税中，与费用对应的概念是扣除。《企业所得税法》第八条规定，企业实际发生的与取得收入有关的、合理的支出，包括成本、费用、税金、损失和其他支出，可以在计算应纳税所得额时扣除。在确定企业的应税收入后，企业会计处理的成本、费用项目哪些不允许扣除、哪些有限额扣除、哪些允许扣除，是企业所得税的核心问题。由于企业的成本、费用支出项目多、差别大，企业所得税的扣除较为复杂，本书第七章已作了详细阐述，在此不再展开。

六、利润

会计准则规定，利润是指企业在一定会计期间的经营成果。利润包括收入减去费用后的净额、直接计入当期利润的利得和损失等。直接计入当期利润的利得和损失，是指应当计入当期损益、会导致所有者权益发生增减变动的、与所有者投入资本或者向所有者分配利润无关的利得或者损失。利润金额取决于收入和费用、直接计入当期利润的利得和损失金额的计量。应当将利润项目列入利润表。

企业所得税是对企业纯收益的征税，在企业所得税中，与利润对应的概念是应纳税所得额。《企业所得税法》第五条规定，企业每一纳税年度的收入总额，减除不征税收入、免税收入、各项扣除以及允许弥补的以前年度亏损后的余额，为应纳税所得额。

应纳税所得额经常是大于利润额的。这是因为企业的有些费用是不允许在税前扣除的，还有些利润是有限额在税前扣除的。根据《企业所得税法》第二十一条规定，在计算应纳税所得额时，企业财务、会计处理办法同税收法律、行政法规的规定不一致的，应当依照税收法律、行政法规的规定计算纳税。

应纳税所得额在一定条件下，也可能小于利润额。这是因为企业有不征税收入、免税收入、加计扣除、收入打折等税收优惠，并且企业所得税还允许弥补以前年度的亏损。

第四节　计税基础与会计计量属性的差异

一、计税基础

在企业所得税中，计税基础是指计算应纳税所得额的基础，它是指在计算应纳税所得额时，按照税法规定允许扣除的资产成本金额。例如，《企业所得税法》第十五条规定："企业领用或者销售存货，按照规定计算的存货成本，可以在计算应纳税所得额时扣除。"这里，按照规定计算的存货成本就是存货的计税基础。再如，第十六条规定，企业转让资产，该项资产的净值和转让费用，可以在计算应纳税所得额时扣除。这里，该项资产的净值就是计税基础。

会计准则采用资产负债表债务法确认递延所得税负债或递延所得税资产，这就要求企业在取得资产、负债时，应当确定其计税基础。

二、会计计量

会计计量是指企业在将符合确认条件的会计要素登记入账并列报于会计报表及其附注时，应当按照规定的会计计量属性进行计量，确定其金额。计量属性是指所予计量的某一要素的特性方面，如公路的长度、矿石的重量、土地的面积等。从会计角度，计量属性反映的是会计要素金额的确定基础。会计准则规定，会计计量属性主要包括：历史成本、重置成本、可变现净值、现值和公允价值。企业在对会计要素进行计量时，一般应当采用历史成本，采用重置成本、可变现净值、现值、公允价值计量的，应当保证所确定的会计要素金额能够取得并可靠计量。

（一）历史成本

在历史成本计量下，资产按照购置时支付的现金或者现金等价物的金额，或者按照购置资产时所付出的对价的公允价值计量。负债按照因承担现时义务而实际收到的款项或者资产的金额，或者承担现时义务的合同金额，或者按照日常活动中为偿还负债预期需要支付的现金或者现金等价物的金额计量。

在企业所得税计税基础的确定上，历史成本原则是指企业的各项财产在取得时应当按照实际成本计量，在计算应纳税所得额时，按历史成本扣除。所谓历史成本，就是企业取得某项财产所实际支付的现金及其等价物，即实际发生的成本。物价变动虽然对财产的市场价值有影响，除税法另有规定外，企业不得调整财产的账面价值或计税成本。历史成本有原始凭证作为依据，较为客观，具有可验证性和易于取得的特点，所以为企业所得税计税所用。资产的计税基础，一般应当采用历史成本，因为历史成本是交易双方认同的价格，人为估计等主观因素程度较低，其真实性、可验证性在所有计量方法中最高。

在按历史成本确定各项财产的计税价值后，各项财产如果发生减值，除税法规定允许扣除的准备金外，企业在计算应纳税所得额时，不得计提短期投资跌价准备、委托贷款减值准备、存货跌价准备、长期投资减值准备、固定资产减值准备、无形资产减值准备、在建工程减值准备等各项财产的减值准备；只有各项财产真正发生损失、永久或实质性损害时，才允许按历史成本未在税前扣除或摊销的部分在税前扣除或摊销。

在按历史成本确定各项财产的计税基础后，各项财产如果评估增值或者按照公允价值处置获取收益，只有在企业将评估增值的部分和处置收益计入应纳税所得额缴纳了所得税以后，才允许将该项财产按照评估增值和公允价值重新确定计税成本；否则，企业不得自行调整其各项财产的账面价值，一律按照历史成本计税。企业重组发生的各项资产交易，在税收上确认了收益或者损失的，相关资产可以按重新确认的价值确定计税基础。

（二）重置成本

在重置成本计量下，资产按照现在购买相同或者相似资产所需支付的现金或者现金等价物的金额计量。负债按照现在偿付该项债务所需支付的现金或者现金等价物的金额计量。

在企业所得税计税基础的确定上，重置成本原则是指按照当前的市场条件，重新取得同样一项资产所需支付的现金或现金等价物金额。例如，企业盘盈的固定资产，应当以重置成本作为计税基础；再如，企业的拆迁补偿，应当以重置成本作为计税基础。

（三）可变现净值

在可变现净值计量下，资产按照其正常对外销售所能收到现金或者现金等价物的金额扣减该资产至完工时估计将要发生的成本、估计的销售费用以及相关税费后的金额计量。可变现净值，是指在正常生产经营过程中，以预计售价减去进一步加工成本和预计销售费用以及相关税费后的净值。可变现净值通常应用于存货资产减值情况下的后续计量。在企业所得税计税基础的确定上，一般不应用可变现净值。

（四）现值

在现值计量下，资产按照预计从其持续使用和最终处置中所产生的未来净现金流入量的折现金额计量。负债按照预计期限内需要偿还的未来净现金流出量的折现金额计量。现值是指未来现金流量以恰当的折现率进行折现后的价值，是考虑货币时间价值的一种计量属性。现值通常用于非货币性资产可收回金额和以摊余成本计量的金融资产价值的确定等。例如，在确定固定资产、无形资产等可收回金额时，通常需要计算资产预计未来现金流量的现值；对于持有至到期投资、贷款等以摊余成本计量的金融资产，通常需要使用实际利率法将这些资产在预期存续期间或适用的更短期间内的未来现金流量折现，再通过相应的调整确定其摊余成本。在企业所得税计税基础的确定上，一般不应用现值。

（五）公允价值

在公允价值计量下，资产和负债按照在公平交易中，熟悉情况的交易双方自愿进行资产交换或者债务清偿的金额计量。公允价值主要应用于交易性金融资产、可供出售金融资产的计量等。

在企业所得税计税基础的确定上，公允价值的应用更为广泛。企业所得税的公允价值原则，亦称"独立交易原则"、"公平独立原则"、"公平交易原则"、"正常交易原则"等，是指企业经营中的商品交易价值，应按照市场公允价值确定。如果企业与关联方进行交易，应将关联方视同完全独立的无关联关系的企业或个人，依据市场条件下所采用的计价标准或价格来处理其相互之间的收入和费用分配。关联方之间按照无关联关系企业或个人在相同或类似条件下确定的交易价格，可以视作正常交易价格。独立交易原则目前已被世界大多数国家的所得税法所接受和采纳，成为税务当局处理关联方之间收入和费用分配的指导原则。

《企业所得税法》第四十一条规定，企业与其关联方之间的业务往来，不符合独立交易原则而减少企业或者其关联方应纳税收入或者所得额的，税务机关有权按照合理方法调整。企业与其关联方共同开发、受让无形资产，或者共同提供、接受劳务发生的成本，在计算应纳税所得额时应当按照独立交易原则进行分摊。另外，第六条规定的非货币形式取得的收入、视同销售等其他收入，也应按公允价值确定。

第十一章

资产的差异分析

第一节　存货的差异分析

存货，是指企业在日常活动中持有以备出售的产成品或商品、处在生产过程中的在产品、在生产过程或提供劳务过程中耗用的材料和物料等。《企业会计准则第1号——存货》（以下简称准则）着重解决了存货的确认和计量问题，《企业所得税法》（以下简称税法）着重解决存货的计税基础、扣除、纳税调整和损失的税务处理问题。

一、存货范围与确认的比较

（一）准则规定

存货是指企业日常活动中持有以备出售的产成品或商品、处在生产过程中的在产品、在生产过程或提供劳务过程中耗用的材料、物料等。存货同时满足下列条件的，才能予以确认：与该存货有关的经济利益很可能流入企业；该存货的成本能够可靠地计量。

（二）税法规定

企业的存货通常包括：原材料、在产品、半成品、产成品、商品、周转材料等。

（三）两者差异

会计准则与税法对存货的概念和范围是相同的，但税法未就存货的确认作出具体、明确的规定，一般应以取得合法、有效的会计凭证作为确认的依据。

二、存货初始计量与计税基础的比较

（一）准则规定

存货应当按照成本进行初始计量。存货成本包括采购成本、加工成本和其他成本。存货的采购成本，包括购买价款、相关税费、运输费、装卸费、保险费以及其他可归属于存货采购成本的费用。存货的加工成本，包括直接人工以及按照一定方法分配的制造费用。制造费用，是指企业为生产产品和提供劳务而发生的各项间接费用。企业应当根据制造费用的性质，合理地选择制造费用分配方法。在同一生产过程中，同时生产两种或两种以上的产品，并且每种产品的加工成本不能直接区分的，其加工成本应当按照合理的方法在各种产品之间进行分配。存货的其他成本，是指除采购成本、加工成本以外的，使存货达到目前场所和状态所发生的其他支出。企业自行制造的存货，其成本包括直接材料、直接人工和制造费用。需要经过较长时间的生产活动才能达到可销售状态的存货，生产期间的借款利息应资本化计入存货成本之中。投资者投入存货的成本，应当按照投资合同或协议约定的价值确定，但合同或协议约定价值不公允的除外。

（二）税法规定

存货按取得时的实际支出作为计税基础。通过支付现金方式取得的存货，按购买价款和相关税费等作为计税基础。通过支付现金以外的方式取得的存货，如投资者投入的、盘盈的、接受捐赠的、分配股利取得的、非货币性资产交换取得的、债务重组取得的存货等，按该存货的公允价值和应支付的相关税费作为计税基础。企业需要经过 12 个月以上的建造才能达到可销售状态的存货发生借款的，在有关存货生产期间发生的合理借款费用，应当作为资本性支出计入该存货的成本。

（三）两者差异

1. 盘盈的存货按重置完全成本作为入账价值，会计处理上冲减当期管理费用；税务处理上要作为其他收入计入应税收入。

2. 投资者投入的存货，会计准则和税法尽管表述不尽相同，但没有本质差异，都要求保证存货价值的公允。

3. 接受捐赠和分配股利取得的存货，会计准则中没有明确规定如何确定其入账价值，一般来讲可以理解为以公允价值为基础确定，因而和税法基本上是相同的。

4. 通过非货币性资产交换和债务重组取得的存货，会计准则与税法的差异见非货币性资产交换和债务重组部分。

5. 因存货而发生的借款费用，会计准则和税法在资本化的时间和金额上存在一定差异，需要进行纳税调整。

三、存货后续计量与扣除的比较

（一）准则规定

企业应当采用先进先出法、加权平均法或者个别计价法确定发出存货的实际成本。对于性质和用途相似的存货，应当采用相同的成本计算方法确定发出存货的成本。对于不能替代使用的存货、为特定项目专门购入或制造的存货以及提供劳务的成本，通常采用个别计价法确定发出存货的成本。对于已售存货，应当将其成本结转为当期损益，相应的存货跌价准备也应当予以结转。

（二）税法规定

《企业所得税法》第十五条规定："企业领用或者销售存货，按照规定计算的存货成本，可以在计算应纳税所得额时扣除。"企业各项存货的使用或者销售，其实际成本的计算方法，可以在先进先出法、加权平均法、个别计价法方法中选用一种。计价方法一经选用，不得随意改变。

（三）两者差异

1. 会计准则对存货发出计价方法取消了后进先出法，这既与国际会计准则趋同，也与税法的原理趋同。

2. 会计准则规定，存货的计价方法一经确定，不得随意变更。如有必要变更，应作为会计政策变更处理。税法规定，存货计价方法如需改变的，应在下一纳税年度开始前报主管税务机关批准；否则，对应纳税所得额造成影响的，税务机关有权调整。如果因存货计价方法改变而影响应纳税所得额的，应进行纳税调整。

四、存货期末计量与纳税调整的比较

（一）准则规定

资产负债表日，存货应当按照成本与可变现净值孰低计量。存货成本高于其可变现净值的，应当计提存货跌价准备，计入当期损益。可变现净值，是指在日常活动中，存货的估计售价减去至完工时估计将要发生的成本、估计的销售费用以及相关税费后的金额。

企业确定存货的可变现净值，应当以取得的确凿证据为基础，并且考虑持有存货的目的、资产负债表日后事项的影响等因素。为生产而持有的材料等，用其生产的产成品的可变现净值高于成本的，该材料仍然应当按照成本计量；材料价格的下降表明产成品的可变现净值低于成本的，该材料应当按照可变现净值计量。

　　为执行销售合同或者劳务合同而持有的存货，其可变现净值应当以合同价格为基础计算。企业持有存货的数量多于销售合同订购数量的，超出部分的存货的可变现净值应当以一般销售价格为基础计算。

　　企业通常按照单个存货项目计提存货跌价准备。对于数量繁多、单价较低的存货，可以按照存货类别计提存货跌价准备。与在同一地区生产和销售的产品系列相关、具有相同或类似最终用途或目的，且难以与其他项目分开计量的存货，可以合并计提存货跌价准备。

　　资产负债表日，企业应当确定存货的可变现净值。以前减记存货价值的影响因素已经消失的，减记的金额应当予以恢复，并在原已计提的存货跌价准备金额内转回，转回的金额计入当期损益。

（二）税法规定

　　税法不允许计提存货跌价准备。

（三）两者差异

　　存货跌价准备不允许在税前扣除，在计提跌价准备的当期，申报纳税时要做调增应纳税所得额。在处置已计提跌价准备的存货当期，则应调减应纳税所得额。对企业在资产负债表日确定存货的可变现净值，以前减计存货价值的影响因素已经消失的，减计的金额应当予以恢复，并在原已计提的存货跌价准备金额内转回，转回的金额计入当期损益时，如果申报纳税时已调增应纳税所得额的，应允许企业作相反的纳税调整。

　　【例 11-1】 某企业按成本与可变现净值孰低对期末存货进行计价。2007 年年末，某库存内销商品的账面成本为 100 000 元，由于市场价格下跌，预计可变现净值为 80 000 元，由此计提存货跌价准备 20 000 元。假定增值税税率为 17%，企业所得税税率为 25%。该企业的会计处理如下：

　　（1）2007 年年末，确认资产减值损失：

　　借：资产减值损失　　　　　　　　　　　　　　　　　20 000

　　　　贷：存货跌价准备　　　　　　　　　　　　　　　　　　20 000

　　企业在 2007 年年末进行所得税申报时，应调增应纳税所得额 20 000 元，相应确认递延所得税资产 5 000（20 000×25%）元：

　　借：递延所得税资产　　　　　　　　　　　　　　　　5 000

　　　　贷：应交税费——应交所得税　　　　　　　　　　　　　5 000

（2）2008 年，企业将上述商品全部出售，取得不含税价款 110 000 元，款项已经收到。应作如下会计处理：

借：银行存款   128 700

    贷：其他业务收入   110 000

        应交税费——应交增值税（销项税额）   18 700

借：其他业务成本   80 000

  存货跌价准备   20 000

    贷：库存商品   100 000

企业在 2008 年年末进行所得税申报时，应调减应纳税所得额 20 000 元，相应结转递延所得税资产 5 000 元：

借：应交税费——应交所得税   5 000

    贷：递延所得税资产   5 000

五、存货盘亏或毁损的比较

（一）准则规定

企业发生的存货毁损，应当将处置收入扣除账面价值和相关税费后的金额计入当期损益。存货的账面价值是存货成本扣减累计跌价准备后的金额。存货盘亏造成的损失，应当计入当期损益。

（二）税法规定

财政部国家税务总局《关于企业资产损失税前扣除政策的通知》（财税〔2009〕57 号）规定，对企业盘亏的存货，以该存货的成本减除责任人赔偿后的余额，作为存货盘亏损失在计算应纳税所得额时扣除。

对企业毁损、报废的存货，以该存货的成本减除残值、保险赔款和责任人赔偿后的余额，作为存货毁损、报废损失在计算应纳税所得额时扣除。

对企业被盗的存货，以存货的成本减除保险赔款和责任人赔偿后的余额，作为存货被盗损失在计算应纳税所得额时扣除。

企业因存货盘亏、毁损、报废、被盗等原因不得从增值税销项税额中抵扣的进项税额，可以与存货损失一起在计算应纳税所得额时扣除。

《企业资产损失税前扣除管理办法》（国税发〔2009〕88 号）规定，存货盘亏损失，其盘亏金额扣除责任人赔偿后的余额部分，依据下列证据认定损失：存货盘点表；存货保管人对于盘亏的情况说明；盘亏存货的价值确定依据（包括相关入库手续、相同相近存货采购发票价格或其他确定依据）；企业内部有关责任认定、责任人赔偿说明和内部核批文件。

存货报废、毁损和变质损失，其账面价值扣除残值及保险赔偿或责任赔偿后的余额部分，依据下列相关证据认定损失：单项或批量金额较小（占企业同类存货10%以下、或减少当年应纳税所得、增加亏损10%以下、或10万元以下，下同）的存货，由企业内部有关技术部门出具技术鉴定证明；单项或批量金额超过上述规定标准的较大存货，应取得专业技术鉴定部门的鉴定报告，或者具有法定资质中介机构出具的经济鉴定证明；涉及保险索赔的，应当有保险公司理赔情况说明；企业内部关于存货报废、毁损、变质情况说明及审批文件；残值情况说明；企业内部有关责任认定、责任赔偿说明和内部核批文件。

存货被盗损失，其账面价值扣除保险理赔以及责任赔偿后的余额部分，依据下列证据认定损失：向公安机关的报案记录，公安机关立案、破案和结案的证明材料；涉及责任人的责任认定及赔偿情况说明；涉及保险索赔的，应当有保险公司理赔情况说明。

（三）两者差异

1. 税法关于存货损失的判定标准，与会计准则关于应全额转销存货的标准相同。对已经计提跌价准备的存货，在存货发生资产损失时，会计处理冲减了跌价准备。如果有关存货损失已经税务机关同意，就可以在税前扣除，因此年终申报纳税时，只需要对当年增提的跌价准备进行调整；如果在会计处理中已经转销的存货，税务机关未同意在税前扣除，则对存货跌价准备的纳税调整还应加上已转销的部分。

2. 税法规定，企业要及时申报扣除存货损失，需要税务机关审批的，应及时报批，企业因计算错误或其他客观原因，而未及时申报的存货损失，逾期不得扣除。不允许纳税人在不同纳税年度人为调剂。

3. 由于会计准则与税法在存货的取得、计提跌价准备等方面存在差异，导致存货在处置时可能需要进行纳税调整。会计准则规定，存货损失是处置收入扣除存货成本、累计跌价准备和相关税费后的金额；税法规定，存货损失是处置收入扣除存货成本和相关税费后的金额。

六、存货改变用途的比较

（一）准则规定

会计准则规定，企业存货改变用途，用于企业内部其他项目，如以外购存货或自产品用于本企业在建工程，应按成本价计入在建工程成本。用于企业外部移送，如以外购存货或自产产品对外投资、股东分红、无偿赠送、职工福利等，应当作为销售处理，按照公允价值确认收入，同时结转相应的成本。企业以存货用于非货币性资产交换和债务重组等，按照相关准则规定处理。

（二）税法规定

外购货物改变用途，税法对于增值税的处理如表 11 - 1 所示：

表 11 - 1　外购货物改变用途后增值税的处理

购进货物情况		税法相关规定
如果没有明确用途		其进项税额允许抵扣
明确用途，用于非生产或非应税项目		不能抵扣进项税额，其进项税额直接计入该项货物成本
已经抵扣了进项税额的购进货物，如果改变用途，转用于非应税项目或非生产项目	购进货物改变用途	购进时已经得到抵扣的进项税额要作转出处理，其所负担的运费所计提的进项税额也应一并转出
	购进货物改变用途，用于企业的外部非生产移送	视同销售行为，应在货物移送环节计算其增值税的销项税额

自产产品用于非应税项目或非生产项目，税法规定按视同销售行为处理，在货物移送环节计算其应缴纳的增值税销项税额，并可抵扣其进项税额。

（三）两者差异

1. 企业外购存货或自产产品改变用途，本来用于应税项目的货物用于非应税项目或非生产项目，如对外投资、债务重组、非货币性资产交换、捐赠、集体福利等，税法规定均按视同销售处理，由此可能产生与会计准则的差异，需要进行纳税调整。

2. 增值税存在差异。

【例 11 - 2】某生产企业是增值税一般纳税人。2008 年 8 月 6 日将购进的一批原材料用于企业的在建工程，原材料的实际成本为 109 300 元（其中含运费 9 300

元）。相关会计处理如下：

运费部分应转出的进项税额 = 9 300/（1 - 7%）×7% = 700（元）

货物部分应转出的进项税额 =（109 300 - 9 300）×17% = 17 000（元）

借：在建工程　　　　　　　　　　　　　　　127 000

　　贷：原材料　　　　　　　　　　　　　　　　　109 300

　　　　应交税费——应交增值税（进项税额转出）　17 700

如果企业将自产产品用于在建工程，产品成本为 100 000 元，市场销售价格为 110 000 元。

销项税额 = 110 000×17% = 18 700（元）

借：在建工程　　　　　　　　　　　　　　　118 700

　　贷：库存商品　　　　　　　　　　　　　　　　100 000

　　　　应交税费——应交增值税（销项税额）　　18 700

【例 11 - 3】某企业是增值税一般纳税人。2008 年 5 月 26 日将自己生产的产品 500 件捐赠灾区。该批产品成本为 200 000 元，但同期同类产品销售价格为 260 000元。

销项税额 = 260 000×17% = 44 200（元）

借：营业外支出　　　　　　　　　　　　　　304 200

　　贷：主营业务收入　　　　　　　　　　　　　　260 000

　　　　应交税费——应交增值税（销项税额）　　44 200

借：主营业务成本　　　　　　　　　　　　　200 000

　　贷：库存商品　　　　　　　　　　　　　　　　200 000

第二节　长期股权投资的差异分析

企业的长期股权投资，主要包括 4 类：一是企业持有的能够对被投资单位实施控制的权益性投资，即对子公司投资；二是企业持有的能够与其他合营方一同对被投资单位实施共同控制的权益性投资，即对合营企业投资；三是企业持有的能够对被投资单位施加重大影响的权益性投资，即对联营企业投资；四是企业对被投资单位不具有控制、共同控制或重大影响，且在活跃市场中没有报价、公允价值不能可靠计量的权益性投资。《企业会计准则第 2 号——长期股权投资》（以下简称准则）主要规范的是初始投资成本的确定、持有期间的后续计量及处置损益的结转等几个方面的问题。《企业所得税法》及相关税收政策（以下统称税法）主要规定长期股权投资的计税基础、扣除、纳税调整和损失的税务处理问题。

一、长期股权投资初始计量与计税基础的比较

（一）企业合并形成的长期股权投资

1. 准则规定。同一控制下的企业合并，合并方以支付现金、转让非现金资产或承担债务方式作为合并对价的，应当在合并日按照取得被合并方所有者权益账面价值的份额作为长期股权投资的初始投资成本。长期股权投资初始投资成本与支付的现金、转让的非现金资产以及所承担债务账面价值之间的差额，应当调整资本公积；资本公积不足冲减的，调整留存收益。合并方以发行权益性证券作为合并对价的，应当在合并日按照取得被合并方所有者权益账面价值的份额，作为长期股权投资的初始投资成本。按照发行股份的面值总额作为股本，长期股权投资初始投资成本与所发行股份面值总额之间的差额，应当调整资本公积；资本公积不足冲减的，调整留存收益。

非同一控制下的企业合并，购买方在购买日应当按照确定的合并成本，作为长期股权投资的初始投资成本。企业合并成本包括购买方付出的资产、发生或承担的负债、发行的权益性证券的公允价值以及为进行企业合并发生的各项直接相关费用之和。

2. 税法规定。《关于企业合并分立业务有关所得税问题的通知》（国税发〔2000〕119 号）规定：

（1）通常情况下，被合并企业应视为按公允价值转让、处置全部资产，计算资产的转让所得，依法缴纳所得税。被合并企业以前年度的亏损，不得结转到合并企业弥补。合并企业接受被合并企业的有关资产，计税时可以按经评估确认的价值确定成本。被合并企业的股东取得合并企业的股权视为清算分配。

（2）合并企业支付给被合并企业或其股东的收购价款中，除合并企业股权以外的现金、有价证券和其他资产（以下简称非股权支付额），不高于所支付的股权票面价值（或支付的股本的账面价值）20%的，经税务机关审核确认，当事各方可选择按下列规定进行所得税处理：

●被合并企业不确认全部资产的转让所得或损失，不计算缴纳所得税。被合并企业合并以前的全部企业所得税纳税事项由合并企业承担，以前年度的亏损，如果未超过法定弥补期限，可由合并企业继续按规定用以后年度实现的与被合并

企业资产相关的所得弥补。具体按下列公式计算：

某一纳税年度可弥补被合并企业亏损的所得额＝合并企业某一纳税年度未弥补亏损前的所得额×（被合并企业净资产公允价值÷合并后合并企业全部净资产公允价值）

- 被合并企业的股东以其持有的原被合并企业的股权（以下简称旧股）交换合并企业的股权（以下简称新股），不视为出售旧股，购买新股处理。被合并企业的股东换得新股的成本，须以其所持旧股的成本为基础确定。但未交换新股的被合并企业的股东取得的全部非股权支付额，应视为其持有的旧股的转让收入，按规定计算确认财产转让所得或损失，依法缴纳所得税。
- 合并企业接受被合并企业全部资产的计税成本，须以被合并企业原账面净值为基础确定。

（3）关联企业之间通过交换普通股实现企业合并的，必须符合独立企业之间公平交易的原则，否则，对企业应纳税所得造成影响的，税务机关有权调整。

（4）如被合并企业的资产与负债基本相等，即净资产几乎为零，合并企业以承担被合并企业全部债务的方式实现吸收合并，不视为被合并企业按公允价值转让、处置全部资产，不计算资产的转让所得。合并企业接受被合并企业全部资产的成本，须以被合并企业原账面净值为基础确定。被合并企业的股东视为无偿放弃所持有的旧股。

3. 两者差异。税法与会计准则不同，不区分同一控制下的企业合并与非同一控制下的企业合并对计税基础分别规定。但同一控制下的企业合并属于关联方之间的业务往来，按照《企业所得税法》第四十一条规定，企业与其关联方之间的业务往来，不符合独立交易原则而减少企业或者其关联方应纳税收入或者所得额的，税务机关有权按照合理方法调整。企业所得税主要区分企业合并是应税合并，还是免税合并。企业合并形成的长期股权投资，凡已确认收益或者损失的，属于应税合并业务，此时，相关资产应当按交易价格重新确定长期股权投资的计税基础；作为补价的非股权支付额的公允价值低于股权账面价值一定比例的，属于免税合并业务，此时，被合并方企业将全部资产和负债转让给合并方企业，除与非股权支付额相对应部分的资产转让所得或损失应在交易当期确认外，经税务机关确认，合并业务中涉及当事各方可暂不确认资产转让所得或损失，合并方企业应以接收被合并企业的全部资产和负债的原账面价值作为长期股权投资的计税基础。除法律或协议另有规定外，被合并方企业合并前全部所得税事项由合并方企业承担。

（二）除企业合并以外的其他方式取得的长期股权投资初始投资成本与计税基础的确定

1. 准则规定。以支付现金取得的长期股权投资，应当按照实际支付的购买价款作为初始投资成本，初始投资成本包括与取得长期股权投资直接相关的费用、税金及其他必要支出；以发行权益性证券取得的长期股权投资，应当按照发行权益性证券的公允价值作为初始投资成本；投资者投入的长期股权投资，应当按照投资合同或协议约定的价值作为初始投资成本，但合同或协议约定价值不公允的除外。

2. 税法规定。长期股权投资按企业发生的实际支出作为计税基础。以支付现金取得的长期股权投资，按实际支付的购买价款作为计税基础；以发行权益性证券取得的、投资者投入的、接受捐赠取得的长期股权投资，按该投资资产的公允价值和应支付的相关税费作为计税基础。

3. 两者差异。税法规定与会计准则基本相同，都是按公允价值计价。企业通过非货币性资产交换和债务重组方式取得的长期股权投资，会计准则和税法的差异处理见本书第十三章相关部分。

二、成本法下长期股权投资后续计量的比较

（一）准则规定

企业会计准则规定，按照长期股权投资准则核算的权益性投资中，应当采用成本法核算的是以下两类：一是投资企业能够对被投资单位实施控制的长期股权投资，被投资单位为其子公司；二是投资企业对被投资单位不具有共同控制或重大影响，并且在活跃市场中没有报价、公允价值不能可靠计量的长期股权投资。

采用成本法核算的长期股权投资应当按照初始投资成本计价，追加或收回投资应当调整长期股权投资的成本。

《企业会计准则解释第3号》规定，采用成本法核算的长期股权投资，除取得投资时实际支付的价款或对价中包含的已宣告但尚未发放的现金股利或利润外，投资企业应当按照享有被投资单位宣告发放的现金股利或利润确认投资收益，不再划分是否属于投资前和投资后被投资单位实现的净利润。

（二）税法规定

投资企业确认《企业所得税法》第六条规定的股息、红利等权益性投资收益，不限于被投资单位接受投资后产生的累计净利润的分配额，所获得的利润或

现金股利超过上述数额的部分不作为初始投资成本的收回。也就是说，被投资单位宣告分派的现金股利或利润，不论是投资前产生的，还是投资后产生的，从被投资方的累计净利润（包括累计未分配利润和盈余公积）中取得的任何分配支付额，都应当确认为当期股息、红利等权益性投资收益。股息、红利等权益性投资收益应当以被投资方作出利润分配决策的时间确认收入的实现。企业对外投资期间，除追加或收回投资应当调整长期股权投资的计税基础外，长期股权投资的计税基础保持不变。

《企业所得税法》第二十六条规定，符合条件的居民企业之间的股息、红利收入，在中国境内设立机构、场所的非居民企业从居民企业取得与该机构、场所有实际联系的股息、红利收入，为免税收入，不计入企业应纳税所得额征税。

（三）两者差异

会计准则规定，成本法下投资企业所获得的利润或现金股利超过被投资单位接受投资后产生的累计净利润的分配额的部分作为初始投资成本的收回；税法规定，上述利润或现金股利全部作为当期投资收益，长期股权投资的计税基础保持不变。在《企业会计准则解释第3号》出台之后，会计准则和税法已基本一致。

会计准则规定，投资企业应当按照享有被投资单位宣告发放的现金股利或利润确认投资收益，税法规定，这部分收益免税，由此造成的差异，应进行纳税调整。

三、权益法下长期股权投资后续计量的比较

（一）准则规定

投资企业对被投资单位具有共同控制或重大影响的长期股权投资，被投资单位为其合营企业或其联营企业的，应当采用权益法核算。

1. 长期股权投资的初始投资成本大于投资时应享有被投资单位可辨认净资产公允价值份额的，不调整长期股权投资的初始投资成本；长期股权投资的初始投资成本小于投资时应享有被投资单位可辨认净资产公允价值份额的，其差额应当计入当期损益，同时调整长期股权投资的成本。

2. 投资企业取得长期股权投资后，应当按照应享有或应分担的被投资单位实现的净损益的份额，确认投资损益并调整长期股权投资的账面价值。投资企业按照被投资单位宣告分派的利润或现金股利计算应分得的部分，相应减少长期股权投资的账面价值。

3. 投资企业确认被投资单位发生的净亏损，应当以长期股权投资的账面价值以及其他实质上构成对被投资单位净投资的长期权益减记至零为限，投资企业负有承担额外损失义务的除外。被投资单位以后实现净利润的，投资企业在其收益分享额弥补未确认的亏损分担额后，恢复确认收益分享额。

4. 投资企业自被投资单位取得的现金股利或利润，应区别以下情况分别处理：自被投资单位分得的现金股利或利润未超过已确认投资损益的，应抵减长期股权投资的账面价值。在被投资单位宣告分派现金股利或利润时，借记"应收股利"科目，贷记"长期股权投资（损益调整）"科目。自被投资单位取得的现金股利或利润超过已确认投资收益部分，但未超过投资以后被投资单位实现的账面净利润中本企业享有的份额，应作为投资收益处理。被投资单位宣告分派现金股利或利润时，按照应分得的现金股利或利润金额，借记"应收股利"科目，按照应分得的现金股利或利润未超过账面已确认投资收益的金额，贷记"长期股权投资（损益调整）"科目，上述借贷方差额贷记"投资收益"科目。自被投资单位取得的现金股利或利润超过已确认投资收益，同时也超过了投资以后被投资单位实现的账面净利润中本企业按持股比例计算应享有的部分，该部分金额应作为投资成本的收回。

5. 投资企业对于被投资单位除净损益以外所有者权益的其他变动，应当调整长期股权投资的账面价值并计入所有者权益。

（二）税法规定

1. 长期股权投资的初始投资成本无论大于、还是小于投资时应享有被投资单位可辨认净资产公允价值份额的，都不调整长期股权投资的计税基础。长期股权投资的初始投资成本小于投资时应享有被投资单位可辨认净资产公允价值份额的，其差额也不应当计入当期损益。

2. 投资企业取得长期股权投资后，不允许按照应享有或应分担的被投资单位实现的净利润的份额，确认投资收益并调整长期股权投资的账面价值。投资企业按照被投资单位宣告分派的利润或现金股利计算应分得的部分，不应减少长期股权投资的计税基础。

3. 投资企业不能确认被投资单位发生的净亏损，被投资单位发生的净亏损只能由被投资单位以后年度的所得弥补。《企业所得税法》第十八条规定："企业纳税年度发生的亏损，可以向以后年度结转，用以后年度的所得弥补，但结转年限最长不得超过 5 年。"企业对外投资期间，长期股权投资的计税基础保持不变。

4. 投资企业从被投资方的累计净利润（包括累计未分配利润和盈余公积）中

取得的任何分配支付额，在被投资单位宣告分派现金股利或利润时，应当确认为当期股息、红利等权益性投资收益。股息、红利等权益性投资收益应当以被投资方作出利润分配决策的时间确认收入的实现。

5.《企业所得税法》第二十六条规定，符合条件的居民企业之间的股息、红利收入，在中国境内设立机构、场所的非居民企业从居民企业取得与该机构、场所有实际联系的股息、红利收入，为免税收入，不计入企业应纳税所得额征税。

（三）两者差异

1. 长期股权投资的初始投资成本小于投资时应享有被投资单位可辨认净资产公允价值份额的部分，已调整长期股权投资账面价值，由此产生的暂时性差异，应进行纳税调整。

2. 长期股权投资的初始投资成本小于投资时应享有的被投资单位可辨认净资产公允价值份额的部分，会计上计入当期损益的，在计算应纳税所得额时应进行纳税调整。

3. 投资企业已按照应享有或应分担的被投资单位实现的净损益的份额，确认投资损益并调整长期股权投资账面价值的，在计算应纳税所得额时应进行纳税调整。

4. 被投资企业分配利润或现金股利时，投资企业按照权益法调整长期股权投资账面价值和投资损益的，应按照税法规定进行纳税调整。

5. 被投资企业除净损益以外的其他权益变动，投资企业按照权益法调整长期股权投资账面价值的，由此产生的暂时性差异，应作纳税调整。

【例11-4】2008年1月，A公司支付价款1 000万元对B公司进行投资，占B公司30%的股份。B公司可辨认净资产的公允价值为3 600万元。B公司2008年度实现净利润200万元，宣告分配现金股利50万元。假定A公司分得的现金股利未超过已确认的投资损益。A公司的会计处理如下：

（1）2008年1月1日：

借：长期股权投资——投资成本　　　　　　　10 000 000

　　贷：银行存款　　　　　　　　　　　　　　　100 000 000

借：长期股权投资——投资成本　　　　　　　800 000

　　贷：营业外收入　　　　　　　　　　　　　　800 000

（2）2008年12月31日：

借：长期股权投资——损益调整　　　　　　　600 000

```
        贷：投资收益                                    600 000
    借：应收股利                            150 000
        贷：长期股权投资——损益调整                        150 000
```

长期股权投资账面价值为 1 125（1 000 + 80 + 60 - 15）万元，计税基础为 1 000万元，产生应纳税暂时性差异125万元。

营业外收入80万元，投资收益60万元，共计增加当期损益140万元，而按税法计算的投资收益为15万元，应调减应纳税所得额125万元。

四、长期股权投资期末计量与纳税调整的比较

（一）准则规定

在资产负负债表日，如果长期股权投资存在减值迹象的，应计算长期股权投资的可收回金额，如果可收回金额低于账面价值，应对其计提减值准备，并冲减当期会计利润。

（二）税法规定

不允许对长期股权投资计提减值准备。

（三）两者差异

企业根据会计准则确认的长期股权投资减值损失，在企业所得税上不予确认，应根据税法规定进行纳税调整。

五、处置长期股权投资的比较

（一）准则规定

企业处置长期股权投资，其账面价值与实际取得价款的差额，应当计入当期损益。采用权益法核算的长期股权投资，因被投资单位除净损益以外所有者权益的其他变动而计入所有者权益的，处置该项投资时应当将原计入所有者权益的部分按相应比例转入当期损益。

（二）税法规定

企业处置长期股权投资，属于《企业所得税法》第六条规定的转让财产收入。按照《企业所得税法》第十四条规定，企业对外投资期间，投资资产的成本在计算应纳税所得额时不得扣除。第十六条规定，企业转让资产，该项资产的净值和转让费用，可以在计算应纳税所得额时扣除。所以，企业处置长期股权投资，其计税基础与实际取得价款的差额，应当计入应纳税所得额缴纳企业所得税。

（三）两者差异

由于会计准则与税法在长期股权投资的取得、所有者权益变动确认、计提减值准备以及转让损益的处理等方面存在差异，导致长期股权投资在转让时可能需要进行纳税调整。

【例 11 - 5】某企业 2008 年至 2009 年投资业务的有关资料如下：

（1）2008 年 1 月 1 日，以银行存款支付收购 A 公司股权转让价款 270 万元，并办理了相关的股权划转手续，占其 30% 的股份。假定 A 公司可辨认净资产的公允价值和账面价值均为 800 万元。

（2）2008 年 6 月 1 日，A 公司因长期股权投资业务核算资本公积 80 万元。

（3）2008 年度，A 公司实现净利润 400 万元。

（4）2009 年 3 月 1 日，该企业将其持有的 A 公司股份全部对外转让，转让价款 450 万元，相关股权划转手续已经办妥，转让价款已经存入银行。假定转让过程中未发生相关税费。该企业相关计算与会计处理如下：

（1）2008 年 1 月 1 日：

借：长期股权投资——投资成本　　　　　　　　　2 700 000

　　贷：银行存款　　　　　　　　　　　　　　　　　　2 700 000

（2）2008 年 6 月 1 日：

借：长期股权投资——其他权益变动　　　　　　　240 000

　　贷：资本公积——其他资本公积　　　　　　　　　　240 000

（3）2008 年 12 月 31 日：

借：长期股权投资——损益调整　　　　　　　　　1 200 000

　　贷：投资收益　　　　　　　　　　　　　　　　　　1 200 000

2008 年 12 月 31 日，长期股权投资账面价值 414（270 + 24 + 120）万元，计税基础 270 万元，产生暂时性差异 144 万元。同时因确认投资收益应调减应纳税所得额 120 万元。

（4）2009 年 3 月 1 日：

借：银行存款　　　　　　　　　　　　　　　　　4 500 000

　　贷：长期股权投资——投资成本　　　　　　　　　　2 700 000

　　　　　　　　　　——损益调整　　　　　　　　　　1 200 000

　　　　　　　　　　——其他权益变动　　　　　　　　　240 000

　　　　投资收益　　　　　　　　　　　　　　　　　　360 000

借：资本公积——其他资本公积　　　　　　　　　　　240 000
　　贷：投资收益　　　　　　　　　　　　　　　　　　　　240 000

会计处理中确认了投资收益60（36＋24）万元，按照税法规定应确认投资收益180（450－270）万元，调增应纳税所得额120万元。2008年确认的暂时性差异予以转回。

六、长期股权投资损失确认的比较

（一）准则规定

企业对于因被投资方解散、清算等发生的投资损失，应扣除可收回金额以及责任和保险赔款后，再确认发生的财产损失。

（二）税法规定

财政部国家税务总局《关于企业资产损失税前扣除政策的通知》（财税〔2009〕57号）规定，企业的股权投资符合下列条件之一的，减除可收回金额后确认的无法收回的股权投资，可以作为股权投资损失在计算应纳税所得额时扣除：

1. 被投资方依法宣告破产、关闭、解散、被撤销，或者被依法注销、吊销营业执照的。

2. 被投资方财务状况严重恶化，累计发生巨额亏损，已连续停止经营3年以上，且无重新恢复经营改组计划的。

3. 对被投资方不具有控制权，投资期限届满或者投资期限已超过10年，且被投资单位因连续3年经营亏损导致资不抵债的。

4. 被投资方财务状况严重恶化，累计发生巨额亏损，已完成清算或清算期超过3年以上的。

5. 国务院财政、税务主管部门规定的其他条件。

《企业资产损失税前扣除管理办法》（国税发〔2009〕88号）规定，企业符合条件的股权（权益）性投资损失，应依据下列相关证据认定损失：企业法定代表人、主要负责人和财务负责人签章证实有关投资损失的书面声明；有关被投资方破产公告、破产清偿文件；工商部门注销、吊销文件；政府有关部门的行政决定文件；终止经营、停止交易的法律或其他证明文件；有关资产的成本和价值回收情况说明；被投资方清算剩余资产分配情况的证明。

企业的股权（权益）投资当有确凿证据表明已形成资产损失时，应扣除责任人和保险赔款、变价收入或可收回金额后，再确认发生的资产损失。可收回金额一律暂定为账面余额的5%。

（三）两者差异

1. 税法关于长期股权投资资产损失的判定标准，与会计准则关于应全额转销长期股权投资的标准相同。对已经计提减值准备的长期股权投资，在长期股权投资发生资产损失时，会计处理冲减了减值准备。如果有关损失已经税务机关同意，就可以在税前扣除，因此年终申报纳税时，只需要目对当年增提的减值准备进行调整；如果在会计处理中已经转销的长期股权投资，税务机关未同意在税前扣除，则对长期股权投资减值准备的纳税调整还应加上已转销的部分。

2. 税法规定，企业要及时申报扣除长期股权投资损失，需要税务机关审批的，应及时报批，企业因计算错误或其他客观原因，而未及时申报的长期股权投资损失，逾期不得扣除。不允许纳税人在不同纳税年度人为调剂。

3. 由于会计准则与税法在长期股权投资损失的确认和计量上存在差异，导致可能需要进行纳税调整。

第三节 投资性房地产的差异分析

一、基本概念的比较

（一）准则规定

《企业会计准则第3号——投资性房地产》，规范的是投资性房地产的确认、计量和相关信息的披露。会计准则所定义的投资性房地产，是指为赚取租金或资本增值，或两者兼有而有之的房地产。投资性房地产应当能够单独计量和出售。投资性房地产包括已出租的土地使用权、持有并准备增值后转让的土地使用权、已出租的建筑物。自用房地产，即为生产商品、提供劳务或者经营管理而持有的房地产。作为存货的房地产，不属于投资性房地产。

（二）税法规定

《企业所得税法》中没有专门规定投资性房地产的概念，其特征与固定资产和无形资产相同。

（三）两者差异

在投资性房地产基本概念方面，税法规定与会计准则规定差异较大。从税法上区分，投资性房地产可以区分为房屋、建筑物和土地使用权。两者在概念上的差异，导致在税前扣除上的差异如下：

1. 经会计处理确认为投资性房地产的房屋、建筑物，按照《企业所得税法》第十一条的规定，已足额提取折旧仍继续使用的固定资产，不得计算折旧扣除。已出租的房屋、建筑物，即以经营租赁方式出租的房屋、建筑物，可以确认为固定资产并计算摊销费用扣除。

2. 经会计处理确认为投资性房地产的土地使用权，按照《企业所得税法》第十二条的规定，与经营活动无关的无形资产不得计算摊销费用扣除。已出租的土地使用权，即以经营租赁方式出租的土地使用权，可以确认为无形资产并计算摊销费用扣除。持有并准备增值后转让的土地使用权，即企业取得的、准备增值后转让的土地使用权，目前没有用于经营活动的，不能确认为无形资产，不得计算摊销费用扣除。该土地使用权在转让时，其净值准予在计算应纳税所得额时扣除。

二、投资性房地产确认的比较

（一）准则规定

投资性房地产同时满足下列条件的，才能予以确认：与该投资性房地产有关的经济利益很可能流入企业；该投资性房地产的成本能够可靠地计量。

（二）税法规定

投资性房地产分别归属于固定资产和无形资产。

（三）两者差异

税法未就投资性房地产的确认作出具体、明确的规定，但一般应以取得合法、有效的会计凭证作为确认的依据。

三、投资性房地产初始计量的比较

（一）准则规定

投资性房地产应当按照成本进行初始计量。外购投资性房地产的成本，包括购买价款、相关税费和可直接归属于该资产的其他支出；自行建造投资性房地产的成本，由建造该项资产达到预定可使用状态前所发生的必要支出构成；以其他方式取得的投资性房地产的成本，按照相关会计准则的规定确定。与投资性房地产有关的后续支出，满足规定确认条件的，应当计入投资性房地产成本；不满足规定确认条件的，应当在发生时计入当期损益。

（二）税法规定

投资性房地产以历史成本为计税基础。所谓历史成本，是指企业取得该项资产时实际发生的支出。企业持有投资性房地产期间产生资产增值或损失，除税收规定可以确认损益的外，不得调整有关资产的计税基础。企业区分房屋、建筑物和土地使用权按照下列原则确定投资性房地产的计税基础：

1. 房屋、建筑物的计税基础。外购的房屋、建筑物，按购买价款和相关税费作为计税基础；自行建造的房屋、建筑物，按竣工结算前实际发生的支出作为计税基础；融资租入的房屋、建筑物，以租赁合同约定的付款总额，加上承租人在签订租赁合同过程中发生的相关费用，作为计税基础；租赁合同未约定付款总额的，以该资产的公允价值和承租人在签订租赁合同过程中发生的相关费用，作为计税基础；通过捐赠、投资、非货币性资产交换、债务重组取得的房屋、建筑物，按该资产的公允价值和应支付的相关税费作为计税基础。

2. 土地使用权的计税基础。外购的土地使用权，按购买价款、相关税费以及直接归属于该项资产的其他支出作为计税基础；通过捐赠、投资、非货币性资产交换、债务重组取得的土地使用权，按该土地使用权的公允价值和应支付的相关税费作为计税基础。

（三）两者差异

1. 税法未单独规定投资性房地产的计税基础，一般参照固定资产与无形资产的计税基础确定。

2. 融资租入房屋、建筑物的计税基础，与其账面价值之间产生的暂时性差异，应进行纳税调整。

3. 通过非货币性资产交换和债务重组取得的投资性房地产，会计准则和税法的差异，见本书第十三章非货币性资产交换和债务重组部分。

四、成本模式下投资性房地产后续计量的比较

（一）准则规定

成本模式下，企业应当在资产负债表日采用成本模式对投资性房地产进行后续计量，但按准则规定采用公允价值模式的除外。采用成本模式计量的建筑物的后续计量，适用《企业会计准则第4号——固定资产》。采用成本模式计量的土地使用权的后续计量，适用《企业会计准则第6号——无形资产》。采用成本模式计量的投资性房地产，应对其计提折旧或摊销。在资产负债表日，如果投资性房地产发生减值损失，还应对其计提减值准备。

（二）税法规定

税法对于投资性房地产的后续计量没有专门的规定，一般应采用成本模式，

其税务处理应参照相应的固定资产（房屋、建筑物）和无形资产（土地使用权）。对投资性房地产不允许计提减值准备。

（三）两者差异

1. 由于会计准则和税法对于房屋、建筑物的折旧金额和土地使用权的摊销金额可能不一致，由此产生的暂时性差异，需要进行纳税调整。

2. 采用成本模式的企业，如果对投资性房地产计提了减值准备，则需要根据《企业所得税法》第八条、第十条的规定，对后续计量进行纳税调整。企业在计提投资性房地产减值准备的当期需要调增应纳税所得额，在处置投资性房地产的当期需要调减应纳税所得额。

五、公允价值模式下投资性房地产后续计量的比较

（一）准则规定

有确凿证据表明投资性房地产的公允价值能够持续可靠取得的，可以对投资性房地产采用公允价值模式进行后续计量。采用公允价值模式计量的，应当同时满足下列条件：投资性房地产所在地有活跃的房地产交易市场；企业能够从房地产交易市场上取得同类或类似房地产的市场价格及其他相关信息，从而对投资性房地产的公允价值作出合理的估计。采用公允价值模式计量的，不对投资性房地产计提折旧或进行摊销，应当以资产负债表日投资性房地产的公允价值为基础调整其账面价值，公允价值与原账面价值之间的差额计入当期损益。

（二）税法规定

企业采用公允价值模式对投资性房地产进行后续计量的，公允价值变动损益在计算应纳税所得额时不予确认，应进行纳税调整；投资性房地产可以计提折旧或进行摊销扣除。

（三）两者差异

1. 税法允许对以公允价值模式计量的投资性房地产计提折旧或进行摊销，由此产生的暂时性差异，应该进行纳税调整。

2. 税法不确认投资性房地产的公允价值变动，由此导致的暂时性差异，应该进行纳税调整。

3. 会计处理中确认的公允价值变动损益，应该进行纳税调整。

【例11－6】某企业对投资性房地产采用公允价值模式计量。2008年1月购买房产1 000万元并同时对外出租。每年租金40万元，会计和税法都规定按20年采

用直线法计提折旧，假设不考虑净残值。相应的会计处理如下：

（1）2008 年 1 月购置房产时：

借：投资性房地产   10 000 000

　　贷：银行存款   10 000 000

（2）2008 年确认租金收入：

借：银行存款   4 00 000

　　贷：其他业务收入   400 000

（3）2008 年年末，假定其公允价值为 1 100 万元：

借：投资性房地产——公允价值变动   1 000 000

　　贷：公允价值变动损益   1 000 000

2008 年会计处理中确认收益 140（100＋40）万元，而税法不确认公允价值变动损益，应调减应纳税所得额 100 万元。投资性房地产计税基础 1 000 万元，当年税收折旧 50（1 000/20）万元可以在税前扣除，因此调减应纳税所得额 50 万元。两项合计应调减应纳税所得额 150 万元。2008 年 12 月 31 日，投资性房地产账面价值为 1 100 万元，计税基础为 1 000 万元，两者产生 100 万元的应纳税暂性差异，应进行纳税调整。

六、投资性房地产转换的比较

（一）准则规定

企业有确凿证据表明房地产用途发生改变，满足下列条件之一的，应当将投资性房地产转换为其他资产，或者将其他资产转换为投资性房地产：投资性房地产开始自用；作为存货的房地产，改为出租；自用土地使用权停止自用，用于赚取租金或资本增值；自用建筑物停止自用，改为出租。在成本模式下，应当将房地产转换前的账面价值作为转换后的入账价值。采用公允价值模式计量的投资性房地产转换为自用房地产时，应当以其转换当日的公允价值作为自用房地产的账面价值，公允价值与原账面价值的差额计入当期损益。自用房地产或存货转换为采用公允价值模式计量的投资性房地产时，投资性房地产按照转换当日的公允价值计价，转换当日的公允价值小于原账面价值的，其差额计入当期损益；转换当日的公允价值大于原账面价值的，其差额计入所有者权益。

（二）税法规定

税法规定，将转换前投资性房地产的成本作为转换后投资性房地产的入账价值，不确认公允价值变动，不确认转换损益，也不调整投资性房地产的计税基础。

（三）两者差异

1. 企业将原采用成本计量模式计量的、没有计提减值准备的投资性房地产转换为一般性固定资产或无形资产时，持有并准备增值后转让的土地使用权改为自用的，土地使用权可以确认为无形资产，计算摊销费用扣除，其他方面基本一致。

2. 企业将原采用成本计量模式计量的、已计提减值准备的投资性房地产转换为一般性固定资产或无形资产时，会计准则和税法对资产的计价不一致，需要进行纳税调整。

【例11-7】某企业2008年1月将自用房产转为投资性房地产，并采用公允价值模式计量。转换日原值为300万元，已计提折旧60万元，已计提减值准备40万元。公允价值180万元。相应的会计处理如下：

```
借：投资性房地产——成本              1 800 000
    公允价值变动损益                   200 000
    累计折旧                          600 000
    固定资产减值准备                   400 000
    贷：固定资产                              3 000 000
```

自用房地产转为投资性房地产后，其账面价值180万元，计税基础200万元，由此产生20万元的可抵扣暂时性差异，应进行纳税调整。

会计准则规定不计提折旧，税法规定应计提折旧，由此产生的暂时性差异，应进行纳税调整，调减当期应纳税所得额。

自用房地产转为投资性房地产时，产生的公允价值变动损益20万元计入了当期利润。但税法规定，此部分损失尚未实现，不得从当期应纳税所得额中扣除。故应调增当期应纳税所得额20万元。

【例11-7】中，如果转换日公允价值为210万元，则相应的会计处理是：

```
借：投资性房地产——成本              2 100 000
    累计折旧                          600 000
    固定资产减值准备                   400 000
    贷：固定资产                              3 000 000
        资本公积——其他资本公积                100 000
```

除账面价值与计税基础之间的差异以及折旧费用之间的差异需要进行调整外，对于计入所有者权益的差额部分10万元，税法也认为该部分收益未实现，所以也需进行纳税调整。

3. 企业将原采用公允价值模式计量的投资性房地产，转换为一般性固定资产或无形资产时，其计税基础维持不变，按会计处理的公允价值与原账面价值的差额计入当期损益的部分应进行纳税调整。

【例 11 - 8】某企业 2008 年 1 月将原作为投资性房地产的房产转为自用，该投资性房地产采用公允价值模式计量。转换日的账面价值为 1 100 万元，其中成本 1 000 万元，公允价值变动 100 万元。公允价值 1 080 万元。相应的会计处理如下：

借：固定资产　　　　　　　　　　　　　　　　10 800 000
　　公允价值变动损益　　　　　　　　　　　　　　200 000
　　贷：投资性房地产——成本　　　　　　　　　　　　　10 000 000
　　　　　　　　——公允价值变动　　　　　　　　　　　1 000 000

按照税法规定，投资性房地产转换时不能确认公允价值变动，投资性房地产的计税基础为 1 000 万元，但账面价值为 1 080 万元，由此产生的 80 万元应纳税暂时性差异，应进行纳税调整。同时，2008 年企业在计算应纳税所得额时，由于税法不确认公允价值变动损益，因此应调增应纳税所得额 20 万元。

【例 11 - 8】中，如果转换日公允价值为 1 120 万元，则相应的会计处理是：

借：固定资产　　　　　　　　　　　　　　　　11 200 000
　　贷：投资性房地产——成本　　　　　　　　　　　　　10 000 000
　　　　　　　　——公允价值变动　　　　　　　　　　　1 000 000
　　公允价值变动损益　　　　　　　　　　　　　　200 000

按照税法规定，投资性房地产转换时不能确认公允价值变动，投资性房地产的计税基础为 1 000 万元，但账面价值为 1 120 万元，由此产生的 120 万元应纳税暂时性差异，应进行纳税调整。同时，2008 年企业在计算应纳税所得额时，由于税法不确认公允价值变动损益，因此应调减应纳税所得额 20 万元。

4. 房地产开发企业将作为存货的房地产转换为投资性房地产时，无论采用成本计量模式还是采用公允价值计量模式，当期都要按视同销售确认收入，同时按开发产品的公允价值确认投资性房地产的计税基础。

七、投资性房地产处置的比较

（一）准则规定

当投资性房地产被处置，或者永久退出使用且预计不能从其处置中取得经济利益时，应当终止确认该项投资性房地产。企业出售、转让、报废投资性房地产或者发生投资性房地产毁损，应当将处置收入扣除其账面价值和相关税费后的金额计入当期损益。

（二）税法规定

企业处置投资性房地产时，按照《企业所得税法》第六条的规定，应当将出售、转让收入并入转让财产收入；同时，该项资产的净值和转让费用，可以在计算应纳税所得额时扣除。投资性房地产的报废、毁损，按照固定资产、无形资产的相关规定处理。

（三）两者差异

由于会计准则和税法在投资性房地产的取得、折旧（摊销）、计提减值准备方面存在差异，导致投资性房地产在处置时可能需要进行纳税调整。

【例11-9】某企业2008年1月1日以1 000万元购买一栋写字楼，并于2008年1月31日对外出租，每月租金5万元。租赁开始日的公允价值为1 100万元。2008年12月31日，该项投资性房地产的公允价值为1 200万元。2009年7月31日，租赁期满，企业收回该投资性房地产并以1 300万元对外出售，出售款已收讫。该投资性房地产采用公允价值模式计量。假设在税务处理中，该房产已计提折旧75万元。相应的会计处理如下：

（1）2008年1月1日：

借：固定资产　　　　　　　　　　　　　　　　　10 000 000

　　贷：银行存款　　　　　　　　　　　　　　　　　　10 000 000

（2）2008年1月31日：

借：投资性房地产——成本　　　　　　　　　　　　11 000 000

　　贷：固定资产　　　　　　　　　　　　　　　　　　10 000 000

　　　　资本公积——其他资本公积　　　　　　　　　　 1 000 000

（3）每月收到租金时：

借：银行存款　　　　　　　　　　　　　　　　　　　 50 000

　　贷：其他业务收入　　　　　　　　　　　　　　　　　 50 000

（4）2008年12月31日：

借：投资性房地产——公允价值变动　　　　　　　　 1 000 000

　　贷：公允价值变动损益　　　　　　　　　　　　　　 1 000 000

（5）2009年7月31日：

借：银行存款   13 000 000

    贷：其他业务收入   13 000 000

借：其他业务成本   12 000 000

    贷：投资性房地产——成本   11 000 000

               ——公允价值变动   1 000 000

借：公允价值变动损益   1 000 000

    贷：其他业务收入   1 000 000

借：资本公积——其他资本公积   1 000 000

    贷：其他业务收入   1 000 000

在 2009 年 7 月 31 日的会计处理中，企业确认了 200（1 300 － 1 200 ＋ 100 ＋ 100 － 100）万元的处置收益。但在税务处理中，由于投资性房地产的计税基础是 925（1 000 － 75）万元，因此应计入应纳税所得额的金额为 375（1 300 － 925）万元，2009 年应当调增应纳税所得额 175 万元。

第四节 固定资产的差异分析

一、固定资产界定与确认的比较

（一）准则规定

《企业会计准则第 4 号——固定资产》，规范的是固定资产的确认、计量和相关信息的披露。固定资产，是指同时具有下列特征的有形资产：为生产商品、提供劳务、出租或经营管理而持有的；使用寿命超过一个会计年度。固定资产同时满足下列条件的，才能予以确认：与该固定资产有关的经济利益很可能流入企业；该固定资产的成本能够可靠地计量。固定资产的各组成部分具有不同使用寿命或者以不同方式为企业提供经济利益，适用不同折旧率或折旧方法的，应当分别将各组成部分确认为单项固定资产。与固定资产有关的后续支出，符合准则规定的确认条件的，应当计入固定资产成本；不符合准则规定的确认条件的，应当在发生时计入当期损益。

（二）税法规定

《企业所得税法》第十一条规定："在计算应纳税所得额时，企业按照规定计算的固定资产折旧准予扣除。"在税务处理上，固定资产是指为生产商品、提供劳务、出租或经营管理而持有的，使用寿命超过一个纳税年度的有形资产，包括房屋、建筑物、机器、机械、运输工具以及其他与生产经营有关的设备、器具、工具等。

（三）两者差异

会计准则与税法对固定资产的概念是相同的，但税法未就固定资产的确认作出具体、明确的规定，而是原则性地指出一般应以取得合法、有效的会计凭证作为确认的依据。

二、固定资产初始计量与计税基础的比较

（一）准则规定

固定资产应当按照成本进行初始计量。初始计量时应注意以下几点：第一，外购固定资产的成本，包括购买价款、相关税费、使固定资产达到预定可使用状态前所发生的可归属于该项资产的运输费、装卸费、安装费和专业人员服务费等。第二，自行建造固定资产的成本，由建造该项资产达到预定可使用状态前所发生的必要支出构成。第三，应计入固定资产成本的借款费用，按照《企业会计准则第17号——借款费用》处理。第四，投资者投入固定资产的成本，应当按照投资合同或协议约定的价值确定，但合同或协议约定价值不公允的除外。第五，确定固定资产成本时，应当考虑预计弃置费用因素。弃置费用通常是指根据国家法律和行政法规、国际公约等规定，企业承担的环境保护和生态恢复等义务所确定的支出，如核电站核设施等的弃置和恢复环境义务等。

（二）税法规定

企业应当按照下列原则确定固定资产的计税基础：第一，外购的固定资产，按购买价款和相关税费以及直接归属于使该资产达到预定用途发生的其他支出作为计税基础。第二，自行建造的固定资产，按竣工结算前实际发生的支出作为计税基础。第三，融资租入的固定资产，以租赁合同约定的付款总额，加上承租人在签订租赁合同过程中发生的相关费用，作为计税基础；租赁合同未约定付款总额的，以该资产的公允价值和承租人在签订租赁合同过程中发生的相关费用，作为计税基础。第四，投资者投入的固定资产，以该资产的公允价值和相关税费作为计税基础。第五，盘盈的固定资产，按同类固定资产的重置完全价值作为计税基础。第六，通过捐赠、投资、分配股利、非货币性资产交换、债务重组取得的固定资产，按该资产的公允价值和应支付的相关税费作为计税基础。第七，改建的固定资产，除已提足折旧的固定资产和租入固定资产的改建支出作为企业长期待摊费用外，以改建过程中发生的改建支出，增加计税基础。第八，除税法对特

殊行业另有规定外，一般企业不允许预计弃置费用因素在税前扣除。

（三）两者差异

1. 对于固定资产的一般购进业务，会计准则与税法完全相同，差异主要体现在具有融资性质的外购固定资产上。会计准则规定，固定资产的成本以购买价款的现值为基础确定；税法规定，不需要区分是否具有融资性质，均以购买价款的支付的相关税费作为计税基础，在信用期间也不存在利息摊销问题，因此需要进行纳税调整。

【例11－10】假定 A 公司2008年1月1日从 B 公司购入 N 型机器作为固定资产使用，该机器已收到。购货合同约定，N 型机器的总价款为1 000万元，分3年支付，2008年12月31支付600万元，2009年12月31日支付300元，2010年12月31日支付100万元。假定 A 公司3年期银行借款年利率为8%。会计和税法上都规定该机器预计使用年限为4年，按直线法计提折旧，不考虑预计净残值。A 公司相应的计算及会计处理如下：

（1）2008年1月1日：

N 型机器总价款的现值＝600/(1＋8%)＋300/(1＋8%)(1＋8%)＋100/(1＋8%)(1＋8%)(1＋8%)＝892.14(万元)

借：固定资产/在建工程	8 921 400	
未确认融资费用	1 078 600	
贷：长期应付款		10 000 000

按照税法规定，该固定资产的计税基础应为1 000万元，与账面价值产生107.86万元的暂时性差异。

（2）2008年12月31日：

未确认融资费用摊销＝892.14×8%＝71.37（万元）

借：财务费用	713 700	
贷：未确认融资费用		713 700
借：长期应付款	6 000 000	
贷：银行存款		6 000 000

2008年计提折旧额＝892.14/4＝223.04（万元）

借：管理费用	2 230 400	
贷：累计折旧		2 230 400

在上述会计处理中，A 公司确认了71.37万元的财务费用和223.04万元的管

理费用，合计确认费用294.41万元。但是，因为该项固定资产的计税基础为1 000万元，因此在税务处理中，2008年的折旧额为250（1 000/4）万元。在计算2008年应纳税所得额时，应调增44.41（294.41－250）万元。

（3）2009年12月31日：

未确认融资费用＝[892.14－（600－71.37）]×8％＝29.08（万元）

借：财务费用 290 800

　　贷：未确认融资费用 290 800

借：长期应付款 3 000 000

　　贷：银行存款 3 000 000

2009年计提折旧额＝892.14/4＝223.04（万元）

借：管理费用 2 230 400

　　贷：累计折旧 2 230 400

在上述会计处理中，A公司确认了29.08万元的财务费用和223.04万元的管理费用，合计确认费用252.12万元。但是，因为该项固定资产的计税基础为1 000万元，因此在税务处理中，2009年的折旧额为250（1 000/4）万元。在计算2009年应纳税所得额时，应调增2.12（252.12－250）万元。

（4）2010年12月31日：

未确认融资费用＝107.86－71.37－29.08＝7.41（万元）

借：财务费用 74 100

　　贷：未确认融资费用 74 100

借：长期应付款 1 000 000

　　贷：银行存款 1 000 000

2010年计提折旧额＝892.14/4＝223.04（万元）

借：管理费用 2 230 400

　　贷：累计折旧 2 230 400

在上述会计处理中，A公司确认了7.41万元的财务费用和223.04万元的管理费用，合计确认费用230.45万元。但是，因为该项固定资产的计税基础为1 000万元，因此在税务处理中，2010年的折旧额为250（1 000/4）万元。在计算2010年应纳税所得额时，应调减19.55（250－230.45）万元。

2. 对于自建固定资产，会计准则规定，固定资产入账价值是"达到预定可使用状态前所发生的必要支出"，此后的费用直接计入当期损益；而税法规定，"竣工结算前发生的支出应予资本化"，因而在"达到预定可使用状态"后与"竣工结算"之间发生的支出，应进行纳税调整。另外，会计准则规定，按照"达到预定可使用状态时"固定资产的入账价值计提折旧；税法规定，"竣工结算时"按固定资产计税基础计提折旧，两者必然产生暂时性差异，在该固定资产预计使用年限内，每年都要进行纳税调整。

【例 11 - 11】某生产企业已经执行企业会计准则。2008 年开始借款为某车间自行建造一固定资产，发生料、工、费 800 万元，2008 年 12 月 31 日达到预定可使用状态前的借款利息 100 万元，2009 年 3 月末办理竣工结算，达到预定可使用状态后至办理竣工结算期间的利息 30 万元。会计和税法上都规定该机器预计使用年限为 5 年，按直线法计提折旧，预计净残值为 5%。相应的计算及会计处理如下：

2008 年 12 月 31 日：

按照会计准则规定，固定资产的入账价值为 900（800 + 100）万元，会计分录如下：

　　借：固定资产　　　　　　　　　　　　　　　9 000 000
　　　　贷：在建工程　　　　　　　　　　　　　　　9 000 000

2009 年会计折旧为 171［900 ×（1 - 5%）/5］万元，会计分录为：

　　借：制造费用　　　　　　　　　　　　　　　1 710 100
　　　　贷：累计折旧　　　　　　　　　　　　　　　1 710 000

按照税法规定，固定资产的计税基础为 930（800 + 100 + 30）万元，2009 年税法折旧为 132. 53［930 ×（1 - 5%）/12 × 9］万元，应调增应纳税所得额 38. 47（171 - 132. 53）万元。

同理，2010、2011、2012、2013 年每年会计折旧均为 171 万元，税法折旧均为 176. 7［930 ×（1 - 5%）/5］万元，应调减应纳税所得额 5. 7 万元。

2014 年，会计折旧为 0，税法折旧为 44. 18［930 ×（1 - 5%）/5/12 × 3］万元，应调减应纳税所得额 44. 18 万元。

3. 对于融资租入固定资产，会计准则规定，按照租赁开始日租赁资产公允价值与最低租赁付款额的现值两者中较低者作为租入资产的入账价值；将最低租赁付款额作为长期应付款的入账价值，其差额作为未确认融资费用，按照实际利率法分期摊销计入财务费用。税法规定，融资租入的固定资产，以租赁合同约定的付款总额，加上承租人在签订租赁合同过程中发生的相关费用，作为计税基础；租赁合同未约定付款总额的，以该资产的公允价值和承租人在签订租赁合同过程中发生的相关费用，作为计税基础；不允许确认未确认融资费用。两者关于入账价值的差异，会影响各年融资租入固定资产的折旧额，关于未确认融资费用的差异，会影响各年财务费用的金额，需要进行纳税调整。

4. 通过非货币性资产交换和债务重组取得的固定资产，会计准则和税法的差异，见非货币性资产交换和债务重组部分。

5. 对于固定资产弃置费用，会计准则规定，按照现值确认应计入固定资产成本的金额和相应的预计负债；税法规定，企业发生的固定资产弃置费用所形成的预计负债不允许在所得税前扣除，对于弃置费用形成的固定资产的折旧费用应在各年调增应纳税所得额。

三、固定资产折旧与税前扣除的比较

（一）准则规定

折旧，是指在固定资产使用寿命内，按照确定的方法对应计折旧额进行系统分摊。应计折旧额，是指应当计提折旧的固定资产的原价扣除其预计净残值后的金额。已计提减值准备的固定资产，还应当扣除已计提的固定资产减值准备累计金额。预计净残值，是指假定固定资产预计使用寿命已满并处于使用寿命终了时的预期状态，企业目前从该项资产处置中获得的扣除预计处置费用后的金额。

1. 固定资产折旧的范围。在会计处理上，企业应当对所有固定资产计提折旧。但是，已提足折旧仍继续使用的固定资产和单独计价入账的土地除外。企业应当根据固定资产的性质和使用情况，合理确定固定资产的使用寿命和预计净残值。固定资产的使用寿命、预计净残值一经确定，不得随意变更。企业确定固定资产使用寿命，应当考虑下列因素：预计生产能力或实物产量；预计有形损耗和无形损耗；法律或者类似规定对资产使用的限制。

2. 固定资产折旧的时间。在会计处理上，固定资产应当按月计提折旧，当月增加的固定资产，当月不计提折旧，从下月起计提折旧；当月减少的固定资产，当月仍计提折旧，从下月起不计提折旧。固定资产提足折旧后，不论能否继续使用，均不再计提折旧；提前报废的固定资产，也不再补提折旧。提足折旧，是指已经提足该项固定资产的应计折旧额。已达到预定可使用状态但尚未办理竣工决算的固定资产，应当按照估计价值确定其成本，并计提折旧；待办理竣工决算后，再按实际成本调整原来的暂估价值，但不需要调整原已计提的折旧额。

3. 固定资产折旧方法。在会计处理上，企业应当根据与固定资产有关的经济利益的预期实现方式，合理选择固定资产折旧方法。可选用的折旧方法包括年限平均法、工作量法、双倍余额递减法和年数总和法等。固定资产的折旧方法一经

确定，不得随意变更。固定资产应当按月计提折旧，并根据用途计入相关资产的成本或者当期损益。

4. 年终复核。企业至少应当于每年年度终了，对固定资产的使用寿命、预计净残值和折旧方法进行复核。使用寿命预计数与原先估计数有差异的，应当调整固定资产使用寿命。预计净残值预计数与原先估计数有差异的，应当调整预计净残值。与固定资产有关的经济利益预期实现方式有重大改变的，应当改变固定资产折旧方法。固定资产使用寿命、预计净残值和折旧方法的改变应当作为会计估计变更。

（二）税法规定

应计折旧额，是指应当计提折旧的固定资产的原价扣除其预计净残值后的金额。关于预计净残值，税法取消了下限的比例限制，改为根据企业固定资产的性质和状况由企业自主确定，与会计准则一致。

1. 固定资产折旧范围。在税务处理上，税法不允许所有固定资产都计提折旧。《企业所得税法》第十一条规定："下列固定资产不得计算折旧扣除：房屋、建筑物以外未投入使用的固定资产；以经营租赁方式租入的固定资产；以融资租赁方式租出的固定资产；已足额提取折旧仍继续使用的固定资产；与经营活动无关的固定资产；单独估价作为固定资产入账的土地；其他不得计算折旧扣除的固定资产。"企业应当根据固定资产的性质和使用情况，合理确定固定资产的预计净残值。

2. 固定资产折旧时间。在税务处理上，企业应当从固定资产使用月份的次月起计算折旧；停止使用的固定资产，应当从停止使用月份的次月起停止计算折旧。已达到预定可使用状态但尚未办理竣工决算的固定资产，按照估计价值确定其成本，并计提折旧的应进行纳税调整，因为不符合税法的确定性原则，不应按估计价值计算折旧税前扣除；应待办理竣工决算后，再按实际成本确定其计税基础，计提折旧并在税前扣除。

《国家税务总局关于贯彻落实企业所得税法若干税收问题的通知》（国税函〔2010〕79 号）规定：企业固定资产投入使用后，由于工程款项尚未结清未取得全额发票的，可暂按合同规定的金额计入固定资产计税基础计提折旧，待发票取得后进行调整。但该项调整应在固定资产投入使用后 12 个月内进行。

3. 固定资产折旧方法。在税务处理上，一般来讲固定资产按照直线法计算的折旧，准予扣除。固定资产计算折旧的最短年限一般为：房屋、建筑物，为 20 年；火车、轮船、机器、机械和其他生产设备，为 10 年；与生产经营有关的器具、工具、家具等，为 5 年；飞机、火车、轮船以外的运输工具等，为 4 年；电子设备，为 3 年。《企业所得税法》第三十二条规定："企业的固定资产由于技术进步等原因，确需加速折旧的，可以缩短折旧年限或者采取加速折旧的方法。"

4. 不允许年终复核。固定资产预计净残值一经确定，不得变更。固定资产的预计使用寿命和折旧方法一经确定，不得随意变更。

（三）两者差异

会计准则与税法规定的固定资产折旧范围、使用寿命、折旧时间、折旧方法不同产生的差异以及相关折旧费用的差异应进行纳税调整。

四、固定资产后续支出的比较

（一）准则规定

固定资产的后续支出是指固定资产在使用过程中发生的更新改造支出、修理费用等。固定资产的更新改造等后续支出，满足准则规定确认条件的，应当计入固定资产成本，如有被替换的部分，应扣除其账面价值；不满足准则规定确认条件的固定资产修理费用等，应当在发生时计入当期损益。

（二）税法规定

根据《企业所得税法》第十三条的规定，企业发生的下列支出，作为长期待摊费用，按照规定在计算应纳税所得额时扣除：已足额提取折旧的固定资产的改建支出，租入固定资产的改建支出，固定资产的大修理支出，其他应当作为长期待摊费用的支出。

（三）两者差异

税法对于固定资产改建支出的处理，与会计准则基本相同。两者的差异，主要体现在固定资产修理支出上。

如果同时符合税法规定的大修理费用，会使企业未来经济利益得以增加，会计上应当计入固定资产成本，并按照有关规定计提折旧；与按税法每年摊销产生的差异，应进行纳税调整。

如果修理支出达到取得固定资产时的计税基础的 50% 以上，但修理后的固定资产的使用寿命延长两年以内，税法将其支出直接在当期应纳税所得额中一次性扣除。根据会计准则实质重于形式的原则，如果修理支出达到取得固定资产时的计税基础的 50% 以上，就意味着对该资产的重要组成部分进行了更换或者修理更换了该资产的大部分，其支出应增加固定资产成本，并按固定资产折旧的方式计入各期成本费用中。由此产生的暂时性差异，应调整各年的应纳税所得额。

如果修理后的固定资产延长使用寿命两年以上，但修理支出在取得固定资产时的计税基础的50%以下，税法规定，可将其修理支出全部在当期应纳税所得额中扣除。但由于固定资产修理后延长了使用寿命，增加了企业未来经济利益，因此会计上应将其支出计入资产成本，并以折旧方式计入各年成本费用中。由此产生的暂时性差异，应调整各年的应纳税所得额。

如果修理支出在取得固定资产时的计税基础的50%以下，修理后的固定资产的使用寿命延长两年以内，税法将修理支出一次性在税前扣除。在会计上如何处理，企业应当根据具体情况进行判断，视该项修理支出是否满足固定资产的确认条件而定。如果该修理支出满足了固定资产的确认条件，就应计入资产成本，并按上述同样原理进行纳税调整；否则，应确认为当期费用，无须进行纳税调整。

五、固定资产期末计量的比较

（一）准则规定

在资产负债表日，如果固定资产存在减值迹象的，应计算固定资产的可收回金额，如果可收回金额低于账面价值，应对其计提减值准备，并冲减当期会计利润。同时，对于已经计提减值准备的固定资产，应当调整折旧，其应计折旧额是固定资产原值扣除其预计净残值和已计提的固定资产减值准备之后的余额。

（二）税法规定

税法不允许企业计提固定资产减值准备。

（三）两者差异

企业应在计提减值准备的当期调增应纳税所得额；在处置固定资产的当期调减应纳税所得额。同时会导致按照会计准则计提的折旧与税法折旧产生暂时性差异的，必须进行纳税调整。

六、固定资产处置的比较

（一）准则规定

固定资产满足下列条件之一的，应当予以终止确认：该固定资产处于处置状态；该固定资产预期通过使用或处置不能产生经济利益。企业持有待售的固定资产，应当对其预计净残值进行调整。企业出售、转让、报废固定资产或发生固定资产毁损，应当将处置收入扣除账面价值和相关税费后的金额计入当期损益。固定资产的账面价值是固定资产成本扣减累计折旧和累计减值准备后的金额。固定资产盘亏造成的损失，应当计入当期损益。企业根据准则规定，将发生的固定资产后续支出计入固定资产成本的，应当终止确认被替换部分的账面价值。

（二）税法规定

企业出售、转让固定资产，应按《企业所得税法》第六条规定确认为转让财产收入，并按第十六条规定，在计算应纳税所得额时，扣除该项资产的净值和转让费用。企业固定资产对外投资、债务重组、分配股利和捐赠等，都要视同销售。

财政部国家税务总局《关于企业资产损失税前扣除政策的通知》（财税〔2009〕57号）规定，对企业盘亏的固定资产，以该固定资产的账面净值减除责任人赔偿后的余额，作为固定资产盘亏损失在计算应纳税所得额时扣除。

对企业毁损、报废的固定资产，以该固定资产的账面净值减除残值、保险赔款和责任人赔偿后的余额，作为固定资产毁损、报废损失在计算应纳税所得额时扣除。

对企业被盗的固定资产，以该固定资产的账面净值减除保险赔款和责任人赔偿后的余额，作为固定资产被盗损失在计算应纳税所得额时扣除。

《企业资产损失税前扣除管理办法》（国税发〔2009〕88号）规定，固定资产报废、毁损损失，其账面净值扣除残值、保险赔偿和责任人赔偿后的余额部分，依据下列相关证据认定损失：企业内部有关部门出具的鉴定证明；单项或批量金额较小的固定资产报废、毁损，可由企业逐项作出说明，并出具内部有关技术部门的技术鉴定证明；单项或批量金额较大的固定资产报废、毁损，企业应逐项作出专项说明，并出具专业技术鉴定机构的鉴定报告，也可以同时附送中介机构的经济鉴定证明；自然灾害等不可抗力原因造成固定资产毁损、报废的，应当有相关职能部门出具的鉴定报告，如消防部门出具受灾证明，公安部门出具的事故现场处理报告、车辆报损证明，房管部门的房屋拆除证明，锅炉、电梯等安检部门的检验报告等；企业固定资产报废、毁损情况说明及内部核批文件；涉及保险索赔的，应当有保险公司理赔情况说明。

固定资产被盗损失，其账面净值扣除保险理赔以及责任赔偿后的余额部分，依据下列证据认定损失：向公安机关的报案记录，公安机关立案、破案和结案的证明材料；涉及责任人的责任认定及赔偿情况说明；涉及保险索赔的，应当有保险公司理赔情况说明。

（三）两者差异

1. 税法关于固定资产损失的判定标准，与会计准则关于应全额转销固定资产的标准相同。对已经计提减值准备的固定资产，在固定资产发生资产损失时，会计处理冲减了减值准备。如果有关固定资产损失已经税务机关同意，就可以在税前扣除，因此年终申报纳税时，只需要对当年增提的减值准备进行调整；如果在会计处理中已经转销的固定资产，税务机关未同意在税前扣除，则对固定资产减值准备的纳税调整还应加上已转销的部分。

2. 税法规定，企业要及时申报扣除固定资产损失，需要税务机关审核的，应及时报核，企业因计算错误或其他客观原因，而未及时申报的固定资产损失，逾期不得扣除。不允许纳税人在不同纳税年度进行人为调剂。

3. 由于会计准则与税法在固定资产的取得、折旧、计提减值准备等方面存在差异，由此固定资产在转让时可能需要进行纳税调整。

【例 11－12】某企业转让一设备，原值 100 万元，已提折旧 55 万元，已提减值准备 10 万元，收到出售款 45 万元。

会计确认的转让收益 = 45 －（100 － 55 － 10）= 10（万元）

税法确认的应纳税所得额 = 45 －（100 － 55）= 0（万元）

因此，企业应调减应纳税所得额 10 万元。

4. 企业固定资产对外投资、债务重组、非货币性资产交换、分配股利和捐赠等，税法规定均按视同销售处理，由此与会计准则产生的差异，需要进行纳税调整。

5. 流转税处理的差异。税法规定，纳税人销售不动产应缴纳营业税。企业销售不动产、对外投资、进行易货交易或单位将不动产无偿赠送他人、抵债等，应视同销售缴纳营业税。自 2003 年 1 月 1 日起执行的《关于股权转让有关营业税问题的通知》（财税〔2002〕191 号）规定，以无形资产、不动产投资入股，参与接受投资方利润分配，共同承担投资风险的行为，不征收营业税；对股权转让不征收营业税。税法还规定，纳税人销售动产应缴纳增值税。《关于旧货和旧机动车增值税政策的通知》（财税〔2002〕29 号）规定，纳税人销售旧货（包括旧货经营单位销售旧货和纳税人销售自己使用的固定资产），无论其是增值税一般纳税人或小规模纳税人，也无论其是否为批准认定的旧货调剂试点单位，一律按 4% 的征收率减半征收增值税，不得抵扣进项税额。纳税人销售自己使用过的属于应征消费税的机动车、摩托车、游艇，售价超过原值的，按照 4% 的征收率减半征收增值税；售价未超过原值的，免征增值税。旧机动车经营单位销售旧机动车、摩托车、游艇，按照 4% 的征收率减半征收增值税。

【例 11－13】某企业以其闲置的旧办公楼通过某非盈利组织对外捐赠，账面原价 1 500 万元，已提折旧 500 万元，在公开市场售价 1 400 万元。营业税税率 5%。暂不考虑其他税费。在不考虑该项捐赠业务时，企业年度利润总额为 3 000 万元，无其他纳税调整事项。相关会计处理如下：

借：固定资产清理　　　　　　　　　　　　　　　10 000 000
　　累计折旧　　　　　　　　　　　　　　　　　　 5 000 000
　　贷：固定资产　　　　　　　　　　　　　　　　　　　 15 000 000
借：固定资产清理　　　　　　　　　　 700 000
　　贷：应交税费——应交营业税　　　 700 000（14 000 000×5%）
借：营业外支出　　　　　　　　　　　　　　　　10 700 000
　　贷：固定资产清理　　　　　　　　　　　　　　　　　 10 700 000

应纳税所得额 =（3 000 + 1 400 - 1 070）-（3 000 + 1 400 - 1 070）×12% = 2 930.4（万元）

营业税 = 70 万元。

【例 11 - 14】某企业转让其八成新小轿车 15 辆，账面原值 300 万元，已提折旧 5 万元，转让价 305 万元。未计提资产减值准备，不考虑城市维护建设税及附加。相关会计处理如下：

借：固定资产清理　　　　　　　　　　　　　　　 2 950 000
　　累计折旧　　　　　　　　　　　　　　　　　　　 50 000
　　贷：固定资产　　　　　　　　　　　　　　　　　　　　3 000 000
借：银行存款　　　　　　　　　　　　　　　　　 3 050 000
　　贷：固定资产清理　　　　　　　　　　　　　　　　　　3 050 000
借：固定资产清理　　　　　　　　　　　　　　　　58 653.85
　　贷：应交税费——未交增值税　　　　　　　　　　　　 58 653.85
借：固定资产清理　　　　　　　　　　　　　　　　41 346.15
　　贷：营业外收入　　　　　　　　　　　　　　　　　　 41 346.15

6. 对于持有待售的固定资产，企业会计准则规定，应当调整固定资产的预计净残值，使该项固定资产的预计净残值能够反映其公允价值减去处置费用后的金额，但不得超过符合持有待售条件时，该项固定资产的原账面价值。原账面价值高于预计净残值的差额，应作为资产减值损失计入当期损益。但是，税法不允许对持有待售的固定资产进行任何账面价值的调整，因此在当期申报缴纳所得税时，应将原账面价值高于预计净残值的差额调增应纳税所得额，在以后实际出售持有待售固定资产的期间，调减应纳税所得额。

第五节　无形资产的差异分析

一、无形资产界定与确认的比较

（一）准则规定

《企业会计准则第 6 号——无形资产》，规范的是无形资产的确认、计量和相关信息的披露。无形资产是指企业拥有或者控制的没有实物形态的可辨认非货币性资产。无形资产主要包括专利权、非专利技术、商标权、著作权、土地使用权、特许权等。资产满足下列条件之一的，符合无形资产定义中的可辨认性标准：能够从企业中分离或者划分出来，并能单独或者与相关合同、资产或负债一起，用于出售、转移、授予许可、租赁或者交换；源自合同性权利或其他法定权利，无论这些权利是否可以从企业或其他权利和义务中转移或者分离。

无形资产同时满足下列条件的，才能予以确认：与该无形资产有关的经济利益很可能流入企业，该无形资产的成本能够可靠地计量。企业在判断无形资产产生的经济利益是否很可能流入时，应当对无形资产在预计使用寿命内可能存在的各种经济因素作出合理估计，并且应当有明确证据支持。

（二）税法规定

无形资产，是指企业为生产商品、提供劳务、出租给他人，或为管理目的而持有的、没有实物形态的非货币性长期资产，包括专利权、商标权、著作权、土地使用权、非专利技术、商誉等。

（三）两者差异

在无形资产的界定与确认方面，会计准则与税法规定主要有以下区别：

1. 商誉。由于商誉的存在无法与企业自身分离，不具有可辨认性，所以在会计上不作为无形资产处理，企业自创商誉以及内部产生的品牌、报刊名等，也不应确认为无形资产。由于商誉属于没有实物形态的非货币性长期资产，在税法中作为无形资产处理。

2. 土地使用权。在会计处理上，企业把已出租的土地使用权、持有并准备增值后转让的土地使用权作为投资性房地产处理。在税务处理上，企业为取得土地使用权支付给国家或其他纳税人的土地出让价款、无偿取得的土地使用权，都作为无形资产处理。

3. 计算机软件。在会计处理上，主要是根据计算机软件的重要性来确定是否作为无形资产核算。在税务处理上，主要是根据计算机软件是否单独计价来确定是否作为无形资产管理。一般来说，企业购买计算机应用软件，凡随同计算机硬件一起购入的，计入固定资产价值；单独购入的，作为无形资产管理。

4. 税法未就无形资产的确认条件作出具体、明确的规定，但一般应以取得合法、有效的会计凭证作为确认的依据。

二、无形资产初始计量的比较

（一）准则规定

会计准则规定，无形资产应当按照成本进行初始计量。第一，外购无形资产的成本，包括购买价款、相关税费以及直接归属于使该项资产达到预定用途所发生的其他支出。购买无形资产的价款超过正常信用条件延期支付，实质上具有融资性质的，无形资产的成本以购买价款的现值为基础确定。实际支付的价款与购买价款的现值之间的差额，除按照《企业会计准则第 17 号——借款费用》应予资本化的以外，应当在信用期间内计入当期损益。第二，自行开发的无形资产，其成本包括自满足无形资产准则规定后至达到预定用途前所发生的支出总额，但是对于以前期间已经费用化的支出不再调整。第三，投资者投入无形资产的成本，应当按照投资合同或协议约定的价值确定，但合同或协议约定价值不公允的除外。

（二）税法规定

无形资产按取得时的实际支出作为计税基础。第一，外购的无形资产，按购买价款、相关税费以及直接归属于使该项资产达到预定用途所发生的其他支出作为计税基础。第二，自行开发的无形资产，按开发过程中符合资本化条件后至达到预定用途前发生的实际支出作为计税基础；但企业自行开发的无形资产的费用已计入研究开发费中并已在税前扣除或加计扣除的，其计税基础为零。第三，通过捐赠、投资、非货币性资产交换、债务重组取得的无形资产，按该资产的公允价值和应支付的相关税费作为计税基础。

（三）两者差异

1. 对于无形资产的一般购进业务，会计准则与税法的规定完全相同，差异主要体现在具有融资性质的外购无形资产上。会计准则规定，无形资产的成本以购买价款的现值为基础确定；税法规定，不需要区分是否具有融资性质，均以购买价款和支付的相关税费作为计税基础，在信用期间也不存在利息摊销问题，因此需要进行纳税调整。

2. 会计准则规定，开发阶段的支出，符合资本化条件的，应当资本化，计入无形资产价值；税法规定，自行开发的无形资产，以开发过程中符合资本化条件后至达到预定用途前发生的支出为计税基础。

三、无形资产摊销的比较

（一）无形资产摊销范围的差异

1. 准则规定。企业应当于取得无形资产时分析判断其使用寿命。无形资产的使用寿命为有限的，应当估计该使用寿命的年限或者构成使用寿命的产量等类似计量单位数量，其应摊销金额应当在使用寿命内合理摊销。无法预见无形资产为企业带来经济利益期限的，应当视为使用寿命不确定的无形资产，使用寿命不确定的无形资产不应摊销。

2. 税法规定。《企业所得税法》第十二条规定："在计算应纳税所得额时，企业按照规定计算的无形资产摊销费用，准予扣除。但下列无形资产不得计算摊销费用扣除：自行开发的支出已在计算应纳税所得额时扣除的无形资产；自创商誉；与经营活动无关的无形资产；其他不得计算摊销费用的无形资产。"另外，外购商誉的支出，在企业整体转让或清算时，准予扣除。

3. 两者差异。对于无法预见为企业带来经济利益的无形资产，会计准则规定，应当视为使用寿命不确定的无形资产，不进行摊销，只在期末进行减值测试；税法不区分使用寿命有限和使用寿命不确定的无形资产，税法规定，无形资产摊销时间不能确定的，按不低于10年摊销。

自创商誉，会计准则不确认为无形资产；税法也不确认入账，不得计算摊销费用扣除。

外购商誉，会计准则不确认为无形资产，单列"商誉"项目反映；税法确认为无形资产。

会计准则规定，对于外购商誉，不摊销，只在期末进行减值测试；税法规定，外购商誉只有在企业整体转让或者清算时，才能税前扣除。

（二）无形资产摊销方法的差异

1. 准则规定。企业选择的无形资产摊销方法，应当反映与该项无形资产有关的经济利益的预期实现方式。无法可靠确定预期实现方式的，应当采用直线法摊销。无形资产的摊销金额一般应当计入当期损益，其他会计准则另有规定的除外。

2. 税法规定。无形资产按照直线法计算的摊销费用，准予扣除；按照其他方法计算的摊销费用，要进行纳税调整。

3. 两者差异。会计准则规定的无形资产摊销方法有直线法、生产总量法和类似于固定资产加速折旧的方法，税法规定按直线法摊销。

（三）无形资产摊销年限的差异

1. 准则规定。未明确规定无形资产的最低摊销年限。使用寿命有限的无形资产，其应摊销金额应当在使用寿命内系统合理摊销。企业摊销无形资产，应当自无形资产可供使用时起，至不再作为无形资产确认时止。

2. 税法规定。一般规定无形资产的摊销年限不得少于 10 年。作为投资或者受让的无形资产，在有关法律或协议、合同中规定使用年限的，可依其规定使用年限分期计算摊销。

3. 两者差异。会计准则未明确规定无形资产的摊销年限，税法规定不少于 10 年。

（四）无形资产摊销金额的差异

1. 准则规定。无形资产的应摊销金额为其成本扣除预计残值后的金额。已计提减值准备的无形资产，还应扣除已计提的无形资产减值准备累计金额。使用寿命有限的无形资产，其残值应当视为零，但下列情况除外：有第三方承诺在无形资产使用寿命结束时购买该无形资产；可以根据活跃市场得到预计残值信息，并且该市场在无形资产使用寿命结束时很可能存在。企业接受投资或因合并、分立等改组中接受的无形资产，要求按公允价值摊销。

2. 税法规定。无形资产以其计税基础作为可摊销的金额。已计提减值准备的无形资产，应进行纳税调整，税法不允许扣除无形资产减值准备。企业接受投资或因合并、分立等改组中接受的无形资产，一般来说只有当有关无形资产中隐含的增值或损失已经在税收上确认，才能按经评估确认的价值确定有关无形资产的计税基础，否则，只能以无形资产在原企业账面的净值作为计税基础。

3. 两者差异。税法不允许扣除无形资产减值准备。税法未明确规定残值，但在摊销时如果出现会计准则规定的两种情况，也应考虑残值。

（五）无形资产摊销复核的差异

1. 准则规定。企业至少应当于每年年度终了，对使用寿命有限的无形资产的使用寿命及摊销方法进行复核。无形资产的使用寿命及摊销方法与以前估计不同的，应当改变摊销期限和摊销方法。企业应当在每个会计期间，对使用寿命不确定的无形资产的使用寿命进行复核。如果有证据表明无形资产的使用寿命是有限的，应当估计其使用寿命，并按准则规定处理。

2. 税法规定。无形资产摊销方法和期限一经确定，不得随意变更。

3. 两者差异。会计准则规定，经复核无形资产的使用寿命及摊销方法与以前估计不同的，应当改变摊销期限和摊销方法；税法规定，无形资产摊销方法和期限一经确定，不得随意变更。由此产生的差异，应进行纳税调整。

四、无形资产处置和报废的比较

（一）准则规定

企业出售无形资产，应当将取得的价款与该无形资产账面价值的差额计入当期损益。无形资产预期不能为企业带来经济利益的，应当将该无形资产的账面价值予以转销。

（二）税法规定

企业出售、转让无形资产，应按《企业所得税法》第六条规定确认为转让财产收入，并按第十六条规定，在计算应纳税所得额时，扣除该项资产的净值和转让费用。企业无形资产对外投资、债务重组、分配股利和捐赠等，都要视同销售。

企业的无形资产当有确凿证据表明已形成财产损失时，应扣除变价收入、可收回金额以及责任和保险赔款后，再确认发生的财产损失。

（三）两者差异

由于会计准则与税法在无形资产的取得、摊销、计提减值准备等方面存在差异，导致无形资产在转让时可能需要进行纳税调整

五、研究和开发费用处理的比较

（一）准则规定

企业内部研究开发项目的支出，应当区分研究阶段支出与开发阶段支出。研究是指为获取并理解新的科学或技术知识而进行的独创性的有计划调查；开发是指在进行商业性生产或使用前，将研究成果或其他知识应用于某项计划或设计，以生产出新的或具有实质性改进的材料、装置、产品等。企业内部研究开发项目研究阶段的支出，应当于发生时计入当期损益。企业内部研究开发项目开发阶段的支出，同时满足下列条件的，才能确认为无形资产：完成该无形资产以使其能够使用或出售在技术上具有可行性；具有完成该无形资产并使用或出售的意图；无形资产产生经济利益的方式，包括能够证明运用该无形资产生产的产品

存在市场或无形资产自身存在市场，无形资产将在内部使用的，应当证明其有用性；有足够的技术、财务资源和其他资源支持，以完成该无形资产的开发，并有能力使用或出售该无形资产；归属于该无形资产开发阶段的支出能够可靠地计量。

（二）税法规定

《实施条例》规定，研究开发费用未形成无形资产计入当期损益的，在按照规定据实扣除的基础上，按照研究开发费用的50%加计扣除；形成无形资产的，按照无形资产成本的150%摊销。

《企业研究开发费用税前扣除管理办法（试行）》（国税发〔2008〕116号）进一步对研究开发费用进行了明确，具体如下：

企业从事《国家重点支持的高新技术领域》和国家发展改革委员会等部门公布的《当前优先发展的高技术产业化重点领域指南》规定项目的研究开发活动，其在一个纳税年度中实际发生的下列费用支出，允许在计算应纳税所得额时按照规定实行加计扣除。

1. 新产品设计费、新工艺规程制定费以及与研发活动直接相关的技术图书资料费、资料翻译费。

2. 从事研发活动直接消耗的材料、燃料和动力费用。

3. 在职直接从事研发活动人员的工资、薪金、奖金、津贴、补贴。

4. 专门用于研发活动的仪器、设备的折旧费或租赁费。

5. 专门用于研发活动的软件、专利权、非专利技术等无形资产的摊销费用。

6. 专门用于中间试验和产品试制的模具、工艺装备开发及制造费。

7. 勘探开发技术的现场试验费。

8. 研发成果的论证、评审、验收费用。

对企业共同合作开发的项目，凡符合上述条件的，由合作各方就自身承担的研发费用分别按照规定计算加计扣除。

对企业委托给外单位进行开发的研发费用，凡符合上述条件的，由委托方按照规定计算加计扣除，受托方不得再进行加计扣除。

对委托开发的项目，受托方应向委托方提供该研发项目的费用支出明细情况，否则，该委托开发项目的费用支出不得实行加计扣除。

企业根据财务会计核算和研发项目的实际情况，对发生的研发费用进行收益化或资本化处理的，可按下述规定计算加计扣除：

1. 研发费用计入当期损益未形成无形资产的，允许再按其当年研发费用实际发生额的 50%，直接抵扣当年的应纳税所得额。

2. 研发费用形成无形资产的，按照该无形资产成本的 150% 在税前摊销。除法律另有规定外，摊销年限不得低于 10 年。

法律、行政法规和国家税务总局规定不允许企业所得税前扣除的费用和支出项目，均不允许计入研究开发费用。

企业未设立专门的研发机构或企业研发机构同时承担生产经营任务的，应对研发费用和生产经营费用分开进行核算，准确、合理的计算各项研究开发费用支出，对划分不清的，不得实行加计扣除。

企业必须对研究开发费用实行专账管理，同时必须按照本办法附表的规定项目，准确归集填写年度可加计扣除的各项研究开发费用实际发生金额。企业应于年度汇算清缴所得税申报时向主管税务机关报送规定的相应资料。申报的研究开发费用不真实或者资料不齐全的，不得享受研究开发费用加计扣除，主管税务机关有权对企业申报的结果进行合理调整。

企业在一个纳税年度内进行多个研究开发活动的，应按照不同开发项目分别归集可加计扣除的研究开发费用额。

企业实际发生的研究开发费，在年度中间预缴所得税时，允许据实计算扣除，在年度终了进行所得税年度申报和汇算清缴时，再依照上述办法的规定计算加计扣除。

企业集团根据生产经营和科技开发的实际情况，对技术要求高、投资数额大，需要由集团公司进行集中开发的研究开发项目，其实际发生的研究开发费，可以按照合理的分摊方法在受益集团成员公司间进行分摊。企业集团采取合理分摊研究开发费的，企业集团应提供集中研究开发项目的协议或合同，该协议或合同应明确规定参与各方在该研究开发项目中的权利和义务、费用分摊方法等内容。如不提供协议或合同，研究开发费不得加计扣除。企业集团采取合理分摊研究开发费的，企业集团集中研究开发项目实际发生的研究开发费，应当按照权利和义务、费用支出和收益分享一致的原则，合理确定研究开发费用的分摊方法。企业集团采取合理分摊研究开发费的，企业集团母公司负责编制集中研究开发项目的立项书、研究开发费用预算表、决算表和决算分摊表。

（三）两者差异

1. 税法未规定研究和开发费用资本化的条件，但认可企业会计准则关于资本化的 5 项标准。

2. 税法规定，自行开发的无形资产，按照无形资产成本的 150% 摊销。

【例 11 – 15】某生产企业 2008 年研究开发项目支出为 1 000 万元,其中研究阶段支出 400 万元,开发阶段支出 600 万元。新研究开发项目于 2008 年 12 月 25 日达到预定用途。假设 2008 年该企业没有扣除研究开发支出的税前利润为 2 000 万元,无其他纳税调整项目,适用所得税税率为 25%。相关会计处理如下:

借:研发支出——费用化支出   4 000 000

     ——资本化支出   6 000 000

 贷:原材料、银行存款、应付职工薪酬   10 000 000

借:无形资产   6 000 000

 贷:研发支出——资本化支出   6 000 000

借:管理费用   4 000 000

 贷:研发支出——费用化支出   4 000 000

2008 年可在税前加计扣除的研发费用 = 600 × 150% + 400 × (1 + 50%) = 1 500(万元)

利润总额 = 2 000 – 400 = 1 600(万元)

应纳税所得额 = 2 000 – 1 500 = 500(万元)

应纳所得税额 = 500 × 25% = 125(万元)

年末无形资产账面价值 600 万元,计税基础为 0,差额 600 万元为应纳税暂时性差异,应确认为递延所得税负债,会计处理如下:

借:所得税费用   4 000 000

 贷:应交税费——应交所得税   1 250 000

  递延所得税负债   2 750 000

第六节 金融资产的差异分析

根据会计准则的规定,企业应当根据自身业务特点、投资策略和风险管理要求,将取得的金融资产在初始确认时划分为以下几类:一是以公允价值计量且其变动计入当期损益的金融资产;二是持有至到期投资;三是贷款和应收款项;四是可供出售金融资产。税法对金融资产未作分类,统称"投资资产"。由此可见,无论企业在会计处理时,对金融资产如何划分,金融资产的税务处理都是不变的,即会计分类对企业所得税应纳税所得的确认不产生影响。

一、以公允价值计量且其变动计入当期损益的金融资产处理的比较

（一）准则规定

1. 以公允价值计量且其变动计入当期损益的金融资产在初始确认时，应按公允价值计量，相关交易费用直接计入当期损益。

2. 以公允价值计量且其变动计入当期损益的金融资产，在持有期间取得的利息或现金股利，应当确认为投资收益。

3. 资产负债表日，交易性金融资产的公允价值高于或低于其账面余额的差额，作为公允价值变动损益，计入当期损益。

4. 出售以公允价值计量且其变动计入当期损益的金融资产，该金融资产账面余额与实际收到金额的差额，计入投资收益。同时，将原计入公允价值变动损益的公允价值变动转入投资收益。

5. 交易性金融资产不计提减值准备。

（二）税法规定

1. 《实施条例》第七十一条规定："《企业所得税法》第十四条所称投资资产，是指企业对外进行权益性投资和债权性投资形成的资产。这里说的投资资产与会计上的金融资产在核算范围上没有差异。"投资资产一般按照以下方法确定成本：通过支付现金方式取得的投资资产，以购买价款为成本；通过支付现金以外的方式取得的投资资产，以该资产的公允价值和支付的相关税费为成本。

2. 《企业所得税法》第二十六条规定："符合条件的居民企业之间的股息、红利等权益性投资收益作为免税收入。"《实施条例》第八十三条规定："符合条件的居民企业之间的股息、红利等权益性投资收益，是指居民企业直接投资于其他居民企业取得的投资收益。但不包括连续持有居民企业公开发行并上市流通的股票不足 12 个月取得的投资收益。"

3. 企业对外投资的成本在对外转让或处置前不得扣除，在转让、处置时，投资成本可从转让该资产的收入中扣除，据以计算财产转让所得或损失。

4. 财政部国家税务总局《关于执行〈企业会计准则〉有关企业所得税政策问题的通知》（财税〔2007〕80 号）规定，金融工具和投资性房地产的公允价值变动在持有期间不计入应纳税所得额，在实际处置或结算时，处置取得的价款扣除其历史成本后的差额应计入处置或结算期间的应纳税所得额。因此，在持有期间投资资产公允价值与计税成本之间的差额，既不确认所得，也不确认损失。

5. 《实施条例》第五十六条规定，企业持有各项资产期间产生资产增值或者减值，除国务院财政、税务主管部门规定可以确认损益外，不得调整该资产的计税基础。

（三）两者差异

1. 购入金融资产发生的交易费用，会计准则要求计入投资收益，税法要求计入投资的计税基础。

2. 如果实际支付的价款包含已宣告但未发放的现金股利或已到付息期但尚未领取的债券利息，会计上应单独确认为应收股利或应收利息，而税法上要求计入初始投资成本，从而产生财税差异，需作纳税调整。

3. 股息所得的确认时间为被投资方宣告分配时，利息收入按照权责发生制原则确认。因此，已到付息期但尚未领取的利息或已宣告但尚未发放的现金股利，作为企业的垫款处理。税务处理与会计处理相同。

4. 交易性金融资产如为债券，在资产负债表日按分期付息、一次还本债券投资的票面利率计算的利息，应当计入当期损益，会计处理与税务处理一致。交易性金融资产如为股票，持有期间被投资单位宣告发放的现金股利，会计上直接计入投资收益，税法规定，除连续持有居民企业公开发行并上市流通的股票不足 12 个月取得的投资收益外，符合条件的居民企业之间的股息、红利等权益性投资收益免税。

5. 被投资方发放股票股利，投资方作备查登记不作账务处理，但税法要求视同"先分配再投资"处理，确认红利所得，同时追加投资计税基础。

6. 资产负债表日，金融资产的公允价值与其账面余额的差额会计上计入公允价值变动损益，计算应纳所得税时应作纳税调整。

7. 出售交易性金融资产，会计上按账面价值结转，计算资产转让所得应按计税成本扣除。账面价值与计税成本的差额应作纳税调整处理。"公允价值变动损益"结转"投资收益"，对损益无影响，不作纳税调整。

【例 11 - 16】2008 年 5 月 8 日，甲公司从二级市场购入乙公司发行的股票 10 000 股，共计支付价款 106 000 元，其中含乙公司已宣告尚未发放的现金股利 6 000 元。另外，甲公司支付交易费用 1 000 元。甲公司将购入的股票划分为交易性金融资产，且持有乙公司股权后对其无重大影响。

2008 年 5 月 10 日，乙公司宣告分配现金股利，每股 0.5 元；6 月 3 日甲公司收到现金股利 5 000 元。

2008 年 6 月 30 日，甲公司持有乙公司股票价格上涨至 130 000 元。

2008 年 12 月 31 日，甲公司持有乙公司股票价格下降至 120 000 元。

2009 年 4 月 9 日，甲公司将其持有的乙公司股票全部出售，取得收入 150 000 元（假设不考虑相关税费）。

甲公司的会计处理如下：

（1）2008 年 5 月 8 日：

借：交易性金融资产——成本　　　　　　　　　　　100 000
　　应收股利　　　　　　　　　　　　　　　　　　　6 000
　　投资收益　　　　　　　　　　　　　　　　　　　1 000
　　　贷：银行存款　　　　　　　　　　　　　　　　　　　107 000

甲公司在确定投资资产的计税基础时，应当包括实际支付的税费 1 000 元，即甲公司应当调增应纳税所得额 1 000 元，该项投资的计税基础应为 101 000 元，形成暂时性差异 1 000 元，相应确认一项递延所得税资产。需要说明的是，对于购入股票时，乙公司已宣告尚未发放的现金股利 6 000 元，税法与会计的处理是一致的。

（2）2008 年 5 月 10 日：

借：应收股利　　　　　　　　　　　5 000（10 000 × 0.5）
　　　贷：投资收益　　　　　　　　　　　　　　　　　　　5 000

甲公司持有乙公司的股票不足 12 个月，所以，会计上确认的投资收益 5 000 元不属于税法上规定的免税收入，会计处理和税务处理不存在差异。

（3）2008 年 6 月 30 日：

借：交易性金融资产——公允价值变动　　30 000（130 000 – 100 000）
　　　贷：公允价值变动损益　　　　　　　　　　　　　30 000

对于甲公司确认的 30 000 元公允价值变动收益，应当相应调减应纳税所得额。甲公司持有乙公司股票的账面价值为 130 000（100 000 + 30 000）元，而计税基础保持不变，仍为 101 000 元，形成 29 000 元的暂时性差异，应相应确认一项递延所得税负债。

（4）2008 年 12 月 31 日：

借：公允价值变动损益　　　　　　　10 000（130 000 – 120 000）
　　　贷：交易性金融资产——公允价值变动　　　　　　10 000

根据《实施条例》的规定，对于甲公司确认的 10 000 元公允价值变动损失，应当相应调增应纳税所得额。2008 年 12 月 31 日，甲公司持有乙公司股票的账面价值为 120 000（130 000 – 10 000）元，而计税基础保持不变，仍为 101 000 元，形成 19 000 元的暂时性差异，应相应确认一项递延所得税负债。

（5）2009 年 4 月 9 日：

借：银行存款　　　　　　　　　　　　　　　150 000
　　公允价值变动损益　　　　　　　　　　　 20 000
　　贷：交易性金融资产——成本　　　　　　　　　　100 000
　　　　　　　　　　——公允价值变动　　　　　　　 20 000
　　　　投资收益　　　　　　　　　　　　　　　　　 50 000

甲公司在出售其持有的乙公司股票时，会计确认的收益为 30 000（150 000 – 120 000）元，而税法应确认的所得为转让收入减去计税成本后的余额 49 000（150 000 – 101 000）元，因此应调增应纳税所得额 19 000（49 000 – 30 000）元。至此，甲公司持有乙公司股票期间发生的暂时性差异全部转回（1 000 – 3 0000 + 10 000 + 19 000 ＝0）。

二、持有至到期投资处理的比较

（一）准则规定

1. 持有至到期投资初始确认时，应当按照公允价值计量和相关交易费用之和作为初始入账金额。

2. 持有至到期投资在后续计量时，应当采用实际利率法，按摊余成本计量。

3. 企业应在持有至到期投资持有期间，采用实际利率法，按照摊余成本和实际利率计算确认利息收入，计入投资收益。

4. 企业应当在资产负债表日对以公允价值计量且其变动计入当期损益的金融资产以外的金融资产的账面价值进行复查，有客观证据表明该金融资产发生减值的，应当确认减值损失，计提减值准备。

5. 企业因持有意图或能力发生改变，使某项投资不再适合划分为持有至到期投资的，应当将其重新分类为可供出售金融资产，并以公允价值进行后续计量。重分类日，该投资的账面价值与公允价值之间的差额计入资本公积，在该可供出售金融资产发生减值或终止确认时转出，计入当期损益。

（二）税法规定

1. 财政部国家税务总局《关于执行〈企业会计准则〉有关企业所得税政策问题的通知》（财税〔2007〕80 号）规定："企业对持有至到期投资、贷款等按照新会计准则规定采用实际利率法确认的利息收入，可计入当期应纳税所得额。"

2.《企业所得税法》第十四条规定："企业对外投资期间，投资资产的成本在计算应纳税所得额时不得扣除。"

3.《实施条例》第五十六条规定，企业持有各项资产期间产生资产增值或者减值，除国务院财政、税务主管部门规定可以确认损益外，不得调整该资产的计税基础。

4. 税法对于持有至到期投资重分类的处理，没有明确的规定，但不会允许在重分类日改按公允价值计价，其计税基础仍为取得时的成本。

（三）两者差异

1. 持有至到期债券投资，在持有期间产生的利息收入，会计准则和税法都规定，按照摊余成本和实际利率法计算确定计入当期损益。但如果持有至到期投资是国债，其利息收入在会计处理时计入投资收益，但税法规定这部分利息收入免税，因此要调减应纳税所得额。

2. 税法不允许企业计提持有至到期投资减值准备，企业在按照会计准则规定计提持有至到期投资减值准备的当期应当调增应纳税所得额，在处置持有至到期投资的当期应当调减应纳税所得额，同时对于持有至到期投资账面价值与计税基础之间形成的暂时性差异，应当确认相关的所得税影响。

3. 持有至到期投资重分类时，会导致账面价值与计税基础产生差异，从而形成暂时性差异。但是，由于重分类日会计处理是将公允价值与账面价值的差额计入资本公积，以后处置时再转入当期损益，因此不影响重分类日和处置期间的损益，不必对应纳税所得额进行调整。

【例 11-17】2008 年 1 月 1 日，A 公司从活跃市场上购入 B 公司 5 年期债券，支付价款 1 000 元。该债券面值为 1 250 元，票面利率为 4.72%，实际利率为10%，按年支付利息，A 公司将债券划分为持有至到期投资。

2008 年至 2012 年，A 公司每年年末应确认的应收利息为 59（1 250×4.72%）元，根据实际利率法应确认的投资收益分别为 100 元、104 元、109 元、114 元和118 元。2012 年年末，A 公司收回本金 1 250 元。

A 公司的会计处理如下：

（1）2008 年 1 月 1 日：

借：持有至到期投资——成本　　　　　　　　　　　　　　　1 250
　　贷：银行存款　　　　　　　　　　　　　　　　　　　　　　1 000

持有至到期投资——利息调整　　　　　　　　　　　　250

本例会计确认的初始投资成本与税法应确认的计税基础完全一致，都是1 000元。

（2）2008年至2012年，每年年末确认应收利息及投资收益：

借：应收利息　　　　　　　　　　　　　　　　　　59
　　持有至到期投资——利息调整　　　　　　　　　41
　　　贷：投资收益　　　　　　　　　　　　　　　　　100

借：应收利息　　　　　　　　　　　　　　　　　　59
　　持有至到期投资——利息调整　　　　　　　　　45
　　　贷：投资收益　　　　　　　　　　　　　　　　　104

借：应收利息　　　　　　　　　　　　　　　　　　59
　　持有至到期投资——利息调整　　　　　　　　　50
　　　贷：投资收益　　　　　　　　　　　　　　　　　109

借：应收利息　　　　　　　　　　　　　　　　　　59
　　持有至到期投资——利息调整　　　　　　　　　55
　　　贷：投资收益　　　　　　　　　　　　　　　　　114

借：应收利息　　　　　　　　　　　　　　　　　　59
　　持有至到期投资——利息调整　　　　　　　　　59
　　　贷：投资收益　　　　　　　　　　　　　　　　　118

（3）2012年年末收回本金：

借：银行存款　　　　　　　　　　　　　　　　　1 250
　　　贷：持有至到期投资——成本　　　　　　　　　1 250

三、贷款和应收款项处理的比较

（一）准则规定

1. 贷款和应收款项在初始确认时，应当按照公允价值计量和相关交易费用之和作为初始入账金额。

2. 贷款和应收款项在后续计量时，应当采用实际利率法，按摊余成本计量。

3. 企业应在贷款和应收款项持有期间，采用实际利率法，按照摊余成本和实际利率计算确认利息收入，计入投资收益。

4. 企业应当在资产负债表日对以公允价值计量且其变动计入当期损益的金融资产以外的金融资产的账面价值进行复查，有客观证据表明该金融资产发生减值的，应当确认减值损失，计提减值准备。

（二）税法规定

1. 财政部国家税务总局《关于执行〈企业会计准则〉有关企业所得税政策问题的通知》（财税〔2007〕80 号）规定："企业对持有至到期投资、贷款等按照新会计准则规定采用实际利率法确认的利息收入，可计入当期应纳税所得额。"

2.《企业所得税法》第十四条规定："企业对外投资期间，投资资产的成本在计算应纳税所得额时不得扣除。"

3.《实施条例》第五十六条规定，企业持有各项资产期间产生资产增值或者减值，除国务院财政、税务主管部门规定可以确认损益外，不得调整该资产的计税基础。

（三）两者差异

税法一般不允许对贷款和应收款项计提减值准备，因此造成贷款和应收款项账面价值与计税基础之间的暂时性差异，应考虑相关的所得税影响。如果企业提取的坏账准备或呆账准备是经过核定的，则在当期不需要进行纳税调整；否则应调增应纳税所得额。

四、可供出售金融资产处理的比较

（一）准则规定

1. 会计准则规定，企业取得可供出售金融资产时，应按可供出售金融资产的公允价值与交易费用之和作为入账价值。

2. 可供出售金融资产属于债券，持有期间按其摊余成本和实际利率计算确定的利息收入，计入当期损益。

3. 可供出售金融资产属于股票，在持有期间被投资单位宣告发放的现金股利直接计入投资收益。

4. 资产负债表日，可供出售金融资产应当以公允价值计量，且公允价值变动计入资本公积（其他资本公积）。处置可供出售金融资产时，应将取得的价款与该金融资产账面价值之间的差额，计入投资损益；同时，将原直接计入所有者权益的公允价值变动累计额对应处置部分的金额转出，计入投资损益。

5. 如果可供出售金融资产的公允价值发生大幅度下降（超过20%），或是在综合考虑相关因素后，预期这种下降趋势是非暂时性的（资产公允价值持续低于其成本达到或超过 6 个月），可以认定该可供出售金融资产已发生减值，应当计提减值准备。

（二）税法规定

1. 《实施条例》第七十一条规定，《企业所得税法》第十四条所称投资资产，是指企业对外进行权益性投资和债权性投资形成的资产。这里说的投资资产与会计上的金融资产在核算范围上没有差异。

2. 《实施条例》第七十一条规定，投资资产按照以下方法确定成本：通过支付现金方式取得的投资资产，以购买价款为成本；通过支付现金以外的方式取得的投资资产，以该资产的公允价值和支付的相关税费为成本。

3. 《企业所得税法》第二十六条规定："符合条件的居民企业之间的股息、红利等权益性投资收益作为免税收入。"《实施条例》第八十三条规定："符合条件的居民企业之间的股息、红利等权益性投资收益，是指居民企业直接投资于其他居民企业取得的投资收益。但不包括连续持有居民企业公开发行并上市流通的股票不足 12 个月取得的投资收益。"

4. 企业对外投资的成本在对外转让或处置前不得扣除，在转让、处置时，投资成本可从转让该资产的收入中扣除，据以计算财产转让所得或损失。

5. 财政部国家税务总局《关于执行〈企业会计准则〉有关企业所得税政策问题的通知》（财税〔2007〕80 号）规定，金融工具和投资性房地产的公允价值变动在持有期间不计入应纳税所得额，在实际处置或结算时，处置取得的价款扣除其历史成本后的差额应计入处置或结算期间的应纳税所得额。因此，投资资产在持有期间公允价值与计税成本之间的差额，既不确认所得，也不确认损失。

6. 《实施条例》第五十六条规定，企业持有各项资产期间产生资产增值或者减值，除国务院财政、税务主管部门规定可以确认损益外，不得调整该资产的计税基础。

（三）两者差异

1. 可供出售金融资产如为股票，而且企业持有时间超过 12 个月，该部分收益不缴纳企业所得税，所以应调减应纳税所得额。

2. 税法不确认可供出售金融资产的公允价值变动，由此形成其账面价值与公允价值不一致，从而形成暂时性差异。但是，由于会计处理将公允价值变动计入所有者权益，并不影响会计利润和应纳税所得额，因此不需要进行纳税调整。

3. 可供出售金融资产发生减值时，在企业实际出售可供出售金融资产前，不允许在税前扣除减值损失，已计入当期损益的，应进行纳税调整。

【例 11-18】2007 年 5 月 8 日，A 公司从股票二级市场以每股 9.8 元的价格买入 B 公司的股票 10 000 股，每股手续费、印花税等合计为 0.2 元，A 公司将该股票划分为可供出售金融资产，B 公司股票价格变动情况如下：

• 2007 年 6 月 30 日，股票价格变为 12 元。

• 2007 年 12 月 31 日，股票价格变为 13 元。

• 2008 年 12 月 31 日，股票价格变为 9 元，A 公司预计该股票价格下跌是暂时的。

• 2009 年，因宏观经济形势对 B 公司的经营产生重大不利影响，2009 年 12 月 31 日 B 公司股票价格变为 8 元，A 公司对此项金融资产计提资产减值准备。

• 2010 年 7 月 20 日，A 公司以 8.5 元的价格卖出 B 公司股票。

假定不存在其他会计与税收差异，递延所得税资产和递延所得税负债不存在期初余额。B 公司均未派发现金股利，A 公司所得税税率为 25%。A 公司相应的会计处理如下：

（1）2007 年 5 月 8 日买入时，因为 A 公司把 B 公司股票划分为可供出售金融资产，发生的税费计入初始成本，所以每股初始成本为 10（9.8+0.2）元。

借：可供出售金融资产——成本　　　　　　　　　　　100 000

　　贷：银行存款　　　　　　　　　　　　　　　　　　　100 000

（2）2007 年 6 月 30 日，B 公司股票价格变为 12 元，确认股票公允价值变动。

借：可供出售金融资产——公允价值变动　　　　　　　 20 000

　　贷：资本公积——其他资本公积　　　　　　　　　　　20 000

因 B 公司股票公允价值变动，确认应纳税暂时性差异的所得税影响时，会计处理为：

借：资本公积——其他资本公积　　　　　　　　　　　　5 000

　　贷：递延所得税负债　　　　　　　　　　　　　　　　　5 000

（3）2007 年 12 月 31 日，B 公司股票价格变为 13 元，确认股票公允价值变动。

借：可供出售金融资产——公允价值变动　　　　　　　 10 000

　　贷：资本公积——其他资本公积　　　　　　　　　　　10 000

因 B 公司股票公允价值变动，确认应纳税暂时性差异的所得税影响时，会计处理为：

  借：资本公积——其他资本公积   2 500

    贷：递延所得税负债   2 500

  （4）2008 年 12 月 31 日，B 公司股票价格变为 9 元，确认股票公允价值变动。

  借：资本公积——其他资本公积   40 000

    贷：可供出售金融资产——公允价值变动   40 000

  因 B 公司股票公允价值变动，确认应纳税暂时性差异的所得税影响时，会计处理为：

  借：递延所得税负债   10 000

    贷：资本公积——其他资本公积   10 000

  （5）2009 年 12 月 31 日 B 公司股票价格变为 8 元，需要计提资产减值准备。当可供交易的金融资产发生减值时，即使该金融资产没有终止确认，原计入所有者权益中的因公允价值下降形成的累计损失，应予以转出。即计提减值准备后，可供出售的金融资产因公允价值变动所形成的资本公积科目余额为零。既然以前的资本公积转出计入当期损益，因金融资产减值，以前确认的递延所得税负债也相应转出。

  借：资产减值损失   20 000

    贷：资本公积——其他资本公积   10 000

      可供出售金融资产——公允价值变动   10 000

  B 公司股票公允价值变动产生所得税暂时性差异，应对以前确认递延所得税负债进行转回：

  借：递延所得税负债   2 500（10 000×25%）

    贷：资本公积——其他资本公积   2 500

  借：资本公积——其他资本公积   2 500

    贷：递延所得税负债   2 500

  如果当期 A 公司实现税前净利润为 1 000 000 元，只有这一笔调整事项，那么当期的暂时性差异是计入利润的资产减值准备 20 000 元，确认所得税费用为 5 000（20 000×25%）元，相应的会计处理如下：

  借：所得税费用   250 000

    递延所得税资产   5 000

    贷：应交税费——应交所得税   255 000

  （6）2010 年 7 月 20 日，A 公司以 8.5 元价格卖出 B 公司股票。

借：银行存款　　　　　　　　　　　　　　　　　　85 000

　　可供出售金融资产——公允价值变动　　　　　　20 000

　　贷：可供出售金融资产——成本　　　　　　　　　　100 000

　　　　投资收益　　　　　　　　　　　　　　　　　　5 000

如果当期 A 公司利润表中利润总额为 1 000 000 元，其他资产和负债项目不存在会计和税收的差异。那么，当期的暂时性差异为计入利润的资产减值准备 20 000元，会计处理如下：

借：所得税费用　　　　　　　　　　　　　　　　　250 000

　　贷：应交税费——应交所得税　　　　　　　　　　245 000

　　　　递延所得税资产　　　　　　　　　　　　　　　5 000

第七节　资产减值的差异分析

一、资产减值及其认定的比较

（一）准则规定

资产减值，是指资产的可收回金额低于其账面价值。其资产包括单项资产和资产组。资产组，是指企业可以认定的最小资产组合，其产生的现金流入应当基本上独立于其他资产或者资产组产生的现金流入。企业应当在资产负债表日判断资产是否存在可能发生减值的迹象。因企业合并所形成的商誉和使用寿命不确定的无形资产，无论是否存在减值迹象，每年都应当进行减值测试。

存在下列迹象的，表明资产可能发生了减值：（1）资产的市价当期大幅度下跌，其跌幅明显高于因时间的推移或者正常使用而预计的下跌；（2）企业经营所处的经济、技术或者法律等环境以及资产所处的市场在当期或者将在近期发生重大变化，从而对企业产生不利影响；（3）市场利率或者其他市场投资报酬率在当期已经提高，从而影响企业计算资产预计未来现金流量现值的折现率，导致资产可收回金额大幅度降低；（4）有证据表明资产已经陈旧过时或者其实体已经损坏；（5）资产已经或者将被闲置、终止使用或者计划提前处置；（6）企业内部报告的证据表明资产的经济绩效已经低于或者将低于预期，如资产所创造的净现金流量或者实现的营业利润（或者亏损）远远低于（或者高于）预计金额等；（7）其他表明资产可能已经发生减值的迹象。

（二）税法规定

根据《企业所得税法》第八条的规定，企业实际发生的与取得收入有关的、合理的支出，包括成本、费用、税金、损失和其他支出，可以在计算应纳税所得额时扣除。在资产可能已经发生了减值的迹象，而没有实际发生资产损失时，在税收上不认定为资产的减值，不允许在计算应纳税所得额时扣除；只有资产实际发生了损失，并符合税法规定的条件，在税收上经批准才可以认定为损失，允许在计算应纳税所得额时扣除。另外，税法不采用资产组的概念。

（三）两者差异

1. 会计准则规定，在资产存在减值迹象时需要进行减值测试，并根据测试结果计提相应的资产减值准备；税法不认可资产减值准备的计提。

2. 税法不采用资产组的概念。

二、资产可收回金额计量的比较

（一）准则规定

资产存在减值迹象的，应当估计其可收回金额。可收回金额应当根据资产的公允价值减去处置费用后的净额与资产预计未来现金流量的现值两者之间较高者确定。处置费用包括与资产处置有关的法律费用、相关税费、搬运费以及为使资产达到可销售状态所发生的直接费用等。资产的公允价值减去处置费用后的净额，应当根据公平交易中销售协议价格减去可直接归属于该资产处置费用的金额确定。不存在销售协议但存在资产活跃市场的，应当按照该资产的市场价格减去处置费用后的金额确定。资产的市场价格通常应当根据资产的买方出价确定。在不存在销售协议和资产活跃市场的情况下，应当以可获取的最佳信息为基础，估计资产的公允价值减去处置费用后的净额，该净额可以参考同行业类似资产的最近交易价格或者结果进行估计。企业按照上述规定仍然无法可靠估计资产的公允价值减去处置费用后的净额的，应当以该资产预计未来现金流量的现值作为其可收回金额。

（二）税法规定

根据《企业所得税法》第六条的规定，企业以货币形式和非货币形式从各种来源取得的收入，为收入总额，包括转让财产收入；第十六条规定，企业转让资产，该项资产的净值和转让费用，可以在计算应纳税所得额时扣除。所以，资产的可收回金额的计量，是以转让财产时的实际收回金额计量的。

（三）两者差异

税法不采用资产预计未来现金流量的现值来确定资产的可收回金额。

三、资产减值损失确定的比较

（一）准则规定

可收回金额的计量结果表明资产的可收回金额低于其账面价值的，应当将资产的账面价值减计至可收回金额，减计的金额确认为资产减值损失，计入当期损益，同时计提相应的资产减值准备。资产减值损失确认后，减值资产的折旧或者摊销费用应当在未来期间作相应调整，以使该资产在剩余使用寿命内，系统地分摊调整后的资产账面价值（扣除预计净残值）。资产减值损失一经确认，在以后会计期间不得转回。

（二）税法规定

根据《企业所得税法》第十条的规定，在计算应纳税所得额时，未经核定的准备金支出，不得扣除。企业按照资产减值准则的规定计提的固定资产减值准备、在建工程减值准备、投资性房地产减值准备、无形资产减值准备、商誉减值准备、长期股权投资减值准备、生产性生物资产减值准备等，应进行纳税调整，不能计入当期损益，不得在企业所得税前扣除，应调整为当期应纳税所得额。企业已提取减值准备的资产，如果申报纳税时已调增应纳税所得额，可按提取减值准备前的计税基础确定可扣除的折旧额或摊销额。如果已计提减值准备的各项资产因资产处置、出售、对外投资、以非货币性资产方式换出、在债务重组中抵偿债务时，转回的各项资产减值准备，按照会计准则的规定应计入当期损益，并增加企业的利润总额；按照税法规定，企业已提取减值准备的资产，如果在纳税申报时已调增应纳税所得额，转回的减值准备应允许企业进行纳税调整，即原计提减值准备时已调增应纳税所得额的部分，在转回时，因价值恢复而增加当期利润总额的金额，不计入恢复当期的应纳税所得额。

（三）两者差异

1. 税法规定，未经核定的准备金支出，不得扣除，由此产生的差异，应进行纳税调整。

2. 由于资产计提减值准备而造成的资产账面价值与计税基础的差额，应进行纳税调整。

3. 企业转回的各项资产减值准备，在转回时因价值恢复而计入当期利润总额的金额，不计入恢复当期的应纳税所得额。

四、商誉减值处理的比较

（一）准则规定

企业合并所形成的商誉，至少应当在每年年度终了进行减值测试。商誉应当结合与其相关的资产组或者资产组组合进行减值测试。企业进行资产减值测试，对于因企业合并形成的商誉的账面价值，应当自购买日起按照合理的方法分摊至相关的资产组；难以分摊至相关的资产组的，应当将其分摊至相关的资产组组合。在对包含商誉的相关资产组或者资产组组合进行减值测试时，如与商誉相关的资产组或者资产组组合存在减值迹象的，应当先对不包含商誉的资产组或者资产组组合进行减值测试，计算可收回金额，并与相关账面价值相比较，确认相应的减值损失。再对包含商誉的资产组或者资产组组合进行减值测试，比较这些相关资产组或者资产组组合的账面价值（包括所分摊的商誉的账面价值部分）与其可收回金额，如相关资产组或者资产组组合的可收回金额低于其账面价值的，应当确认商誉的减值损失。

（二）税法规定

根据《企业所得税法》第十二条的规定，在计算应纳税所得额时，企业按照规定计算的无形资产摊销费用，准予扣除；但自创商誉不允许扣除。商誉在税法上是作为无形资产处理的，外购商誉的支出，在企业整体转让或清算时，准予扣除。平时，商誉的计税基础不得调整。商誉不用结合与其相关的资产组或者资产组组合进行减值测试；不能计入当期损益，不得在企业所得税前扣除。

（三）两者差异

企业按照资产减值准则确认的商誉减值准备应进行纳税调整。

第十二章

收入、成本、费用的差异分析

第一节　收入的差异分析

一、收入概念界定的比较

（一）准则规定

根据会计准则的规定，收入是指企业在日常活动中形成的、会导致所有者权益增加的、与所有者投入资本无关的经济利益的总流入。收入准则所涉及的收入，包括销售商品收入、提供劳务收入和让渡资产使用权收入。企业代第三方收取的款项，应当作为负债处理，不应当确认为收入。长期股权投资、建造合同、租赁、原保险合同、再保险合同等形成的收入，适用其他相关会计准则。

（二）税法规定

根据《企业所得税法》第六条的规定，企业以货币形式和非货币形式从各种来源取得的收入，为收入总额。包括：销售货物收入，提供劳务收入，转让财产收入，股息、红利等权益性投资收益，利息收入，租金收入，特许权使用费收入，接受捐赠收入，其他收入。《企业所得税法》第七条规定："收入总额中的下列收入为不征税收入：财政拨款，依法收取并纳入财政管理的行政事业性收费、政府性基金，国务院规定的其他不征税收入。"第二十六条规定："企业的下列收入为免税收入：国债利息收入，符合条件的居民企业之间的股息、红利收入，在中国境内设立机构、场所的非居民企业从居民企业取得与该机构、场所有实际联系的股息、红利收入，符合条件的非营利公益组织的收入。"

（三）两者差异

会计准则与税法界定的收入概念的差异，主要体现在以下几个方面：

1. 税法中的收入总额所包含的收入内容往往比会计准则规定得更广。一切能

够提高企业纳税能力的收入，都应当计入收入总额，列入企业所得税纳税申报表。收入总额应是使企业资产总额增加或负债总额减少，同时导致所有者权益发生变化、纳税能力提高的收入。如果收入使资产与负债同额增加或减少，结果未导致所有者权益发生变化、纳税能力提高，则不是应税收入，如从银行贷款、企业代第三方收取的款项等，都不应当确认为收入总额。

2. 会计准则与税法界定收入的范围不同。会计准则只规范销售商品收入、提供劳务收入和让渡资产使用权收入，长期股权投资、建造合同、租赁、原保险合同、再保险合同等形成的收入，适用其他相关会计准则。税法收入总额的收入项目要比会计上的收入项目更多，企业的销售货物收入、提供劳务收入、转让财产收入、股息红利等权益性投资收益、利息收入、租金收入、特许权使用费收入、接受捐赠收入、企业资产溢余收入、确实无法偿付的应付款项、企业已作坏账损失处理后又收回的应收款项、债务重组收入、补贴收入、违约金收入、视同销售收入等，都应当计入应税收入总额。

3. 企业所得税有不征税收入的概念，会计上没有此概念。税法上的不征税收入，是指从企业所得税原理上讲应永久列为不征税范围的收入范畴，从性质上和根源上不属于企业营利性活动带来的经济利益，不负有纳税义务的收入。

4. 企业所得税有免税收入的概念，会计上没有此概念。企业所得税的免税收入，是指企业负有纳税义务，而政府根据社会经济政策目标的需要，可以在一定时间免予征税，而在一定时期又有可能恢复征税的收入。如国债利息收入，居民企业之间的股息、红利收入，中国境内设立机构、场所的非居民企业从居民企业取得与该机构、场所有实际联系的股息、红利收入，非营利公益组织的非营利收入等。免税收入属于税收优惠。

二、收入标准的比较

（一）准则规定

收入是指企业在日常活动中形成的、会导致所有者权益增加的、与所有者投入资本无关的经济利益的总流入。其中日常活动是指企业为完成其经营目标所从事的经常性活动以及与之相关的活动。也就是说，"非日常活动"形成的经济利益的流入，不计入营业收入，应属于"利得"计入"营业外收入"或"资本公积"。如企业处置固定资产、无形资产等活动，不是企业为完成其经营目标所从事的经常性活动，也不属于与经常性活动相关的活动，由此产生的经济利益的总流入不构成收入，应当确认为营业外收入。

（二）税法规定

企业以货币形式和非货币形式从各种来源取得的收入，为收入总额。这就是说，税法上的收入不仅仅是指企业日常活动取得的收入，其他如一次取得的收入性、偶然性、临时性收入，也应并入收入总额。

（三）差异分析

无论从理论上讲，还是从实践中看，企业所得税都不适用"日常活动"标准，应税所得都不应仅限于连续性所得，即临时性偶然性所得也应是应税所得。例如，企业处置固定资产、无形资产等活动，不是企业为完成其经营目标所从事的经常性活动，也不属于与经常性活动相关的活动，由此产生的经济利益的总流入在会计上不构成收入，确认为营业外收入，但在计算应纳税所得额时，应计入转让财产收入。再如，企业接受的捐赠收入、企业资产溢余收入、确实无法偿付的应付款项、企业已作坏账损失处理后又收回的应收款项、债务重组收入、补贴收入、违约金收入、视同销售收入等，都不一定符合"日常活动"标准，但都应当计入收入总额。

三、销售商品收入处理的比较

（一）概念的界定

1. 准则规定。会计准则上的销售商品收入，包括企业销售本企业生产的商品和为转售而购进的商品取得的收入。如工业企业生产的产品、商业企业购进的商品等；企业销售的其他存货，如原材料、包装物等，也视同企业的商品。

2. 税法规定。根据《企业所得税法》第六条的规定，会计准则规定的销售商品收入，在税法上对应的是销售货物收入。货物是税法上常用的概念，一般是指有形动产，包括电力、热力气体在内。《企业所得税法》所称的销售货物收入，是指企业销售商品、原材料、包装物、低值易耗品以及其他存货取得的收入。

3. 两者差异。在商品销售收入的概念上，会计准则和税法基本一致。

（二）销售商品收入的确认条件

1. 准则规定。当企业的销售商品收入同时满足下列条件的，才能予以确认：一是企业已将商品所有权上的主要风险和报酬转移给购货方；二是企业既没有保留通常与所有权相联系的继续管理权，也没有对已售出的商品实施有效控制；三是收入的金额能够可靠地计量；四是相关的经济利益预计将流入企业；五是相关的已发生或将发生的成本能够可靠地计量。

在5个确认条件中，企业已将商品所有权上的主要风险和报酬转移给购货方，构成确认销售商品收入的重要条件，它是指与商品所有权有关的主要风险和报酬同时转移。与商品所有权有关的风险，是指商品可能发生减值或毁损等形成的损失；与商品所有权有关的报酬，是指商品价值增值或通过使用商品等产生的经济利益。判断企业是否已将商品所有权上的主要风险和报酬转移给购货方，应当关注交易的实质，并结合所有权凭证的转移进行判断。通常情况下，转移商品所有权凭证并交付实物后，商品所有权上的主要风险和报酬随之转移，如大多数零售商品。在某些情况下，转移商品所有权凭证但未交付实物，商品所有权上的主要风险和报酬随之转移，企业只保留了次要风险和报酬，如交款提货方式销售商品。有时，已交付实物但未转移商品所有权凭证，商品所有权上的主要风险和报酬未随之转移，如采用支付手续费方式委托代销的商品。

2. 税法规定。国家税务总局《关于确认企业所得税收入若干问题的通知》（国税函〔2008〕875 号）规定，企业销售商品同时满足下列条件的，应确认收入的实现：一是商品销售合同已经签订，企业已将商品所有权相关的主要风险和报酬转移给购货方；二是企业对已售出的商品既没有保留通常与所有权相联系的继续管理权，也没有实施有效控制；三是收入的金额能够可靠地计量；四是已发生或将发生的销售方的成本能够可靠地核算。

3. 两者差异。在确认销售收入时，上述《通知》未考虑"相关经济利益很可能流入企业"，因为从税法的角度分析，经济利益是否能流入企业，属于企业自身的经营风险。税法认为企业的经营风险应该由企业的税后利润来补偿，国家不享有企业的所有利润，也不该承担企业的经营风险，以此避免企业利用这种已知的风险进行盈余管理、调整税前利润，影响财政收入的实现。它与企业计提资产减值准备、公允价值变动损益等在计算应纳税所得额时不允许扣除是一致的。

（三）销售商品收入确认条件的具体应用

1. 准则规定。第一，下列商品销售，通常按规定的时点确认为收入，有证据表明不满足收入确认条件的除外：销售商品采用托收承付方式的，在办妥托收手续时确认收入。销售商品采用预收款方式的，在发出商品时确认收入，预收的货款应确认为负债。销售商品需要安装和检验的，在购买方接受商品以及安装和检验完毕前，不确认收入，待安装和检验完毕时确认收入。如果安装程序比较简单，可在发出商品时确认收入。销售商品采用以旧换新方式的，销售的商品应当按照销售商品收入确认条件确认收入，回收的商品作为购进商品处理。销售商品采用支付手续费方式委托代销的，在收到代销清单时确认收入。分期收款销售，在发出商品时确认收入的实现。

第二，采用售后回购方式销售商品的，收到的款项应确认为负债；回购价格大于原售价的，差额应在回购期间按期计提利息，计入财务费用。有确凿证据表明售后回购交易满足销售商品收入确认条件的，销售的商品按售价确认收入，回购的商品作为购进商品处理。

第三，采用售后租回方式销售商品的，收到的款项应确认为负债；售价与资产账面价值之间的差额，应当采用合理的方法进行分摊，作为折旧费用或租金费用的调整。有确凿证据表明认定为经营租赁的售后租回交易是按照公允价值达成的，销售的商品按售价确认收入，并按账面价值结转成本。

第四，企业应当按照从购货方已收或应收的合同或协议价款确定销售商品收入金额，但已收或应收的合同或协议价款不公允的，要按照公允价值进行纳税调整。合同或协议价款的收取采用递延方式，实质上具有融资性质的，应当按照应收的合同或协议价款的公允价值确定销售商品收入金额。应收的合同或协议价款与其公允价值之间的差额，应当在合同或协议期间内采用实际利率法进行摊销，计入当期损益。企业销售商品满足收入确认条件时，应当按照已收或应收合同或协议价款的公允价值确定销售商品收入金额。从购货方已收或应收的合同或协议价款，通常为公允价值。在某些情况下，合同或协议明确规定销售商品需要延期收取价款，如分期收款销售商品，实质上具有融资性质的，应当按照应收的合同或协议价款的现值确定其公允价值。应收的合同或协议价款与其公允价值之间的差额，应当在合同或协议期间内，按照应收款项的摊余成本和实际利率计算确定的摊销金额，冲减财务费用。

第五，附有销售退回条件的商品销售，企业根据以往经验能够合理估计退货可能性且确认与退货相关负债的，通常应在发出商品时确认收入；企业不能合理估计退货可能性的，通常应在售出商品退货期满时确认收入。

第六，现金折扣是指债权人为鼓励债务人在规定的期限内付款而向债务人提供的债务扣除，企业销售商品涉及现金折扣的，应当按照扣除现金折扣前的金额确定销售商品收入金额，现金折扣在实际发生时计入财务费用；商业折扣是指企业为促进商品销售而在商品标价上给予的价格扣除，企业销售商品涉及商业折扣的，应当说按照扣除商业折扣后的金额确定销售商品收入金额；销售折让是指企业因售出商品的质量不合格等原因而在售价上给予的减让，已确认收入的售出商品发生销售折让的，通常应在发生时冲减销售当期的销售商品收入。

第七，对于未确认收入的售出商品发生销售退回的，企业应按已计入"发出商品"科目的商品成本金额，借记"库存商品成本"科目，贷记"发出商品"科目；对于已确认收入的售出商品发生销售退回的，企业一般应在发生时冲减当期销售商品收入，同时冲减当期销售商品成本。

2. 税法规定。国家税务总局《关于确认企业所得税收入若干问题的通知》（国税函〔2008〕875号）对商品销售收入确认具体条件的有关规定是：

第一，采取下列商品销售方式的，应按以下规定确认收入实现时间：销售商品采用托收承付方式的，在办妥托收手续时确认收入。销售商品采取预收款方式的，在发出商品时确认收入。销售商品需要安装和检验的，在购买方接受商品以及安装和检验完毕时确认收入。如果安装程序比较简单，可在发出商品时确认收入。销售商品采用支付手续费方式委托代销的，在收到代销清单时确认收入。

第二，采用售后回购方式销售商品的，销售的商品按售价确认收入，回购的商品作为购进商品处理。有证据表明不符合销售收入确认条件的，如以销售商品方式进行融资，收到的款项应确认为负债，回购价格大于原售价的，差额应在回购期间确认为利息费用。

第三，销售商品以旧换新的，销售商品应当按照销售商品收入确认条件确认收入，回收的商品作为购进商品处理。

第四，企业为促进商品销售而在商品价格上给予的价格扣除属于商业折扣，商品销售涉及商业折扣的，应当按照扣除商业折扣后的金额确定销售商品收入金额。

债权人为鼓励债务人在规定的期限内付款而向债务人提供的债务扣除属于现金折扣，销售商品涉及现金折扣的，应当按扣除现金折扣前的金额确定销售商品收入金额，现金折扣在实际发生时作为财务费用扣除。

企业因售出商品的质量不合格等原因而在售价上给的减让属于销售折让；企业因售出商品质量、品种不符合要求等原因而发生的退货属于销售退回。企业已经确认销售收入的售出商品发生销售折让和销售退回，应当在发生当期冲减当期销售商品收入。

第五，企业以买一赠一等方式组合销售本企业商品的，不属于捐赠，应将总的销售金额按各项商品的公允价值的比例来分摊确认各项的销售收入。

3. 两者差异。比较企业会计准则和《企业所得税法》、《企业所得税法实施条例》、国税函〔2008〕875号等税法规定，会计准则和税法关于销售商品收入确认条件具体应用上的差异主要体现在以下几个方面：

（1）不具有融资性质的分期收款销售。会计准则规定，不具有融资性质的分期收款销售商品，在商品发出时一次性确认销售收入。税法规定，以分期收款方式销售货物的, 按照合同约定的收款日期确认收入的实现。

会计准则与税法在确认收入的时间上是不一致的, 如果分期收款的时间不跨年度, 会计处理与税法处理当年的总收入是一致的, 但具体各期却有区别。如果企业按上一年应纳税所得额缴纳税款, 则不需要进行纳税调整。如果是按各期实际数预缴税款, 则应进行相应的纳税调整; 如果分期收款的时间跨年度, 则应将会计处理中多计的收入部分和多结转的成本部分进行纳税调整。

【例 12 – 1】 2008 年 11 月 1 日, 某企业采用分期收款销售方式销售产品 50 万元, 合同约定 5 个月等额收取货款, 每月收款一次, 收款期到时开具增值税专用发票。适用的增值税税率为 17%。该产品成本为 40 万元。该企业相应的会计处理如下:

(1) 2008 年 11 月 1 日:

借: 应收账款	500 000
贷: 主营业务收入	500 000
借: 主营业务成本	400 000
贷: 库存商品	400 000

(2) 2008 年 11 月、12 月分别计算应交增值税:

借: 应收账款	17 000
贷: 应交税费——应交增值税 (销项税额)	17 000

会计处理中当年确认销售利润 10 万元; 而按照税法规定, 当年应确认的收入为 20 万元, 销售成本为 16 万元, 应纳税所得额为 4 万元, 因此应调减应纳税所得额 6 万元。

(3) 2009 年 1 月、2 月、3 月分别计算应交增值税:

借: 应收账款	17 000
贷: 应交税费——应交增值税 (销项税额)	17 000

2009 年会计处理上不再确认收入和结转成本, 所以应调增应纳税所得额 6 万元。

(2) 具有融资性质的分期收款销售商品。会计准则规定, 在某些情况下, 合同或协议价款的收取采用递延方式, 如分期收款销售商品, 实际上具有融资性质的, 应当按照合同或协议价款的公允价值确认商品销售收入, 应收的合同或协议价款与其公允价值之间的差额, 应当在合同或协议期间内采用实际利率法进行摊销, 冲减财务费用。税法规定, 以分期收款方式销售货物的, 按照合同约定的收款日期确认收入的实现。

【例 12-2】某生产企业于 2009 年 1 月 1 日售出大型设备一套，协议约定采取分期收款方式，从销售当年年末分 5 年分期收款，每年 1 200 万元，合计 6 000 万元，成本为 4 000 万元。假定购货方在销售成立日应收金额的公允价值为 5 000 万元，实际利率为 6.41%。该企业相关会计处理如下：

(1) 2009 年 1 月 1 日：

借：长期应收款　　　　　　　　　　　　　　　60 000 000

　　贷：主营业务收入　　　　　　　　　　　　　　50 000 000

　　　　未实现融资收益　　　　　　　　　　　　　10 000 000

借：主营业务成本　　　　　　　　　　　　　　40 000 000

　　贷：库存商品　　　　　　　　　　　　　　　40 000 000

(2) 2009 年 12 月 31 日：

未实现融资收益摊销额 = 5 000 × 6.41% = 320.5（万元）

借：银行存款　　　　　　　　　　　　　　　10 000 000

　　贷：长期应收款　　　　　　　　　　　　　10 000 000

借：未实现融资收益　　　　　　　　　　　　　3 205 000

　　贷：财务费用　　　　　　　　　　　　　　　3 205 000

会计处理中确认利润 1 320.5（5 000 - 4 000 + 320.5）万元。按照税法规定，2009 年应确认收入 1 200 万元，确认销售成本 800 万元，应纳税所得额 400 万元，当年应调减应纳税所得额 920.5 万元。

(3) 不符合收入确认条件的商品销售。会计准则规定，如果销售商品不符合"相关经济利益很可能流入企业"条件的，则不应确认收入，已经发出的商品成本转入"发出商品"账户。

按照税法规定，只有其他条件符合，不论是否符合"相关经济利益很可能流入企业"这一确认条件，都必须申报缴纳所得税。因此，在纳税申报时应调增销售收入，同时调增销售成本，其差额为调增的应纳税所得额。

【例 12-3】A 公司于 2008 年 12 月采用托收承付方式向 B 公司销售商品一批，开出的增值税专用发票上注明的销售价格为 500 万元，增值税 85 万元。该批商品成本 400 万元。A 公司在售出该批商品时已得知丙公司现金流转发生暂时困难，相关经济利益不符合"很可能流入企业"的标准，但为了减少存货积压，同时也为了维持与 B 公司长期以来建立的商业关系，仍将商品发出并办妥托收手续。A 公司相关的会计处理如下：

（1）2008 年 12 月销售商品时：

借：发出商品   4 000 000

    贷：库存商品   4 000 000

借：应收账款   850 000

    贷：应交税费——应交增值税（销项税额）   850 000

2008 年，A 公司计算缴纳企业所得税时，应调增应纳税所得额 100（500 - 400）万元。

（2）假设 2009 年 A 公司得知 B 公司财务状况出现好转，B 公司承诺近期付款：

借：应收账款   5 000 000

    贷：主营业务收入   5 000 000

借：主营业务成本   4 000 000

    贷：发出商品   4 000 000

2009 年，A 公司计算缴纳企业所得税时，应当调减应纳税所得额 100 万元。

（4）附有销售退回条件的商品销售。附有销售退回条件的商品销售，是指购货方依据合同或协议有权退货的销售方式。会计准则规定，在这种销售方式下，企业根据以往经验能够合理估计退货可能性的，通常应在商品发出时确认收入；企业不能合理估计退货可能性的，通常应在售出商品退货期满时确认收入。

税法规定，企业估计的退货部分，在没有退货或没有取得实际退货证明前不得扣除，应调增相应的应纳税所得额。在实际退回货物的当期，调减应纳税所得额。

【例 12 - 4】A 公司为增值税一般纳税人，增值税税率为 17%，企业所得税按季度实际数预缴。A 公司于 2009 年 8 月 1 日将一批商品销售给 C 公司，销售价格为 100 000 元（不含增值税），商品销售成本为 80 000 元。根据双方签订的协议 C 公司有权退货，按以往的经验退货的可能性为 10%。商品已发出，增值税专用发票已开具，假如不考虑城建税、教育费附加。10 月 1 日退货期满，C 公司退货 10 000 元。企业所得税税率为 25%，实际发生销售退回时有关的增值税额允许扣减。A 公司相关会计处理如下：

（1）2009 年 8 月 1 日：

借：应收账款 117 000
　　贷：主营业务收入 100 000
　　　　应交税费——应交增值税（销项税额） 17 000
借：主营业务成本 80 000
　　贷：库存商品 80 000

（2）2009 年 8 月 31 日：

借：主营业务收入 10 000
　　贷：主营业务成本 8 000
　　　　预计负债 2 000

在税务处理上，企业估计的退货部分，在没有退货或没有取得实际退货证明前不得扣除，因此应调增应纳税所得额 2 000 元。

同时，预计负债的账面价值是 2 000 元，计税基础是 0，因此产生可抵扣暂时性差异 2 000 元。

借：所得税费用 4 500
　　递延所得税资产 500
　　贷：应交税费——应交所得税 5 000

（3）2009 年 10 月 1 日：

借：库存商品 8 000
　　应交税费——应交增值税（销项税额） 1 700
　　预计负债 2 000
　　贷：银行存款 11 700

此时，实际退货已经发生，按照税法规定退货部分可以扣除，因此 A 公司应调减应纳税所得额 2 000 元。

同时，预计负债的账面价值是 0，计税基础也是 0，由于在 8 月 1 日产生了可抵扣暂时性差异 2 000 元，而 10 月 1 日没有产生差异，所以需要转回可抵扣暂时性差异 2 000 元。

A 公司的会计处理如下：

借：应交税费——应交所得税 500
　　贷：递延所得税资产 500

（5）在建工程试运行收入。《企业会计制度》规定，工程达到预定可使用状态前因进行负荷联合试车所发生的净支出，计入工程成本。企业的在建工程项目，在达到预定可使用状态前所取得的负荷联合试车协和中形成的、能够对外销售的产品，其发生的成本，计入在建工程成本，销售或转为库存商品时，按其实际销售收入或预计售价冲减工程成本。

新的企业会计准则对此未作明确的规定，但也未见不同的规定。在《企业会计准则讲解》以出包方式自行建造固定资产初始计量的举例中，继续沿用了《企业会计制度》规定的处理方法。由此可以推定，《企业会计制度》的规定也为企业会计准则所采纳。

《国家税务总局关于企业所得税若干问题的通知》（国税发〔1994〕132号）规定："企业在建工程发生的试运行收入，应并入总收入予以征税，而不能直接冲减在建工程成本。"《企业所得税法》颁布后，该条款目前仍有效。

此外，由于会计处理中固定资产入账价值与税法计税基础之间存在差异（暂时性差异），需要进行纳税调整。

【例12-5】某企业的一项在建工程在试运行前发生各项支出共计90万元，试投产运行期间共生产出产品10件，总成本为10万元，销售后取得款项14.04万元（不含税价为12万元），增值税税率为17%。该工程预计使用10年，采用直线法折旧，不考虑预计净残值。该企业的会计处理如下：

借：在建工程　　　　　　　　　　　　　　　100 000
　　贷：原材料等　　　　　　　　　　　　　　　　100 000
借：银行存款　　　　　　　　　　　　　　　140 400
　　贷：在建工程　　　　　　　　　　　　　　　　120 000
　　　　应交税费——应交增值税（销项税额）　　　20 400

在会计处理中，该企业试运行阶段取得的12万元的销售收入，冲减了在建工程成本，同时，这批产品发生的总成本10万元计入了在建工程成本，从而使在建工程成本最终减少2万元。

税法规定，该企业在建工程的试运行收入不能直接冲减在建工程成本，所以当年应调增应纳税所得额12万元。

该工程交付使用时，会计入账价值为88（90+10-12）万元，按税法规定确定的计税基础为100（90+10）万元，形成暂时性差异12万元。以后每年会计折旧为8.8（88/10）万元，税法折旧为10（100/10）万元，调减应纳税所得额1.2万元。

（6）资源综合利用生产的产品销售。会计准则规定，一切产品销售，包括资源综合利用生产的产品销售，只要符合收入确认条件的，应确认销售收入。

《实施条例》第九十九条规定："企业所得税法第三十三条所称减计收入，是指企业以《资源综合利用企业所得税优惠目录》规定的资源作为主要原材料，生产国家非限制和禁止并符合国家和行业相关标准的产品取得的收入，减按90％计入收入总额。"

因此，企业如发生资源综合利用生产的产品销售，在计算缴纳所得税时，应按其收入的10％调减应纳税所得额。

四、提供劳务收入处理的比较

（一）不跨年完成的劳务

会计准则规定，企业提供的劳务开工完成不跨年度的，应在劳务完成时确认收入。税法规定与会计准则相同。

（二）跨年完成的劳务

1. 交易结果能够可靠估计的提供劳务收入

（1）准则规定。企业在资产负债表日提供劳务交易的结果能够可靠估计的，应当采用完工百分比法确认提供劳务收入。完工百分比法，是指按照提供劳务交易的完工进度确认收入与费用的方法。提供劳务交易的结果能够可靠估计，是指同时满足下列条件：一是收入的金额能够可靠地计量，二是相关的经济利益预计将流入企业，三是交易的完工进度能够可靠地确定，四是交易中已发生和将发生的成本能够可靠地计量。企业确定提供劳务交易的完工进度，可以选用下列方法：一是已完工作的测量，二是已经提供的劳务占应提供劳务总量的比例，三是已经发生的成本占估计总成本的比例。

企业应当按照从接受劳务方已收或应收的合同或协议价款确定提供劳务收入总额，但已收或应收的合同或协议价款不公允的除外。企业应当在资产负债表日按照提供劳务收入总额乘以完工进度扣除以前会计期间累计已确认提供劳务收入后的金额，确认当期提供的劳务收入；同时，按照提供劳务估计总成本乘以完工进度扣除以前会计期间累计已确认劳务成本后的金额，结转当期劳务成本。

（2）税法规定。《实施条例》规定，企业受托加工制造大型机械设备、船舶、飞机等，以及从事建筑、安装、装配工程业务或者提供劳务等，持续时间超过一个纳税年度的，按照纳税年度内完工进度或者完成的工作量确认收入的实现。

企业应当按照从接受劳务方已收或应收的合同或协议价款确定提供劳务收入

总额，但已收或应收的合同或协议价款不公允的，要按照公允价值进行纳税调整。

国家税务总局《关于确认企业所得税收入若干问题的通知》（国税函〔2008〕875号）规定，企业在各个纳税期末，提供劳务交易的结果能够可靠估计的，应采用完工进度（完工百分比）法确认提供劳务收入。

提供劳务交易的结果能够可靠估计，是指同时满足下列条件：收入的金额能够可靠地计量；交易的完工进度能够可靠地确定；交易中已发生和将发生的成本能够可靠地核算。

企业提供劳务完工进度的确定，可选用下列方法：已完工作的测量；已提供劳务占劳务总量的比例；发生成本占总成本的比例。

企业应按照从接受劳务方已收或应收的合同或协议价款确定劳务收入总额，根据纳税期末提供劳务收入总额乘以完工进度扣除以前纳税年度累计已确认提供劳务收入后的金额，确认为当期劳务收入；同时，按照提供劳务估计总成本乘以完工进度扣除以前纳税期间累计已确认劳务成本后的金额，结转为当期劳务成本。

（3）两者差异。税法和会计准则对于劳务收入的确认方法相同，并且完工进度的计算规定也相同。

2. 交易结果不能够可靠估计的提供劳务收入

（1）准则规定。在会计处理上，企业在资产负债表日提供劳务交易结果不能够可靠估计的，应当分别按下列情况处理：

已经发生的劳务成本预计能够得到补偿的，按照已经发生的劳务成本金额确认提供劳务收入，并按相同金额结转劳务成本。

已经发生的劳务成本预计不能够得到补偿的，应当将已经发生的劳务成本计入当期损益，不确认提供劳务收入。

（2）税法规定。在税务处理上，税法不认同企业提供劳务交易结果不能够可靠估计的情况，应对根据会计人员职业判断进行会计处理的结果区别情况进行纳税调整：

对会计人员判断已经发生的劳务成本预计能够得到补偿的，企业应当按照从接受劳务方已收或应收的合同或协议价款确定提供劳务收入总额；不能按照已经发生的劳务成本金额确认提供劳务收入，并按相同金额结转劳务成本。

对会计人员判断已经发生的劳务成本预计不能够得到补偿的，企业亦应当按照从接受劳务方已收或应收的合同或协议价款确定提供劳务收入总额，应待已经发生的劳务成本确定不能够得到补偿后，经主管税务机关核准后，方可作为损失

扣除；不可先不确认提供劳务收入。

（3）两者差异。会计准则与税法的主要差异在于：已经发生的劳务成本预计不能得到补偿的，按照会计准则应该确认费用在当期利润中扣除；税法则规定不能计入当期损益，由此产生的差额应调增应纳税所得额。

【例 12-6】某企业与 D 公司于 2008 年 5 月签订一项安装合同，合同总金额 500 万元，预计工期 3 年，预计劳务总成本 400 万元，当年发生劳务费用 125 万元。2008 年年末得知 D 公司经营发生重大损失，款项能否收到难以确定，已经发生的劳务费用短期内难以补偿。该企业的会计处理如下：

借：主营业务成本　　　　　　　　　　　　　1 250 000
　　贷：劳务成本　　　　　　　　　　　　　　　　1 250 000

按照税法规定，若发生的劳务成本预计不能得到补偿，不确认收入，相应的劳务成本不能税前扣除，因此，应调增应纳税所得额 125 万元。

（三）同时销售商品和提供劳务取得的收入

1. 准则规定。企业与其他企业签订的合同或协议包括销售商品和提供劳务时，销售商品部分和提供劳务部分能够区分且能够单独计量的，应当将销售商品的部分作为销售商品处理，将提供劳务的部分作为提供劳务处理。销售商品部分和提供劳务部分不能够区分，或虽能区分但不能够单独计量的，应当将销售商品部分和提供劳务部分全部作为销售商品处理。

2. 税法规定。税法只对同时销售商品和提供劳务取得的收入流转税的处理作了区分，而未对所得税作出规定。

3. 两者差异。因为销售商品和提供劳务取得的收入应纳税所得额计算是相同的，企业如何进行会计处理对企业所得税没有多大影响，可基于流转税处理的结果进行所得税处理。

五、让渡资产使用权收入处理的比较

（一）概念差异

1. 准则规定。让渡资产使用权收入，包括利息收入、使用费收入等。利息收入，主要是指金融企业对外贷款形成的利息收入等；使用费收入，主要是指企业转让无形资产（如商标权、专利权、专营权、软件、版权）等资产的使用形成的使用费收入。

2. 税法规定。《企业所得税法》没有专门规定让渡资产使用权收入的概念。

3. 两者差异。从概念界定上，有以下异同：

会计准则规定的让渡资产使用权收入，不同于《企业所得税法》第六条第（三）项规定的转让财产收入；税法上规定的转让财产收入，是指企业转让固定资产、生物资产、无形资产、股权、债权等取得的收入，这主要是指的转让财产所有权取得的收入，而不是使用权。

会计准则规定的让渡资产使用权收入中的利息收入，不同于《企业所得税法》第六条第（五）项规定的利息收入；税法上规定的利息收入，是指企业将资金提供他人使用但不构成权益性投资或者因他人占用本企业资金所取得的利息收入，包括存款利息、贷款利息、债券利息、欠款利息等收入。

会计准则规定的让渡资产使用权收入中的使用费收入，对应于《企业所得税法》第六条第（七）项规定的特许权使用费收入；税法上规定的特许权使用费收入，是指企业提供专利权、非专利技术、商标权、著作权以及其他特许权的使用权而取得的收入。

（二）让渡资产使用权收入确认的原则

1. 准则规定。让渡资产使用权收入同时满足下列条件的，才能予以确认：相关的经济利益很可能流入企业，收入的金额能够可靠地计量。企业应当分别下列情况确定让渡资产使用权收入金额：利息收入金额，按照他人使用本企业货币资金的时间和实际利率计算确定；使用费收入金额，按照有关合同或协议约定的收费时间和方法计算确定。如果合同或协议规定一次性收取使用费，且不提供后续服务的，应当视同销售该项资产一次性确认收入；提供后续服务的，应在合同或协议规定的有效期内分期确认收入。如果合同或协议规定分期收取使用费的，应按合同或协议规定的收款时间和金额或规定的收费方法计算确定的金额分期确认收入。

2. 税法规定。《企业所得税法》规定，利息收入，按照合同约定的债务人应付利息的日期确认收入的实现，并且认同企业采用实际利率法来确认利息收入的金额。租金收入，应按照合同约定的承租人应付租金的日期确认收入的实现。特许权使用费收入，按照合同约定的特许权使用人应付特许权使用费的日期确认收入的实现。

《国家税务总局关于贯彻落实企业所得税法若干税收问题的通知》（国税函〔2010〕79号）规定：

企业提供固定资产、包装物或者其他有形资产的使用权取得的租金收入，应按交易合同或协议规定的承租人应付租金的日期确认收入的实现。如果交易合同或协议中规定租赁期限跨年度，且租金提前一次性支付的，应在租赁期内分期均匀计入相关年度收入。出租方如为在我国境内设有机构场所、且采取据实申报缴纳企业所得的非居民企业，也按本条规定执行。

企业发生债务重组，应在债务重组合同或协议生效时确认收入的实现。

企业转让股权收入，应于转让协议生效、且完成股权变更手续时确认收入的实现。转让股权收入扣除为取得该股权所发生的成本后为股权转让所得，但不得扣除被投资企业未分配利润等股东留存收益中按该项股权所可能分配的金额。

企业权益性投资取得股息、红利等收入，应以被投资企业股东会或股东大会作出利润分配或转股决定的日期确定收入的实现。但被投资企业将股权（票）溢价所形成的资本公积转为股本的，不作为投资方企业的股息、红利收入，投资方企业也不得增加该项长期投资的计税基础。

3. 两者差异。主要体现在两方面：

（1）包装物出借、出租。会计准则和税法对于一般包装物出租、出借的处理规定相同。差异主要体现在出租、出借包装物押金的处理上。会计准则规定，对于企业出租、出借包装物超过合同约定期限逾期未收回而不再退还的押金，应分别情况计入其他业务收入、冲减营业费用或是计入营业外收入。而税法关于包装物押金的税务处理规定，却不断有所调整。《国家税务总局关于印发增值税若干具体问题的规定的通知》（国税发〔1993〕154 号）规定，纳税人为销售货物而出租出借包装物收取的押金，单独记账核算的，不并入销售额征税。但对因逾期未收回包装物不再退还的押金，应按所包装货物的适用税率征收增值税。

【例 12 - 7】2008 年 12 月 10 日，A 公司销售一批商品给甲企业，收取该商品的包装物押金 11 700 元，合同规定，如果甲企业两年后未退回包装物，则 A 公司收取的押金不予退还。这批商品适用的增值税税率为 17%，假定不涉及消费税和不考虑城市维护建设税、教育费附加等因素，则 A 公司收取押金的会计处理为：

2008 年 12 月 10 日收取押金时：

借：银行存款   11 700

    贷：其他应付款——存入保证金   11 700

假如 2010 年 12 月 10 日包装物逾期未退回，则 A 公司没收的包装物押金应分别下列三种情况进行会计处理：

（1）没收出租包装物的押金

出租包装物是企业附带经营的一项以收抵支业务，其收入包括租金收入和没收押金的净收入。没收出租包装物的押金扣除应交增值税后的余额作为其他业务收入，会计处理为：

借：其他应付款——存入保证金　　　　　　　　　　　　11 700

贷：应交税费——应交增值税（销项税额）　　　　　　　1 700

其他业务收入　　　　　　　　　　　　　　　　10 000

（2）没收出借包装物的押金

出借包装物没有收入，是企业的一种促销手段，所发生的费用作为企业的营业费用处理。没收出借包装物的押金扣除应交增值税后的余额作冲减营业费用处理，会计处理为：

借：其他应付款——存入保证金　　　　　　　　　　　　11 700

贷：应交税费——应交增值税（销项税额）　　　　　　　1 700

营业费用　　　　　　　　　　　　　　　　　　10 000

（3）没收随商品出售的包装物加收的押金

此种情况只适用于经国家批准实行加收包装物押金办法的特定包装物，如水泥袋等。随同商品出售后需要回收的包装物，因其价值已包括在商品价款中，购货方已经支付了，所以没收的加收押金实质上是一种额外收入。因此，没收随商品出售的包装物加收的押金扣除应交增值税后的余额作为营业外收入，会计处理为：

借：其他应付款——存入保证金　　　　　　　　　　　　11 700

贷：应交税费——应交增值税（销项税额）　　　　　　　1 700

营业外收入　　　　　　　　　　　　　　　　10 000

但根据税法规定，A公司在2009年纳税申报时，就应将该押金计入收入总额，由此调增应纳税所得额10 000元；而在2010年，应调减应纳税所得额10 000元。

（2）无形资产转让使用权收入。《实施条例》规定，在一个纳税年度内居民企业技术使用权转让所得不超过500万元的部分免征企业所得税；超过500万元的部分减半征收企业所得税。在申报纳税时，企业应注意按此规定调减应纳税所得额。

六、其他收入项目处理的比较

（一）准则规定

收入准则所涉及的收入，只包括销售商品收入、提供劳务收入和让渡资产使用权收入。长期股权投资、建造合同、租赁、原保险合同、再保险合同等形成的收入，适用其他相关会计准则。

（二）税法规定

《企业所得税法》第六条规定："企业以货币形式和非货币形式从各种来源取得的收入，为收入总额。包括：销售货物收入，提供劳务收入，转让财产收入，股息、红利等权益性投资收益，利息收入，租金收入，特许权使用费收入，接受捐赠收入，其他收入。"

（三）两者差异

税法规定中的销售货物收入，提供劳务收入、特许权使用费收入与会计收入较为对应；而股息、红利等权益性投资收益，利息收入，接受捐赠收入，其他收入以及不征税收入和免税收入与会计规定差异较大：

1. 股息、红利等权益性投资收益，是指企业因权益性投资从被投资方取得的分配收入。股息、红利等权益性投资收益，除国务院财政、税务主管部门另有规定外，以被投资方作出利润分配决定的时间确认收入的实现，但居民企业之间的股息、红利收入免税，由此与会计上确认投资收益所产生的差异，应进行纳税调整。

2. 接受捐赠收入，是指企业接受的来自其他企业、组织和个人自愿和无偿给予的货币性或者非货币性资产。由于新会计准则将接受捐赠资产的价值计入"营业外收入——捐赠利得"，与税法对企业接受捐赠的处理保持了一致，不存在暂时性差异。只有在"企业取得的捐赠收入金额较大，并入一个纳税年度缴税确有困难的，经主管税务机关审核确认，可以在不超过5年的期间内均匀计入各年度的应纳税所得"的情况下，税务处理规定在不超过5年的期限内分期确认收入，而会计处理则是一次性计入当期损益，这时才会产生暂时性差异。

3. 采取产品分成方式取得收入的，按照企业分得产品的日期确认收入的实现，其收入额按照产品的公允价值确定。这是收付实现制原则的运用，是对权责发生制原则的一个例外，由此与会计上按照权责发生制原则确认收入所产生的差异，应进行纳税调整。

4. 企业资产溢余收入、确实无法偿付的应付款项、企业已作坏账损失处理后又收回的应收款项、债务重组收入、补贴收入、违约金收入、汇兑收益等，在税务处理上都应计入收入总额。

【例12-8】某企业2009年3月末资产盘点时，盘盈一台设备，其重置完全成本为 200 万元，八成新。企业所得税税率为 25%，盈余公积提取比例为 10%。
该企业的会计处理如下：

借：固定资产 2 000 000
　　贷：累计折旧 400 000
　　　　以前年度损益调整 1 600 000
借：以前年度损益调整 1 600 000
　　贷：应交税费——应交所得税 400 000
　　　　盈余公积 120 000
　　　　利润分配——未分配利润 1 080 000

此项盘盈在会计上作为前期差错处理，并未计入税前会计利润中。根据税法
规定，盘盈固定资产价值应计入当年的应纳税所得额中，所以，在 2009 年所得税
申报表中应调增应纳税所得额 160 万元。但在所得税会计处理中，应按申报表计
算的应交所得税总额扣除 40 万元后，计入"应交税费——应交所得税"账户。

5. 企业发生非货币性资产交换、偿债，以及将货物、财产、劳务用于捐赠、
赞助、集资、广告、样品、职工福利和利润分配，应当视同销售货物、转让财产
和提供劳务，企业未作为收入处理的，在企业所得税处理上应作为视同销售收入。

6. 根据《企业所得税法》第七条的规定，收入总额中的下列收入为不征税收
入：财政拨款，依法收取并纳入财政管理的行政事业性收费、政府性基金，国务
院规定的其他不征税收入。第二十六条规定，企业的下列收入为免税收入：国债
利息收入，符合条件的居民企业之间的股息、红利收入，在中国境内设立机构、
场所的非居民企业从居民企业取得与该机构、场所有实际联系的股息、红利收入
符合条件的非营利公益组织的收入。以上收入在会计处理上即使作为收入处理，
在计算应纳税所得额时都应从收入总额中减除。

第二节　建造合同的差异分析

一、概念的比较

（一）准则规定

企业会计准则规定，建造合同，是指为建造一项或数项在设计、技术、功
能、最终用途等方面密切相关的资产而订立的合同。建造合同分为固定造价合同
和成本加成合同。固定造价合同，是指按照固定的合同价或固定单价确定工程价

款的建造合同。成本加成合同，是指以合同约定或其他方式议定的成本为基础，加上该成本的一定比例或定额费用确定工程价款的建造合同。

合同收入应当包括下列内容：合同规定的初始收入。因合同变更、索赔、奖励等形成的收入。

合同成本应当包括从合同签订开始至合同完成止所发生的、与执行合同有关的直接费用和间接费用。合同成本不包括应当计入当期损益的管理费用、销售费用和财务费用。因订立合同而发生的有关费用，应当直接计入当期损益。

（二）税法规定

《企业所得税法》没有单独的建造合同规定，但是，建造合同收入，应属于第六条第（二）项规定的提供劳务收入。企业受托加工制造大型机械设备、船舶、飞机等，以及从事建筑、安装、装配工程业务等而取得的建造合同收入，均应计入收入总额。

根据《企业所得税法》第六条的规定，企业以货币形式和非货币形式从各种来源取得的建造合同收入，都应计入收入总额，包括建造合同价款和价外费用。建造合同收入中因合同变更、索赔、奖励等形成的收入，都属于应税收入。

根据《企业所得税法》第八条的规定，企业实际发生的与取得建造合同收入有关的、合理的支出，包括成本、费用、税金、损失和其他支出，可以在计算应纳税所得额时扣除。

（三）两者差异

在企业的合同收入和合同成本方面，会计处理与税务处理存在一定的差异，表现在以下几方面：

1. 合同完成后处置残余物资取得的收益等与合同有关的收益，一般不能冲减合同成本，应计入收入总额。

2. 已计入合同成本的借款费用，不能再重复扣除财务费用，应作纳税调整。

3. 已在会计处理上计入的合同成本，税法规定不允许扣除、有限额扣除的成本项目，应作纳税调整。

4. 会计准则在确认合同收入时，各年收入是根据合同总收入（含变更、索赔、奖励等形成的收入）和各年完工百分比计算确认；但税法对各年的变更、索赔、奖励等形成的收入是在各年发生时一次性确认为当年收入，计入应纳税所得额。

【例 12 - 9】A 公司与 B 公司签订一项总金额为 870 万元的建造合同，承建一座桥梁。工程于 2007 年 7 月开工，2009 年 10 月完工。工程开工时预计工程总成本为 800 万元，到 2008 年年底，预计工程总成本已为 900 万元，B 公司同意补贴 10 万元。2009 年工程提前完工，B 公司同意奖励给 A 公司 30 万元。其他有关资料如表 12 - 1 所示。

表 12 - 1　A 公司建造工程相关资料　　　　　　　　　　　　　单位：万元

项　目	2007 年	2008 年	2009 年
到目前为止已经发生的成本	160	585	850
完成合同尚需发生的成本	640	315	

（1）确定各年完工进度

2007 年完工进度 = 160/800 × 100% = 20%

2008 年完工进度 = 585/900 × 100% = 65%

（2）相关会计处理

2007 年应作如下会计分录：

登记实际发生的合同成本

借：工程施工——成本　　　　　　　　　　　　　　　1 600 000

　　贷：应付职工薪酬、原材料等　　　　　　　　　　　　　1 600 000

登记确认的收入、费用和毛利

应确认的合同收入 = 870 × 20% = 174（万元）

应确认的合同成本 = 800 × 20% = 160（万元）

借：工程施工——毛利　　　　　　　　　　　　　　　140 000

　　主营业务成本　　　　　　　　　　　　　　　　1 600 000

　　贷：主营业务收入　　　　　　　　　　　　　　　　1 740 000

2007 年会计处理与税法处理相同。

2008 年应作如下会计分录：

登记实际发生的合同成本

借：工程施工——成本　　　　　　　　　　　　　　　4 250 000

　　贷：应付职工薪酬、原材料等　　　　　　　　　　　　　4 250 000

登记确认的收入、费用和毛利

应确认的合同收入 =（870 + 10）× 65% - 174 = 398（万元）

应确认的合同成本 = 900 × 65% − 160 = 425（万元）

借：主营业务成本 4 250 000

　　贷：主营业务收入 3 980 000

　　　　工程施工——毛利 270 000

2008 年年底，由于该合同预计总成本为 900 万元，大于合同总收入 880 万元，预计发生损失金额为 20 万元，由于已经在"工程施工——毛利"科目中反映了损失 13（27 − 14）万元，因此应将剩余的 7 万元作为资产减值损失计入当期损益。

借：资产减值损失 70 000

　　贷：存货跌价准备 70 000

2008 年会计收入 398 万元，确认的费用和减值损失共计 432（425 + 7）万元，计入当年会计利润的金额为 − 34 万元。

按照税法规定，2008 年应确认的收入总额为 401.5（870 × 65% − 174 + 10）万元，税前扣除费用为 425 万元，应纳税所得额为 − 23.5 万元，所以应调增应纳税所得额 10.5 万元。

2009 年应作如下会计分录：

登记实际发生的合同成本

借：工程施工——成本 2 650 000

　　贷：应付职工薪酬、原材料等 2 650 000

登记确认的收入、费用和毛利

应确认的合同收入 =（870 + 10 + 30）− 174 − 398 = 338（万元）

应确认的合同成本 = 850 − 425 − 160 − 7 = 258（万元）

借：工程施工——毛利 730 000

　　存货跌价准备 70 000

　　主营业务成本 2 580 000

　　贷：主营业务收入 3 380 000

借：工程结算 9 100 000

　　贷：工程施工——成本 8 500 000

　　　　工程施工——毛利 600 000

2009 年确认的会计利润为 80（338 − 258）万元。税法确认的应税收入为 334.5（870 × 35% + 30）万元，应确认的费用为 265 万元，应纳税所得额为 69.5（334.5 − 265）万元，所以，应调减应纳税所得额 10.5 万元。

二、合同收入与合同费用确认的比较

（一）结果能够可靠估计的建造合同

1. 准则规定。在资产负债表日，建造合同的结果能够可靠估计的，应当根据完工百分比法确认合同收入和合同费用。完工百分比法，是指根据合同完工进度确认收入与费用的方法。在实际中要区分以下两种情况来确定建造合同的结果是否能可靠估计：

（1）固定造价合同的结果能够可靠估计，是指同时满足下列条件：合同总收入能够可靠地计量，与合同相关的经济利益很可能流入企业，实际发生的合同成本能够清楚地区分和可靠地计量，合同完工进度和为完成合同尚需发生的成本能够可靠地确定。

（2）成本加合同的结果能够可靠估计，是指同时满足下列条件：与合同相关的经济利益很可能流入企业，实际发生的合同成本能够清楚地区分和可靠地计量。

企业确定合同完工进度可以选用下列方法：累计实际发生的合同成本占合同预计总成本的比例，已经完成的合同工作量占合同预计总工作量的比例，实际测定的完工进度。采用累计实际发生的合同成本占合同预计总成本的比例确定合同完工进度的，累计实际发生的合同成本不包括下列内容：施工中尚未安装或使用的材料成本等与合同未来活动相关的合同成本，在分包工程的工作量完成之前预付给分包单位的款项。在资产负债表日，应当按照合同总收入乘以完工进度扣除以前会计期间累计已确认收入后的金额，确认当期合同收入。同时，按照合同预计总成本乘以完工进度扣除以前会计期间累计已确认费用后的金额，确认当期合同费用。当期完成的建造合同，应当按照实际合同总收入扣除以前会计期间累计已确认收入后的金额，确认为当期合同收入。同时，按照累计实际发生的合同成本扣除以前会计期间累计已确认费用后的金额，确认为当期合同费用。

2. 税法规定。企业受托加工制造大型机械设备、船舶、飞机等，以及从事建筑、安装、装配工程业务或者提供劳务等，持续时间超过一个纳税年度的，按照纳税年度内完工进度或者完成的工作量确认收入的实现。

3. 两者差异。税法和会计准则对于建造合同的结果能够可靠估计的情况，处理是基本一致的。

（二）结果不能够可靠估计的建造合同

1. 准则规定。建造合同的结果不能可靠估计的，应当分别以下 3 种情况处理：一是合同成本能够收回的，合同收入根据能够收回的实际合同成本予以确认，合同成本在其发生的当期确认为合同费用。二是合同成本不可能收回的，在发生时立即确认为合同费用，不确认合同收入。三是使建造合同的结果不能可靠估计的不确定因素不复存在的，应当按照准则的规定确认与建造合同有关的收入和费用。

2. 税法规定。税法不认同建造合同的结果不能可靠估计的处理，而应区别情况进行纳税调整：

一是合同成本能够收回的，合同收入应根据合同规定的建造合同收入计入收入总额。合同收入不能根据能够收回的实际合同成本予以确认，但合同成本在其发生的当期在计算应纳税所得额时扣除。

二是合同成本不可能收回的，不能直接不确认合同收入。应根据合同规定先确认建造合同收入，计入收入总额，等经过法律程序认定合同成本不能收回后，经主管税务机关核准，方可作为损失扣除。

3. 两者差异。会计准则与税法的主要差异在于：合同成本不可能收回的，按照会计准则规定不确认合同收入，合同成本应该确认为费用在当期利润中扣除；税法则规定应当确认合同收入，合同成本不能计入当期损益，由此产生的差额应调增应纳税所得额。

（三）合同预计损失处理的比较

1. 准则规定。合同预计总成本超过合同总收入的，则形成合同预计损失，应提取损失准备，将预计损失确认为当期费用。合同完工时，将已提取的损失准备冲减合同费用。

2. 税法规定。根据《企业所得税法》第八条的规定，合同预计总成本超过合同总收入形成合同预计损失，不属于实际发生的损失，在计算应纳税所得额时不得扣除。

3. 两者差异。企业提取的损失准备，属于《企业所得税法》第十条规定的未经核定的准备金支出，在计算应纳税所得额时不得扣除，不得将预计损失确认为当期费用，应按照税法的规定进行纳税调整。

第三节 政府补助的差异分析

一、基本概念的比较

（一）准则规定

政府补助是指企业从政府无偿取得货币性资产或非货币性资产，但不包括政府作为企业所有者投入的资本。政府包括各级政府及其所属机构，国际类似组织也在此范围之内。政府补助具有两个特征：

第一，政府补助是无偿的、有条件的。政府向企业提供补助具有无偿性的特点。政府并不因此而享有企业的所有权，企业未来也不需要以提供服务、转让资产等方式偿还。

第二，政府资本性投入不属于政府补助。政府以投资者身份向企业投入资本，享有企业相应的所有权，企业有义务向投资者分配利润，政府与企业之间是投资者与被投资者的关系。政府拨入的投资补助等专项拨款中，国家相关文件规定作为"资本公积"处理的，也属于资本性投入的性质。政府的资本性投入无论采用何种形式，均不属于政府补助。

（二）税法规定

《企业所得税法》没有政府补助的概念，但第六条规定，企业以货币形式和非货币形式从各种来源取得的收入，为收入总额。第七条规定，收入总额中财政拨款为不征税收入。《实施条例》第二十二条规定，收入总额包括补贴收入等。第二十六条规定企业所得税法第七条所称财政拨款，是指各级人民政府对纳入预算管理的事业单位、社会团体等组织拨付的财政资金，但国务院和国务院财政、税务主管部门另有规定的除外。所以，收入总额，包括政府补助，即包括企业从政府无偿取得货币性资产或非货币性资产，但不包括政府作为企业所有者投入的资本。另外，在执行税法时，政府包括各级政府及其所属机构，但国际类似组织一般不在此范围之内。

（三）两者差异

税法尽管没有政府补助的概念，但政府补助在税法中的对应概念是收入总额中的补贴收入。

二、政府补助主要形式的比较

（一）准则规定

政府补助表现为政府向企业转移资产，通常为货币性资产，也可能为非货币性资产。政府补助主要有以下几种形式：

1. 财政拨款。财政拨款是政府无偿拨付给企业的资金，通常在拨款时明确规定了资金用途。比如，财政部门拨付给企业用于购建固定资产或进行技术改造的专项资金，鼓励企业安置职工就业而给予的奖励款项，拨付企业的粮食定额补贴，拨付企业开展研发活动的研发经费等，均属于财政拨款。

2. 财政贴息。财政贴息是指政府为支持特定领域或区域发展，根据国家宏观经济形势和政策目标，对承贷企业的银行贷款利息给予的补贴。财政贴息的补贴对象通常是符合申报条件的某个综合性项目，包括设备购置、人员培训、研发费用、人员开支、购买服务等，也可以是单项的，比如仅限于固定资产贷款项目。财政贴息主要有两种方式，一是财政贴息资金直接支付给受益企业；二是财政将贴息资金直接拨付贷款银行，由贷款银行以低于市场利率的优惠利率向企业提供贷款，承贷企业按照实际发生的利率计算和确认利息费用。

3. 税收返还。税收返还是指政府按照国家有关规定采取先征后返（退）、即征即退等办法向企业返还的税款，属于以税收优惠形式给予的一种政府补助。

除了税收返还之外，税收优惠还包括直接减征、免征、增加计税抵扣额、抵免部分税额等形式。这类税收优惠体现了政策导向，但政府并未直接向企业无偿提供资产，因此不作为政府补助准则规范的政府补助处理。

4. 无偿划拨非货币性资产。属于无偿划拨非货币性资产的情况主要有无偿划拨土地使用权、天然起源的天然林等。实务中这种情况已经很少。

（二）税法规定

1. 财政拨款。财政拨款是指各级人民政府对纳入预算管理的事业单位、社会团体等组织拨付的财政资金，但国务院和国务院财政、税务主管部门另有规定的除外。可见，税法上规定的"财政拨款"，只是政府对纳入预算管理的事业单位、社会团体等组织拨付的财政资金，不包括企业取得的财政资金，因为企业的资金一般是不会"纳入预算管理"的；对企业无偿取得的财政资金，在税务处理上根据《实施条例》第二十二条规定，应计入收入总额中其他收入的"补贴收入"。

2. 财政贴息。财政贴息在税务处理上，区分以下两种方式进行处理：

一是对财政将贴息资金直接拨付给受益企业的，财政贴息收入作补贴收入处理，利息支出按规定在税前扣除；

二是财政将贴息资金拨付给贷款银行，由贷款银行以政策性优惠利率向企业提供贷款，受益企业按照实际发生的利率计算和确认利息费用。

3. 税收返还。企业按照国务院财政、税务主管部门有关文件规定，实际收到具有专门用途的先征后返（退）、即征即退等办法向企业返还的所得税税款，按照会计准则规定应计入取得当期的利润总额，暂不计入取得当期的应纳税所得额；其他没有国务院财政、税务主管部门有关文件明确规定免税的税收返还，除企业取得的出口退税（增值税进项税额）外，一般都应作为应税收入征收企业所得税。

对增值税进项税额不作为应税收入，是因为根据相关税收法规规定，对增值税出口货物实行零税率，即对出口环节的增值部分免征增值税，同时退还出口货物前道环节所征的进项税额。由于增值税是价外税，出口货物前道环节所含的进项税额是抵扣项目，体现为企业垫付资金的性质，增值税出口退税实质上是政府归还企业事先垫付的资金，会计处理上不属于政府补助，税务处理上不计入应纳税所得额。

4. 无偿划拨非货币性资产。企业取得无偿划拨非货币性资产，除国务院财政、税务主管部门另有规定外，都应计入收入总额。

（三）两者差异

1. 纳税人取得的财政拨款收入，不论会计上如何处理，税法规定为不征税收入。

【例 12 - 10】某企业 2009 年 1 月 1 日收到财政拨款 600 万元，要求用于购买立项大型研究开发用设备，节约部分不需要上缴。2009 年 3 月 1 日购入设备支付 540 万元，设备已交付使用，预计使用寿命为 10 年。该企业应作如下会计处理：

（1）2009 年 1 月 1 日：

借：银行存款 6 000 000

　　贷：递延收益 6 000 000

（2）2009 年 3 月 1 日：

借：固定资产 5 400 000

　　贷：银行存款 5 400 000

借：递延收益 600 000

　　贷：营业外收入 600 000

借：递延收益 540 000

　　贷：营业外收入 540 000

2009 年应调减应纳税所得额 105（60 + 54）万元，以后各年调减应纳税所得额 54 万元。

2. 对企业实际收到的财政补贴和税收返还等，按照现行会计准则的规定，属于政府补助的范畴，被排除在税法规定的"财政拨款"之外，会计核算中计入企业的"营业外收入"科目，除企业取得的出口退税（增值税进项税额）外，一般作为应税收入征收企业所得税。税法规定和准则规定基本一致。

三、政府补助确认的比较

（一）准则规定

政府补助同时满足下列条件的，才能予以确认：企业能够满足政府补助所附条件；企业能够收到政府补助。在税务处理上，一般来说，应在实际收到政府补助时再计入收入总额，即应按收付实现制确认收入的实现，因为企业实际收到款项时才具有纳税能力。政府补助区分与资产相关的政府补助和与收益相关的政府补助进行处理。

1. 与资产相关的政府补助。与资产相关的政府补助，是指企业取得的、用于购建或以其他方式形成长期资产的政府补助。在会计处理上，与资产相关的政府补助，不能直接确认为当期损益，应当确认为递延收益，自相关资产达到预定可使用状态时起，在相关资产使用寿命内平均分配，分次计入以后各期的损益（营业外收入）。但是，按照名义金额计量的政府补助，直接计入当期损益。相关资产在使用寿命结束前被出售、转让、报废或发生毁损的，应将尚未分配的递延收益余额一次性转入资产处置当期的损益（营业外收入）。

2. 与收益相关的政府补助。与收益相关的政府补助，是指除与资产相关的政府补助之外的政府补助。在会计处理上，与收益相关的政府补助，用于补偿企业以后期间的相关费用或损失的，取得时确认为递延收益，在确认相关费用的期间计入当期损益（营业外收入）；用于补偿企业已发生的相关费用或损失的，取得时直接计入当期损益（营业外收入）。

3. 返还政府补助。已确认的政府补助需要返还的，应当分别下列情况处理：存在相关递延收益的，冲减相关递延收益账面余额，超出部分计入当期损益；不存在相关递延收益的，直接计入当期损益。

（二）税法规定

1. 与资产相关的政府补助。与资产相关的政府补助，除国务院财政、税务主管部门另有规定外，都应在实际取得时计入收入总额。

2. 与收益相关的政府补助。与收益相关的政府补助，除国务院财政、税务主管部门另有规定外，都应在实际取得时计入收入总额。

3. 返还政府补助。已计入收入总额的补贴收入需要返还的，按照实际返还额调减应纳税所得额。

（三）两者差异

1. 对于与资产相关的政府补助，当会计上将收到政府补助确认为递延收益，在当期计算应纳税所得额时，应进行纳税调增处理；自相关资产达到预定可使用状态时起，在相关资产使用寿命内平均分配，分次计入以后各期的损益（营业外收入）的，在当期计算应纳税所得额时，进行纳税调减处理；相关资产在使用寿命结束前被出售、转让、报废或发生毁损，将尚未分配的递延收益余额一次性转入资产处置当期的损益（营业外收入）的，在当期计算应纳税所得额时，进行纳税调减处理。

2. 对于与收益相关的政府补助，当会计上将与收益相关的政府补助，用于补偿企业以后的相关费用或损失，取得时确认为递延收益，在当期计算应纳税所得额时，应进行纳税调增处理；当确认相关费用的期间计入当期损益（营业外收入）后，在当期计算应纳税所得额时，进行纳税调减处理。当会计上将与收益相关的政府补助，用于补偿企业已发生的相关费用或损失，取得时直接计入当期损益（营业外收入）的，在当期计算应纳税所得额时，亦应计入收入总额。

3. 已计入收入总额的补贴收入需要返还的，无论是否存在相关递延收益，在当期计算应纳税所得额时，均可按照实际返还额进行纳税调减处理。

四、政府补助计量的比较

（一）准则规定

政府补助为货币性资产的，应当按照收到或应收的金额计量。政府补助为非货币性资产的，应当按照公允价值计量；公允价值不能可靠取得的，按照名义金额计量。

1. 货币性资产形式的政府补助。根据会计准则规定，企业取得的各种政府补助为货币性资产的，如通过银行转账等方式拨付的补助，通常按照实际收到的金额计量；存在确凿证据表明该项补助是按照固定的定额标准拨付的，如按照实际销量或储备量与单位补贴定额计算的补助等，可以按照应收的金额计量。

2. 非货币性资产形式的政府补助。根据会计准则规定，政府补助为非货币性资产的，应当按照公允价值计量；公允价值不能可靠取得的，按照名义金额计量。政府补助为非货币性资产的，如该资产附带有关文件、协议、发票、报关单等凭证注明的价值与公允价值差异不大的，应当以有关凭证中注明的价值作为公允价值；如果没有注明价值或注明价值与公允价值差异较大、但有活跃市场的，应当根据有确凿证据表明的同类或类似资产市场价格作为公允价值；如果没有注明价值、且没有活跃市场、不能可靠取得公允价值的，应当按照名义金额计量，名义金额为 1 元。

（二）税法规定

《企业所得税法》第六条规定，企业以货币形式和非货币形式从各种来源取得的收入，为收入总额。《实施条例》第十三条规定，企业所得税法第六条所称企业以非货币形式取得的收入，应当按照公允价值确定收入额。前款所称公允价值，是指按照市场价格确定的价值。但税法没有名义金额计量的规定。

1. 货币性资产形式的政府补助。根据《实施条例》第十二条第一款的规定，企业所得税法第六条所称企业取得收入的货币形式，包括现金、存款、应收账款、应收票据、准备持有到期的债券投资以及债务的豁免等。

2. 非货币性资产形式的政府补助。根据《实施条例》第十二条第二款的规定，企业所得税法第六条所称企业取得收入的非货币形式，包括固定资产、生物资产、无形资产、股权投资、存货、不准备持有至到期的债券投资、劳务以及有关权益等。

（三）两者差异

企业取得的货币和非货币形式的补贴收入，税法基本认同会计公允价值计量。

第四节　成本费用的差异分析

一、基本规定与分类的比较

（一）准则规定

会计准则规定，费用是指企业在日常活动中发生的、会导致所有者权益减少的、与向所有者分配利润无关的经济利益的总流出。费用只有在经济利益很可能流出从而导致企业资产减少或者负债增加、且经济利益的流出额能够可靠计量时才能予以确认。企业为生产产品、提供劳务等发生的可归属于产品成本、劳务成本等费用，应当在确认产品销售收入、劳务收入等时，将已销售产品、已提供劳务的成本等计入当期损益。企业发生的支出不产生经济利益的，或者即使能够产生经济利益但不符合或者不再符合资产确认条件的，应当在发生时确认为费用，计入当期损益。企业发生的交易或者事项导致其承担了一项负债而又不确认为一项资产的，应当在发生时确认为费用，计入当期损益。符合费用定义和费用确认条件的项目，应当将其列入利润表。

在会计准则应用指南中，通过会计科目对企业的成本、费用、损失和税金进行了划分和范围的确定。对成本设置了"主营业务成本"、"其他业务成本"会计科目，对费用设置了"销售费用"、"管理费用"和"财务费用"会计科目，对税金设置了"营业税金和附加"和"所得税费用"会计科目，对损失设置了"资产减值损失"和"营业外支出"会计科目。

（二）税法规定

在企业所得税中，与会计准则成本费用对应的概念是扣除额。

扣除额 = 会计核算的成本、费用、损失和税金 − 税法规定不允许税前扣除的成本、费用、税金、损失和其他支出 − 税法规定有限额在税前扣除的成本、费用、税金、损失和其他支出。

《企业所得税法》第八条规定，企业实际发生的与取得收入有关的、合理的支出，包括成本、费用、税金、损失和其他支出，可以在计算应纳税所得额时扣除。根据《实施条例》第二十七条规定，企业所得税法第八条所称有关的支出，是指与取得收入直接相关的支出。《企业所得税法》第八条所称合理的支出，是指符合生产经营活动常规，应当计入当期损益或者有关资产成本的必要和正常的支出。《实施条例》第二十八条规定，企业发生的支出应当区分收益性支出和资本性支出。收益性支出在发生当期直接扣除；资本性支出应当分期扣除或者计入有关资产成本，不得在发生当期直接扣除。企业的不征税收入用于支出所形成的费用或者财产，不得扣除或者计算对应的折旧、摊销扣除。除企业所得税法和本条例另有规定外，企业实际发生的成本、费用、税金、损失和其他支出，不得重复扣除。

（三）两者差异

由于所得税法和财务会计制定的目的不同，会计收入分类侧重于经济收入的稳定性和经常性，税法收入分类的基础是税收政策待遇的异同。因此，税法中成本归集的内容不仅包括企业的主营业务成本（销售商品、提供劳务、提供他人使用本企业的无形资产），还包括其他业务成本（销售材料、转让技术等）和营业外支出（固定资产清理费用等）。

二、成本的比较

（一）准则规定

会计准则界定的"主营业务成本"科目，核算企业确认销售商品、提供劳务等主营业务收入时应结转的成本。"其他业务成本"科目核算企业确认的除主营业务活动以外的其他经营活动所发生的支出，包括销售材料的成本、出租固定资产的折旧额、出租无形资产的摊销额、出租包装物的成本或摊销额等。

（二）税法规定

《实施条例》第二十九条规定，企业所得税法第八条所称成本，是指企业在生产经营活动中发生的销售成本、销货成本、业务支出以及其他耗费。

（三）两者差异

对会计准则与税法界定的成本差异分析如下：

1. 成本的范围。税法所指的成本概念与一般会计意义上的成本概念有所不同。会计上的成本，是指企业在生产产品、提供劳务过程中劳动对象、劳动手段和活劳动的耗费，是对象化的费用，针对一定的产出物计算归集的。在实务中，成本一般包括直接材料、直接人工、燃料和动力、制造费用。

税法上的成本范围比会计上的成本范围要大，包括纳税申报期间已经申报确认的销售商品（包括产品、材料、下脚料、废料和废旧物资等）、提供劳务、转让、处置固定资产和无形资产的成本。企业对象化的费用，有的成为在产品、产成品等存货，只有销售出去，并在申报纳税期间确认了销售（营业）收入的相关部分商品的成本才能申报扣除。

纳税人必须将经营活动中发生的成本合理划分为直接成本和间接成本。直接成本是可直接计入有关成本计算对象或劳务的经营成本中的直接材料、直接人工等。间接成本是指多个部门为同一成本对象提供服务的共同成本，或者同一种投入可以制造、提供两种或两种以上的产品或劳务的联合成本。

直接成本可根据有关会计凭证、记录直接计入有关成本计算对象或劳务的经营成本中。间接成本必须根据与成本计算对象之间的因果关系、成本计算对象的产量等，以合理的方法分配计入有关成本计算对象中。

2. 制造成本的分配。为准确计算税前扣除成本，企业应将全部制造成本在产品和完工产品之间进行合理分配。企业的产品制造成本可采用简单法（品种法）、分批法（定单法）或分步法等方法进行计算。如果企业从事的是单步骤的简单生产，产品单一，没有在产品，可采用简单法按产品品种归集计算产品制造成本；如果纳税人从事的是单件、小批的复杂生产，可采用分批法按批计算产品制造成本；如果企业从事的是连续式大量大批复杂生产，应采用分步法分产品、按步骤核算各步骤的半成品和产成品的成本。

3. 间接成本的分配。在计算确定税前扣除成本的过程中，一个重要的问题是如何合理分配间接成本。过去对这一问题没有给予足够的重视，间接成本的分配完全由企业会计人员确定，会计实务中虽然有一些习惯做法，但分配的合理性与否并没有较具约束性的规定。这很容易成为企业在不同纳税期间或不同产品、应税项目和非应税项目之间调剂利润、设法避税的手段，因此，需要对间接成本明确提出合理分配的原则要求。

对多部门为同一成本对象提供服务的共同成本的分配，一般应以共同成本与成本对象的因果关系为基础。如果共同成本与成本对象之间的关系不止一种，可采用双重或多重基础分配。在一般分配基础无法反映其间的因果关系时，也可采取某些复杂性指标。如果无法确定共同成本与成本对象之间的关系，纳税人确定的最合理的分配基础应保留详细资料，以备税务机关审查。

对于同一种投入可以制造两种或两种以上的产品的联合成本的分配，应反映投入成本与产出经济效益之间的关系，如果联合产品在联合生产结束时的分离点上可以出售，则可以售价或市价来进行分配。如果联合产品必须经过进一步加工才能出售，则可以再加工后的售价减加工成本，得到推定的净变现价值后进行分配。如果联合产品价格起伏不定，从分离点到可出售点之间需要大量加工，或者在成本加成合同下无法事先得知成本的情况下，可以用联合产品在体积、重量等方面的实际数量来分配联合成本，但前提是联合产品的实际数量应能够反映其经济价值。如果联合产品中有不重要的副产品，可以将全部联合成本分配给主产品。

三、费用的比较

（一）准则规定

会计准则所界定的"销售费用"，是指企业销售商品和材料、提供劳务的过程中发生的各种费用，包括保险费、包装费、展览费和广告费、商品维修费、预计产品质量保证损失、运输费、装卸费等以及为销售本企业商品而专设的销售机构（含销售网点、售后服务网点等）的职工薪酬、业务费、折旧费等经营费用。

会计准则所界定的"管理费用"，是指企业为组织和管理企业生产经营所发生的管理费用，包括企业在筹建期间内发生的开办费、董事会和行政管理部门在企业的经营管理中发生的或者应由企业统一负担的公司经费（包括行政管理部门职工工资及福利费、物料消耗、低值易耗品摊销、办公费和差旅费等）、工会经费、董事会费（包括董事会成员津贴、会议费和差旅费等）、聘请中介机构费、咨询费（含顾问费）、诉讼费、业务招待费、房产税、车船使用税、土地使用税、印花税、技术转让费、矿产资源补偿费、研究费用、排污费等。

会计准则所界定的"财务费用"，是指企业为筹集生产经营所需资金等而发生的筹资费用，包括利息支出（减利息收入）、汇兑损益以及相关的手续费、企业发生的现金折扣或收到的现金折扣等。

（二）税法规定

《实施条例》第三十条规定："企业所得税法第八条所称费用，是指企业在生产经营活动中发生的销售费用、管理费用和财务费用，已经计入成本的有关费用除外。"

（三）两者差异

1. 费用的范围。《实施条例》明确了与取得应税收入有关的支出，凡没有计入成本，没有资本化的支出，都应计入期间费用，具体包括销售费用、管理费用和财务费用。需要注意的是，不能在成本与期间费用之间重复扣除的项目。例如，企业发生的期间费用，只要符合税前扣除基本条件和一般原则规定的、与取得应税收入有关的支出，凡没有计入成本，没有资本化的支出，以及税法没有禁止和限制的，都应计入期间费用在税前扣除。

2. 销售费用。企业为销售商品和材料、提供劳务的过程中发生的符合企业所得税法规定的各种费用，允许在税前扣除。其中按会计准则处理的广告费、销售佣金、福利费等费用税前扣除有标准限制；预计产品质量保证损失要在实际发生售后服务支出时才能扣除；企业发生的与专设销售机构相关的固定资产修理费用等后续支出，符合税法规定大修理支出标准的，要作为长期待摊费用进行资产化处理。

3. 管理费用。企业为组织和管理企业生产经营活动所发生的符合企业所得税法规定的各种费用，允许在税前扣除。其中按会计准则处理的行政管理部门职工福利费、工会经费、业务招待费等税前扣除有标准限制；研究费用符合规定条件的可以加计扣除；属于被环境保护主管部门的排污罚款不允许扣除等。

4. 财务费用。财务费用是纳税人筹集经营性资金而发生的筹资费用，其中按会计准则处理利息支出应作纳税调整，因利息收入已计入收入总额；汇兑损益应作纳税调整，因汇兑收益已计入收入总额；企业发生的现金折扣可作为财务费用，但收到的现金折扣应计入收入总额，应作纳税调整。

四、税金的比较

（一）准则规定

会计准则界定的"营业税金和附加"，是指企业经营活动发生的营业税、消费税、城市维护建设税、资源税和教育费附加等相关税费。而房产税、车船使用税、土地使用税、印花税在"管理费用"科目核算。"所得税费用"科目核算企业确认的应从当期利润总额中扣除的所得税费用。

（二）税法规定

《实施条例》第三十一条规定："企业所得税法第八条所称税金，是指企业发生的除企业所得税和允许抵扣的增值税以外的各项税金及其附加。"企业发生的税金是企业为取得经营收入实际发生的必要的、正常的支出，与企业发生的成本、费用性质相同，是企业取得经营收入实际发生的经济负担，符合税前扣除的基本原则，因此，将税金和成本、费用并列为允许在税前扣除的支出。

企业所得税税款是依据应税收入减去扣除项目的余额计算得到，本质上是企业利润分配的支出，是国家参与企业经营成果分配的一种形式，而非为取得经营收入实际发生的费用支出，不能作为企业的税金在税前扣除。

目前，我国的增值税是价外税，产品的价格和税款分开。企业的增值税通过逐环节抵扣，最终将增值税负担转嫁给最终消费者，并非企业的实际负担，因此，允许抵扣的增值税不允许作为税金在税前扣除。对于企业未实际抵扣，由企业最终负担的增值税税款，按规定允许计入资产的成本，在当期或以后期间扣除。

（三）两者差异

会计准则和税法关于税金扣除的规定基本相同。

五、损失的比较

（一）准则规定

会计准则界定的"资产减值损失"是指企业计提各项资产减值准备所形成的损失。"营业外支出"科目核算企业发生的各项营业外支出，包括非流动资产处置损失、非货币性资产交换损失、债务重组损失、公益性捐赠支出、非常损失、盘亏损失等。

（二）税法规定

《实施条例》第三十二条规定："企业所得税法第八条所称损失，是指企业在生产经营活动中发生的固定资产和存货的盘亏、毁损、报废损失，转让财产损失，呆账损失，坏账损失，自然灾害等不可抗力因素造成的损失以及其他损失。企业发生的损失，减除责任人赔偿和保险赔款后的余额，依照国务院财政、税务主管部门的规定扣除。企业已经作为损失处理的资产，在以后纳税年度又全部收回或者部分收回时，应当计入当期收入。"

企业的各项财产损失，按财产的性质分为货币资金损失、坏账损失、存货损失、投资转让或清算损失、固定资产损失、在建工程和工程物资损失、无形资产损失和其他资产损失；按申报扣除程序分为自行申报扣除财产损失和经审批扣除财产损失；按损失原因分为正常损失（包括正常转让、报废、清理等）、非正常损失（包括因战争、自然灾害等不可抗力造成损失，因人为管理责任毁损、被盗造成损失，政策因素造成损失等）、发生改组等评估损失。这些损失允许按照税法规定在税前扣除。

另外，《国家税务总局关于企业以前年度未扣除资产损失企业所得税处理问题的通知》（国税函〔2009〕772 号）规定，企业以前年度未能扣除的资产损失按以下方法处理：

（1）企业以前年度（包括 2008 年度新《企业所得税法》实施以前年度）发生，按当时企业所得税有关规定符合资产损失确认条件的损失，在当年因为各种原因未能扣除而未能结转到以后年度扣除的；可以按照《中华人民共和国企业所得税法》和《中华人民共和国税收征收管理法》的有关规定，追补确认在该项资产损失发生的年度扣除。

（2）企业因以前年度资产损失未在税前扣除而多缴纳的企业所得税税款，可在审批确认年度企业所得税应纳税款中予以抵缴，抵缴不足的，可以在以后年度递延抵缴。

（3）企业资产损失发生年度扣除追补确认的损失后如出现亏损，首先应调整资产损失发生年度的亏损额，然后按弥补亏损的原则计算以后年度多缴的企业所得税税款，并按前款办法进行税务处理。

（三）两者差异

按会计"资产减值损失"科目核算企业计提各项资产减值准备所形成的损失，不能在计提时扣除，应在实际发生损失后依照税法规定扣除。"营业外支出"科目核算企业发生的各项营业外支出，包括非流动资产处置损失、非货币性资产交换损失、债务重组损失、公益性捐赠支出、非常损失、盘亏损失等，符合企业所得税法规定条件、限额的，依照税法规定程序确认后方可在税前扣除。

六、其他支出的比较

（一）准则规定

与企业生产经营相关的一切支出都应计入成本费用。

（二）税法规定

《实施条例》第三十三条规定，企业在生产经营活动中发生的与生产经营活动有关的、合理的其他支出，可以按照《企业所得税法》第八条规定在税前扣除。企业经营活动中发生的支出多种多样，千差万别，有些支出可能还不能完全归集到成本、费用、税金、损失中，为保证企业经营活动中实际发生的有关的、合理的支出能够得到扣除，条例中作为兜底条款处理。

《国家税务总局关于贯彻落实企业所得税法若干税收问题的通知》（国税函〔2010〕79号）规定：企业取得的各项免税收入所对应的各项成本费用，除另有规定者外，可以在计算企业应纳税所得额时扣除。

（三）两者差异

在会计处理上，企业所有的支出都可以在一定的会计科目里进行会计核算，但是，按照企业所得税法的规定，有些支出项目是不得在税前扣除的。根据《企业所得税法》第十条的规定，在计算应纳税所得额时，下列支出不得税前扣除：向投资者支付的股息、红利等权益性投资收益款项；企业所得税税款；税收滞纳金；罚金、罚款和被没收财物的损失；公益性捐赠以外的捐赠支出；赞助支出；未经核定的准备金支出；与取得收入无关的其他支出。

现将上述不得税前扣除的相关支出会计处理与税务处理规定的差异分析如下。

1. 向投资者支付的股息、红利等权益性投资收益款项。在会计处理上，向投资者支付的股息、红利等权益性投资收益款项，在"利润分配"科目进行核算。由于是被投资者对其税后利润的分配，本质上不属于企业取得经营收入的正常的费用支出，因此，不允许在税前扣除。

2. 企业所得税税款。在会计处理上，企业所得税税款是在"所得税费用"科目核算。从税务处理来说，企业所得税税款是依据应税收入减去扣除项目的余额计算得到，本质上是企业利润分配的支出，是国家参与企业经营成果分配的一种形式，而非为取得经营收入实际发生的费用支出，不能作为企业的成本、费用在税前扣除。同时，企业所得税税款如果作为企业扣除项目，会出现计算企业所得税税款时循环倒算的问题，不符合企业所得税原理。

3. 税收滞纳金。在会计处理上，税收滞纳金在会计上以损益类科目作为费用列支。在税务处理上，税收滞纳金是税务机关对未按规定期限缴纳税款的纳税人按比例附加征收的。纳税人未按照法律、行政法规规定或者税务机关依照法律、行政法规的规定确定的缴纳期限缴纳税款，扣缴义务人未按照上述规定解缴税款的，都属于税款的滞纳。所以，税收滞纳金不允许在税前扣除。

4. 罚金、罚款和被没收财物的损失。在会计处理上，罚金、罚款和被没收财物的损失，会计上以损益类科目作为费用列支。但是在税务处理上，真实、合法和合理是纳税人经营活动中发生的费用支出可以税前扣除的基本原则。不管费用是否实际发生，或合理与否，如果是非法支出，即使按财务会计法规或制度可以作为费用，也不能在税前扣除。罚金、罚款和被没收财物的损失，本质上都违反了国家法律、法规或行政性规定所造成的损失，不属于正常的经营性支出，而是非法支出。因此，罚金、罚款和被没收财物的损失不允许在税前扣除。

5. 公益性捐赠以外的捐赠支出。在会计处理上，捐赠支出在"营业外支出"科目核算。《企业所得税法》第十条规定，公益性捐赠以外的捐赠支出不得扣除。主要原因：一是捐赠支出本身并不是与取得经营收入有关正常、必要的支出，不符合税前扣除的基本原则，原则上不允许在税前扣除；二是如果允许公益性捐赠以外的捐赠支出在税前扣除，纳税人往往会以捐赠支出名义开支不合理与企业本身生产经营无关的支出，容易出现纳税人滥用国家税法，导致税收流失，不利于加强对公益性捐赠以外的捐赠支出的税收管理。

6. 赞助支出。在会计处理上，赞助支出在"营业外支出"科目核算。《企业所得税法》第十条第（六）项规定，赞助支出不得扣除。《实施条例》第五十四条规定，《企业所得税法》第十条第（六）项所称赞助支出，是指企业发生的与生产经营活动无关的各种非广告性质支出。企业赞助支出本身并不是与取得经营收入有关正常、必要的支出，不符合税前扣除的基本原则，不允许在税前扣除。

7. 未经核定的准备金支出。在会计处理上，基于资产的真实性和谨慎性原则考虑，为防止企业虚增资产或虚增利润，保证企业因市场变化、科学技术的进步，或者企业经营管理不善等原因，导致资产实际价值的变动能够客观真实地得以反映，要求企业合理地预计各项资产可能发生的损失，提取准备金。在税务处理上，企业只有按照税法标准认定该项资产实际发生损失时（如实体发生毁损等），其损失金额才可在税前扣除。未经核定的准备金支出不得扣除。

8. 与取得收入无关的其他支出。在会计处理上，企业发生的各项支出无论与取得收入有无关系，都会在一定的会计科目进行会计核算。但是，从企业所得税处理的角度来看，企业一些支出项目受到国家税收政策的限制，且无法一一列举，从总体上说，判断一项支出是否可以在所得税前扣除，关键看其是否与取得收入相关。企业发生的与取得收入无关的其他支出，一律不允许在企业所得税前扣除。

七、费用项目的主要差异比较

(一) 公益性捐赠支出

在会计处理上，公益性捐赠支出在"营业外支出"科目核算。在税务处理上，根据《企业所得税法》第九条的规定，企业发生的公益救济性捐赠，在年度利润总额12％以内的部分，准予扣除。此处所指的公益性捐赠，是指企业通过公益性社会团体或者县级以上人民政府及其部门，用于《中华人民共和国公益事业捐赠法》规定的公益事业的捐赠。

（二）企业提取的专项基金

对于特殊行业的特定资产，通常需要根据国家法律、行政法规和国际条约等规定，承担环境保护和生态恢复等义务，如核电站设施等弃置和恢复环境义务。对于这部分支出，国家有明确的法律规定和要求，有专门和特定的用途，税收处理上给予一定的支持。《实施条例》第四十五条规定，企业依照法律、行政法规有关规定提取的用于环境保护、生态恢复等专项资金，准予扣除。上述专项资金提取后改变用途的，不得扣除。

（三）开办费

会计准则规定，除购建固定资产以外，所有筹建期间所发生的费用，先在长期待摊费用中归集，待企业开始生产经营当月起一次计入开始生产经营当月的损益。

《国家税务总局关于贯彻落实企业所得税法若干税收问题的通知》（国税函〔2010〕79号）规定：企业从事生产经营之前，进行筹办活动期间发生筹办费用支出不得计算为当期的亏损，可以在开始经营之日的当年一次性扣除，也可以按照新税法有关长期待摊费用的处理规定处理，但一经选定，不得改变。企业在新税法实施以前年度的未摊销完的开办费，也可根据这一规定处理。

（四）企业财产保险支出

在会计处理上，企业的保险费支出在"销售费用"科目核算。企业参加财产保险所发生的支出，是企业正常经营必要合理的支出，符合税前扣除的一般要求。因此，《实施条例》四十六条规定："企业参加财产保险，按照规定缴纳的保险费，准予扣除。"

（五）劳动保护支出

在会计处理上，企业的劳动保护支出在"主营业务成本"和"其他业务成本"科目核算。企业根据劳动保护法等有关法规规定，确因工作需要为雇员配备或提供工作服、手套、安全保护用品、防暑降温用品等劳保费支出，一般可以据实扣除。《实施条例》第四十八条规定："企业发生的合理的劳动保护支出，准予扣除。"本地区企业劳动保护支出扣除的控制标准，可根据本地区的地理环境、气候特点等因素确定。为了防止企业利用不合理的劳动保护支出避税，一般把非因工作需要和国家规定以外的带有普遍福利性质的支出，除从职工福利费用中支付的以外，一律视为工资、薪金支出。

（六）营业机构内部往来

在企业经营活动中，经常发生内部提供管理服务、融通资金、调剂资产等内部往来活动。过去，内资企业在基本纳税实体界定上遵循独立核算标准，将企业内部能够独立核算的营业机构或分支机构作为独立纳税人处理，为准确反映企业不同营业机构的应纳税所得额，对内部提供管理服务、融通资金、调剂资产等内部往来活动一般需要按照独立交易原则处理，分别确认应税收入和费用。

《实施条例》第四十九条对企业内部和管理方的业务往来作出重新规范，规定企业之间支付的管理费、企业内营业机构之间支付的租金和特许权使用费，以及非银行企业内营业机构之间支付的利息，不得扣除。主要考虑：一是企业内营业机构之间支付的租金和特许权使用费，以及非银行企业内营业机构之间支付的利息，本身是同一法人内部的交易行为，不宜作为收入和费用体现；二是由于企业内各营业机构都是独立的纳税人，而且新税法实行法人所得税，允许同一法人的各分支机构汇总纳税。即一方作为收入，另一方作为费用，在汇总纳税时相互抵消，在税前扣除没有实际意义。

对企业之间支付的管理费，既有总分机构之间因总机构提供管理服务而分摊的合理管理费，也有独立法人的母子公司等集团之间提供的管理费。由于新税法采取法人所得税，对总分机构之间因总机构提供管理服务而分摊的合理管理费，通过总分机构自动汇总得到解决。对属于不同独立法人的母子公司之间，确实发生提供管理服务的管理费，应按照独立企业之间公平交易原则确定管理服务的价格，作为企业正常的劳务费用进行税务处理。《实施条例》规定，企业接受关联方提供的管理或其他形式的服务，按照独立交易原则支付的有关费用，准予扣除，不得再采用分摊管理费用的方式在税前扣除。

（七）三项经费

在会计处理上，职工福利费、工会经费、职工教育经费可以据实列支。在税务处理上，职工福利费支出，不超过工资薪金总额14%以下部分，准予扣除；工会经费支出，在职工工资薪金总额2%（含）以内的，准予扣除；企业实际发生的职工教育经费支出，在职工工资总额2.5%（含）以内的，准予据实扣除；超过部分，准许在以后年度结转扣除。

（八）业务招待费

在会计处理上，业务招待费在"管理费用"科目核算。根据《实施条例》第四十三条的规定，企业发生的与生产经营活动有关的业务招待费支出，按照发生额的60%扣除，但最高不得超过当年销售（营业）收入的5‰。

（九）广告费和业务宣传费

在会计处理上，广告费和业务宣传费在"销售费用"科目核算。《实施条例》第四十四条规定："企业发生的符合条件的广告费和业务宣传费，除国务院财政、税务主管部门另有规定外，不超过当年销售（营业）收入15%的部分，准予扣除；超过部分，准予在以后纳税年度结转扣除。"

企业申报扣除的广告费支出应与赞助支出严格区分。对于非广告性质的赞助支出，由于与企业取得应税收入不直接相关，不允许在税前扣除。同时需要注意的是，根据国家有关法律法规和行业自律规定的要求，不得进行广告宣传的企业不得税前扣除广告宣传费。比如会计师事务所等中介机构，烟草企业等。

（十）非居民企业总机构费用分摊

非居民企业在中国境内设立的机构、场所，由于非居民发生的费用，与其中国境外总机构发生的与本机构、场所生产经营有关，如非居民企业给在中国境内设立的机构、场所提供管理服务，由于双方位于不同的国家，属于不同税收管辖权管辖，为了加强对非居民企业在中国境内设立的机构、场所的管理，就其中国境外总机构发生的与本机构、场所生产经营有关的费用的管理，《实施条例》第五十条规定："非居民企业在中国境内设立的机构、场所，就其中国境外总机构发生的与本机构、场所生产经营有关的费用，能够提供总机构出具的费用汇集范围、定额、分配依据和方法等证明文件，并合理计算分摊的，准予扣除。"

（十一）借款费用

《国家税务总局关于企业向自然人借款的利息支出企业所得税税前扣除问题的通知》（国税函〔2009〕777号）规定，企业向股东或其他与企业有关联关系的自然人借款的利息支出，应根据《中华人民共和国企业所得税法》第四十六条及《财政部国家税务总局关于企业关联方利息支出税前扣除标准有关税收政策问题的通知》（财税〔2008〕121号）规定的条件，计算企业所得税扣除额。企业向股东或其他与企业有关联关系以外的内部职工或其他自然人借款的利息支出，同时符合以下条件的，其利息支出在不超过按照金融企业同期同类贷款利率计算的数额的部分，准予按《企业所得税法》第八条及其《实施条例》第二十七条规定扣除。

（1）企业与个人之间的借贷是真实、合法、有效的，并且不具有非法集资目的或其他违反法律、法规的行为。

（2）企业与个人之间签订了借款合同。

下面将主要费用项目会计准则与税法的差异汇总如表 12 - 2 所示。

表 12 - 2　主要费用项目会计准则与税法差异分析表

项目	税法	会计准则	纳税调整
销售已提跌价准备存货	购进实际成本	账面价值	时间性差异
业务招待费	发生额的 60% 且小于营业（销售）收入的 5‰	据实扣除	永久性差异
研发费用计入损益	发生额的 50% 加计扣除	据实扣除	永久性差异
预计产品质量保证损失	不得扣除	估计列支	时间性差异
广告费、业务宣传费	不超过收入的 15% 允许扣除，超过部分结转扣除	据实扣除	时间性差异
未确认融资费用	不予确认	计入财务费用	时间性差异
税收滞纳金	不得扣除	据实扣除	永久性差异
罚金、罚款和没收财物的损失	不得扣除	据实扣除	永久性差异
超过限额公益性捐赠支出	不得扣除	据实扣除	永久性差异
非公益性捐赠支出	不得扣除	据实扣除	永久性差异
赞助支出	不得扣除	据实扣除	永久性差异
未经核定准备金支出	不得扣除	据实扣除	时间性差异
固定资产、存货盘亏毁损报废损失	备案后扣除	据实扣除	时间性差异
坏账损失	备案后扣除	据实扣除	时间性差异
资产减值损失	不得扣除	据实扣除	时间性差异
公益性捐赠支出	利润总额内的 12% 允许扣除	据实扣除	永久性差异
提前未支付工资	不得扣除	据实扣除	时间性差异
职工福利费	工资总额的 14% 允许扣除	据实扣除	永久性差异
工会经费	工资总额的 2% 允许扣除	据实扣除	永久性差异

（续）

项目	税法	会计准则	纳税调整
职工教育经费	工资总额的 2.5% 允许扣除，超过部分结转	据实扣除	时间性差异
自产产品发给雇员	视同销售确认收入，配比成本公允计价	确认收入成本	超过福利费计税标准永久性差异
完成等待期条件才可行权的股份支付	支付时	授权日	时间性差异
向非金融机构借款的利息支出	不高于同类同期贷款利率	计入财务费用	永久性差异
闲置专门借款取得利息收入	计入当期损益	减少借款费用资本化	时间性差异
从关联方借款支付利息	接受债权性与权益投资比例 金融 5：1 其他 2：1	据实列支	永久性差异
融资租赁未确认融资费用	不予确认	实际利率法确认据实列支	时间性差异

第五节　职工薪酬的差异分析

一、职工薪酬范围的比较

（一）准则规定

职工薪酬，是指企业为获得职工提供的服务而给予各种形式的报酬以及其他相关支出。职工薪酬主要包括以下内容：（1）职工工资、奖金、津贴和补贴。（2）职工福利费。（3）医疗保险费、养老保险费、失业保险费、工伤保险费和生育保险费等社会保险费，其中，养老保险费，包括根据国家规定的标准向社会保险经办机构缴纳的基本养老保险费，以及根据企业年金计划，向企业年金基金相关管理人缴纳的补充养老保险费。以购买商业保险形式提供给职工的各种保险待遇，也属于职工薪酬。(4) 住房公积金。(5) 工会经费和职工教育经费。(6) 非货币性福利，包括企业以自产产品发放给职工作为福利、将企业拥有的资产无偿提供给职工使用、为职工无偿提供医疗保健服务等。(7) 因解除与职工的劳动关系给予的补偿。(8) 其他与获得职工提供的服务相关的支出。

（二）税法规定

《企业所得税法》没有使用职工薪酬的概念，但在《实施条例》第三十四条，对工资薪金进行了界定。工资薪金，是指企业每一纳税年度支付给在本企业任职或者受雇的员工的所有现金形式或者非现金形式的劳动报酬，包括基本工资、奖金、津贴、补贴、年终加薪、加班工资，以及与员工任职或者受雇有关的其他支出。《企业所得税法》是把会计上的职工薪酬，分解为工资薪金、基本养老保险费、基本医疗保险费、失业保险费、工伤保险费、生育保险费、住房公积金、补充养老保险费、补充医疗保险费、人身安全保险费、企业为投资者或者职工支付的商业保险费、职工福利费、工会经费、职工教育经费等，分别作出规定的。

国家税务总局《关于企业工资薪金及职工福利费扣除问题的通知》（国税函〔2009〕3 号）规定，《实施条例》第四十、四十一、四十二条所称的"工资薪金总额"，是指企业按照本通知第一条规定实际发放的工资薪金总和，不包括企业的职工福利费、职工教育经费、工会经费以及养老保险费、医疗保险费、失业保险费、工伤保险费、生育保险费等社会保险费和住房公积金。属于国有性质的企业，其工资薪金，不得超过政府有关部门给予的限定数额；超过部分，不得计入企业工资薪金总额，也不得在计算企业应纳税所得额时扣除。

（三）两者差异

在税务处理上，不能简单地把职工薪酬作为工资薪金支出在税前扣除，应把会计上的职工薪酬分解为税法对应的费用支出，根据税法规定确定能否在税前扣除。

二、职工薪酬的确认、计量和税前扣除一般原则的比较

（一）准则规定

企业应当在职工为其提供服务的会计期间，将应付的职工薪酬确认为负债，除因解除与职工的劳动关系给予的补偿外，应当根据职工提供服务的受益对象，分别下列情况处理：应由生产产品、提供劳务负担的职工薪酬，计入产品成本或劳务成本；应由在建工程、无形资产负担的职工薪酬，计入建造固定资产或无形资产成本；除此之外的其他职工薪酬，计入当期损益。在职工为企业提供服务的

会计期间，企业应根据职工提供服务的受益对象，将应确认的职工薪酬（包括货币性薪酬和非货币性福利）计入相关资产成本或当期损益，同时确认为应付职工薪酬，但解除劳动关系补偿（下称"辞退福利"）除外。计量应付职工薪酬时，国家没有规定计提基础和计提比例的，企业应当根据历史经验数据和实际情况，合理预计当期应付职工薪酬。当期实际发生金额大于预计金额的，应当补提应付职工薪酬；当期实际发生金额小于预计金额的，应当冲回多提的应付职工薪酬。

对于在职工提供服务的会计期末以后 1 年以上到期的应付职工薪酬，企业应当选择恰当的折现率，以应付职工薪酬折现后的金额计入相关资产成本或当期损益；应付职工薪酬金额与其折现后金额相差不大的，也可按照未折现金额计入相关资产成本或当期损益。

（二）税法规定

根据《实施条例》第三十四条的规定，企业发生的合理的工资薪金支出，准予扣除。应由生产产品、提供劳务负担的职工薪酬，计入产品成本或劳务成本在税前扣除；应由在建工程、无形资产负担的职工薪酬，计入建造固定资产或无形资产成本，资本化后分期扣除。

国家税务总局《关于企业工资薪金及职工福利费扣除问题的通知》（国税函〔2009〕3 号）规定，《实施条例》第三十四条所称的"合理工资薪金"，是指企业按照股东大会、董事会、薪酬委员会或相关管理机构制定的工资薪金制度规定实际发放给员工的工资薪金。税务机关在对工资薪金进行合理性确认时，可按以下原则掌握：

（1）企业制定了较为规范的员工工资薪金制度。

（2）企业所制定的工资薪金制度符合行业及地区水平。

（3）企业在一定时期所发放的工资薪金是相对固定的，工资薪金的调整是有序进行的。

（4）企业对实际发放的工资薪金，已依法履行了代扣代缴个人所得税义务。

（5）有关工资薪金的安排，不以减少或逃避税款为目的。

（三）两者差异

1. 允许在税前扣除的工资薪金，是属于当期实际发生的金额，仅计提的而未支付给职工的应付工资支出不允许在税前扣除。

2. 工资薪金支出存在"任职或雇佣关系"，即连续性的服务关系，提供服务的任职者或雇员的主要收入或很大一部分收入来自于任职的企业，并且这种收入基本上代表了提供服务人员的劳动。所谓连续性服务并不排除临时工的使用，临时工可能是由于季节性经营活动需要雇佣的，虽然对某些临时工的使用是一次性的，但从企业经营活动的整体需要看又具有周期性，服务的连续性应足以对提供劳动的人确定计时或计件工资，应足以与个人劳务支出相区别。

3. 与任职或雇佣有关的全部支出，包括现金或非现金形式的全部报酬。

4. 工资薪金支出应是合理的。因任职或雇佣关系支付的劳动报酬应与所付出的劳动相关，这是判断工资薪金支出是否合理的主要依据；而国税函〔2009〕3号的规定，则是判断工资薪金支出是否合理性的具体标准。

5. 企业的职工除了取得劳动报酬外，可能还持有该企业的股权，甚至是企业的主要股东，因此，必须将工资薪金支出与股息分配区别开来，因为股息分配不得在税前扣除。特别是私营企业或私人控股公司，其所有者通过给自己或亲属支付高工资的办法，变相分配利润，以达到在企业所得税前多扣除费用的目的。企业支付给其所有者及其亲属的不合理的工资薪金支出，应推定为股息分配。

6. 超标的工资薪金不能将其作为计算职工福利费、职工教育经费、工会经费等税前扣除限额的依据。

三、专项费用的比较

（一）准则规定

计量应付职工薪酬时，国家规定了计提基础和计提比例的，应当按照国家规定的标准计提。比如，应向社会保险经办机构等缴纳的医疗保险费、养老保险费（包括根据企业年金计划向企业年金基金相关管理人缴纳的补充养老保险费）、失业保险费、工伤保险费、生育保险费等社会保险费，应向住房公积金管理机构缴存的住房公积金，以及工会经费和职工教育经费等。企业为职工缴纳的医疗保险费、养老保险费、失业保险费、工伤保险费、生育保险费等社会保险费和住房公积金，应当在职工为其提供服务的会计期间，根据工资总额的一定比例计算，并按照准则的规定处理。

（二）税法规定

《实施条例》第三十五条规定："企业依照国务院有关主管部门或者省级人民政府规定的范围和标准为职工缴纳的基本养老保险费、基本医疗保险费、失业保险费、工伤保险费、生育保险费等基本社会保险费和住房公积金，准予扣除。企业为投资者或者职工支付的补充养老保险费、补充医疗保险费，在国务院财政、税务主管部门规定的范围和标准内，准予扣除。《实施条例》第三十六条规定："除企业依照国家有关规定为特殊工种职工支付的人身安全保险费和国务院财政、税务主管部门规定可以扣除的其他商业保险费外，企业为投资者或者职工支付的商业保险费，不得扣除。"

同时，财政部国家税务总局《关于补充养老保险费补充医疗保险费有关企业所得税政策问题的通知》（财税〔2009〕27号）规定，自2008年1月1日起，企业根据国家有关政策规定，为在本企业任职或者受雇的全体员工支付的补充养老保险费、补充医疗保险费，分别在不超过职工工资总额5%标准内的部分，在计算应纳税所得额时准予扣除；超过的部分，不予扣除。财政部《关于企业新旧财务制度衔接有关问题的通知》（财企〔2008〕34号）规定，企业缴费总额超出规定比例的部分，不得由企业负担，企业应当从职工个人工资中扣缴。个人缴费全部由个人负担，企业不得提供任何形式的资助。

《实施条例》第四十条规定："企业发生的职工福利费支出，不超过工资、薪金总额14%的部分，准予扣除。"第四十一条规定："企业拨缴的工会经费，不超过工资薪金总额2%的部分，准予扣除。"第四十二条规定："除国务院财政、税务主管部门另有规定外，企业发生的职工教育经费支出，不超过工资薪金总额2.5%的部分，准予扣除；超过部分，准予在以后纳税年度结转扣除。"

国家税务总局《关于企业工资薪金及职工福利费扣除问题的通知》（国税函〔2009〕3号）规定，《实施条例》第四十条规定的企业职工福利费，包括以下内容：

1. 尚未实行分离办社会职能的企业，其内设福利部门所发生的设备、设施和人员费用，包括职工食堂、职工浴室、理发室、医务所、托儿所、疗养院等集体福利部门的设备、设施及维修保养费用和福利部门工作人员的工资薪金、社会保险费、住房公积金、劳务费等。

2. 为职工卫生保健、生活、住房、交通等所发放的各项补贴和非货币性福利，包括企业向职工发放的因公外地就医费用、未实行医疗统筹企业职工医疗费用、职工供养直系亲属医疗补贴、供暖费补贴、职工防暑降温费、职工困难补贴、救济费、职工食堂经费补贴、职工交通补贴等。

3. 按照其他规定发生的其他职工福利费，包括丧葬补助费、抚恤费、安家费、探亲假路费等。

企业发生的职工福利费，应该单独设置账册，进行准确核算。没有单独设置账册准确核算的，税务机关应责令企业在规定的期限内进行改正。逾期仍未改正的，税务机关可对企业发生的职工福利费进行合理的核定。

（三）两者差异

（1）关于社会保障费用的会计处理与税务处理的差异如表 12 – 3 所示。

表 12 – 3　社会保障费用的会计处理与税务处理的差异比较

项目		会计处理	税法处理	纳税调整
基本养老、失业保险		作为"劳动保险费"计入成本费用	允许税前列支	否
基本医疗保险		计入"应付福利费"	允许税前列支	纳税调减
		应付福利费不足的部分作为"劳动保险费"计入成本费用	允许税前列支	否
补充养老、失业保险（工资总额 5% 以内的部分）	试点地区	作为"劳动保险费"计入成本费用	允许税前列支	否
	非试点地区	计入"应付福利费"（不得发生赤字）	允许税前列支	纳税调减
补充医疗保险（工资总额 5% 以内的部分）		计入"应付福利费"	允许税前列支	纳税调减
		应付福利费不足的部分作为"劳动保险费"计入成本费用	允许税前列支	否
补充养老、失业、医疗保险（超过工资总额 5% 的部分）		不得由企业负担，企业应当从职工个人工资中扣缴	不允许税前列支	否
为职工个人购买的财保、人保等商业保险	个人投资行为	由职工个人负担，企业不得报销	不允许税前列支	否
	作为职工奖励	计入"应付工资"	不允许税前列支	纳税调增
	作为职工福利	计入"应付福利费"（不得发生赤字）	不允许税前列支	否

（2）职工福利费、工会经费、职工教育经费会计和税法处理的差异

税法所规定的职工福利费包括的范围，与企业通常意义上的"企业职工福利"相比大大缩小，如企业发给员工的"年货"、"过节费"、节假日物资及组织员工旅游支出等都不在"职工福利费"之列。多数企业对于企业发生的类似"非货币性福利"支出通常在"职工福利费"中核算；此外企业按照规定发放的供暖费补贴、职工防暑降温费通常直接计入成本费用科目，而不通过"职工福利费"核算，这都产生了会计与税法差异，应进行纳税调整。

职工福利费、工会经费、职工教育经费超过税法规定扣除标准的，应进行纳税税调整。

四、非货币性福利的比较

（一）准则规定

企业以其自产产品作为非货币性福利发放给职工的，应当根据受益对象，按照该产品的公允价值，计入相关资产成本或当期损益，同时确认应付职工薪酬。将企业拥有的房屋等资产无偿提供给职工使用的，应当根据受益对象，将该住房每期应计提的折旧计入相关资产成本或当期损益，同时确认应付职工薪酬。租赁住房等资产供职工无偿使用的，应当根据受益对象，将每期应付的租金计入相关资产成本或当期损益，并确认应付职工薪酬。难以认定受益对象的非货币性福利，直接计入当期损益和应付职工薪酬。

（二）税法规定

根据《实施条例》第二十五条的规定，企业以其自产产品作为非货币性福利发放给职工、用于职工集体福利的，应当视同销售，按照该产品的公允价值，确认销售货物收入；同时，按该价值计入工资、薪金支出或职工福利费支出。

（三）两者差异

职工福利费税前扣除要受税法规定标准的限制。将企业拥有的房屋等资产无偿提供给职工使用的，该住房每期应计提的折旧不应计入相关资产成本或当期损益税前扣除，应作纳税调整，否则确认的应付职工薪酬会形成重复扣除。租赁住房等资产供职工无偿使用的，每期应付的租金不应计入相关资产成本或当期损益，应作纳税调整，否则确认的应付职工薪酬会形成重复扣除。

五、辞退福利的比较

（一）准则规定

企业在职工劳动合同到期之前解除与职工的劳动关系，或者为鼓励职工自愿接受裁减而提出给予补偿的建议，同时满足下列条件的，应当确认因解除与职工的劳动关系给予补偿而产生的预计负债，同时计入当期损益：

1. 企业已经制定正式的解除劳动关系计划或提出自愿裁减建议，并即将实施。该计划或建议应当包括拟解除劳动关系或裁减的职工所在部门、职位及数量；根据有关规定按工作类别或职位确定的解除劳动关系或裁减补偿金额；拟解除劳动关系或裁减的时间。

2. 企业不能单方面撤回解除劳动关系计划或裁减建议。辞退福利包括：职工劳动合同到期前，不论职工本人是否愿意，企业决定解除与职工的劳动关系而给予的补偿；职工劳动合同到期前，为鼓励职工自愿接受裁减而给予的补偿，职工有权选择继续在职或接受补偿离职。

辞退福利通常采取在解除劳动关系时一次性支付补偿的方式，也有通过提高退休后养老金或其他离职后福利的标准，或者将职工工资支付至辞退后未来某一期间的方式。满足准则确认条件的解除劳动关系计划或自愿裁减建议的辞退福利应当计入当期管理费用，并确认应付职工薪酬。

（二）税法规定

1. 职工没有选择继续在职的权利，属于因解除与职工的劳动关系给予的补偿，根据《国家税务总局关于企业支付给职工的一次性补偿金在企业所得税前扣除问题的批复》（国税函〔2001〕918号）规定：企业对已达一定工作年限、一定年龄或接近退休年龄的职工内部退养支付的一次性生活补贴，以及企业支付给解除劳动合同职工的一次性补偿支出（包括买断工龄支出）等，原则上可以在企业所得税税前扣除。各种补偿性支出数额较大，一次性摊销对当年企业所得税收入影响较大的，可以在以后年度均匀摊销。

2. 职工有选择继续在职的权利，属于或有事项，通过预计负债计入了费用。税法上对费用的税前扣除，原则上为据实扣除，因此，按税法规定对企业确认的预计负债而计入费用的金额不允许税前扣除。

（三）两者差异

企业已经制定正式的解除劳动关系计划或提出自愿裁减建议，并即将实施而确认因解除与职工的劳动关系给予补偿而产生的预计负债，不应计入当期损益，当期不允许在税前扣除，应在实际发生时才允许在税前扣除。

第六节　股份支付的差异分析

股份支付分为以权益结算的股份支付和以现金结算的股份支付。以权益结算的股份支付，是指企业为获取服务以股份或其他权益工具作为对价进行结算的交易；以现金结算的股份支付，是指企业为获取服务承担以股份或其他权益工具为基础计算确定的交付现金或其他资产义务的交易。

一、准则规定

（一）授予日

除立即可行权的股份支付外，无论权益结算的股份支付还是现金结算的股份支付，企业在授予日均不作会计处理。

（二）等待期内每个资产负债表日

企业应当在等待期内的每个资产负债表日，将取得职工或其他方提供的服务计入成本费用，同时确认所有者权益或负债。对于附有市场条件的股份支付，只要职工满足了其他所有非市场条件，企业就应当确认已取得的服务。

在等待期内每个资产负债表日，企业计入成本费用的金额应当按照权益工具的公允价值计量。对于权益结算涉及职工的股份支付，在首个资产负债表日应当按照授予日权益工具的公允价值计入成本费用和资本公积，不确认其后续公允价值变动；对于现金结算的涉及职工的股份支付，应当按照每个资产负债表日权益工具的公允价值重新计量，确定成本费用和应付职工薪酬。

对于授予的存在活跃市场的期权等权益工具，应当按照活跃市场中的报价确定其公允价值。对于授予的不存在活跃市场的期权等权益工具，应当采用期权定价模型等确定其公允价值，选用的期权定价模型至少应当考虑以下因素：期权的行权价格；期权的有效期；标的股份的现行价格；股份预计波动率；股份价格的预计股利；期权有效期内的无风险利率。

在等待期内每个资产负债表日，企业应当根据最新取得的可行权职工人数变动等后续信息作出最佳估计，修正预计可行权的权益工具数量。在可行权日，最终预计可行权权益工具的数量应当与实际可行权工具的数量一致。根据上述权益工具的公允价值和预计可行权的权益工具数量，计算截至当期累计应确认的成本费用金额，再减去前期累计已确认的金额，作为当期应确认的成本费用金额。

（三）可行权日之后

1. 对于权益结算的股份支付，在可行权日之后不再对已确认的成本费用和所有者权益总额进行调整。企业应在行权日根据行权情况，确认股本和股本溢价，同时结转等待期内确认的资本公积（其他资本公积）。

2. 对于现金结算的股份支付，企业在可行权日之后不再确认成本费用，负债（应付职工薪酬）公允价值的变动应当计入当期损益（公允价值变动损益）。

（四）回购股份进行职工股权激励

企业以回购股份形式奖励本企业职工的，属于权益结算的股份支付，应当进行以下处理：

1. 回购股份。企业回购股份时，应当按照回购股份的全部支出作为库存股处理，同时进行备查登记。

2. 确认成本费用。企业应当在等待期内每个资产负债表日按照权益工具在授予日的公允价值，将取得的职工服务计入成本费用，同时增加资本公积（其他资本公积）。

3. 职工行权。企业应于职工行权购买本企业股份收到价款时，转销交付职工的库存股成本和等待期内资本公积（其他资本公积）累计金额，同时，按照其差额调整资本公积（股本溢价）。

二、税法规定

按照税法规定，无论是现金结算的股份支付，还是权益结算的股份支付，凡支付的对象是本单位雇员，均应作为工资薪金支出处理。本期计入成本费用的金额，不得在税前扣除，需作纳税调增处理；而实际行权时，视同发放工资薪金，应据实调减应纳税所得。

需要说明的是，涉及职工的股份支付是企业全年工资薪金支出的一部分，其纳税调整不应单独进行，而应并入当年度全部工资薪金总额考查。全年实际计提数（包括权益结算的股份支付和现金结算的股份支付，下同）超过实发数（含未通过"应付职工薪酬"科目的权益结算的股份支付，下同）的部分，调增应纳税所得，全年实发数超过提取数的部分，调减应纳税所得。

三、两者差异

关于可行权日在首次执行日或之后的股份支付，应区别情况进行所得税处理：

1. 由于外商投资企业在"两税合并"前后，均实行工资薪金据实扣除政策，因此 2008 年 1 月 1 日以后执行新会计准则的企业，通过"以前年度损益调整"科目补提以前年度的股份支付，不得调整以前年度的应纳税所得；但在实际行权时，据实扣除，允许作纳税调减处理。

2. 2008 年 1 月 1 日以后执行新会计准则的原实行计税工资的内资企业，通过"以前年度损益调整"科目补提以前年度的股份支付，重新计入原所属年度的工资提取数，对照原所属年度的实发数、计税工资限额，重新确定允许扣除的工资薪金金额，涉及应纳税所得额、应纳所得税额变动的，应当按规定计算税法亏损及应补退税款。实际行权（包括权益结算的股份支付）时，视同行权年度发放的工资薪金处理。调整方法是，当年提取数超过实发数的部分，不得扣除，调增所得；当年实发数超过提取数的部分，先动用 2008 年 1 月 1 日以后形成的工资结余（新结余），这部分金额允许调减所得；新结余不够的，再动用老结余（包括权益结算的股份支付在内的 2008 年 1 月 1 日期初工资结余），动用老结余不得在税前扣除。

【例 12 - 11】2008 年 1 月 1 日，A 公司对其 200 名中层以上管理人员每人授予 100 份现金股票增值权，这些人员从 2008 年 1 月 1 日起必须在该公司连续服务 3 年，即可自 2010 年 12 月 31 日起根据股价的增长幅度获得现金，该增值权应在 2012 年 12 月 31 日之前行使完毕。A 公司估计，该增值权在负债结算之前的每一资产负债表日以及结算日的公允价值和可行权后的每份增值权现金支出额如表12 - 4所示：

表 12 - 4　资产负债表日及结算日 A 公司股票公允价值与每份增值权现金支出额

（单位：元）

年份	公允价值	支付现金
2008	14	
2009	15	
2010	18	16
2011	21	20
2012		25

第 1 年有 20 名管理人员离开公司，公司估计未来 3 年中还将有 15 名管理人员离开；第 2 年又有 10 名管理人员离开公司，公司估计还将有 10 名管理人员离开；第 3 年又有 15 名管理人员离开。第 3 年年末，假定有 70 人行使股票增值权

取得了现金。2011 年 12 月 31 日（第 4 年年末），有 50 人行使了股票增值权。2012 年 12 月 31 日（第 5 年年末），剩余 35 人全部行使了股票增值权。

1. 费用和资本公积计算过程如表 12 - 5 所示

表 12 - 5　A 公司累计负债及支付现金情况（2008 ~ 2012 年）　　　　　（单位：元）

年份	累计负债(1)	支付现金(2)	当期费用(3) = 本期(1) - 上期[(1) + (2)]
2008	(200 - 35) × 100 × 14 × 1/3 = 77 000		77 000
2009	(200 - 40) × 100 × 15 × 2/3 = 160 000		83 000
2010	(200 - 45 - 70) × 100 × 18 = 153 000	70 × 100 × 16 = 112 000	105 000
2011	(200 - 45 - 70 - 50) × 100 × 21 = 73 500	50 × 100 × 20 = 100 000	20 500
2012		35 × 100 × 25 = 87 500	14 000
总额		299 500	299 500

2. 会计及税务处理

（1）2008 年 1 月 1 日：授予日不作会计处理。

（2）2008 年 12 月 31 日：

借：管理费用等　　　　　　　　　　　　　　　　77 000

　　贷：应付职工薪酬——股份支付　　　　　　　　　　　77 000

计提的工资薪金不得扣除，调增应纳税所得额 77 000 元。

（3）2009 年 12 月 31 日：

借：管理费用等　　　　　　　　　　　　　　　　83 000

　　贷：应付职工薪酬——股份支付　　　　　　　　　　　83 000

计提的工资薪金不得扣除，调增应纳税所得额 83 000 元。

（4）2010 年 12 月 31 日：

借：管理费用等　　　　　　　　　　　　　　　　105 000

　　贷：应付职工薪酬——股份支付　　　　　　　　　　105 000

借：应付职工薪酬——股份支付　　　　　　　　112 000

　　贷：银行存款　　　　　　　　　　　　　　　　　112 000

本期计提工资薪金 105 000 元不得在税前扣除，但实际发放的工资薪金 112 000元，可以在税前扣除。

（5）2011 年 12 月 31 日：

借：公允价值变动损益　　　　　　　　　　　　20 500

　　贷：应付职工薪酬——股份支付　　　　　　　　　　20 500

借：应付职工薪酬——股份支付　　　　　　　　100 000

　　贷：银行存款　　　　　　　　　　　　　　　　　100 000

公允价值变动损益 20 500 元不得在税前扣除，但实际发放的工资薪金100 000元可在税前扣除。

（6）2012 年 12 月 31 日：

借：公允价值变动损益　　　　　　　　　　　　14 000

　　贷：应付职工薪酬——股份支付　　　　　　　　　　14 000

借：应付职工薪酬——股份支付　　　　　　　　87 500

　　贷：银行存款　　　　　　　　　　　　　　　　　87 500

公允价值变动损益 14 000 元不得在税前扣除，但实际发放的工资薪金 87 500元可在税前扣除。

本例应付职工薪酬会计基础与计税基础的差异，产生可抵扣暂时性差异，还应进行相应的纳税调整。

第七节　借款费用的差异分析

一、借款费用予以资本化的资产范围比较

（一）准则规定

新会计准则扩大了借款费用资本化涉及资产的范围，包括需要经过相当长时间（通常为一年及一年以上）的购建或者生产活动，才能达到预定可使用或者可销售状态的固定资产、投资性房地产和存货等资产。

（二）税法规定

《实施条例》第三十七条规定："企业为购置、建造固定资产、无形资产和经过 12 个月以上的建造才能达到预定可销售状态的存货发生借款的，在有关资产购置、建造期间发生的合理的借款费用，应当作为资本性支出计入有关资产的成本，并依照本条例的规定扣除。"

（三）两者差异

在借款费用资本化的范围方面，准则与税法之间总体趋于一致。

二、借款费用予以资本化的借款范围比较

(一) 准则规定

新会计准则规定，除了专门借款的借款费用之外，为购建或者生产符合资本化条件的资产而占用的一般借款的借款费用也允许资本化，计入相关资产成本。

(二) 税法规定

财税〔2007〕80号文就曾规定："企业发生的借款费用，符合会计准则规定的资本化条件的，应当资本化，计入相关资产成本，按税法规定计算的折旧等成本费用可在税前扣除。"在税务管理实践中一直强调：借款费用是否资本化与借款期间长短无直接关系。如果某纳税年度企业发生长期借款，并且没有指定用途，当期也没有发生购置固定资产支出，则其借款费用全部可直接扣除。

(三) 两者差异

在此方面，会计与税收之间没有原则性分歧。相反，新准则中允许将为购建或者生产符合资本化条件的资产而占用一般借款的借款费用资本化，实质上是将原财务费用转入资产成本，税收政策自然不会排斥这种做法。

三、借款费用开始和终止资本化的时点比较

(一) 准则规定

会计准则规定，借款费用允许开始资本化必须同时满足3个条件：即资产支出已经发生，借款费用已经发生，为使资产达到预定可使用或者可销售状态所必要的购建或者生产活动已经开始。

会计准则规定，购建或者生产符合资本化条件的资产达到预定可使用或者可销售状态时，借款费用应当停止资本化。

(二) 税法规定

税法对借款费用资本化的起始时点没有明确规定，可以认为税法从准则规定。而按照税法对购建资产资本化的基本规定，有关资产办理竣工结算后发生的借款费用，方可在发生当期扣除。例如《实施条例》第五十八条规定，自行建造的固定资产，以竣工结算前发生的支出为计税基础。

(三) 两者差异

如果会计核算中已将资产竣工结算前的借款费用计入"财务费用"的，存在纳税调增的问题；同时，应将此调增的财务费用增加购建资产的计税基础。

四、借款利息资本化金额计算方法的比较

(一) 准则规定

新会计准则对于专门借款所发生的利息费用允许全部资本化，但是需要扣减尚未动用的专门借款金额存入银行取得的利息收入或者进行暂时性投资取得的投资收益。同时，为购建或者生产符合资本化条件的资产而占用了一般借款的，企业应当根据累计资产支出超过专门借款部分的资产支出加权平均数乘以所占用一般借款的资本化率，计算确定一般借款应予资本化的利息金额。

(二) 税法规定

新会计准则中关于借款利息资本化金额的计算方法，税法中没有明确规定不同的计算要求。

(三) 两者差异

1. 企业在生产、经营期间向非金融机构借款发生的利息支出，如果高于以金融机构同期同类贷款利率计算的数额，按照《企业所得税法》的规定，超过的部分不得计入资产的价值，也不得计入财务费用在税前扣除。而会计准则是按照实际利率计算资本化金额或费用化金额。这里的会计与税务处理的差异是由于计量口径不一致造成的，属于永久性差异。如果对借款费用进行资本化处理，则当期纳税申报时不调整应纳税所得额，在资产未来使用年限内将企业所得税法不允许资本化的部分分期调增应纳税所得额；如果对借款费用进行费用化处理，则调增当期应纳税所得额。

2. 企业将闲置的专门借款存入银行取得的利息收入或进行暂时性投资取得的投资收益，按企业所得税法的规定应确认为利息收入，而会计上作减少借款费用资本化金额处理。由此造成资产的账面价值小于计税基础，形成可抵扣暂时性差异，应确认递延所得税资产。填报当期的纳税申报表时，调增当期的应纳税所得额。

【例 12 - 12】某企业于 2009 年 1 月 1 日动工兴建一幢厂房，工期预计为 1 年零 6 个月，工程采用出包方式，分别于 2009 年 1 月 1 日、2009 年 7 月 1 日和 2009 年 10 月 1 日支付工程款。

该企业为建造厂房发生了两笔专门借款，分别为：(1) 2009 年 1 月 1 日从银行取得专门借款 2 000 万元，借款期限为 3 年，年利率为 8%，借款利息按年支付；(2) 2009 年 7 月 1 日从银行取得专门借款 2 000 万元，借款期限为 5 年，年

利率为10%，借款利息按年支付。

另外，在厂房建造过程中占用了两笔一般借款，具体资料为：（1）2008年12月1日向工商银行借款2 000万元，期限为3年，年利率为6%，按年付息；（2）发行公司债券1亿元，于2008年1月1日发行，期限为5年，年利率为8%，按年支付利息。闲置借款资金均用于投资短期固定收益债券，月收益率为0.5%。厂房于2009年12月31日完工，达到预定可使用状态。该企业适用的所得税税率为25%。

该企业为建造该厂房发生的支出金额如表12-6所示。

表12-6 企业为建造厂房发生的支出 （单位：万元）

时间	金额
2009年1月1日	2 000
2009年7月1日	2 500
2009年10月1日	1 000

1. 会计处理

（1）计算专门借款利息资本化金额。专门借款利息资本化金额 = 2 000 × 8% + 2 000 × 10% × 180 ÷ 360 − 500 × 0.5% × 6 = 245（万元）。

（2）计算一般借款利息资本化金额。累计资产支出超过专门借款部分的资产支出加权平均数 = （4 500 − 4 000）× 180 ÷ 360 + 1 000 × 90 ÷ 360 = 500（万元）。

一般借款利息资本化率：

（2 000 × 6% + 10 000 × 8%）÷（2 000 + 10 000）× 100% = 7.67%。

一般借款利息资本化金额 = 500 × 7.67% = 38.35（万元）。

（3）计算建造厂房应予以资本化的利息费用金额。建造厂房应予以资本化的利息费用金额 = 245 + 38.35 = 283.35（万元）。

（4）该企业的会计处理如下：

借：在建工程　　　　　　　　　　　　　　2 833 500
财务费用　　　　　　　　　　　　　　8 816 500
应收利息（银行存款）　　　　　　　　150 000
　　贷：应付利息　　　　　　　　　　　　　　　11 800 000

2009实际借款利息 = 2 000 × 8% + 2 000 × 10% × 180 ÷ 360 + 2 000 × 6% + 10 000 × 8% = 1 180（万元）。

2. 税务处理

（1）专门借款利息的税务处理。根据《企业所得税法》的规定，企业专门借款的利息资本化金额为专门借款当期实际产生的利息费用。专门借款利息资本化金额 $= 2\,000 \times 8\% + 2\,000 \times 10\% \times 180 \div 360 = 260$（万元）。

企业将闲置借款用于投资固定收益债券，取得的短期投资收益 $= 500 \times 0.5\% \times 6 = 15$（万元），企业所得税法将其确认为收入，调增应纳税所得额 15 万元。

（2）一般借款利息的税务处理。按照《企业所得税法》的规定，在有关资产购置、建造期间发生的合理的借款费用，应当作为资本性支出计入有关资产的成本。一般借款利息资本化金额和会计核算结果一致，即 38.35 万元。

（3）按照《企业所得税法》的规定，该企业建造厂房发生的借款利息应全部予以资本化，资本化金额 $= 260 + 38.35 = 298.35$（万元）。

3. 纳税调整

（1）从以上分析可以看出，按照会计准则的规定，借款费用应予以资本化的金额为 283.35 万元，比企业所得税法允许资本化的金额 298.35 万元少 15 万元，即资产的账面价值比计税基础少 15 万元，确认为可抵扣暂时性差异。该企业应进行以下会计处理：

借：递延所得税资产　　　　　　　　　　　　　　　　　　37 500

　　贷：所得税费用　　　　　　　　　　　　　　　　　　　　37 500

在固定资产预计使用寿命期限内，每期纳税申报时须进行纳税调整，累计调减 15 万元。

（2）企业将闲置借款用于短期固定收益债券投资取得的投资收益，应填报在当期企业所得税纳税申报表中，调增应纳税所得额 15 万元。

五、借款费用暂停资本化以及借款时发生辅助费用处理的比较

（一）准则规定

在固定资产的购置或者建造过程中，如果购建活动发生了非正常中断，并且中断时间连续超过 3 个月的，则中断期间所发生的借款费用应当暂停资本化，将其计入当期损益，直至购建活动重新开始。但是，如果中断是使所购建固定资产达到预定可使用状态所必要的程序，则所发生的借款费用应当继续资本化。

对于企业发生的专门借款辅助费用，在所购建或者生产的符合资本化条件的资产达到预定可使用或者可销售状态之前发生的，应当在发生时根据其发生额予以资本化；在所购建或者生产的符合资本化条件的资产达到预定可使用或者可销售状态之后所发生的，应当在发生时根据其发生额确认为费用，计入当期损益。

上述资本化或计入当期损益的辅助费用的发生额，是指按照实际利率法所确定的金融负债交易费用对每期利息费用的调整额。一般借款发生的辅助费用，也应当按照上述原则确定其发生额并进行处理。

（二）税法规定

税法中未作具体规定，可以认为税法服从准则规定。

（三）两者差异

会计核算中已作资本化的借款费用，如果属于向非金融企业或个人借款，或关联方之间的借款，若不符合税法规定的相关条件，或没有取得真实合法凭证，也不得计入资产的计税基础。这方面的差异通常为永久性差异。

六、关联方借款利息处理的比较

（一）准则规定

企业借款费用包括关联方借款费用符合条件的应当资本化，不符合条件的计入当期损益。

（二）税法规定

企业间的投资方式主要有债权性投资和权益性投资，但基于规避税收成本的目的，企业可以采取增加债权性投资，同时相应减少权益性投资的做法，其主要原因是：首先，债务人支付给债权人的利息可以在税前扣除，而支付给股东的股息却不能在税前扣除；其次，如果关联方之间所在国家或地区税收制度存在差异，或双方所得税税收待遇存在差异，则企业可通过支付利息的方式将利润转移至所得税成本较低一方的关联企业，从而达到避税目的；再次，有的国家对非居民纳税人获得的利息征收的预提所得税税率，通常比对股息征收的企业所得税税率低，则采用债权性投资就比采用股权投资的税收成本低。对于债务人和债权人同属于一个利益集团的跨国公司来说，就可能产生通过操纵融资方式，降低集团整体税收负担的目的。因此，相关税收法规对关联方之间的债权性投资规模及利息支出作出限制，以防范企业通过操纵债权性投资与权益性投资的结构进行避税，这就是税收制度中所谓的防止"资本弱化"。

《财政部国家税务总局关于企业关联方利息支出税前扣除标准有关税收政策问题的通知》（财税〔2008〕121号）采用"债权性投资/权益性投资"的固定比率（又称债资比例）来防止企业资本弱化，所规定的债权性投资/权益性投资比率为：金融企业为5:1；其他企业为2:1。这也是国际上许多国家通行的做法，只不过不同国家（地区）规定的标准不一。值得注意的是，121号文规定：企业如果能够按照《企业所得税法》及其《实施条例》的有关规定提供相关资料，并证明相关交易活动符合独立交易原则的；或者该企业的实际税负不高于境内关联方的，其实际支付给境内关联方的利息支出，在计算应纳税所得额时准予扣除。即：如果融资交易本质上不以少缴、免除、延迟缴纳税款为目的，可不受上述比例限制。《实施条例》第一百一十条规定，独立交易原则是指没有关联关系的交易各方，按照公平成交价格和营业常规进行业务往来遵循的原则。

《特别纳税调整实施办法（试行）》（国税发〔2009〕2 号）第八十五条规定，不得扣除利息支出 = 年度实际支付的全部关联方利息 ×（1 − 标准比例/关联债资比例）。其中，标准比例是指财税〔2008〕121 号文规定的比例。该办法第八十八条规定，不得在计算应纳税所得额时扣除的利息支出，应按照实际支付给各关联方利息占关联方利息总额的比例，在各关联方之间进行分配，其中，分配给实际税负高于企业的境内关联方的利息准予扣除。该办法第八十九条规定，企业关联债资比例超过标准比例的利息支出，如要在计算应纳税所得额时扣除，应按税务机关要求提供资料，证明关联债权投资符合独立交易原则。

（三）两者差异

1. 由于关联方接受债权性投资的比例超过了国务院财政、税务主管部门规定的标准而发生的利息支出，按照企业所得税法的规定，不得在计算应纳税所得额时扣除，由此产生的借款费用资本化金额和按会计确认标准确认的资本化金额之间的差异属于永久性差异，不调整当期的应纳税所得额。企业所得税法不允许资本化的部分在资产未来使用年限内分期调增应纳税所得额。

2. 企业实际支付给关联方的利息支出，不超过规定比例和《企业所得税法》及其《实施条例》有关规定计算的部分，准予扣除。也就是说，即使企业不超过规定比例，但实际支付给关联方的利息支出也应符合正常利息水平。《实施条例》规定，非金融企业向非金融企业借款的利息支出，不超过按照金融企业同期同类贷款利率计算的数额的部分，可以税前扣除。

3. 企业自关联方取得的不符合规定的利息收入应按照有关规定缴纳企业所得税。这里所谓的"不符合规定"是指贷出款项一方收取的超过规定比例且不符合独立交易原则的利息收入部分。当然，对于取自关联方符合规定的利息收入也应缴纳企业所得税。同时，应按有关规定确定是否缴纳营业税及相关税费。

【例 12 – 13】为扩大经营规模，2008 年 A 公司向甲、乙、丙、丁 4 家非金融企业关联方借款修建厂房。具体借款情况为：向甲借款 1 000 万元，利率为 6%，付利息 60 万元；向乙借款 2 000 万元，利率为 7%，付利息 140 万元；向丙借款 3 000 万元，利率为 5%，付利息为 150 万元；向丁借款 5 000 万元，利率为 8%，付利息 400 万元；同期银行贷款利率为 6%。

2008 年 A 公司支付给 4 家关联方借款利息共计 750 万元，根据企业会计准则的规定，300 万元计入财务费用，450 万元计入在建工程。

A 向 4 家关联方借款交易中，只有向丁的借款符合《特别纳税调整实施办法（试行）》（国税发〔2009〕2 号）规定的独立交易原则规定，其他 3 家不能提供资料证明符合独立交易原则。此外，A 公司和甲、乙、丙、丁 4 家企业的适用税率分别是 25%、25%、15%、15% 和 15%。

2008 年 A 公司所有者权益为 2 000 万元。

计算暂时性不能扣除的关联方借款利息：

（1）支付全部关联方利息：60 + 140 + 150 + 400 = 750（万元）。

（2）关联方借款总金额为：1 000 + 2 000 + 3 000 + 5 000 = 11 000（万元）。

（3）暂时不能扣除的关联方借款利息：750 × [1 − 2 ÷（11 000 ÷ 2 000）] = 477.27（万元）。根据财税〔2008〕121 号文第一条第二款规定，企业实际支付给关联方的利息支出，其接受关联方债权性投资与其权益性投资比例为：非金融企业为 2∶1，该企业适用的标准比例为 2。

将暂时性不能扣除的关联方借款利息在各关联方之间分配：

（1）支付甲利息应分配比例为：60 ÷ 750 × 100% = 8%。

（2）支付甲利息应分配的金额为：477.27 × 8% = 38.18（万元）。同样方法计算出乙、丙和丁应分配的利息金额分别为 89.11 万元、95.45 万元和 254.53 万元。

根据关联方之间的实际税负率和关联方借款交易的独立性，判断上述暂时性不可扣除利息中永久不可扣除的关联方借款利息：

（1）甲的税负率和 A 公司的税负率相同，不存在因超比例发生的永久性不可扣除的关联方借款利息。

（2）乙的税负率低于 A 公司税负率，且该借款不能提供资料证明符合独立交易原则，乙分配出的暂时性不可扣除关联方利息支出 89.11 万元，就是永久性不可扣除的利息支出。

（3）丙的情况和乙类似，丙分配出的暂时性不可扣除关联方利息支出 95.45 万元，就是永久性不可扣除的利息支出。

（4）丁的税负率低于 A 公司税负率，但符合独立交易原则，不存在因超比例发生的永久性不可扣除的关联方借款利息。

通过上述计算，永久性不可扣除的关联方借款利息为：89.11 + 95.45 = 184.56（万元）。

将上述非永久性不可扣除的关联方利息中利率高于银行贷款利率部分进行调整，剔除此部分永久性不可扣除的关联方利息：

（1）向甲借款产生的关联方利息，因借款利率等于银行贷款利率，全部可以扣除。

（2）向乙借款产生的关联方借款利息 140 万元，剔除分摊出的 89.11 万元永久性不可扣除的利息支出后，剩余部分 50.89（140 - 89.11）万元，因贷款利率 7% 超过银行利率 6%，须调增金额 7.27 ［50.89 ÷ 7% × （7% - 6%）］万元。

（3）向丙借款产生的关联方借款利息 150 万元，剔除分摊出的 95.45 万元永久性不可扣除的利息支出后，剩余部分 54.55（150 - 95.45）万元，因贷款利率 5% 低于银行利率 6%，无须调增。

（4）向丁借款产生的关联方借款利息，不存在因超比例发生的永久性不可扣除的利息支出，全部关联方借款利息 400 万元，因借款利率 8% 超过银行贷款利率 6%，须调增金额 100 ［400 ÷ 8% × （8% - 6%）］万元。

通过上述计算后，将关联方借款利率超过银行贷款利率的部分计算纳税：

A 公司须调增金额 107.27（7.27 + 100）万元。

综上所述，A 公司共产生永久性不可扣除的关联方借款利息为 291.83（184.56 + 107.27）万元。

A 公司在 2008 年进行企业所得税汇算时，应将上述不可扣除的关联方利息在费用化与资本化之间分摊：

（1）费用化不可扣除的金额为 291.83 × 300 ÷ 750 = 116.73（万元）。

根据《企业所得税年度纳税申报表》（国税发［2008］101 号）和《〈企业所得税年度纳税申报表〉的补充通知》（国税函［2008］1081 号）规定可知：利息支出账载金额为 300 万元，税收金额为 183.27（300 - 116.73）万元，纳税调增金额为 116.73 万元。

（2）资本化不可扣除的金额为 291.83 - 116.73 = 175.10（万元），A 公司在备查簿中登记此金额，在建工程的计税基础（利息支出）金额为 450 - 175.10 = 274.90（万元），将来在建工程转为固定资产后，A 公司须对该固定资产的账面价值与计税基础不同产生的永久性差异进行纳税调整。

第十三章

特殊业务的差异分析

第一节 非货币性资产交换的差异分析

非货币性资产交换是指交易双方主要以存货、固定资产、无形资产和长期股权投资等非货币性资产进行的交换。非货币性交易不涉及下列交易和事项：一是与所有者或所有者以外方面的非货币性资产非互惠转让，如政府补助、以非货币性资产支付股利、非现金资产对外捐赠等；二是以企业合并、债务重组、发行股票方式取得的非货币性资产。

非货币性资产交换一般不涉及或只涉及少量货币性资产，即补价。在涉及少量补价的情况下，以补价占整个资产交换金额的比例低于25%作为参考。支付的货币性资产占换入资产公允价值（或者占换出资产的公允价值与支付的货币性资产之和）的比例低于25%（不含25%），视为非货币性资产交换；高于25%（含25%）的，则视为货币性资产交换，适用收入准则的有关规定。

对于非货币性资产交换，会计准则和税法的差异主要体现在非货币性资产的计量上。

一、非货币性资产交换采用公允价值模式计量时的差异比较

（一）准则规定

非货币性资产交换采用公允价值模式计量必须具备两个条件，一是该项交换具有商业实质，二是换入资产或换出资产的公允价值能够可靠计量。

非货币性资产交换的会计处理究竟是采用账面价值还是公允价值计价，关键在于对非货币性资产交换是否具有商业实质的判断。新会计准则借鉴国际会计准则的规定，对商业实质的判断规定了两条标准：一是换入资产的未来现金流量在风险、时间和金额方面与换出资产显著不同；二是换入资产与换出资产的预计未

来现金流量现值不同，且其差额与换入资产和换出资产的公允价值相比是重大的。能够满足以上两个条件之一的非货币性资产交换具有商业实质。

符合下列情形之一的，表明换入资产或换出资产的公允价值能够可靠地计量：

1. 换入或换出资产存在活跃市场。对于存在活跃市场的存货、长期股权投资、固定资产、无形资产等非货币性资产，应当以资产市场价格为基础确定其公允价值。

2. 换入资产或换出资产不存在活跃市场，但同类或类似资产存在活跃市场。对于同类或类似资产存在活跃市场的非货币性资产，应当以同类或类似资产市场价格为基础确定其公允价值。

3. 换入资产或换出资产不存在同类或类似资产的可比市场交易，应当采用估值技术确定其公允价值。该公允价值估计数的变动区间很小，或者在公允价值估计数变动区间内，各种用于确定公允价值估计数的概率能够合理确定的，视为公允价值能够可靠计量。

（1）不涉及补价的会计处理。如果在非货币性资产交换中，不涉及补价，则应当按照换出资产的公允价值作为确定换入资产成本的基础，但有确凿证据表明换入资产的公允价值更加可靠的，则以换入资产的公允价值作为确定换入资产成本的基础。换出资产账面价值与其公允价值之间的差额，计入当期损益。

（2）涉及补价的会计处理。支付补价的，应当以换出资产的公允价值加上支付的补价（或换入资产的公允价值）和应支付的相关税费，作为换入资产的成本；收到补价的，应当以换出资产的公允价值减去收到的补价（或换入资产的公允价值）加上应支付的相关税费，作为换入资产的成本。

（3）换入多项资产的会计处理。应当按照换入各项资产的公允价值占换入资产公允价值总额的比例，对换入资产的成本总额进行分配，确定各项换入资产的成本。

（二）税法规定

1. 流转税的处理。（1）以存货（不含开发产品）换取其他资产，应当视同销售计算增值税。如果是自产应税消费品，还需缴纳消费税。计算增值税时，按同期或最近时期同类存货的加权平均价格计算，如果同期或近期无同类售价，按组成计税价格计算。但计算消费税时，应按最高售价计算。金银首饰以旧换新业务，收到补价的一方，按补价计征增值税和消费税。

（2）以使用过的固定资产（不动产除外）换取其他资产，如果公允价值不超过原价，免征增值税，超过原价，按 4% 计征增值税并减征 50%。

（3）以无形资产、不动产、投资性房地产向对方换取除自身股权之外的其他非现金资产，应当视同销售计征营业税、土地增值税。

（4）增值税一般纳税人换入存货或设备（增值税转型试点企业）取得增值税专用发票的，符合抵扣条件的，应当确认可抵扣的进项税额。

2. 企业所得税的处理。按照相关税法的规定，以非货币性资产换取其他非货币性资产，实际上是一种有偿出让资产的行为，只不过换取的不是货币，而是货物或其他经济利益。因而应将非货币性资产交换分解为出售或转让持有的非货币性资产和购置新的非货币性资产两项经济业务进行税务处理，分别计算缴纳所得税。具体来说，非货币性资产交换双方在交易时，作视同销售处理，按照换出资产的公允价值（计税价格）与计税成本之间的差额计算转让过程中的所得或损失。并且，税法规定，在交换过程中涉及的相关税费，可抵减应纳税所得额。因此，应纳税所得额 = 换出资产的公允价值 − 换出资产的计税成本 − 相关税费。

（三）两者差异

非货币性资产交换采用公允价值模式核算，对资产转让计税收入和换入资产计税基础的确定与会计处理是一致的。对于涉及补价的交换业务，由于现金的账面价值与公允价值相同，因此，支付补价的一方，换出资产的公允价值加上支付的补价，实际仍是换出总资产的公允价值。同理，收到补价的一方，换出资产的公允价减去收到的补价，实际仍是换出总资产的公允价值。在非货币性资产交换当中，如果换入的是多项非货币性资产，必须将换出资产的总计税成本采用合理的分配方法计入各项资产的计税成本，以便摊销和处置各项资产时准确计算应纳税所得额。会计上采用各项资产的公允价值占换入资产公允价值总额的比例，对换入资产的成本总额进行分配的方法，也适用于税务处理。应当注意，在公允价值模式下，如果换出资产的账面价值与计税基础存在差异，必然会导致当期会计损益与资产转让所得存在差异，申报所得税时需要对此作纳税调整。

【例 13 - 1】A 公司于 2008 年 1 月以其停用的账面价值为 830 000 元（原价为 1 000 000 元，累计折旧为 150 000 元，其中停用后累计折旧为 50 000 元，另停用后计提减值准备 20 000 元）的一台设备换入 B 公司生产的一批钢材，钢材的账面价值为 800 000 元。A 公司换入钢材作为原材料用于生产产品，B 公司换入设备作为固定资产管理。设备的公允价值为 1 170 000 元，钢材的公允价值为 1 000 000

元。A公司和B公司均为增值税一般纳税人，适用的增值税税率均为17%，计税价格等于公允价值。假定A、B公司不存在关联方关系，交易价格公允，交易过程除增值税以外不考虑其他税费，且B公司因换入设备而涉及的增值税进项税额不得抵扣。固定资产原价、会计残值率、折旧年限、折旧方法与税务处理一致，钢材账面价值与计税基础相同。

本例中，A公司以其停用的设备换入B公司的一批钢材，换入的钢材作为原材料并用于生产产品，其流动性相对较强，而原自己生产使用的设备价值随着使用而逐渐地转换至所生产的产品成本中，并通过产品的出售而收回。A公司换入钢材的未来现金流量在风险、时间和金额方面与换出的设备显著不同，因而该交换交易具有商业实质。同时，A公司和B公司换出和换入资产的公允价值均能够可靠地计量，并且原材料的公允价值更可靠。

据此，A公司与B公司的会计处理如下：

（1）A公司：

A公司换入钢材的公允价值比换出设备的公允价值更加可靠，所以A公司以换入的钢材作为入账成本。

借：原材料	1 000 000	
应交税费——应交增值税（进项税额）	170 000	
累计折旧	150 000	
固定资产减值准备	20 000	
贷：固定资产		1 000 000
营业外收入——处置非流动资产利得		340 000

由于固定资产减值准备及停用设备计提折旧不得在税前扣除，因此该固定资产的计税基础为100 – 10 = 90（万元），资产转让所得为117 – 90 = 27（万元），营业外收入与资产转让所得的差异7万元，实际就是停用设备折旧5万元和固定资产减值准备2万元在处置时转回的金额。

若A公司2008年会计利润为300万元，适用企业所得税税率为25%，不考虑其他纳税调整因素，应纳企业所得税 = （300 – 7）×25% = 73.25（万元）

借：所得税费用	750 000	
贷：递延所得税资产		17 500
应交税费——应交所得税		732 500

（2）B公司：

借：固定资产	1 170 000

> 贷：主营业务收入　　　　　　　　　　　　　　　　　1 000 000
> 　　　应交税费——应交增值税（销项税额）　　　　　170 000
> 借：主营业务成本　　　　　　　　　　　　　　800 000
> 　　贷：库存商品　　　　　　　　　　　　　　800 000

税务处理与会计处理一致，不作纳税调整。

二、非货币性资产交换采用成本模式计量时的差异比较

（一）准则规定

如果非货币性资产交换不具有商业实质，或者非货币性交易虽具有商业实质，但换入资产或换出资产的公允价值不能可靠计量的，应采用成本模式核算。即，换入资产的成本按照换出资产的账面价值加上应支付的相关税费确定，不确认损益。

1. 不涉及补价的会计处理。在不具有商业实质的非货币性资产交换中，不涉及补价的，企业换入的资产应当按换出资产的账面价值加上应支付的相关税费，作为换入资产的成本。

2. 涉及补价的会计处理。在不具有商业实质的非货币性资产交换中，并且在涉及补价的情况下，换入资产的入账价值应分别确定：

支付补价的，按换出资产账面价值加上支付的补价和应支付的相关税费，作为换入资产的入账价值，不确认损益。

收到补价的，按换出资产账面价值减去收到的补价加上应支付的相关税费，作为换入资产的入账价值，不确认损益。

3. 换入多项资产的会计处理。包括两种情况：

（1）不涉及补价的会计处理。在确定各项换入资产的入账价值时，按照换入资产各项资产的原账面价值占换入资产原账面价值总额的比例，对换入资产的成本总额进行分配，确定各项换入资产的成本。

（2）涉及补价的会计处理。换入多项资产涉及补价的交易与单项资产的会计处理原则基本相同，即按收到补价和支付补价情况分别确定换入资产的入账价值。涉及补价的多项资产交换与单项资产交换的主要区别在于，需要对换入各项资产的价值进行分配，其分配方法与不涉及补价的多项资产交换的原则相同，即按各项换入资产的账面价值与换入资产账面价值总额的比例进行分配，以确定换入各项资产的入账价值。

（二）税法规定

应将非货币性资产交换分解为出售或转让持有的非货币性资产和购置新的非货币性资产两项经济业务进行税务处理，分别计算缴纳相应的流转税和所得税。

（三）两者差异

换出资产涉及的流转税征免问题，在前文中已作介绍。非货币性资产交换采用成本模式核算与所得税政策存在以下差异：

1. 换出资产会计上按账面价值结转，不确认损益。《实施条例》第二十五条规定，除税收法律、行政法规另有规定者外，企业以非货币资产与其他企业的资产相互交换，应当视同销售货物、转让财产，按照公平价格确定收入。相应地，换出资产的计税基础允许在税前扣除。

资产转让所得 = 换出资产的公允价值 - 换出资产的计税基础 - 允许在当期扣除的相关税费

2. 换入资产的会计成本以换出资产的账面价值为基础确定。依据《企业所得税法实施条例》规定，以非货币性资产交换方式取得的非现金资产的计税基础，按照该项资产的公允价值和应支付的相关税费确定。

【例 13 - 2】A 公司以其距主要生产基地较远的仓库与距主要生产基地较近的 B 公司的办公楼进行交换。A 公司换出仓库的账面原价为 3 800 000 元，已提折旧 500 000 元；B 公司换出办公楼的账面原价为 4 500 000 元，已计提折旧 800 000 元。A 公司另支付现金 100 000 元给 B 公司。假定 A 公司换入的办公楼作为办公用房，其换入和换出资产的公允价值不能可靠计量，A 公司换出资产的计税基础与账面价值相等，A 公司换出资产缴纳营业税为 50 000 元，契税为 3 000 元。税法规定，公允价值不能可靠计量的，按组成计税价确认资产转让收入，成本利润率为 10%。不考虑房地产交换过程中应纳的土地增值税、城市维护建设税和教育费附加。

A 公司的会计处理如下：

借：固定资产　　　　　　　　　　　3 453 000
　　累计折旧　　　　　　　　　　　　500 000
　　贷：固定资产　　　　　　　　　　　　3 800 000
　　　　银行存款　　　　　　　　　　　　100 000
　　　　应交税费——应交营业税　　　　　50 000

————应交契税   3 000

换入办公楼的入账价值 3 453 000 元。

资产转让所得 = 换出资产计税收入 – 换出资产计税基础 – 允许在当期扣除的

      营业税

      = 3 300 000 × （1 + 10%） – 3 300 000 – 50 000 = 280 000 元。

换入资产的计税基础应以换入资产的公允价值加上支付的相关税费确定，由于换入资产的公允价值难以确定，通常是以换出资产的公允价值为基础确定。

换入资产的计税基础 = 换出资产的公允价值 + 支付的补价 + 当期未扣除的契税

       = 3 300 000 × （1 + 10%） + 100 000 + 3 000 = 3 733 000 元。

若当年会计利润为 500 万元，企业所得税税率为 25%，不考虑其他纳税调整因素，应纳企业所得税为 （500 + 28） × 25% = 132 （万元）。固定资产账面价值小于计税基础形成可抵扣暂时性差异 （373.3 – 345.3） × 25% = 7 （万元）。会计处理如下：

  借：所得税费用   1 250 000

    递延所得税资产——× ×办公楼   70 000

    贷：应交税费——应交所得税   1 320 000

第二节 债务重组的差异分析

《企业会计准则第 12 号——债务重组》（以下简称债务重组准则）与《企业债务重组业务所得税处理办法》（以下简称《办法》）在企业债务重组中所得税的处理上存在差异，而这些差异会对企业的资产、负债及所有者权益产生影响。为了尽可能地减少不利影响，使财务会计报告恰当反映企业的财务状况和经营成果，从而依法正确核算应纳所得税，企业应当进行纳税调整。

一、准则规定

（一）债务重组的定义

在债务人发生财务困难时，债权人按照其与债务人达成的协议或法院的裁定做出让步的事项。

（二）债务重组的方式

债务重组准则所界定的债务重组方式一般包括：

● 以资产清偿债务。

- 将债务转为资本。

- 修改其他债务条件，如减少债务本金、减少债务利息等。

- 以上 3 种方式的组合。

1. 以非现金资产清偿债务。债务人以非现金资产清偿债务的，债务人应分清债务重组利得与资产转让损益的界限，并于债务重组当期予以确认。

债权人应当对受让的非现金资产按其公允价值入账，重组债权的账面余额与受让的非现金资产的公允价值之间的差额，确认为债务重组损失，计入营业外支出。债权人不会有收益。

2. 将债务转为资本。对债务人而言，将债务转为资本，应当将债权人放弃债权而享有股份的面值总额（或者股权份额）确认为股本（或者实收资本），股份的公允价值总额与股本（或者实收资本）之间的差额确认为股本溢价（或者资本溢价）计入资本公积。重组债务账面价值超过股份的公允价值总额（或者股权的公允价值）的差额，确认为债务重组利得，计入当期营业外收入。

对债权人而言，将债务转为资本，应当将因放弃债权而享有股份的公允价值确认为对债务人的投资，重组债权的账面余额与股份的公允价值之间的差额，确认为债务重组损失，计入营业外支出。债权人已对债权计提减值准备的，应当先将该差额冲减减值准备，减值准备不足以冲减的部分，确认为债务重组损失计入营业外支出。

3. 修改其他债务条件。应当区分是否涉及或有应付（或应收）金额进行会计处理。

（1）不涉及或有应付金额的债务重组。对债务人来说，重组债务的账面价值大于重组后债务的入账价值（即修改其他债务条件后债务的公允价值）的差额为债务重组利得，计入营业外收入。

对债权人而言，应当将修改其他债务条件后的债权的公允价值作为重组后债权的账面价值，重组债权的账面余额与重组后债权的账面价值之间的差额为债务重组损失，计入营业外支出。如债权人已对该债权计提减值准备的，应当先将该差额冲减减值准备，减值准备不足以冲减的部分，作为债务重组损失，计入营业外支出。

（2）涉及或有应付金额的债务重组。对债务人而言，修改后的债务条款如涉及或有应付金额，且该或有应付金额符合或有事项准则中有关预计负债确认条件的，债务人应当将该或有应付金额确认为预计负债；重组债务的账面价值与重组后债务的入账价值（即重组后债务的公允价值）和预计负债金额之和的差额，作为债务重组利得，计入营业外收入。上述或有应付金额在随后会计期间没有发生的，企业应当冲销已确认的预计负债，同时确认营业外收入。

对债权人而言，根据谨慎性原则，或有应收金额属于或有资产，或有资产不予确认。不应当确认或有应收金额，不得将其计入重组后债权的账面价值。只有在或有应收金额实际发生时，才计入当期损益。

（三）债务重组中非现金资产公允价值的确定

如果债务人以非现金资产清偿债务，那么非现金资产的公允价值应当按照下列规定进行计量：

1. 如果非现金资产属于企业持有的股票、债券、基金等金融资产，且该金融资产存在活跃市场的，应当以金融资产的市价作为非现金资产的公允价值。

2. 如果非现金资产属于金融资产但该金融资产不存在活跃市场的，应当采用《企业会计准则第 22 号——金融工具确认和计量》规定的估值技术等合理的方法确定其公允价值。

3. 如果非现金资产属于存货、固定资产、无形资产等其他资产，且存在活跃市场的，应当以其市场价格为基础确定其公允价值；不存在活跃市场但与其类似资产存在活跃市场的，应当以类似资产的市场价格为基础确定其公允价值；在上述两种情况下仍不能确定非现金资产公允价值的，应当采用估值技术等合理的方法确定其公允价值。

二、税法规定

（一）债务重组的定义

债务重组是指债权人（企业）与债务人（企业）之间发生的涉及债务条件修改的所有事项。

（二）债务重组的方式

《办法》第三条规定，债务重组包括以下几种方式：

- 以低于债务计税成本的现金清偿债务。
- 以非现金资产清偿债务。
- 债务转换为资本，包括国有企业债转股。
- 修改其他债务条件，如延长债务偿还期限、延长债务偿还期限并加收利息、延长债务偿还期限并减少债务本金或债务利息等。
- 以上述两种或者两种以上方式组合进行的混合重组。

下面简单对上述几种方式进行分析。

1. 以非现金资产清偿债务。债务人以非现金资产清偿债务，除企业改组或者清算另有规定外，应当分解为按公允价值转让非现金资产，再以与非现金资产公允价值相当的金额偿还债务两项经济业务进行所得税处理，债务人应当确认有关资产的转让所得（或损失）。

债权人取得的非现金资产，应当按照该有关资产的公允价值（包括与转让资产有关的税费）确定其计税成本，据以计算可以在企业所得税前扣除的固定资产折旧费用、无形资产摊销费用或者结转商品销售成本等。

2. 将债务转为资本。除企业改组或者清算另有规定外，债务人（企业）应当将重组债务的账面价值与债权人因放弃债权而享有的股权的公允价值的差额，确认为债务重组所得，计入当期应纳税所得；债权人（企业）应当将享有的股权的公允价值确认为该项投资的计税成本。

3. 修改其他债务条件。债务人应当将重组债务的计税成本减记至将来应付金额，减记的金额确认为当期的债务重组所得；债权人应当将债权的计税成本减记至将来的应收金额，减记的金额确认为当期的债务重组损失。

（三）债务重组所得数额较大时的处理

企业在债务重组业务中因以非现金资产抵债或因债权人的让步而确认的资产转让所得或债务重组所得，如果数额较大，一次性纳税确有困难的，经主管税务机关核准，可以在不超过 5 个纳税年度的期间内均匀计入各年度的应纳税所得额。

三、两者差异

（一）债务人以低于债务账面价值的现金清偿某项债务

新准则将债务人的债务重组收益计入营业外收入，直接影响损益，而不再计入资本公积。《办法》规定，债务重组的收益计入应纳税所得额计算所得税，因此该税务处理和会计处理是一致的，不会再产生永久性差异。对于债权人而言，会计准则将债务重组损失计入当期损益，而税法规定除符合坏账确认条件的可以税前扣除外，其余不得扣除，这将可能产生永久性差异。

（二）债务人以非现金资产清偿某项债务

新准则规定债务人将非现金资产的公允价值与债务成本的差额计入当期损益，而税法将非现金资产债务重组处理分解为按公允价值转让非现金资产、再以与非现金资产公允价值相当的金额偿还债务这两项经济业务进行所得税处理。可见，会计准则和税法对非现金资产清偿债务都采用公允价值为核算基础，不会产生纳税差异。但是若该用于清偿债务的非现金资产含有会计计提的减值准备，在清偿时应当将该准备转回，由于税法上不承认减值准备，则会产生差异，该差异根据新所得税会计准则确认为原隶属于时间性差异的暂时性差异，应计入递延所得税负债。对于债权人，新会计准则将债权人应当对受让的非现金资产按其公允价值入账，同时转销债权的账面价值，将重组债权的账面余额与受让的非现金资产的公允价值之间的差额，计入当期损益。该处理方法同税务处理相似，不产生差异。

（三）债务人以债务转为资本清偿某项债务

新会计准则规定债务人应当将债权人放弃债权而享有股份的面值总额确认为实收资本，股份的公允价值总额与实收资本之间的差额确认为资本公积。重组债务的账面价值与股份的公允价值总额之间的差额，计入当期损益。税法规定，债务人应将重组债务的账面价值与债权人因放弃债权而享有股权的公允价值的差额，确认为债务重组所得，计入当期应纳税所得额。对于这一点新企业会计准则和税法已趋于一致，将无差异产生。而对于债权人，新准则和税法都将享有股权的公允价值作为该项投资的计税成本，此处新准则和税法规定已趋于一致。

（四）债务人以修改其他债务条件进行债务重组

《办法》规定，以修改其他条件进行债务重组的，债务人应当将重组债务的计税成本减记至将来应付的金额，减记的金额确认为当期的债务重组所得；债权人应当将债权的计税成本减记至将来应收金额，减记的金额确认为当期的债务重组损失。而债务重组准则最大的变动就是现值的计算和损益的确认，即规定公允价值的确定方式为市场参考价格或是现金流贴现价值。由于以修改其他债务条件进行债务重组的没有市场价值可以参考，因此，采用折现的办法来确定公允价值。根据债务重组准则的规定：债务人根据将来应付金额的现值与重组债务账面价值的差额，作为重组收益，确认为当期损益。如果涉及或有支出，应将其包括在将来应付金额予以折现，确定债务重组收益。实际发生时冲减重组后债务的账面价值，如未发生则作为结算债务当期的债务重组收益，计入当期损益。债权人应当根据债务重组债权的账面价值与将来应收金额的现值之间的差额，作为债务重组损失，计入当期损益，涉及的或有收入不须计入重组后债权的账面价值。

由此可见，债务重组所得在税务和会计处理上会产生差异，而日后偿还债务时，实际支付的金额大于重组债务公允价值的差额计入财务费用。重组日会计多计的收益又会于日后偿还债务时以财务费用的形式冲减偿债期的利润，因此，税务和会计之间的差异属于时间上的差异，所得税会计准则将其归为暂时性差异。由于债务重组时，会计上清偿债务所按的公允价值小于税务上的债务成本，按资产负债表债务法应将差异计入递延所得税负债，待偿还债务时，再将递延所得税负债转销。

【例13－3】某公司2009年1月1日向银行借入3年期借款100万元，年利率10%。2011年12月，该公司资金紧张，与银行协商后达成如下协议：（1）免除3年利息30万元；（2）将期限延长2年；（3）将利率下调到8%。协议规定，该公司若在2012年取得了利润，后面两年按10%计息。目前有足够证据证明该公司2012年将实现盈利。

该公司2011年12月应作如下会计处理：

借：长期借款   1 000 000

    应付利息   300 000

    贷：长期借款——债务重组   1 000 000

        预计负债   40 000

        营业外收入   260 000

按照税法规定，或有应付金额在实际发生时扣除，该公司会计处理中确认的预计负债4万元不能税前扣除，即应调增应纳税所得额4万元，另外，债务重组利得30万元也应计入应纳税所得额。

对于债权人，新会计准则同样按照未来应收债权的现值为重组后债权的账面价值，重组债权的账面余额与重组后债权的账面价值之间的差额，计入当期损益。债权人已对债权计提减值准备的，应当先将该差额冲减减值准备，减值准备不足以冲减的部分，计入当期损益。税务上债权人应当将债权的计税成本减记至将来的应收金额，减记的金额确认为当期的债务重组损失。两者处理的差异根据资产负债表债务法确认为递延所得税资产，待收回债权时再予以转回。

（五）债务人以上述两种或两种以上方式的组合

新会计准则规定债务重组以现金清偿债务、非现金资产清偿债务、债务转为资本、修改其他债务条件等方式的组合进行的，债务人应当依次以支付的现金、转让的非现金资产公允价值、债权人享有股份的公允价值冲减重组债务的账面价值，重组债务的账面价值与重组后债务的入账价值之间的差额，确认为债务重组利得，计入当期损益；债权人应当依次以收到的现金、接受的非现金资产公允价值、债权人享有股份的公允价值冲减重组债权的账面余额，重组债权的账面余额与重组后债权的账面价值之间的差额，确认为债务重组损失，计入当期损益。债权人已对债权计提减值准备的，应当先将该差额冲减减值准备，减值准备不足以冲减的部分，确认为债务重组损失，计入当期损益。此外，《办法》还规定，关联方之间发生的含有一方向另一方转移利润的让步条款的债务重组，如果有合理的经营需要，并且是经法院裁决同意的；或有全体债权人同意的协议；或经批准的国有企业债转股，经主管税务机关核准，可以分别按照《办法》的规定处理。否则，关联方之间含有让步条款的债务重组，原则上债权人不得确认重组损失，而应当视为捐赠，债务人应当确认捐赠收入；如果债务人是债权人的股东，债权人所作的让步应当推定为企业对股东的分配，按照国家税务总局《关于企业股权投资业务若干所得税的通知》的相关规定处理。如果企业在债务重组业务中因以非现金资产抵债或因债权人的让步而确认的资产转让所得或债务重组所得数额较大，一次性纳税确有困难的，经主管税务机关核准，可以在不超过 5 个纳税年度的期间内均匀计入各年度的应纳税所得额。

第三节　或有事项的差异分析

一、概念比较

（一）准则规定

《企业会计准则第 13 号——或有事项》是为了规范或有事项的确认、计量和相关信息的披露而制定的。或有事项，是指过去的交易或者事项形成的，其结果须由某些未来事项的发生或不发生才能决定的不确定事项。职工薪酬、建造合同、所得税、企业合并、租赁、原保险合同和再保险合同等形成的或有事项，适用其他相关会计准则。

或有事项具有以下特征：第一，由过去交易或事项形成，即或有事项的现存状况是过去交易或事项引起的客观存在。比如，未决诉讼虽然是正在进行中的诉讼，但该诉讼是企业因过去的经济行为导致起诉其他单位或被其他单位起诉。这是现存的一种状况而不是未来将要发生的事项。未来可能发生的自然灾害、交通事故、经营亏损等，不属于或有事项。第二，结果具有不确定性，即或有事项的结果是否发生具有不确定性，或者或有事项的结果预计将会发生，但发生的具体时间或金额具有不确定性。比如，债务担保事项的担保方到期是否承担和履行连带责任，要根据债务到期时被担保方能否按时还款加以确定。这一事项的结果在担保协议达成时具有不确定性。第三，由未来事项决定，是指或有事项的结果只能由未来不确定事项的发生或不发生才能决定。比如，债务担保事项只有在被担保方到期无力还款时企业（担保方）才履行连带责任。

或有负债，是指过去的交易或者事项形成的潜在义务，其存在须通过未来不确定事项的发生或不发生予以证实。或过去的交易或者事项形成的现时义务，履行该义务不是很可能导致经济利益流出企业或该义务的金额不能可靠计量。或有资产，是指过去的交易或者事项形成的潜在资产，其存在须通过未来不确定事项的发生或不发生予以证实。

（二）税法规定

《企业所得税法》虽然没有专门提及或有事项的概念，但是未决诉讼或仲裁、债务担保、产品质量保证（含产品安全保证）、承诺、亏损合同、重组义务、环境污染整治等或有事项，都会涉及税务处理和纳税调整。

（三）两者差异

会计准则规定企业不应当确认或有负债和或有资产，对此税法和会计准则的要求是一致的。

二、预计负债的比较

（一）准则规定

与或有事项相关的义务同时满足下列条件的，应当确认为预计负债：该义务是企业承担的现时义务，履行该义务很可能导致经济利益流出企业，该义务的金额能够可靠地计量。预计负债应当按照履行相关现时义务所需支出的最佳估计数进行初始计量。所需支出存在一个连续范围，且该范围内各种结果发生的可能性相同的，最佳估计数应当按照该范围内的中间值确定。在其他情况下，最佳估计数应当分别下列情况处理：或有事项涉及单个项目的，按照最可能发生金额确定；或有事项涉及多个项目的，按照各种可能结果及相关概率计算确定；企业在确定最佳估计数时，应当综合考虑与或有事项有关的风险、不确定性和货币时间价值等因素；货币时间价值影响重大的，应当通过对相关未来现金流出进行折现后确定最佳估计数；企业清偿预计负债所需支出全部或部分预期由第三方补偿的，补偿金额只有在基本确定能够收到时才能作为资产单独确认；确认的补偿金额不应当超过预计负债的账面价值。

（二）税法规定

根据《企业所得税法》第八条的规定，企业实际发生的与取得收入有关的、合理的支出，包括成本、费用、税金、损失和其他支出，可以在计算应纳税所得额时扣除。

（三）两者差异

预计负债只是履行该义务很可能导致经济利益流出企业，还没有实际发生，不符合税法规定的实际发生原则，所以不允许在计算应纳税所得额时扣除。企业对未决诉讼或仲裁、债务担保、产品质量保证（含产品安全保证）、承诺、环境污染整治等方面计提的预计负债，在申报企业所得税时应调增应纳税所得额，待这些方面的支出实际发生时，才允许扣除。

三、亏损合同的比较

（一）准则规定

待执行合同变成亏损合同的，该亏损合同产生的义务满足规定条件的，应当确认为预计负债。待执行合同，是指合同各方尚未履行任何合同义务，或部分地履行了同等义务的合同。亏损合同，是指履行合同义务不可避免会发生的成本超过预期经济利益的合同。企业不应当就未来经营亏损确认预计负债。在履行合同义务过程中，发生的成本预期将超过与合同相关的未来流入经济利益的，待执行合同即变成了亏损合同。企业与其他方签订的尚未履行或部分履行了同等义务的合同，如商品买卖合同、劳务合同、租赁合同等，均属于待执行合同。待执行合同不属于或有事项准则规范的内容，但待执行合同变成亏损合同的，应当作为本或有事项准则规范的或有事项。待执行合同变成亏损合同时，有合同标的资产的，应当先对标的资产进行减值测试并按规定确认减值损失，如预计亏损超过该减值损失，应将超过部分确认为预计负债；无合同标的资产的，亏损合同相关义务满足预计负债确认条件时，应当确认为预计负债。

（二）税法规定

根据《企业所得税法》第五条的规定，企业每一纳税年度的收入总额，减除不征税收入、免税收入、各项扣除以及允许弥补的以前年度亏损后的余额，为应纳税所得额。同时，企业实际发生的与取得收入有关的、合理的支出，包括成本、费用、税金、损失和其他支出，可以在计算应纳税所得额时扣除。

（三）两者差异

企业的亏损合同，虽然履行合同义务不可避免地出现其成本超过预期经济利益而发生亏损的情况，但目前尚未形成扣除项目，所以该预计负债不属于真正的亏损，不允许扣除，在申报企业所得税时应调增应纳税所得额，待亏损合同形成实际亏损，才允许确认。

第四节 外币折算的差异分析

一、记账本位币确定的比较

(一) 准则规定

记账本位币，是指企业经营所处的主要经济环境中的货币。企业通常应选择人民币作为记账本位币。业务收支以人民币以外的货币为主的企业，可以按照准则规定选定其中一种货币作为记账本位币。但是，编报的财务报表应当折算为人民币。

企业选定记账本位币，应当考虑下列因素：第一，该货币主要影响商品和劳务的销售价格，通常以该货币进行商品和劳务的计价和结算；第二，该货币主要影响商品和劳务所需人工、材料和其他费用，通常以该货币进行上述费用的计价和结算；第三，融资活动获得的货币以及保存从经营活动中收取款项所使用的货币。

企业选定境外经营的记账本位币，还应当考虑下列因素：第一，境外经营对其所从事的活动是否拥有很强的自主性；第二，境外经营活动中与企业的交易是否在境外经营活动中占有较大比重；第三，境外经营活动产生的现金流量是否直接影响企业的现金流量、是否可以随时汇回；第四，境外经营活动产生的现金流量是否足以偿还其现有债务和可预期的债务。

境外经营，是指企业在境外的子公司、合营企业、联营企业、分支机构。在境内的子公司、合营企业、联营企业、分支机构，采用不同于企业记账本位币的，也视同境外经营。

企业记账本位币一经确定，不得随意变更，除非企业经营所处的主要经济环境发生重大变化。企业因经营所处的主要经济环境发生重大变化，确需变更记账本位币的，应当采用变更当日的即期汇率将所有项目折算为变更后的记账本位币。

(二) 税法规定

根据《企业所得税法》第五十六条的规定，依照本法缴纳的企业所得税，以人民币计算。所得以人民币以外的货币计算的，应当按照中国人民银行公布的人民币基准汇价折合成人民币计算并缴纳税款。

(三) 两者差异

无论企业以何种货币作为记账本位币，在计算缴纳企业所得税时，都以人民币计算并缴纳税款。税法所称所得以人民币以外的货币计算的，主要是考虑香港、澳门和台湾都是中国领土，港币、澳元和台币，都不是外币，所以称为人民币以外的货币。

二、汇率选择的比较

（一）准则规定

企业对于发生的外币交易，应当将外币金额折算为记账本位币金额。外币交易应当在初始确认时，采用交易发生日的即期汇率将外币金额折算为记账本位币金额；也可以采用按照系统合理的方法确定的、与交易发生日即期汇率近似的汇率折算。企业发生的外币兑换业务或涉及外币兑换的交易事项，应当按照交易实际采用的汇率（即银行买入价或卖出价）折算。企业通常应当采用即期汇率进行折算。汇率变动不大的，也可以采用即期汇率的近似汇率进行折算。

（二）税法规定

《实施条例》第三十九条规定："企业在货币交易中，以及纳税年度终了时将人民币以外的货币性资产、负债按照期末即期人民币汇率中间价折算为人民币时产生的汇兑损失，除已经计入有关资产成本以及与向所有者进行利润分配相关的部分外，准予扣除。"第一百三十条规定："企业所得以人民币以外的货币计算的，预缴企业所得税时，应当按照月度或者季度最后一日的人民币汇率中间价，折合成人民币计算应纳税所得额。年度终了汇算清缴时，对已经按照月度或者季度预缴税款的，不再重新折合计算，只就该纳税年度内未缴纳企业所得税的部分，按照纳税年度最后一日的人民币汇率中间价，折合成人民币计算应纳税所得额。经税务机关检查确认，企业少计或者多计前款规定的所得的，应当按照检查确认补税或者退税时的上一个月最后一日的人民币汇率中间价，将少计或者多计的所得折合成人民币计算应纳税所得额，再计算应补缴或者应退的税款。"

（三）两者差异

企业应纳税所得额的计算，只采用人民币汇率中间价，不采用买入价、卖出价和即期汇率的近似汇率。

三、外币交易处理的比较

（一）准则规定

企业在资产负债表日，应当按照下列规定对外币货币性项目和外币非货币性项目进行处理：

外币货币性项目，采用资产负债表日即期汇率折算。因资产负债表日即期汇率与初始确认时或者前一资产负债表日即期汇率不同而产生的汇兑差额，计入当期损益。货币性项目，是指企业持有的货币资金和将以固定或可确定的金额收取的资产或者偿付的负债。货币性项目分为货币性资产和货币性负债。货币性资产包括库存现金、银行存款、应收账款、其他应收款、长期应收款等。货币性负债包括短期借款、应付账款、其他应付款、长期借款、应付债券、长期应付款等。对于外币货币性项目，因结算或采用资产负债表日的即期汇率折算而产生的汇兑差额，计入当期损益，同时调增或调减外币货币性项目的记账本位币金额。

以历史成本计量的外币非货币性项目，仍采用交易发生日的即期汇率折算，不改变其记账本位币金额。非货币性项目，是指货币性项目以外的项目，包括存货、长期股权投资、固定资产、无形资产等。以历史成本计量的外币非货币性项目，由于已在交易发生日按当日即期汇率折算，资产负债表日不应改变其原记账本位币金额，不产生汇兑差额。以公允价值计量的外币非货币性项目，如交易性金融资产（股票、基金等），采用公允价值确定日的即期汇率折算，折算后的记账本位币金额与原记账本位币金额的差额，作为公允价值变动（含汇率变动）处理，计入当期损益。

（二）税法规定

1. 根据《企业所得税法》第六条和《实施条例》第二十二条的规定，企业的汇兑收益，应计入收入总额中的其他收入，作为应税收入计算应纳税所得额。

2. 根据《实施条例》第三十九条的规定，企业在货币交易中产生的汇兑损失，在计算应纳税所得额时准予扣除。这些交易活动包括：企业买入或者卖出以外币计价的商品或者劳务，通常情况下指以外币买卖商品，或者以外币结算劳务合同，如以人民币为记账本位币的居民企业向国外出口商品，以美元结算货款；借入或者借出外币资金，如企业借入记账本位币以外的货币表示的资金、发行以外币计价或结算的债券；其他以外币计价或者结算的交易，如接受外币现金捐赠等。在这些交易活动中，由于交易发生与确认实现时的汇率变化，将会产生汇率差，可能产生的汇兑损失允许在税前扣除。

3. 根据《实施条例》第三十九条的规定，企业在纳税年度终了时，将人民币以外的货币性资产、负债按照期末即期人民币汇率中间价折算为人民币时产生的汇兑损失，在计算应纳税所得额时准予扣除。企业所拥有的货币性资产、负债，可能是以记账本位币以外的货币计量的，在纳税年度终了时，需要按照期末即期人民币汇率中间价为标准，折算为人民币计算纳税，此时期末即期人民币汇率中间价，若不同于企业取得货币性资产、负债的汇率时，就可能产生汇兑损失。这属于企业生产经营活动中发生的正常的、必要的支出，准予在税前扣除。

4. 根据《实施条例》第三十九条的规定，已经计入有关资产成本以及与向所有者进行利润分配相关部分的汇兑损失，不允许在税前扣除。企业发生的汇兑损失，如果已经计入有关资产成本的话，那么这部分汇兑损失可以通过资产的折旧或者摊销等方式予以税前扣除，假如直接作为汇兑损失在税前扣除，就违背了税前扣除不得重复扣除的原则；如果发生的汇兑损失，是由向所有者进行利润分配相关部分所产生的，这部分损失应所有者负担，属于税后利润分配问题，故不允许在税前扣除。

（三）两者差异

税法只规定货币性资产、负债的汇兑损失允许在税前扣除，外币非货币性项目的汇兑损失没有规定允许在税前扣除，应作纳税调整。

第五节　企业合并的差异分析

一、企业合并概念的比较

（一）准则规定

《企业会计准则第 20 号——企业合并》（以下简称企业合并准则）规定，企业合并，是指将两个或两个以上单独的企业合并形成一个报告主体的交易或事项。

由于企业合并准则将企业合并分为同一控制下的合并和非同一控制下的合并两种情况，所以在会计处理上也针对这两种情况提出了两种不同的处理方法。

1. 同一控制下的企业合并。同一控制下的企业合并是指在同一方控制下，一个企业获得另一个或多个企业的股权或净资产的行为。其主要特征是参与合并的各方，在合并前后均受同一方或相同的多方控制，并且不是暂时性的。一般情况下，同一企业集团内部各子公司之间、母子公司之间的合并属于同一控制下的企业合并。同一控制下的企业合并采用类似权益结合法的会计处理方法，即对于被合并方的资产、负债按照原账面价值确认，不按公允价值进行调整，不形成商誉。合并方取得的净资产账面价值与支付的合并对价的差额，调整资本公积；资本公积不足冲减的，调整留存收益。

2. 非同一控制下的企业合并。非同一控制下的企业合并是指在不存在一方或多方控制的情况下，一个企业购买另一个或多个企业股权或净资产的行为。参与合并的各方,在合并前后均不属于同一方或多方最终控制。非同一控制下的企业合并,采用类似购买法的会计处理方法,即视同一个企业购买另外一个企业的交易,按照公允价值确认所取得的资产和负债,公允价值与其账面价值的差额,计入当期损益。购买方在购买日应当对合并成本进行分配:一是合并成本大于确认的各项可辨认净资产公允价值的差额,确认为商誉。企业应于每个会计期末,对商誉进行减值测试,对商誉确定为减值的部分,计入当期损益;二是合并成本小于确认的各项可辨认净资产公允价值的差额,在对取得的被购买方各项可辨认净资产的公允价值进行复核后仍小的,计入当期损益。

(二)税法规定

由于我国公司并购活动是从 20 世纪 90 年代开始方逐步活跃起来的,对企业合并的税法规定始于 1997 年,相关的税收处理规则散见于国家税务总局发布的各种相关文件中。其中最为重要的《关于企业合并分立业务有关所得税问题的通知》(国税发〔2000〕119 号)(以下简称"119 号文"),该通知为企业合并提供了两种税务处理方法,一种习惯上称为"应税合并",另一种则称为"免税合并"。

1. 应税合并。按"119 号文"的规定:"被合并企业应视为按公允价值转让、处置全部资产计算资产的转让所得,依法缴纳所得税。被合并企业以前年度的亏损,不得结转到合并企业弥补。合并企业接受被合并企业的有关资产,计税时可以按经评估确认的价值确定成本。被合并企业的股东取得合并企业的股权视为清算分配。"具体说来,有关双方的纳税处理规定为:被合并企业的税务处理是,不论其在会计核算上如何处理,计税时都要求对被合并企业计算财产转让所得,即以合并企业为合并而支付的现金及其他代价减去被合并企业合并基准日净资产的计税成本,并将该财产转让所得计入当期应纳税所得额。如果被合并企业合并前存在尚未弥补的亏损,可以该财产转让所得抵补,余额应缴纳企业所得税,不足弥补的亏损不得结转到合并企业弥补。合并企业的税务处理是,合并企业支付的合并价款中如果包含非现金资产,则应对这部分非现金资产视同销售计缴所得税,除此之外,不发生所得税纳税义务。同时,合并企业接受被合并企业的有关资产,计税时可按经评估确认的价值确定成本。

2. 免税合并。免税合并仅适用于满足特定条件下的企业合并,即非股权支付额不高于所支付的股权票面价值 20% 的情况下的企业合并,这种合并基本上可以归属为换股合并。有关双方的纳税处理规定为:被合并企业的税务处理是,被合并企业不确认全部资产的转让所得或损失,不计算缴纳所得税。被合并企业合并以前的全部企业所得税事项由合并企业承担，以前年度的亏损，如果未超过法定弥补期限，可由合并企业继续按规定用以后年度实现的与被合并企业资产相关的所得弥补。具体按下列公式计算：

某一纳税年度可弥补被合并企业亏损的所得额＝合并企业某－纳税年度未弥补亏损前的所得额×被合并企业净资产公允价值÷合并后合并企业全部净资产公允价值

合并企业的税务处理是，合并企业除需对其少数非货币性质的非股权支付额按照视同销售计缴所得税外，基本上无须纳税。合并企业接受被并企业全部资产的计税成本，须以被并企业原账面净值为基础确定。

（三）两者差异

1. 税法对于合并概念的界定比较全面，其中的广义合并与国外的并购概念和我国企业会计准则中的合并概念基本一致，而狭义合并则与我国公司法的规定相吻合。

2. 由于企业会计准则与税收法规对企业合并的划分标准不同，处理原则不同，某些情况下，会造成企业合并中取得的有关资产、负债的入账价值与其计税基础的差异。

二、同一控制下控股合并的比较

（一）准则规定

对于控股合并，长期股权投资应该是按照被合并方的所有者权益账面价值的份额入账；而吸收合并则按照资产、负债等的账面价值入账。以支付现金、非现金资产作为合并对价的，以所取得的对方账面净资产份额作为长期股权投资成本，差额调整资本公积和留存收益；为合并发生的直接相关税费计入当期损益。

（二）税法规定

《企业所得税法》及其《实施条例》，没有关于同一控制和非同一控制下企业合并的具体阐述，也没有关于企业合并时相关资产和负债计税基础的确认问题。

"119号文"将企业合并分为两大基本类型——应税合并与免税合并，关于企业合并时相关资产和负债计税基础的计量，应税合并计税时可以按经评估确认的价值确定相关资产成本，同时确认转让所得或者损失；免税合并企业接受被合并企业全部资产的计税基础，须以被合并企业原账面净值为基础确定，暂不确认有关资产的转让所得或者损失。

（三）两者差异

会计准则对于控股合并以账面价值作为入账基础，而税法对于免税合并下的计税基础一般坚持历史成本原则，如果不满足免税合并的条件，一般以公允价值为计税基础。

【例 13 - 4】A 公司 2008 年初投资集团内 B 公司，取得其 80% 的股权，被投资单位所有者权益账面价值为 1 500 万元，公允价值为 1 800 万元。A 公司为合并付出银行存款 200 万元，并定向发行股票面值 900 万元，公允价值 1 200 万元，支付相关税费 50 万元，假定无证券溢价收入，"盈余公积"账户余额为 150 万元；另外 A 公司为企业合并支付评估费等相关税费 100 万元。所得税税率为 25%，不考虑所得税以外的税金。

A 公司购买同一集团内 B 公司 80% 股权，属于同一控制下的控股合并。同一控制下企业合并进行过程中发生的各项直接相关的费用，应于发生时费用化计入当期损益。借记"管理费用"等科目，贷记"银行存款"等科目。非同一控制下的合并，则作为合并成本。但以下两种情况除外：第一种情况是以发行债券方式进行的企业合并，与发行债券相关的佣金、手续费等应计入负债的初始计量金额中。债券折价发行的，该部分费用应增加折价的金额；债券溢价发行的，该部分费用应减少溢价的金额。第二种情况是发行权益性证券作为合并对价的，所发行权益性证券相关的佣金、手续费等不管其是否与企业合并直接相关，均应自所发行权益性证券的发行收入中扣减，有溢价的，从溢价收入中扣除，无溢价或溢价金额不足以扣减的，应当冲减盈余公积和未分配利润。A 公司相应的会计处理如下：

长期股权投资入账价值 = 1 500 × 80% = 1 200 （万元）

借：长期股权投资	12 000 000
管理费用	1 000 000
盈余公积	500 000
贷：银行存款	3 500 000
股本	9 000 000
资本公积——股本溢价	1 000 000

A 公司支付给被合并企业 B 公司的非股权支付额 200 万元，高于所支付的股权票面价值的 20%（200/900 = 22%），税务上作为应税合并处理，长期股权投资的成本应按公允价值确定计税基础。

长期股权投资账面价值为 1 200 万元，计税基础为 1 800×80% = 1 440（万元），产生可抵扣的暂时性差异 240 万元，根据《企业会计准则第 18 号——所得税》的规定：与直接计入所有者权益的交易或事项相关的可抵扣暂时性差异，相应的递延所得税资产应计入所有者权益。

所得税会计处理如下：

借：递延所得税资产　　　　　　　　　　　　　600 000

　　贷：资本公积　　　　　　　　　　　　　　　　　600 000

三、同一控制下吸收合并的比较

（一）准则规定

1. 同一控制下的企业合并，合并方在合并日应将取得的被合并方资产和负债按照合并日被合并方的账面价值计量，不必按公允价值进行调整。

2. 同一控制下的企业合并，合并方支付的合并对价可以是现金、非现金资产、发行股票、债券或承担其他负债，总体上按账面价值计量。

3. 同一控制下的企业合并，若被合并方相关资产和负债所采用的会计政策不同于合并方，合并方在合并日应当按照本企业会计政策对取得的资产和负债进行相应调整，按调整后的账面价值进行确认。

4. 同一控制下的企业合并不会形成商誉。

5. 同一控制下的企业合并，合并方为进行企业合并发生的各项直接相关费用，包括为进行企业合并而支付的审计费用、评估费用、法律服务费用等，不作为合并对价，应于发生时直接计入当期损益。

6. 同一控制下的企业合并，对于合并日之前的收入及费用应并入合并年度损益表。

（二）税法规定

《关于企业合并分立业务有关所得税问题的通知》将企业合分为应税合并和免税合并分别进行处理。

（三）两者差异

同一控制下吸收合并和控股合并一样遵循账面价值这一本质，由此产生的与计税基础不一致的情况，应确认相应的递延所得税资产或递延所得税负债。

【例 13-5】A、B 两公司受同一母公司控制。2008 年 12 月 1 日，A 公司支付合并对价 2 500 万元吸收合并 B 公司。合并日 B 公司各项资产的账面价值为 3 000

万元，公允价值为 4 000 万元，负债账面价值为 800 万元，公允价值为 800 万元，净资产账面价值为 2 200 万元，公允价值为 3 200 万元，A 公司"资本公积——股本溢价"账户余额为 350 万元，所得税税率为 25%，不考虑所得税以外的税金，合并双方采用的会计政策相同。

同一控制下的吸收合并，不确认长期股权投资，也不确认商誉，而是将差额冲减"资本公积"。

借：各项资产　　　　　　　　　　　　　　　　30 000 000
　　　（实际上应该借记 B 公司账面上的各项资产账面价值）
　　资本公积——股本溢价　　　　　　　　　　3 000 000
　　贷：各项负债　　　　　　　　　　　　　　　　8 000 000
　　　（实际上应该贷记 B 公司账面上的各项负债账面价值）
　　银行存款　　　　　　　　　　　　　　　　25 000 000

根据"119 号文"的规定，以上合并不属于免税合并，被合并各项资产和负债应按公允价值作为计税基础，则资产的账面价值 3 000 万元，小于计税基础 4 000万元，产生可抵扣的暂时性差异 1 000 万元，确认递延所得税资产 250 万元。

借：递延所得税资产　　　　　　　　　　　　　2 500 000
　　贷：资本公积　　　　　　　　　　　　　　　　2 500 000

四、非同一控制下控股合并的比较

（一）准则规定

非同一控制下的企业合并强调的是企业和第三方的交易，应按照《企业会计准则第 7 号——非货币性资产交换》来处理。从集团的角度说，合并非同一控制下的企业，直接增加的是集团的资产、负债等，会计处理上强调公允价值计量。

非同一控制下的企业合并，合并成本大于取得的被购买方可辨认净资产公允价值的份额时，控股合并不确认"商誉"，吸收合并应确认"商誉"；反之小于时，控股合并和吸收合并都确认"营业外收入"。

（二）税法规定

根据《实施条例》第七十一条的规定，长期股权投资计税基础＝取得投资时资产的公允价值＋支付的相关税费。这里的相关税金指的是价外税增值税，计入长期股权投资的初始成本，而价内税则计入"营业税金及附加"科目，合并发生的审计费、评估费等直接相关费用也计入"长期股权投资"的初始成本，而不像同一控制下将其计入"管理费用"科目。

（三）两者差异

根据"119号文"的规定，非同一控制下的控股合并不属于免税合并，被合并各项资产和负债应按公允价值作为计税基础，与会计处理相同，不产生财税差异。

【例13-6】A公司2008年初投资非同一控制下的B公司，取得80%股权。当日B公司可辨认净资产公允价值为2 000万元。A公司支付银行存款500万元，另外支付合并中的评估费等税费100万元；为企业合并付出固定资产公允价值500万元，固定资产账面原值600万元，计提折旧200万元；付出持有的其他公司长期股权投资公允价值200万元，账面价值150万元；付出产成品公允价值300万元，实际成本200万元，增值税税率为17%，消费税税率为10%，企业所得税税率为25%。

被购买方可辨认资产公允价值的份额 = 2 000 × 80% = 1 600（万元）

长期股权投资合并成本 = 500 + 100 + 500 + 200 + 300 × （1 + 17%） = 1 651（万元）

前者小于后者，差额为51万元，作为商誉包含在"长期股权投资"的初始成本中，不得在账簿上单独确认商誉，只有在合并财务报表上予以列示。A公司的会计处理如下：

借：长期股权投资	16 510 000
贷：银行存款	6 000 000
固定资产清理	4 000 000
长期股权投资	1 500 000
主营业务收入	3 000 000
应交税费——应交增值税（销项税额）	510 000
营业外收入	1 500 000

计提消费税：

借：营业税金及附加	300 000
贷：应交税费——应交消费税	300 000

结转成本：

借：主营业务成本	2 000 000
贷：库存商品	2 000 000

五、非同一控制下吸收合并的比较

（一）准则规定

1. 非同一控制下的合并，购买方在购买日应按照公允价值记录所取得的可辨认的各项资产、负债及或有负债。

2. 非同一控制下的吸收合并，在购买日对作为企业合并对价付出的资产、发生或承担的负债以及发行的权益性证券按公允价值计量。

3. 非同一控制下的吸收合并，若被合并方相关资产和负债所采用的会计政策不同于合并方，则不需要调整。

4. 非同一控制下的吸收合并，若合并成本大于合并中取得的被购买方可辨认净资产的公允价值，其差额应当确认为商誉，初始确认后的商誉，应当以其成本扣除累计减值准备后的金额计量。

5. 非同一控制下的吸收合并，购买方为进行企业合并发生的各项直接相关费用构成合并成本。

6. 非同一控制下的吸收合并，合并当年的损益表中不包括被购买方合并日之前的收入及费用。

（二）税法规定

"119 号文"将企业合并分为应税合并和免税合并分别进行处理。

（三）两者差异

非同一控制下的吸合并中，取得各项可辨认资产、负债的公允价值与其计税基础之间形成暂时性差异的，应确认相应的递延所得税资产和递延所得税负债，同时调整合并中应予确认的商誉。

【例 13 - 7】A 公司与 B 公司不具有关联关系。2008 年 12 月 1 日，A 公司通过定向增发股票面值 2 000 万元，公允价值 6 000 万元，并支付银行存款 100 万元，吸收合并 B 公司。合并日 B 公司各项资产的账面价值为 3 000 万元，公允价值为 4 000 万元，负债账面价值为 800 万元，公允价值为 800 万元，净资产账面价值为 2 200 万元，公允价值为 3 200 万元，所得税税率为 25%，不考虑所得税以外的税金，合并双方采用的会计政策相同。

合并公司 A 支付给被合并公司 B 的非股权支付额 100 万元，小于所支付的股权票面价值的 20%（100/2 000 = 5%），税务上作为免税合并处理，税法规定：被合并各项资产和负债应按原被合并企业账面价值作为计税基础，所以计税基础为 3 000 万元，小于资产的账面价值 4 000 万元，产生应纳税的暂时性差异 1 000 万元，确认递延所得税负债 250 万元。

A 公司的会计处理如下：

借：各项资产   40 000 000

（实际上应该借记 B 公司账面上的各项资产公允价值）

商誉 31 500 000

贷：各项负债 8 000 000

（实际上应该贷记 B 公司账面上的各项负债公允价值）

银行存款 1 000 000

股本 20 000 000

资本公积——资本溢价 40 000 000

递延所得税负债 2 500 000

六、非同一控制下的企业合并中商誉产生的暂时性差异的处理

非同一控制下的企业合并中，因企业合并成本大于合并中取得的被购买方可辨认净资产公允价值的份额，按照会计准则规定应确认为商誉，但按照税法规定不允许确认商誉，即商誉的计税基础为 0，商誉的账面价值大于计税基础，两者之间的差额形成应纳税暂时性差异，因确认该递延所得税负债会增加商誉的价值，若再考虑商誉产生的递延所得税负债，则会进一步加大商誉的价值，从而又产生新的商誉，如此循环，不可穷尽，所以新准则规定，商誉产生的应纳税暂时性差异不确认递延所得税负债。

第六节　租赁的差异分析

一、融资租赁中承租人处理的比较

（一）准则规定

1. 租赁期开始日。在租赁期开始日，承租人应当将租赁开始日租赁资产公允价值与最低租赁付款额现值两者中较低者作为租入资产的入账价值，将最低租赁付款额作为长期应付款的入账价值，其差额作为未确认融资费用。在租赁开始日可以合理确定承租人在租赁合同期满时将会行使购买租赁资产选择权的，购买价款应当计入最低租赁付款额。在租赁开始日可以合理确定承租人在租赁合同期满时不会购买租赁资产，租赁协议要求承租人或与其有关的第三方对租赁资产的余值进行担保，则由承租人或与其有关的第三方担保的资产余值应当计入最低租赁付款额。承租人在租赁谈判和签订租赁合同的过程中发生的可直接归属于租赁项目的初始直接费用，通常有印花税、律师费以及差旅费等，计入租入资产的入账价值。

2. 未确认融资费用分摊。在融资租赁下，承租人向出租人支付的租金中，包含了本金和利息两部分。承租人支付租金时，一方面应减少长期应付款，另一方面应同时将未确认的融资费用，按一定的方法确认为当期融资费用，在租赁期届满时，未确认融资费用应全部摊销完毕。在分摊未确认的融资费用时，承租人应当采用实际利率法。

3. 租赁资产折旧计提。对于融资租入资产，计提折旧时，承租人应采用与自有资产相一致的折旧政策。如果承租人或与其有关的第三方对租赁资产余值提供了担保，则应计提折旧总额为租赁开始日固定资产的入账价值扣除担保余值后的余额。如果承租人或与其有关的第三方未对租赁资产余值提供担保，则应计提折旧总额为租赁开始日固定资产的入账价值。

4. 租赁期满的处理。一是返还租赁资产的会计处理，分有担保余值和无担保余值两种情况。有担保余值的情况下，借记"长期应付款——应付融资租赁款"（承租人担保余值）、"累计折旧"（固定资产入账价值 – 承租人担保余值），贷记"固定资产——融资租入固定资产"（固定资产入账价值）。无担保余值的情况下，借记"累计折旧"（固定资产入账价值），贷记"固定资产——融资租入固定资产"（固定资产入账价值）。二是留购租赁资产。在承租人享有优惠购买选择权的情况下，支付购买价款时，借记"长期应付款——应付融资租赁款"科目，贷记"银行存款"科目；同时，将固定资产从"融资租入固定资产"明细科目转入有关明细科目。履约成本、或有租金在实际发生时，直接计入当期损益。

（二）税法规定

（1）《实施条例》规定："融资租入的固定资产，以租赁合同约定的付款总额和承租人在签订租赁合同过程中发生的相关费用为计税基础，租赁合同未约定付款总额的，以该资产公允价值和承租人在签订租赁合同过程中发生的相关费用为计税基础"。《实施条例》第四十七条规定："以融资租赁方式租入固定资产发生的租赁费支出，按照规定构成融资租入固定资产价值的部分应当提取折旧费用，分期扣除。"

（2）《企业所得税税前扣除办法》（国税发〔2000〕84 号）第三十九条规定："纳税人以融资租赁方式从出租方取得固定资产，其租金支出不得扣除，但可按规定提取折旧费用。"

税法规定以合同约定的付款总额和承租人在签订租赁合同过程中发生的相关费用为固定资产的计税基础，允许计提折旧，计算应纳税所得额时可以从应纳税所得中扣除，其他的费用一律不得扣除。其中，税法规定的付款总额与准则规定的最低租赁付款额是两个不同的概念。最低租赁付款额包括租金、由承租人或与其有关的第三方担保的资产余值，或者是行使优惠购买权的购买价款。而税法规定企业应当以取得资产时实际发生的支出亦即历史成本为计税基础，强调的是现实性，最低租赁付款额中由承租人或与其有关的第三方担保的资产余值一般不需要承租人支付，所以，付款总额应当只包括租金和行使优惠购买权的购买价款。

（三）两者差异

1. 税法不考虑最低租赁付款额现值，相关资产的计税基础，与该资产的入账价值存在差异。

【例13-8】A公司从B租赁公司租用一台管理用设备，租赁开始日为2009年1月1日，租赁期5年。估计经济寿命为5年，5年后残值为0。该设备租赁开始日原账面价值和公允价值均为10万元，每年租金为26 379.72元，年初支付，增量借款利率为12%，内含利率为10%。租赁期满，该设备的所有权转让给A公司。

判断租赁业务类型：

根据融资租赁标准，本例符合其中3项条件，一是租赁期满时，租赁资产的所有权转移给承租方；二是租赁期占租赁资产尚可使用年限的大部分（达到100%）；三是租赁开始日最低租赁付款额的现值等于租赁开始日租赁资产的公允价值，应作为融资租赁业务处理。

最低融资租赁付款额的现值 = 每年支付租金 × （P/A，10%，5） = 26 379.72 × 3.790 79 = 100 000（元）

租赁开始日承租人A公司的处理：

借：固定资产	100 000	
未确认融资费用	31 898.60	
贷：长期应付款——应付融资租赁款		131 898.60

其中，最低租赁付款额为131 898.60（26 379.72×5）元。

A公司融资租入固定资产账面价值为100 000元，计税基础为131 898.60元，形成暂时性差异31 898.60元。另外，每年折旧额为26 379.72元，与会计折旧20 000元产生6 379.72元的时间性差异，应调增应纳税所得额6 379.72元。

2. 根据《实施条例》第四十七条第（二）项的规定，以融资租赁方式租入固定资产发生的租赁费支出，按照规定构成融资租入固定资产价值的部分应当提取折旧费用，分期扣除。折旧方法和折旧年限按税法规定执行，与会计准则规定存在差异。

3. 在租赁期满行使优惠购买权的情况下，根据会计准则的规定，在租赁合同期内，融资租赁固定资产的入账价值通过计提折旧的方式计入损益，未确认融资费用按实际利率法摊销全部计入损益（财务费用），因此，计入损益的合计金额为两者之和，为"租赁资产的公允价值或最低租赁付款额现值＋初始直接费＋最低租赁付款额与固定资产入账价值之间的差额"。根据税法的规定，融资租赁固定资产的计税基础为合同约定的付款总额和承租人在签订租赁合同过程中发生的相关费用亦即初始直接费之和，在租赁合同期内，允许在应纳税所得额中扣除，其金额为"租金＋行使优惠购买权的购买价款＋初始直接费"。从租赁期开始日承租人会计处理可知，以上两个计算式相等，即固定资产与未确认融资费用入账价值之和是税法认可的，取得时会计准则确认的固定资产与未确认融资费用账面价值等于税法确认固定资产的计税基础。

固定资产、未确认融资费用在存续期间进行后续计量时，会计准则规定，固定资产按照"成本－累计折旧－固定资产减值准备"进行计量，未确认融资费用按照"成本－摊销额"进行计量，两者合并为"（固定资产入账价值＋未确认融资费用）－（累计折旧＋摊销额）－固定资产减值准备"，而税法按照"成本－按照税法规定已在以前期间税前扣除的折旧额"进行计量。由于会计规定，未确认融资费用必须采用实际利率法摊销，而税法规定固定资产只能采用平均年限法摊销，导致固定资产的计税基础与会计上对固定资产与未确认融资费用计量的账面价值产生差异，形成暂时性差异，需进行纳税调整。

4. 在承租人或与其有关的第三方对租赁资产余值进行担保的情况下，根据会计准则规定，在租赁合同期内，融资租赁固定资产的入账价值扣除担保余值后通过计提折旧的方式计入损益，未确认融资费用按实际利率法摊销全部计入损益（财务费用），因此，计入损益的合计金额为两者之和，为"租赁资产的公允价值或最低租赁付款额现值＋初始直接费＋最低租赁付款额与固定资产入账价值之间的差额－担保的资产余值"。根据税法的规定，融资租赁固定资产的计税基础为合同约定的付款总额和承租人在签订租赁合同过程中发生的相关费用亦即初始直接费之和，其中付款总额不包括由承租人或与其有关的第三方担保的资产余值，在租赁合同期内，允许在应纳税所得额中扣除，其金额为"租金＋初始直接费"。从租赁期开始日承租人会计处理可知，以上两个计算式相等，即固定资产与未确认融资费用入账价值之和扣除担保余值是税法认可的，取得时会计准则确认的固定资产与未确认融资费用账面价值之和扣除担保余值等于税法确认固定资产的计税基础。

同样，固定资产、未确认融资费用在存续期间进行后续计量时，由于会计规定对未确认融资费用必须采用实际利率法摊销，导致固定资产的计税基础与会计上对固定资产与未确认融资费用计量的账面价值产生差异，形成暂时性差异，需进行纳税调整。

二、融资租赁中出租人处理的比较

（一）准则规定

1. 出租人在租赁期开始日，将租赁开始日最低租赁收款额与初始直接费用之和作为应收融资租赁款的入账价值，并同时记录未担保余值，将最低租赁收款额、初始直接费用与未担保余值之和与其现值之和的差额记录为未实现融资收益。

2. 根据租赁准则的规定，未实现融资收益应当在租赁期内各个期间进行分配，确认为各期的租赁收入。分配时，出租人应当采用实际利率法计算当期应当确认的租赁收入。

3. 在融资租赁下，出租人发生的初始直接费用应当资本化。出租人在租赁期内确认各期租赁收入时，应当按照各期确认的收入与未实现融资收益的比例，对初始直接费用进行分摊，冲减租赁期内各期确认的租赁收入。

4. 出租人在融资租赁下收到的或有租金应计入当期损益。

5. 出租人至少应当于每年年度终了，对未担保余值进行复核。未担保余值增加的，不作调整。有证据表明未担保余值已经减少的，应当重新计算租赁内含利率，将由此引起的租赁投资净额的减少，计入当期损益；以后各期根据修正后的租赁投资净额和重新计算的租赁内含利率确认融资收入。

（二）税法规定

1. 出租人将资产融资出租时，实质上资产的所有权已经转移，根据《实施条例》第二十五条的规定，应当视同转让财产处理，租赁资产的公允价值与其计税基础之间的差额，应当确认资产转让所得或损失。

2. 《实施条例》第十九条规定："租金收入，按照合同约定的承租人应付租金的日期确认收入的实现。"企业租金收入金额，应当按照有关租赁合同或协议约定的金额全额确定。租赁合同或协议约定的金额应当包括承租人行使优惠购买租赁资产的选择权所支付的价款。

3. 由于或有租金金额具有不确定性，出租人在融资租赁下收到的或有租金，只有在实际收到时才能确认计税收入。

4. 租赁期届满时，不再确认所得或损失，但如果出租人向承租人收取了租赁资产价值补偿金、违约金，则应于实际收到时确认计税收入。

5. 由于融资租赁业务取得的租金收入，相当于以租赁资产的公允价值作为本金，贷给承租方取得的利息作为收入。因此，在按租赁费总额作为计税收入的同时，租赁资产的公允价值应当作为成本扣除。在融资租赁下，出租人发生的初始直接费用可以在发生的当期一次性扣除，如果金额较大，也可以根据配比原则，在租金收入确认的各期配比扣除。由于融资租赁的计税收入通常是根据租赁合同的约定分期平均收取的，因此，初始直接费用采用分期扣除办法时，也应当于确认计税收入的当期平均扣除。相应地，租赁资产的公允价值也应采取平均扣除的办法。

纳税年度应确认的所得额 = 本期应收租赁费 − （租赁资产公允价值 + 初始直接费用）/租赁期

6. 租赁期满，出租人收到的购买款在实际收到时确认计税收入，不再扣除租赁资产的成本和初始直接费用。

7. 依据《实施条例》第五十五条关于"不符合国务院财政、税务主管部门规定的各项资产减值准备、风险准备等准备金支出不得在税前扣除"的规定，未担保余值减值准备不得在税前扣除。

（三）两者差异

1. 租赁期开始日，出租人的税务处理是与准则规定出租人按照租赁资产公允价值与账面价值之间的差额确认"营业外收入 − 处置非流动资产利得"或"营业外支出 − 处置非流动资产损失"是一致的。通常情况下，租赁资产的计税基础与账面价值是一致的，但如果出租人对租赁资产已计提减值准备，或者前期使用过程中，会计折旧与税法折旧不同，必然导致计税基础与账面价值发生差异，对该项差异应在年末申报所得税时进行纳税调整。

2. 根据税法规定，某一纳税年度按照合同约定应收租金即使没有收到，也应在当年确认计税收入。显然，租金收入确认的时点和金额与会计准则是存在差异的。

3. 根据《企业所得税法》第十一条的规定，以融资租赁方式租出的固定资产，在计算应纳税所得额时，企业不得计算折旧扣除。

三、经营租赁中承租人处理的比较

（一）准则规定

对于经营租赁的租金，承租人应当在租赁期内各个期间按照直线法计入相关资产成本或当期损益；其他方法更为系统合理的，也可以采用其他方法。承租人发生的初始直接费用，应当计入当期损益。或有租金应当在实际发生时计入当期损益。出租人提供免租期的，承租人应将租金总额在不扣除免租期的整个租赁期内，按直线法或其他合理的方法进行分摊，免租期内应当确认租金费用；出租人承担了承租人某些费用的，承租人应将该费用从租金费用总额中扣除，按扣除后的租金费用余额在租赁期内进行分摊。

（二）税法规定

《实施条例》第四十七条规定："企业根据生产经营活动的需要租入固定资产支付的租赁费，按照以下方法扣除：以经营租赁方式租入固定资产发生的租赁费支出，按照租赁期限均匀扣除。"《企业所得税法》第十一条规定："以经营租赁方式租入的固定资产，在计算应纳税所得额时，企业不得计算折旧扣除。"同时，《企业所得税法》规定，租入固定资产的改建支出，作为长期待摊费用，按照规定在计算应纳税所得额时扣除。

（三）两者差异

会计准则规定，对于经营租赁的租金，承租人应当在租赁期内各个期间按照直线法或其他合理的方法计入相关资产成本或当期损益。税法规定，以经营租赁方式租入固定资产发生的租赁费，按照租赁期限均匀扣除，由此形成的差异，应当进行纳税调整。

四、经营租赁中出租人处理的比较

（一）准则规定

出租人应当按资产的性质，将用作经营租赁的资产包括在资产负债表中的相关项目内。对于经营租赁的租金，出租人应当在租赁期内各个期间按照直线法确认为当期损益；其他方法更为系统合理的，也可以采用其他方法。出租人提供免租期的，出租人应将租金总额在不扣除免租期的整个租赁期内，按直线法或其他合理的方法进行分配，免租期内出租人应当确认租金收入。出租人承担了承租人某些费用的，出租人应将该费用自租金收入总额中扣除，按扣除后的租金收入余额在租赁期内进行分配。出租人发生的初始直接费用，应当计入当期损益。金额较大的应当资本化，在整个经营租赁期间内按照与确认租金收入相同的基础分期计入当期损益。对于经营租赁资产中的固定资产，出租人应当采用类似资产的折旧政策计提折旧；对于其他经营租赁资产，应当采用系统合理的方法进行摊销。或有租金应当在实际发生时计入当期损益。

（二）税法规定

根据《实施条例》第十九条的规定，租金收入，按照合同约定的承租人应付租金的日期确认收入的实现。租金收入金额，应当按照有关租赁合同或协议约定的金额全额确定。对于经营租赁资产中的固定资产，出租人应当采用类似资产的税务处理折旧政策计提折旧；对于其他经营租赁资产，应当类似资产的税务处理方法进行摊销。

（三）两者差异

会计准则规定，对于经营租赁的租金，出租人应当在租赁期内各个期间按照直线法或者其他合理的方法确认为当期损益。税法规定纳税人超过 1 年以上的租赁期，一次收取的租赁费，出租方应按合同约定的租赁期分期计算收入，由此形成的差异，应当进行纳税调整。

五、售后租回交易的比较

（一）准则规定

承租人和出租人应当根据准则的规定，将售后租回交易认定为融资租赁或经营租赁。售后租回交易认定为融资租赁的，售价与资产账面价值之间的差额应当予以递延，并按照该项租赁资产的折旧进度进行分摊，作为折旧费用的调整。售后租回交易认定为经营租赁的，售价与资产账面价值之间的差额应当予以递延，并在租赁期内按照与确认租金费用相一致的方法进行分摊，作为租金费用的调整。但是，有确凿证据表明售后租回交易是按照公允价值达成的，售价与资产账面价值之间的差额应当计入当期损益。

（二）税法规定

《企业所得税法》及其《实施条例》中没有专门的规定。一般来说，采用售后租回方式销售商品的，收到款项应确认为负债；售价与资产原计税基础的差额，应当采用合理方式分摊，调整折旧或租金费用。有确凿证明认定属于经营租赁的售后租回交易是按公允价值达成的，销售的商品应按售价确认收入。

（三）两者差异

售后租回业务应当明确划分为销售和租赁两项业务，销售方（即现在的承租人）应将资产的售价与账面价值的差额作为财产转让所得或损失一次性计入当期应纳税所得额，而不是采用会计核算中记录递延收益的方法。因此，当租赁资产按照高于账面价值出售时，应按"递延收益"账户金额调增当期应纳税所得额；反之，则应调减当期应纳税所得额。

【例 13 –9】A 公司将一台外购尚未安装的设备出售给 B 公司，同时再以融资租赁方式将设备租回。设备账面成本 90 万元，出售价格 100 万元。以银行存款收讫，增值税税率 17%。租赁价款 120 万元，分 4 年于每年年末支付。假设该设备折旧年限为 4 年，采用直线法计提折旧（不考虑净残值）。那么，A 公司的会计处理如下：

（1）出售设备给 B 公司时：

借：银行存款   1 170 000

  贷：库存商品   900 000

    递延收益   100 000

    应交税费——应交增值税（销项税额） 170 000

（2）每年分摊递延收益时：

借：递延收益   25 000（100 000/4）

  贷：管理费用   25 000

在税务处理中，承租人在销售时应确认销售所得或损失，对于贷记"递延收益"账户金额，应当调增销售当期的应纳税所得额；对于借记"递延收益"账户金额，应当调减当期应纳税所得额。在会计核算中分期摊销未实现售后租回损益时，应作相反的纳税调整。

本例中，A 公司在销售时应调增应纳税所得额 10 万元；在每年摊销递延收益时，应调减应纳税所得额 2.5 万元。

第七节　会计政策、会计估计变更和差错更正的差异分析

会计政策变更的会计准则与税法差异主要涉及企业所得税，集中在会计政策变更内容和变更结果的影响上。

一、会计政策变更内容的比较

（一）准则规定

基于会计准则和税法目标的差异，在不影响会计信息质量特征的前提下，会计准则赋予企业会计政策的多样性特征，如会计要素的计量属性上除历史成本外，还有重置成本、可变现净值、现值和公允价值等。在收入的确认条件上坚持实质重于形式、与出售商品所有权上的主要风险和报酬转移、不再保留商品的继续管理权等原则。

（二）税法规定

税法为了增加企业各纳税年度应纳税所得额的确定性，分别制定了有别于会计准则的确认、计量标准。对资产而言，《实施条例》第五十六条规定，企业的各项资产，包括固定资产、生物资产、无形资产、长期待摊费用、投资资产、存货等，以历史成本为计税基础。企业持有各项资产期间资产增值或者减值，除国务院财政、税务主管部门规定可以确认损益外，不得调整该资产的计税基础。对收入确认而言，采用列举法规定了不同类型的收入确认标准。对支出、成本、费用和损失而言，税法进行了详细的规定。税法规定，在计算应纳税所得额时，企业财务、会计处理办法与税收法律、行政法规的规定不一致的，应当依照税收法律、行政法规的规定计算。可见会计政策的变更，一般情况下，不会影响追溯调整会计期间的当期所得税费用或应纳所得税。

（三）两者差异

企业重要会计政策的会计准则与税法差异如表 13－1 所示。

表 13－1　企业重要会计政策的会计准则与税法规定差异一览表

重要会计政策	会计准则规定	税法规定	差异
发出存货成本的计量	先进先出法、移动加权平均法、月末一次加权平均法、个别计价法	先进先出法、加权平均法、个别计价法	一致
长期股权投资的后续计量	成本法和权益法	一般仅适用成本法，海外受控子公司适用权益法	权益法核算受限
投资性房地产的后续计量	成本模式和公允价值模式	成本模式	公允价值变动不计入当期应纳税所得额
固定资产的初始计量	购买价和购买价的现值	购买价	形成可抵扣暂性差异
生物资产的初始计量（自行繁殖或可营造）	达到预定生产经营目的前发生的必要支出应资本化或成本化处理	当期费用化处理	形成应纳税暂时性差异

（续）

重要会计政策	会计准则规定	税法规定	差异
无形资产的确认	研究阶段的支出费用化，开发阶段的支出资本化或费用化	与准则一致，但可加计扣除	形成永久性差异或暂时性差异
非货币性资产交换的计量	以换出资产公允价值或账面价值作为换入资产成本的基础	一律以换入资产的公允价值作为换入资产成本的基础	形成暂时性差异
收入的确认	按合同价款或者合同价款的公允价值确认	一律按合同价款确认	形成暂时性差异
建造合同收入与费用的确认	完工百比法	按纳税年度内完成的工作进度或工作量确认	基本一致
借款费用的处理	资本化或费用化	借款费用有限制	形成永久性差异或暂时性差异

二、会计政策变更结果影响的比较

（一）准则规定

会计准则对于会计政策变更的处理规定了两种方法：追溯调整法和未来适用法。

会计政策变更能够提供更可靠、更相关的会计信息的，应当采用追溯调整法处理，将会计政策变更累积影响数调整列报前期最早期初留存收益，其他相关项目的期初余额和列报前期披露的其他比较数据也应当一并调整，但确定该项会计政策变更累积影响数不切实可行的除外。

追溯调整法，是指对某项交易或事项变更会计政策，视同该项交易或事项初次发生时即采用变更后的会计政策，并以此对财务报表相关项目进行调整的方法。

会计政策变更累积影响数，是指按照变更后的会计政策对以前各期追溯计算的列报前期最早期初留存收益应有金额与现有金额之间的差额。

在当期期初确定会计政策变更对以前各期累积影响数不切实可行的，应当采用未来适用法处理。

未来适用法，是指将变更后的会计政策应用于变更日及以后发生的交易或者事项，或者在会计估计变更当期和未来期间确认会计估计变更影响数的方法。

（二）税法规定

税法对于会计政策变更没有作出明确的处理规定，会计政策的变更并不影响税收政策，税法也不采用追溯调整法。不管变更前后的会计政策是否与税法一致，税务处理都是不变的，仍以税法的规定作为计税标准。

（三）两者差异

企业会计政策变更，追溯调整以前会计期间的交易或事项时，按追溯调整的交易或事项是否影响损益，进而是否影响被追溯调整会计期间的应纳税所得额或所得税费用分为：

1. 不影响追溯调整期的损益，不影响追溯调整期的应纳税所得额，不影响所得税费用。此种情况下，说明无须调整。

2. 影响追溯调整期的损益，不影响追溯调整期的应纳税所得额，但影响所得税费用，根据会计政策变更的内容差异分析可知，此类情况在实务中比较多见。

3. 影响追溯调整期的损益，影响追溯调整期的应纳税所得额，影响所得税费用。此种情况可能出现两种结果，追溯调整后的应纳税所得额比调整前少，实务中税务机关不会退税或抵交；如果追溯调整后的应纳税所得额比调整前多，纳税人需要按被追溯调整期的税率补缴税款，无须缴纳税收滞纳金。

也可按追溯调整的交易或事项影响损益或所得税费用的作用方向，分为：

1. 利润调增，递延所得税负债增加，进而所得税费用增加。

2. 利润调增，当期所得税增加，进而所得税费用增加。

3. 利润调减，递延所得税负债减少或递延所得税资产增加，进而所得税费用减少。

4. 利润调减，当期所得税减少，进而所得税费用减少。

【例 13-10】某企业 2009 年 1 月 1 日开始执行企业会计准则，该企业拥有一幢用于出租的房产，账面原价为 1 000 万元，累计折旧为 500 万元，未计提减值准备。该项资产在首次执行日的公允价值为 600 万元。执行新准则后，该企业拟采用公允价值计量模式对该资产进行计量。该企业所得税采用资产负债表债务法进行处理，企业所得税税率为 25%，按 10% 提取盈余公积。

按照，《企业会计准则第 38 号——首次执行企业会计准则》，对该项会计政策变更采用追溯调整法进行处理。

累积影响数 = 600 - (1 000 - 500) - [600 - (1 000 - 500)] × 25% = 75（万元）

借：投资性房地产	6 000 000	
累计折旧	5 000 000	
贷：固定资产		10 000 000
递延所得税负债		250 000
利润分配——未分配利润		750 000
借：利润分配——未分配利润	75 000	
贷：盈余公积		75 000

而按税法规定，企业应按成本作为投资性房地产的计税基础，不确认投资性房地产的公允价值变动损益。资产账面价值 600 万元与计税基础 500 万元之间形成的 100 万元暂时性差异，应确认 25 万元的递延所得税负债。

三、会计估计变更的比较

（一）准则规定

会计估计变更应采用未来适用法，其会计处理方法为：

1. 如果会计估计的变更仅影响变更当期，有关估计变更的影响应于当期确认。例如，企业原按应收账款余额的 5% 提取坏账准备，由于企业不能收回应收账款的比例已达 10%，则企业改按应收账款余额的 10% 提取坏账准备，这类会计估计的变更，只影响变更当期。因此，应于变更当期确认。

2. 如果会计估计的变更既影响变更当期又影响未来期间，有关估计变更的影响在当期及以后各期确认。例如，可计提折旧固定资产，其有效使用年限或预计净残值的估计发生的变更，常常影响变更当期及资产以后使用年限内各个期间的折旧费用。因此，这类会计估计的变更，应于变更当期及以后各期确认。

（二）税法规定

税法没有对会计估计变更的税务处理进行明确说明。

（三）两者差异

会计估计变更不影响企业的税收缴纳。变更后的会计估计，与税法规定不一致的，仍将以税法的规定作为计税标准。

【例 13-11】某企业由于技术进步的原因，对某项管理用固定资产的使用寿命进行重新估计。该固定资产自 2005 年 12 月购入，原值 100 万元，预计使用寿命为 10 年。2009 年 1 月，该企业估计该项固定资产的剩余使用年限为 5 年，假定不考虑净残值，税法规定的折旧年限为 10 年。

2006~2008 年计提的累计折旧 = 100/10×3 = 30（万元）

2009 年计提的固定资产折旧 =（100-30）/5 = 14（万元）

借：管理费用   140 000

    贷：累计折旧   140 000

虽然 2009 年企业会计处理发生了变更，但是在税务处理上仍按 10 年折旧，即计提固定资产折旧 10 万元，形成差异 4 万元，在计算 2009 年应纳税所得额时，应调增应纳税所得额 4 万元。

四、前期差错更正的比较

（一）准则规定

前期差错更正，会计准则按照重要性原则，对重要前期差错和不重要前期差错规定了不同的会计处理方法。

非重要的前期差错，不调整会计报表相关项目的期初数，但应调整发现当期与前期相同的相关项目；影响损益的，应直接计入本期净损益项目。

重要的前期差错，应采用追溯重述法，对会计报表相关项目期初数进行调整。如影响损益，应将其对损益的影响数调整发现当期的期初留存收益，会计报表其他相关项目的期初数也应一并调整。

（二）税法规定

《中华人民共和国税收征收管理法》（以下简称《税收征管法》）规定，因税务机关的责任，致使纳税人、扣缴义务人未缴或者少缴税款的，税务机关在 3 年内可以要求纳税人、扣缴义务人补缴税款，但是不得加收滞纳金。因纳税人、扣缴义务人计算错误等失误，未缴或者少缴税款的，税务机关在 3 年内可以追征税款、滞纳金；有特殊情况的，追征期可以延长到 5 年。对偷税、抗税、骗税的，税务机关追征其未缴或者少缴的税款、滞纳金或者所骗取的税款，不受前款规定期限的限制。

《税收征管法》第二十五条规定，纳税人必须依法申报。可见我国的税款确定法律制度，立法遵循了纳税人不会出现申报不适当情况的假设，没有针对申报不当时的专门处理程序，当纳税人申报不当时，一般情况下，税务机关可以依职权予以最终确定，使得申报税款和实际税款保持一致。在此情况下，纳税人往往被认定为偷税，而招致罚款的涉税风险很高。

（三）两者差异

企业所得税是严格按照纳税年度征收的，考虑税率的变化、定期税收优惠和亏损定期结转等情况的存在，企业在前期差错的更正时，遵照下列规定对应纳税所得额的影响进行税务处理：

1. 纳税人在规定的申报期申报后，发现的应计未计、应提未提的税前扣除项目等，不得移转以后年度补扣。企业调整账簿和会计报表，无须再调整以前年度的纳税申报表。

2. 税务部门查出的以前年度少缴的所得税，应按被查出年度的适用税率补征所得税。可见，对于查出的以前年度的涉及损益的差错，不管什么差错，一律并入差错年度的应纳税所得额。

3. 对查出的纳税人故意隐瞒的所得额，应先予以补缴税款；再按《税收征管法》的规定给予处罚。其隐瞒的所得额部分不得用于弥补以前年度的亏损。

4. 在减免税期间查出的问题，属于盈利年度查出的隐瞒的所得额部分，对减税企业、单位要按规定补税、罚款，对免税企业、单位可只作罚款处理；属于亏损年度多报亏损的部分，应依照关于纳税人虚报亏损的有关规定进行处理。

5. 对于差错期原认定为亏损的，应重新确定由以后年度弥补的亏损额。对于差错期原为盈利的，需要对差错额计算补缴税款。与此同时，会计上已调整至发现期损益的金额，应作相应的调增或调减处理，即原更正差错的结果为增加发现期利润的，应调减发现期所得；原会计更正结果为减少发现期利润的，应调增发现期所得。

6. 企业已提并作纳税调整的各项准备，如因确凿证据表明属于不恰当地运用了谨慎性原则，并已作为重大会计差错进行了更正的，可作相反纳税调整。

【例 13 - 12】某公司在 2009 年发现，2008 年公司漏记一项固定资产的折旧费用 150 000 元，所得税申报表中未扣除该项折旧。2008 年适用所得税税率为 25%。该公司按净利润的 10% 提取法定盈余公积，按 5% 提取任意盈余公积。

（1）分析错误的后果：

2008 年少计折旧费用	150 000
少计累计折旧	150 000
多计所得税费用（150 000×25％）	37 500
多计净利润	112 500
多提法定盈余公积	11 250
多提任意盈余公积	5 625

（2）账务处理：

补提折旧

借：以前年度损益调整	150 000
贷：累计折旧	150 000

调整应交所得税

借：应交税费——应交所得税	49 500
贷：以前年度损益调整	49 500

将"以前年度损益调整"科目的余额转入利润分配

借：利润分配——未分配利润	112 500
贷：以前年度损益调整	112 500

调整利润分配有关数字

借：盈余公积	16 875
贷：利润分配——未分配利润	16 875

本例中按照税法规定，该项折旧费用作为调减发现期应纳税所得处理。

第八节　资产负债表日后事项的差异分析

一、基本概念的比较

（一）准则规定

资产负债表日是指会计年度末和会计中期期末。其中，年度资产负债表日是指公历 12 月 31 日；会计中期通常包括半年度、季度和月度等，会计中期期末相应地是指公历半年末、季末和月末等。

资产负债表日后事项，是指资产负债表日至财务报告批准报出日之间发生的有利或不利事项。财务报告批准报出日，是指董事会或类似机构批准财务报告报出的日期。

资产负债表日后事项包括资产负债表日后调整事项和资产负债表日后非调整事项。资产负债表日后调整事项，是指对资产负债表日已经存在的情况提供了新的或进一步证据的事项。资产负债表日后非调整事项，是指表明资产负债表日后发生的情况的事项。资产负债表日后事项表明持续经营假设不再适用的，企业不应当在持续经营基础上编制财务报表。

（二）税法规定

《企业所得税法》第五十三条规定："企业所得税按纳税年度计算。纳税年度自公历 1 月 1 日起至 12 月 31 日止。企业在一个纳税年度中间开业，或者终止经营活动，使该纳税年度的实际经营期不足 12 个月的，应当以其实际经营期为一个纳税年度。企业依法清算时，应当以清算期间作为一个纳税年度。"第五十四条规定："企业所得税分月或者分季预缴。企业应当在月份或者季度终了之日起 15日内，向税务机关报送预缴企业所得税纳税申报表，预缴税款。年度终了之日起5 个月内，企业向税务机关报送年度企业所得税纳税申报表，并汇算清缴，结清应缴应退税款。企业在报送企业所得税纳税申报表时，应当按照规定附送财务报告和其他有关资料。"第五十五条规定："企业在年度中间终止经营活动的，应当自实际经营终止之日起 60 日内，向税务机关办理当期企业所得税汇算清缴。企业应当在办理注销登记前，就其清算所得向税务机关申报并依法缴纳企业所得税。"

（三）两者差异

对比税法和会计准则的规定可以看出，年度资产负债表日和纳税年度最后一日是一致的；会计中期期末的季末和月末等，往往和企业所得税预缴的应纳税所得额计算截止日是一致的；资产负债表日后事项表明持续经营假设不再适用的，有可能会发生企业所得税清算的情况。财务报告批准报出日和企业所得税申报关系较为密切，企业所得税纳税申报需要附送财务报告。由于企业所得税汇算清缴期满时间为次年 5 月 31 日之前，所以汇算清缴截止日一般在财务报告批准报出日之后。企业年终申报纳税前发生的资产负债表日后事项，所涉及的应纳所得税调整，应作为会计报告年度的纳税调整；企业年终申报纳税汇算清缴后发生的资产负债表日后事项，所涉及的应纳所得税调整，应作为本年度的纳税调整。

二、资产负债表日后调整事项的比较

（一）准则规定

企业发生的资产负债表日后调整事项，应当调整资产负债表日的财务报表。

企业发生的资产负债表日后调整事项，通常包括下列各项：资产负债表日后诉讼案件结案，法院判决证实了企业在资产负债表日已经存在现时义务，需要调整原先确认的与该诉讼案件相关的预计负债，或确认一项新负债；资产负债表日后取得确凿证据，表明某项资产在资产负债表日发生了减值或者需要调整该项资产原先确认的减值金额；资产负债表日后进一步确定了资产负债表日前购入资产的成本或售出资产的收入；资产负债表日后发现了财务报表舞弊或差错。

（二）税法规定

企业发生的资产负债表日后调整事项，在调整资产负债表日的财务报表后，如果是在纳税年度终了之日起 5 个月内尚未办理纳税申报的，应按调整后的会计处理依照税法规定计算应纳税所得额；如果是在纳税年度终了之日起 5 个月内已办理纳税申报的，应重新按调整后的会计处理依照税法规定计算应纳税所得额，办理纳税申报；如果是在纳税年度终了之日起 5 个月后已汇算清缴的，所涉及的应纳所得税调整，应作为本年度（即财务报告年度或纳税年度的次年）的纳税调整。

如果报告年度的所得税汇算清缴发生于报告年度财务报告批准报出日之前，对于所得税汇算清缴时涉及的需调整报告年度所得税费用的，应通过"以前年度损益调整"科目进行会计核算，并调整报告年度会计报表相关项目；如果报告年度所得税汇算清缴发生于报告年度财务报告批准报出日之后，对于所得税汇算清缴时涉及的需调整报告年度所得税费用的，应通过"以前年度损益调整"科目进行核算并相应调整本年度会计报表相关项目的年初数。

（三）两者差异

资产负债表日后事项中发生于报告年度所得税汇算清缴之前，则应调整报告年度的应纳税所得额，以及报告年度应交所得税；资产负债表日后事项发生在报告年度所得税汇算清缴之后，所涉及的应交所得税的调整应作为本年度的纳税调整事项。

【例 13 – 13】A 公司 2008 年 11 月销售一批产品给 B 公司，价款为 250 万元（不含税），销售成本 200 万元，货款至当年 12 月 31 日尚未收到。2008 年 12 月 25 日接到 B 公司通知，B 公司在验收物资时，发现该批产品存在严重质量问题需要退货。2009 年 1 月 10 日该产品已经全部退回，并收到退回的增值税专用发票的发票联和抵扣联（产品增值税税率17%，A 公司为增值税一般纳税人，A 公司董事会批准财务报告报出日为 2009 年 4 月 15 日，汇算清缴于 2009 年 2 月 15 日完成）。2008 年 A 公司会计利润 100 万元，无其他调整事项。

A 公司的会计处理如下：

借：以前年度损益调整　　　　　　　　　　　2 500 000

　　应交税费——应交增值税（销项税额）　　　425 000

　　　贷：应收账款　　　　　　　　　　　　　　　2 925 000

借：库存商品　　　　　　　　　　　　　　　2 000 000

　　　贷：以前年度损益调整　　　　　　　　　　　2 000 000

借：应交税费——应交所得税　　　　　　　　165 000

　　　贷：以前年度损益调整　　　　　　　　　　　165 000

调整后 A 公司会计利润应为 50 万元，应纳税所得额也为 50 万元。

【例 13 – 14】沿用【例 13 – 13】，假设其他条件不变，销售退回发生在 2000 年 2 月 18 日，那么，A 公司的会计处理如下：

借：以前年度损益调整　　　　　　　　　　　2 500 000

　　应交税费——应交增值税（销项税额）　　　425 000

　　　贷：应收账款　　　　　　　　　　　　　　　2 925 000

借：库存商品　　　　　　　　　　　　　　　2 000 000

　　　贷：以前年度损益调整　　　　　　　　　　　2 000 000

在本例中，报告年度会计利润为 50 万元，而应纳税所得额为 100 万元，因销售退回产生纳税调整 50（250 – 200）万元不得在报告年度会计应纳税所得额中扣减，而应在本年度中作为纳税调整项目扣减本年度应纳税所得额。纳税申报时，企业应将 50 万元作为报告年度可抵减暂时性差异。

借：递延所得税资产　　　　　　　　　　　　165 000

　　　贷：以前年度损益调整　　　　　　　　　　　165 000

【例 13 – 15】A 公司 2008 年 4 月销售一批产品给 B 公司，价款为 580 万元（含税），B 公司于 5 月份收到所购物资并验收入库。由于 B 公司财务状况不佳，到 2008 年 12 月 31 日仍未付款。A 公司 12 月 31 日已为该项应收账款提取坏账准备 29 万元；A 公司于 2009 年 1 月 10 日收到 B 公司通知，B 公司已进行破产清算，无力偿还所欠部分贷款，实际可收回应收账款的 40%（A 公司董事会批准财务报告报出日为 2009 年 4 月 15 日，汇算清缴于 2009 年 2 月 15 日完成）。2008 年 A 公司会计利润 500 万元，无其他调整事项。A 公司的会计处理如下：

应补提坏账准备 = 580 × 60% – 29 = 319（万元）

借：以前年度损益调整 3 190 000

　　贷：坏账准备 3 190 000

借：应交税费——应交所得税 1 052 700

　　贷：以前年度损益调整 1 052 700

调整后会计利润为 181 万元（500－319），应纳税所得额为 181 万元。

【例 13－16】沿用【例 13－15】假设 A 公司于 2009 年 3 月 10 日收到 B 公司通知，其他条件不变。A 公司的会计处理如下：

借：以前年度损益调整 3 190 000

　　贷：坏账准备 3 190 000

在本例中，A 公司在报告年度的会计利润为 181 万元，而应纳税所得额为 500 万元，将坏账准备 319 万元作为报告年度可抵减暂时性差异，而在本年度中作为纳税调整项目扣减本年度应纳税所得额。

借：递延所得税资产 1 052 700

　　贷：以前年度损益调整 1 052 700

对本年度应将与资产减值准备有关的事项产生的纳税调整金额，作为本年度的纳税调整事项，相应调整本年度应交所得税，相关的会计处理按照准则有关资产负债表日后事项的规定办理。

三、资产负债表日后非调整事项的比较

（一）准则规定

企业发生的资产负债表日后非调整事项，不应当调整资产负债表日的财务报表。企业发生的资产负债表日后非调整事项，通常包括下列各项：资产负债表日后发生重大诉讼、仲裁、承诺；资产负债表日后资产价格、税收政策、外汇汇率发生重大变化；资产负债表日后因自然灾害导致资产发生重大损失；资产负债表日后发行股票和债券以及其他巨额举债；资产负债表日后资本公积转增资本；资产负债表日后发生巨额亏损；资产负债表日后发生企业合并或处置子公司。

（二）税法规定

税法未涉及资产负债表日后非调整事项。

（三）两者差异

因为企业发生的资产负债表日后非调整事项，不调整资产负债表日的财务报表，对纳税年度应纳税所得额的计算不产生影响，企业只要根据会计处理的结果，依照税法规定计算应纳税所得额并进行纳税调整即可。

第十四章

企业所得税会计

第一节 所得税会计概述

企业的会计核算和税收处理分别遵循不同的原则，服务于不同的目的。在我国，会计的确认、计量、报告应当遵从企业会计准则的规定，目的在于真实、完整地反映企业的财务状况、经营成果和现金流量等，为投资者、债权人以及其他会计信息使用者提供对其决策有用的信息。税法则是以课税为目的，根据国家有关税收法律、法规的规定，确定一定时期内纳税人应缴纳的税额，从所得税的角度，主要是确定企业的应纳税所得额，以对企业的经营所得征税。本书我们详细分析了企业各项经济业务的会计与税务处理差异，其差异的最终结果就是要调整企业的应纳税所得额，这就是所得税会计要研究的内容。

所得税会计的形成和发展是所得税法规和会计准则规定相互分离的必然结果，两者分离的程度和差异的种类、数量直接影响和决定了所得税会计处理方法的改进。《企业会计准则第 18 号——所得税》（以下简称所得税准则）从资产负债表出发，通过比较资产负债表上列示的资产、负债按照会计准则规定确定的账面价值与按照税法规定确定的计税基础，对于两者之间的差异分别应纳税暂时性差异与可抵扣暂时性差异，确认相关的递延所得税负债与递延所得税资产，并在此基础上确定每一会计期间利润表中的所得税费用。

一、资产负债表债务法

所得税会计是会计与税收规定之间的差异在所得税会计核算中的具体体现。所得税准则采用资产负债表债务法核算所得税。

资产负债表债务法较为完全地体现了资产负债观，在所得税的会计核算方面贯彻了资产、负债的界定。从资产负债表角度考虑，资产的账面价值代表的是企业在持续持有及最终处置某项资产的一定期间内，该项资产为企业带来的未来经济利益，而其计税基础代表的是在这一期间内，就该项资产按照税法规定可以税前扣除的金额。一项资产的账面价值小于其计税基础的，表明该项资产于未来期间产生的经济利益流入低于按照税法规定允许税前扣除的金额，产生可抵减未来期间应纳税所得额的因素，减少未来期间以应交所得税的方式流出企业的经济利益，从其产生时点来看，应确认为资产。反之，一项资产的账面价值大于其计税基础的，两者之间的差额将会于未来期间产生应税金额，增加未来期间的应纳税所得额及应交所得税，对企业形成经济利益流出的义务，应确认为负债。

二、所得税会计核算的一般程序

采用资产负债表债务法核算所得税的情况下，企业一般应于每一资产负债表日进行所得税的核算。发生特殊交易或事项时，如企业合并，在确认因交易或事项取得的资产、负债时即应确认相关的所得税影响。企业进行所得税核算一般应遵循以下程序：

（一）按照相关会计准则规定确定资产负债表中除递延所得税资产和递延所得税负债以外的其他资产和负债项目的账面价值。其中资产、负债的账面价值，是指企业按照相关会计准则的规定进行核算后在资产负债表中列示的金额。例如，企业持有的应收账款账面余额为 2 000 万元，企业对该应收账款计提了 100 万元的坏账准备，其账面价值为 1 900 万元，为该应收账款在资产负债表中的列示金额。

（二）按照准则中对于资产和负债计税基础的确定方法，以适用的税收法规为基础，确定资产负债表中有关资产、负债项目的计税基础。

（三）比较资产、负债的账面价值与其计税基础，对于两者之间存在差异的，分析其性质，除准则中规定的特殊情况外，分别应纳税暂时性差异与可抵扣暂时性差异并乘以所得税税率，确定资产负债表日递延所得税负债和递延所得税资产的应有金额，并与期初递延所得税负债和递延所得税资产的余额相比，确定当期应予进一步确认的递延所得税资产和递延所得税负债金额或应予转销的金额，作为构成利润表中所得税费用的其中一个组成部分——递延所得税。

（四）按照适用的税法规定计算确定当期应纳税所得额，将应纳税所得额与适用的所得税税率计算的结果确认为当期应交所得税，作为利润表中应予确认的所得税费用的另外一个组成部分——当期所得税。

（五）确定利润表中的所得税费用。利润表中的所得税费用包括当期所得税和递延所得税两个组成部分，企业在计算确定了当期所得税和递延所得税后，两者之和（或之差），是利润表中的所得税费用。

第二节　资产的计税基础

资产的计税基础，是指企业收回资产账面价值过程中，计算应纳税所得额时按照税法规定可以自应税经济利益中抵扣的金额，即某一项资产在未来期间计税时按照税法规定可以税前扣除的金额。

资产在初始确认时，其计税基础一般为取得成本，即企业为取得某项资产支付的成本在未来期间准予税前扣除。在资产持续持有的过程中，其计税基础是指资产的取得成本减去以前期间按照税法规定已经税前扣除的金额后的余额，该余额代表的是按照税法规定，就涉及的资产在未来期间计税时仍然可以税前扣除的金额。如固定资产、无形资产等长期资产在某一资产负债表日的计税基础是指其成本扣除按照税法规定已在以前期间税前扣除的累计折旧额或累计摊销额后的金额。

现对资产负债表中部分资产项目计税基础的确定分析如下：

一、固定资产

以各种方式取得的固定资产，初始确认时按照会计准则规定的确定的入账价值基本上是被税法认可的，即取得时其账面价值一般等于计税基础。

固定资产在持有期间进行后续计量时，会计准则规定按照"成本－累计折旧－固定资产减值准备"进行计量，税收是按照"成本－按照税法规定已在以前期间税前扣除的折旧额"进行计量。由于会计与税收处理规定的不同，固定资产的账面价值与计税基础的差异主要产生于折旧方法、折旧年限的不同以及固定资产减值准备的提取。

（一）折旧方法、折旧年限的差异

会计准则规定，企业应当根据与固定资产有关的经济利益的预期实现方式合理选择折旧方法，如可以按直线法计提折旧，也可以按照双倍余额递减法、年数总和法等计提折旧，前提是有关的方法能够反映固定资产为企业带来经济利益的消耗情况。税法一般会规定固定资产的折旧方法，除某些按照规定可以加速折旧的情况外，基本上可以税前扣除的是按照直线法计提的折旧。

另外，税法还就每一类固定资产的折旧年限作出了规定，而会计处理时，按照准则规定折旧年限是由企业根据固定资产的性质和使用情况合理确定的。会计处理时确定的折旧年限与税法规定不同，也会产生固定资产持有期间账面价值与计税基础的差异。

（二）因计提固定资产减值准备产生的差异

持有固定资产的期间内，在对固定资产计提了减值准备以后，因税法规定按照会计准则规定计提的资产减值准备在资产发生实质性损失前不允许税前扣除，也会造成固定资产的账面价值与计税基础的差异。

【例 14 - 1】D 公司于 2006 年年末以 600 万元购入一项生产用固定资产，按照该项固定资产的预计使用情况，D 公司估计其使用寿命为 20 年，按照直线法计提折旧，预计净残值为 0。假定税法规定的折旧年限、折旧方法及净残值与会计规定相同。2008 年 12 月 31 日，D 公司估计该项固定资产的可收回金额为 500 万元。

该项固定资产在 2008 年 12 月 31 日的账面价值 = 600 - 600 /20 × 2 - 40 = 500（万元）

该项固定资产在 2008 年 12 月 31 日的计税基础 = 600 - 600/20 × 2 = 540（万元）

该项固定资产的账面价值 500 万元与其计税基础 540 万元之间产生的 40 万元差额，在未来期间会减少企业的应纳税所得额和应交所得税。

二、无形资产

除内部研究开发形成的无形资产以外，以其他方式取得的无形资产，初始确认时，按会计准则规定确定的入账价值与按照税法规定确定的成本之间一般不存在差异。无形资产的账面价值与计税基础之间的差异主要产生于内部研究开发形成的无形资产以及使用寿命不确定的无形资产。

（一）内部研究开发形成的无形资产的差异

对于内部研究开发形成的无形资产，会计准则规定有关内部研究开发活动区分两个阶段，研究阶段的支出应当费用化计入当期损益，开发阶段符合资本化条件以后至达到预定用途前发生的支出应当资本化作为无形资产的成本；税法规定，企业发生的研究开发支出在按照规定据实扣除的基础上，可按照研究开发费用的 50% 加计扣除。

内部研究开发形成的无形资产初始确认时，按照会计准则规定，其成本为符合资本化条件以后至达到预定用途前发生的支出总额，因该部分研究开发支出按照税法规定在发生当期已税前扣除，所形成的无形资产在以后期间可税前扣除的金额为0，其计税基础一般为0。

（二）无形资产后续计量形成的差异

无形资产在后续计量时，会计与税收的差异主要产生于对无形资产是否需要摊销及无形资产减值准备的提取上。

会计准则规定，无形资产在取得以后，应根据其使用寿命情况，区分为使用寿命有限的无形资产，与使用寿命不确定的无形资产。对于使用寿命不确定的无形资产，不要求摊销，但持有期间每年应进行减值测试。税法规定，企业取得的无形资产成本，应在一定期限内摊销。即税法中没有界定使用寿命不确定的无形资产，所有的无形资产成本均应在一定期间内摊销。

对于使用寿命不确定的无形资产，会计处理时不予摊销，但计税时其按照税法规定确定的摊销额允许税前扣除，造成该类无形资产的账面价值与计税基础的差异。

在对无形资产计提减值准备的情况下，因税法对按照会计准则规定计提的无形资产减值准备在形成实质性损失前不允许税前扣除，即无形资产的计税基础不会随减值准备的提取发生变化，但其账面价值会因资产减值准备的提取而下降，从而造成无形资产的账面价值与计税基础的差异。

【例14-2】E公司当期发生研究开发支出计2 000万元，其中研究阶段支出400万元，开发阶段符合资本化条件前发生的支出为400万元，符合资本化条件后至达到预定用途前发生的支出为1 200万元。税法规定企业的研究开发支出可按150%加计扣除。假定开发形成的无形资产在当期期末已达到预定用途（尚未开始摊销）。

E公司当期发生的研究开发支出中，按照会计规定应予费用化的金额为800万元，形成无形资产的成本为1 200万元，即期末所形成无形资产的账面价值为1 200万元。

E公司当期发生的2 000万元研究开发支出，按照税法规定可在税前扣除的金额为3 000万元。按照税法规定有关支出全部在发生当期税前扣除后，于未来期间就所形成的无形资产可税前扣除的金额为0，即该项无形资产的计税基础为0。

该项无形资产的账面价值1 200万元与其计税基础0之间的差额1 200万元将于未来期间计入企业的应纳税所得额，产生未来期间应交所得税的义务。

三、以公允价值计量且其变动计入当期损益的金融资产

按照《企业会计准则第22号——金融工具确认和计量》的规定，对于以公允价值计量且其变动计入当期损益的金融资产，其于某一会计期末的账面价值为该时点的公允价值，如果税法规定资产在持有期间市价变动损益在计税时不予考虑，即有关金融资产在某一会计期末的计税基础为其取得成本，会造成在公允价值变动的情况下，该类金融资产的账面价值与计税基础之间的差异。

企业持有的可供出售金融资产计税基础的确定，与以公允价值计量且其变动计入当期损益的金融资产类似，可比照处理。

【例14-3】2008年10月20日，F公司自公开市场取得一项权益性投资，支付价款1 600万元，作为交易性金融资产核算。2008年12月31日，该项权益性投资的市价为1 760万元。

假定税法规定对于交易性金融资产，持有期间公允价值的变动不计入应纳税所得额，待出售时一并计算应计入应纳税所得额的金额。

该项交易性金融资产的期末市价为1 760万元，其按照会计准则规定进行核算在2008年资产负债表日的账面价值为1 760万元。

因税法规定交易性金融资产在持有期间的公允价值变动不计入应纳税所得额，其在2008年资产负债表日的计税基础应维持原取得成本不变，即为1 600万元。

该交易性金融资产的账面价值1 760万元与其计税基础1 600万元之间产生了160万元的暂时性差异，该暂时性差异在未来期间转回时会增加未来期间的应纳税所得额，导致企业应交所得税的增加。

四、长期股权投资

企业持有的长期股权投资，按照会计准则规定，应区别对被投资单位的影响程度及是否存在活跃市场、公允价值能否可靠取得等分别采用成本法或权益法核算。

税法中对于投资资产的处理，要求按照规定确定其成本后，在转让或处置投资资产时，其成本允许扣除。因此，税法中对于长期股权投资并没有权益法的概

念。长期股权投资取得后，如果按照会计准则采用权益法核算，则一般情况下在持有过程中随着被投资单位净资产份额的变化，其账面价值与计税基础会产生差异，该差异主要源于以下3种情况：

（一）初始投资成本的调整

采用权益法核算的长期股权投资，取得时应比较其初始投资成本与按照持股比例应享有的被投资单位可辨认净资产公允价值的份额，在初始投资成本小于按照持股比例计算应享有的被投资单位可辨认净资产公允价值的份额的情况下，应当调整长期股权投资的账面价值，同时确认为当期损益。因在该种情况下，按照税法规定并不要求对其成本进行调整，计税基础维持原取得成本不变，其账面价值与计税基础会产生差异。

（二）投资损益的确认

采用权益法核算的长期股权投资，持有投资期间在被投资单位实现净利润或发生净损失时，投资企业按照持股比例计算应享有的部分，一方面应调整长期股权投资的账面价值，同时确认为各期损益。在长期股权投资账面价值因确认投资损益而变化的同时，其计税基础并不会随之发生变化。按照税法规定，居民企业直接投资于其他居民企业取得的投资收益免税，即作为投资企业，其在未来期间自被投资单位分得有关现金股利或利润时，该部分现金股利或利润免税，在持续持有的情况下，该部分差额对未来期间不会产生计税影响。

（三）应享有被投资单位其他权益的变化

采用权益法核算的长期股权投资，除确认应享有被投资单位的净损益外，对于应享有被投资单位的其他权益变化，也应调整长期股权投资的账面价值，但其计税基础不会发生变化。

【例14-4】G公司于2008年1月2日以6 000万元取得甲公司30%的有表决权股份，拟长期持有并能够对甲公司施加重大影响，该项长期股权投资采用权益法核算。投资时甲公司可辨认净资产的公允价值总额为18 000万元（假定取得投资时甲公司各项可辨认净资产的公允价值与账面价值相同）。甲公司2008年实现净利润2 300万元，未发生影响权益变动的其他交易和事项。G公司及甲公司均为居民企业，适用的所得税税率均为25%，双方采用的会计政策及会计期间相同。税法规定，居民企业之间的股息红利免税。

G公司的会计处理如下：

（1）计算投资成本：

借：长期股权投资　　　　　　　　　　　　　　60 000 000

　　贷：银行存款　　　　　　　　　　　　　　　　60 000 000

因该项投资的初始投资成本（6 000 万元）大于按照持股比例应享有的甲公司可辨认净资产公允价值的份额（5 400 万元），其初始投资成本无须调整。

（2）确认投资损益：

借：长期股权投资——损益调整　　　　　　　　6 900 000

　　贷：投资收益　　　　　　　　　　　　　　　　6 900 000

该项长期股权投资的计税基础确定如下：

（1）取得投资时成本为 6 000 万元。

（2）期末因税法中没有权益法的概念，对于应享有被投资单位的净损益不影响长期股权投资的计税基础，其于 2008 年 12 月 31 日的计税基础仍为 6 000 万元。

该长期股权投资账面价值为 6 690 万元，计税基础为 6 000 万元，形成暂时性差异 690 万元。

五、其他资产

因会计准则规定与税收法规规定不同，企业持有的其他资产，可能造成其账面价值与计税基础之间存在差异的，如采用公允价值模式计量的投资性房地产以及其他计提了资产减值准备的各项资产，如应收账款、存货等。

【例 14-5】 H 公司 2008 年购入原材料成本为 4 000 万元，因部分生产线停工，当年未领用任何该原材料，2008 年资产负债表日考虑到该原材料的市价及用其生产产成品的市价情况，估计其可变现净值为 3 200 万元。假定该原材料在 2008 年的期初余额为 0。

该项原材料因期末可变现净值低于其成本，应计提存货跌价准备，其金额 = 4 000 - 3 200 = 800（万元），计提该存货跌价准备后，该项原材料的账面价值为 3 200 万元。

因计算缴纳所得税时，按照会计准则规定计提的资产减值准备不允许税前扣除，该项原材料的计税基础不会因存货跌价准备的提取而发生变化，其计税基础应维持原取得成本 4 000 万元不变。

该存货的账面价值 3 200 万元与其计税基础 4 000 万元之间产生了 800 万元的暂时性差异，该差异会减少企业在未来期间的应纳税所得额和应交所得税。

【例 14 - 6】I 公司 2008 年 12 月 31 日应收账款余额为 6 000 万元，该公司期末对应收账款计提了 600 万元的坏账准备。适用税法规定，未经核准的准备金不允许税前扣除。假定该公司期初应收账款及坏账准备的余额均为 0。

该项应收账款在 2008 年资产负债表日的账面价值为 5 400（6 000 - 600）万元。其计税基础为 6 000 万元，计税基础与其账面价值之间产生的 600 万元暂时性差异，在应收账款发生实质性损失时，会减少未来期间的应纳税所得额和应交所得税。

第三节　负债的计税基础

负债的计税基础，是指负债的账面价值减去未来期间计算应纳税所得额时按照税法规定可予抵扣的金额。用公式表示即：

负债的计税基础 = 账面价值 - 未来期间按照税法规定可予税前扣除的金额

负债的确认与偿还一般不会影响企业的损益，也不会影响其应纳税所得额，未来期间计算应纳税所得额时按照税法规定可予抵扣的金额为 0，计税基础即为账面价值。例如企业的短期借款、应付账款等。但是，某些情况下，负债的确认可能会影响企业的损益，进而影响不同期间的应纳税所得额，使得其计税基础与账面价值之间产生差额，如按照会计规定确认的某些预计负债。

一、企业因销售商品提供售后服务等原因确认的预计负债

按照或有事项准则规定，企业对于预计提供售后服务将发生的支出在满足有关确认条件时，销售当期即应确认为费用，同时确认预计负债。税法规定，与销售产品相关的支出应于发生时税前扣除。因该类事项产生的预计负债在期末的计税基础为其账面价值与未来期间可税前扣除的金额之间的差额，因有关的支出实际发生时可全部税前扣除，其计税基础为 0。

因其他事项确认的预计负债，应按照税法规定的计税原则确定其计税基础。某些情况下，因有些事项确认的预计负债，税法规定其支出无论是否实际发生均不允许税前扣除，即未来期间按照税法规定可予抵扣的金额为 0，账面价值等于计税基础。

【例 14 - 7】J 公司 2008 年因销售产品承诺提供 3 年的保修服务，在当年度利

润表中确认了400万元的销售费用，同时确认为预计负债，当年度未发生任何保修支出。假定按照税法规定，与产品售后服务相关的费用在实际发生时允许税前扣除。

该项预计负债在 J 公司 2008 年 12 月 31 日资产负债表中的账面价值为 400 万元。

因税法规定与产品保修相关的支出在未来期间实际发生时允许税前扣除，则该项负债的计税基础 = 账面价值 − 未来期间计算应纳税所得额时按照税法规定可予抵扣的金额，未来期间计算应纳税所得额时按照税法规定可予抵扣的金额为 400 万元，该项负债的计税基础 = 400 − 400 = 0。

二、预收账款

企业在收到客户预付的款项时，因不符合收入确认条件，会计上将其确认为负债。税法中对于收入的确认原则一般与会计规定相同，即会计上未确认收入时，计税时一般亦不计入应纳税所得额，该部分经济利益在未来期间计税时可予税前扣除的金额为 0，计税基础等于账面价值。

某些情况下，因不符合会计准则规定的收入确认条件，未确认为收入的预收款项按照税法规定，应计入当期应纳税所得额时，有关预收账款的计税基础为 0，即因其产生时已经计算缴纳所得税，未来期间可全额税前扣除。

【例 14 − 8】K 公司于 2008 年 12 月 20 日自客户收到一笔合同预付款，金额为 2 000 万元，因不符合收入确认条件，将其作为预收账款核算。假定按照适用税法规定，该款项应计入取得当期应纳税所得额计算缴纳所得税。

该预收账款在 K 公司 2008 年 12 月 31 日资产负债表中的账面价值为 2 000 万元。

因假定按照税法规定，该项预收款应计入取得当期的应纳税所得额计算缴纳所得税，与该项负债相关的经济利益已在取得当期计算缴纳所得税，未来期间按照会计准则规定应确认收入时，不再计入应纳税所得额，即其于未来期间计算应纳税所得额时可予税前扣除的金额为 2 000 万元，计税基础 = 账面价值 2 000 万元 − 未来期间计算应纳税所得额时按照税法规定可予抵扣的金额 2 000 万元 = 0。

该项负债的账面价值 2 000 万元与其计税基础 0 之间产生的 2 000 万元暂时性差异，会减少企业于未来期间的应纳税所得额，使企业未来期间以应交所得税的方式流出经济利益减少。

三、应付职工薪酬

会计准则规定，企业为获得职工提供的服务给予的各种形式的报酬以及其他相关支出，均应作为企业的成本费用，在未支付之前确认为负债。税法中对于职工薪酬基本允许税前扣除，但税法中明确规定了税前扣除标准的，按照会计准则规定计入成本费用的金额超过规定标准的部分，应进行纳税调整。如，企业按照一定的标准计算的工资薪金支出准予税前扣除。如果企业当期发生的工资薪金性质的支出超过了税法规定允许税前扣除的标准，超过部分在发生当期不允许税前扣除，在以后期间也不允许税前扣除，即该部分差额对未来期间计税不产生影响，所产生应付职工薪酬负债的账面价值等于计税基础。

【例 14-9】L 公司 2008 年 12 月计入成本费用的职工工资总额为 3 200 万元，至 2008 年 12 月 31 日尚未支付，体现为资产负债表中的应付职工薪酬负债。假定按照适用税法规定，当期计入成本费用的 3 200 万元工资支出中，可予税前扣除的金额为 2 400 万元。

会计准则规定，企业为获得职工提供的服务，给予的各种形式的报酬以及其他相关支出均应作为成本费用，在未支付之前确认为负债。该项应付职工薪酬负债的账面价值为 3 200 万元。

税法规定，企业实际发生的工资支出 3 200 万元与按照税法规定允许税前扣除的金额 2 400 万元之间所产生的 800 万元差额，在发生当期即应进行纳税调整，并且在以后期间不在应税前扣除，该项应付职工薪酬负债的计税基础 = 账面价值 3 200 万元 - 未来期间计算应纳税所得额时按照税法规定可予抵扣的金额 0 = 3 200（万元）。

该项负债的账面价值 3 200 万元与其计税基础 3200 万元相同，不形成暂时性差异。

四、其他负债

企业的其他负债项目，如应交的罚款和滞纳金等，在尚未支付之前按照会计规定确认为费用，同时作为负债反映。税法规定，罚款和滞纳金不能税前扣除，即该部分费用无论是在发生当期还是在以后期间均不允许税前扣除，其计税基础为账面价值减去未来期间计税时可予税前扣除的金额 0 之间的差额，即计税基础等于账面价值。

其他交易或事项产生的负债，其计税基础应当按照适用税法的相关规定确定。

【例14－10】M公司2008年12月因违反当地有关环保法规的规定，接到环保部门的处罚通知，要求其支付罚款400万元。税法规定，企业因违反国家有关法律法规规定支付的罚款和滞纳金，计算应纳税所得额时不允许税前扣除。至2008年12月31日，该项罚款尚未支付。

对于该项罚款，该企业应计入2008年利润表，同时确认为资产负债表中的负债。

因按照税法规定，企业违反国家有关法律法规规定支付的罚款和滞纳金不允许税前扣除，与该项负债相关的支出在未来期间计税时按照税法规定准予税前扣除的金额为0，其计税基础＝账面价值400万元－未来期间计算应纳税所得额时按照税法规定可予抵扣的金额0＝400（万元）。

该项负债的账面价值400万元与其计税基础400万元相同，不形成暂时性差异。

第四节　暂时性差异的所得税影响

暂时性差异是指资产、负债的账面价值与其计税基础不同产生的差额。由于资产、负债的账面价值与其计税基础不同，产生了在未来收回资产或清偿负债的期间内，应纳税所得额增加或减少并导致未来期间应交所得税增加或减少的情况，形成企业的递延所得税资产和递延所得税负债。

应予说明的是，资产负债表债务法下，仅确认暂时性差异的所得税影响，原按照利润表下纳税影响会计法核算的永久性差异，因从资产负债表角度考虑，不会产生资产、负债的账面价值与其计税基础的差异，即不形成暂时性差异，对企业在未来期间计税没有影响，不产生递延所得税。

根据暂时性差异对未来期间应纳税所得额的影响，分为应纳税暂时性差异和可抵扣暂时性差异。

除因资产、负债的账面价值与其计税基础不同产生的暂时性差异以外，按照税法规定可以结转以后年度的未弥补亏损和税款抵减，也视同可抵扣暂时性差异处理。

一、应纳税暂时性差异

应纳税暂时性差异，是指在确定未来收回资产或清偿负债期间的应纳税所得额时，将导致产生应税金额的暂时性差异，该差异在未来期间转回时，会增加转回期间的应纳税所得额，即在未来期间不考虑该事项影响的应纳税所得额的基础上，由于该暂时性差异的转回，会进一步增加转回期间的应纳税所得额和应交所得税金额。在应纳税暂时性差异产生当期，应当确认相关的递延所得税负债。

应纳税暂时性差异通常产生于以下两种情况：

（一）资产的账面价值大于其计税基础

一项资产的账面价值代表的是企业在持续使用或最终出售该项资产时将取得的经济利益的总额，而计税基础代表的是一项资产在未来期间可予税前扣除的金额。资产的账面价值大于其计税基础，该项资产未来期间产生的经济利益不能全部税前抵扣，两者之间的差额需要交税，产生应纳税暂时性差异。例如，一项无形资产账面价值为 200 万元，计税基础如果为 150 万元，两者之间的差额会造成未来期间应纳税所得额和应交所得税的增加。在其产生当期，符合确认条件的情况下，应确认相关的递延所得税负债。

（二）负债的账面价值小于其计税基础

一项负债的账面价值为企业预计在未来期间清偿该项负债时的经济利益流出，而其计税基础代表的是账面价值在扣除税法规定未来期间允许税前扣除的金额之后的差额。因负债的账面价值与其计税基础不同产生的暂时性差异，本质上是税法规定就该项负债在未来期间可以税前扣除的金额（即与该项负债相关的费用支出在未来期间可予税前扣除的金额）。负债的账面价值小于其计税基础，则意味着就该项负债在未来期间可以税前抵扣的金额为负数，即应在未来期间应纳税所得额的基础上调增，增加应纳税所得额和应交所得税金额，产生应纳税暂时性差异，应确认相关的递延所得税负债。

二、可抵扣暂时性差异

可抵扣暂时性差异，是指在确定未来收回资产或清偿负债期间的应纳税所得额时，将导致产生可抵扣金额的暂时性差异。该差异在未来期间转回时会减少转回期间的应纳税所得额，减少未来期间的应交所得税。在可抵扣暂时性差异产生当期，应当确认相关的递延所得税资产。

可抵扣暂时性差异一般产生于以下两种情况：

（一） 资产的账面价值小于其计税基础

从经济含义来看，资产在未来期间产生的经济利益少，按照税法规定允许税前扣除的金额多，则就账面价值与计税基础之间的差额，企业在未来期间可以减少应纳税所得额并减少应交所得税，符合有关条件时，应当确认相关的递延所得税资产。例如，一项资产的账面价值为 200 万元，计税基础为 260 万元，则企业在未来期间就该项资产可以在其自身取得经济利益的基础上多扣除 60 万元。从整体上来看，未来期间应纳税所得额会减少，应交所得税也会减少，形成可抵扣暂时性差异，符合确认条件时，应确认相关的递延所得税资产。

（二） 负债的账面价值大于其计税基础

负债产生的暂时性差异实质上是税法规定就该项负债可以在未来期间税前扣除的金额。即：

负债产生的暂时性差异 = 账面价值 – 计税基础 = 账面价值 –（账面价值 – 未来期间计税时按照税法规定可予税前扣除的金额）= 未来期间计税时按照税法规定可予税前扣除的金额

一项负债的账面价值大于其计税基础，意味着未来期间按照税法规定与该项负债相关的全部或部分支出可以自未来应税经济利益中扣除，减少未来期间的应纳税所得额和应交所得税。例如，企业对将发生的产品保修费用在销售当期确认预计负债 200 万元，但税法规定有关费用支出只有在实际发生时才能够税前扣除，其计税基础为 0；企业确认预计负债的当期相关费用不允许税前扣除，但在以后期间有关费用实际发生时允许税前扣除，使得未来期间的应纳税所得额和应交所得税减少，产生可抵扣暂时性差异，符合有关确认条件时，应确认相关的递延所得税资产。

三、特殊项目产生的暂时性差异

（一） 未作为资产、负债确认的项目产生的暂时性差异

某些交易或事项发生以后，因为不符合资产、负债的确认条件，而未体现为资产负债表中的资产或负债，但按照税法规定能够确定其计税基础的，其账面价值 0 与计税基础之间的差异也构成暂时性差异。如企业在开始正常的生产经营活动以前发生的筹建等费用，会计准则规定应于发生时计入当期损益，不体现为资产负债表中的资产。按照税法规定，企业发生的该类费用可以在开始正常生产经营活动后的 5 年内分期摊销，自税前扣除。该类事项不形成资产负债表中的资产，但按照税法规定可以确定其计税基础，两者之间的差异也形成暂时性差异。

【例 14 - 11】N 公司在开始正常生产经营活动之前发生了 1 000 万元的筹建费用，在发生时已计入当期损益，按照税法规定，企业在筹建期间发生的费用，允许在开始正常生产经营活动之后 5 年内分期税前扣除。

该项费用支出因按照会计准则规定在发生时已计入当期损益，不体现为资产负债表中的资产，即如果将其视为资产，其账面价值为 0。

按照税法规定，该费用可以在开始正常的生产经营活动后 5 年内分期税前扣除，假定企业在 2008 年开始正常生产经营活动，当期税前扣除了 200 万元，其于未来期间可税前扣除的金额为 800 万元，即其在 2008 年 12 月 31 日的计税基础为 800 万元。

该项资产的账面价值 0 与其计税基础 800 万元之间产生了 800 万元的暂时性差异，该暂时性差异在未来期间可减少企业的应纳税所得额，为可抵扣暂时性差异，符合确认条件时，应确认相关的递延所得税资产。

（二）可抵扣亏损及税款抵减产生的暂时性差异

对于按照税法规定可以结转以后年度的未弥补亏损及税款抵减，虽不是因资产、负债的账面价值与计税基础不同产生的，但本质上可抵扣亏损和税款抵减与可抵扣暂时性差异具有同样的作用，均能够减少未来期间的应纳税所得额和应交所得税，视同可抵扣暂时性差异，在符合确认条件的情况下，应确认与其相关的递延所得税资产。

【例 14 - 12】P 公司于 2008 年因政策性原因发生经营亏损 4 000 万元，按照税法规定，该亏损可用于抵减以后 5 个年度的应纳税所得额。该公司预计其于未来 5 年期间能够产生足够的应纳税所得额利用该经营亏损。

该经营亏损虽不是因比较资产、负债的账面价值与其计税基础产生的，但从其性质上来看可以减少未来期间的应纳税所得额和应交所得税，视同可抵扣暂时性差异。在企业预计未来期间能够产生足够的应纳税所得额利用该可抵扣亏损时，应确认相关的递延所得税资产。

第五节　所得税会计的会计科目及主要账务处理

一、递延所得税资产

（一）会计科目

企业应设置"递延所得税资产"科目核算企业根据所得税准则确认的可抵扣

暂时性差异产生的所得税资产。

根据税法规定可用以后年度税前利润弥补的亏损产生的所得税资产，也在本科目核算。

本科目应当按照可抵扣暂时性差异等项目进行明细核算。

本科目期末借方余额，反映企业已确认的递延所得税资产的余额。

（二）主要账务处理

1. 企业在确认相关资产、负债时，根据所得税准则应予确认的递延所得税资产，借记本科目，贷记"所得税费用——递延所得税费用"、"资本公积——其他资本公积"等科目。

2. 资产负债表日，企业根据所得税准则应予确认的递延所得税资产大于本科目余额的，借记本科目，贷记"所得税费用——递延所得税费用"、"资本公积——其他资本公积"等科目。应予确认的递延所得税资产小于本科目余额的，作相反的会计分录。

3. 资产负债表日，预计未来期间很可能无法获得足够的应纳税所得额用以抵扣可抵扣暂时性差异的，按应减记的金额，借记"所得税费用——当期所得税费用"、"资本公积——其他资本公积"科目，贷记本科目。

二、递延所得税负债

（一）会计科目

企业应设置"递延所得税负债"科目核算企业根据所得税准则确认的应纳税暂时性差异产生的所得税负债。

"递延所得税负债"科目应当按照应纳税暂时性差异项目进行明细核算。

"递延所得税负债"科目期末贷方余额，反映企业已确认的递延所得税负债的余额。

（二）主要账务处理

1. 企业在确认相关资产、负债时，根据所得税准则应予确认的递延所得税负债，借记"所得税费用——递延所得税费用"、"资本公积——其他资本公积"等科目，贷记"递延所得税负债"科目。

2. 资产负债表日，企业根据所得税准则应予确认的递延所得税负债大于"递延所得税负债"科目余额的，借记"所得税费用——递延所得税费用"、"资本公积——其他资本公积"等科目，贷记"递延所得税负债"科目。应予确认的递延所得税负债小于本科目余额的，作相反的会计分录。

三、所得税费用

(一) 会计科目

企业应设置"所得税费用"科目核算企业根据所得税准则确认的应从当期利润总额扣除的所得税费用。

本科目应当按照"当期所得税费用"、"递延所得税费用"进行明细核算。

期末,应将本科目的余额转入"本年利润"科目,结转后本科目应无余额。

(二) 主要账务处理

1. 资产负债表日,企业按照税法计算确定的当期应交所得税金额,借记"所得税费用"科目(当期所得税费用),贷记"应交税费——应交所得税"科目。

2. 在确认相关资产、负债时,根据所得税准则应予确认的递延所得税资产,借记"延所得税资产"科目,贷记"所得税费用"科目(递延所得税费用)、"资本公积——其他资本公积"科目。应予确认的递延所得税负债,借记"所得税费用"科目(递延所得税费用)、"资本公积——其资本公积"等科目,贷记"递延所得税负债"科目。

3. 资产负债表日,根据所得税准则应予确认的递延所得税资产大于"递延所得税资产"科目余额的差额,借记"递延所得税资产"科目,贷记"所得税费用"科目(递延所得税费用)、"资本公积——其他资本公积"等科目。应予确认的递延所得税资产小于"递延所得税产"科目余额的差额,作相反的会计分录。

企业应予确认的递延所得税负债的变动,应当比照上述原则调整"递延所得税负债"科目及有关科目。

四、应交税费

(一) 会计科目

企业应设置"应交税费"科目核算企业按照税法规定计算应缴纳的各种税费,包括增值税、消费税、营业税、所得税、土地增值税、城市维护建设税、房产税、土地使用税、车船使用税、教育费附加等。

(二) 主要账务处理

1. 企业按照税法规定计算应交的所得税,借记"所得税费用"等科目,贷记"应交税费"(应交所得税)。

2. 缴纳的所得税,借记"应交税费"(应交所得税),贷记"银行存款"等科目。

五、本年利润

(一) 会计科目

企业应设置"本年利润"科目核算企业当年实现的净利润(或发生的净亏损)。

(二) 主要账务处理

期末结转利润时,应将"主营业务收入"、"利息收入"、"手续费收入"、"保费收入"、"租赁收入"、"其他业务收入"、"营业外收入"等科目的期末余额分别转入本科目,借记"主营业务收入"、"利息收入"、"手续费收入"、"租赁收入"、"其他业务收入"、"营业外收入"等科目,贷记"本年利润"科目。

将"主营业务成本"、"利息支出"、"手续费支出"、"营业税金及附加"、"其他业务成本"、"销售费用"、"管理费用"、"财务费用"、"资产减值损失"、"营业外支出"、"所得税费用"等科目的期末余额分别转入"本年利润"科目,借记"本年利润"科目,贷记"主营业务成本"、"利息支出"、"手续费支出"、"营业税金及附加"、"其他业务成本"、"销售费用"、"管理费用"、"财务费用"、"资产减值损失""营业外支出"、"所得税费用"等科目。

将"公允价值变动损益"、"投资收益"科目的净收益,转入"本年利润"科目,借记"公允价值变动损益"、"投资收益"科目,贷记"本年利润"科目。如为净损失,作相反的会计分录。

年度终了,应将本年收入和支出相抵后结出的本年实现的净利润,转入"利润分配"科目,借记"本年利润"科目,贷记"利润分配——未分配利润"科目。如为净亏损,作相反的会计分录。结转后本科目应无余额。

六、以前年度损益调整

(一) 会计科目

企业应设置"以前年度损益调整"科目核算企业本年度发生的调整以前年度损益的事项以及本年度发现的重要前期差错更正涉及调整以前年度损益的事项。

企业在资产负债表日至财务报告批准报出日之间发生的需要调整报告年度损益的事项,也在"以前年度损益调整"科目核算。

(二) 主要账务处理

由于以前年度损益调整增加的所得税,借记"以前年度损益调整"科目,贷记"应交税费——应交所得税"科目;由于以前年度损益调整减少的所得税,借记"应交税费——应交所得税"科目，贷记"以前年度损益调整"科目。

第六节　递延所得税负债

递延所得税负债产生于应纳税暂时性差异。因应纳税暂时性差异在转回期间将增加企业的应纳税所得额和应交所得税，导致企业经济利益的流出，在其发生当期，构成企业应支付税金的义务，应作为负债确认。

确认应纳税暂时性差异产生的递延所得税负债时，交易或事项发生时影响到会计利润或应纳税所得额的，相关的所得税影响应作为利润表中所得税费用的组成部分；与直接计入所有者权益的交易或事项相关的，其所得税影响应减少所有者权益；与企业合并中取得资产、负债相关的，递延所得税影响应调整购买日应确认的商誉或是计入合并当期损益的金额。

一、递延所得税负债的确认

（一）确认的一般原则

企业在确认因应纳税暂时性差异产生的递延所得税负债时，应遵循以下原则：

除所得税准则中明确规定可不确认递延所得税负债的情况以外，企业对于所有的应纳税暂时性差异均应确认相关的递延所得税负债。

基于谨慎性原则，为了充分反映交易或事项发生后，对未来期间的计税影响，除特殊情况可不确认相关的递延所得税负债外，企业应尽可能地确认与应纳税暂时性差异相关的递延所得税负债。

（二）不确认递延所得税负债的特殊情况

有些情况下，虽然资产、负债的账面价值与其计税基础不同，产生了应纳税暂时性差异，但出于各方面考虑，所得税准则中规定不确认相应的递延所得税负债，主要包括：

1. 商誉的初始确认。非同一控制下的企业合并中，企业合并成本大于合并中取得的被购买方可辨认净资产公允价值份额的差额，按照会计准则规定应确认为商誉。因会计与税收的划分标准不同，按照税收法规规定作为免税合并的情况下，计税时不认可商誉的价值，即从税法角度，商誉的计税基础为0，两者之间的差额形成应纳税暂时性差异。对于商誉的账面价值与其计税基础不同产生的该应纳税暂时性差异，准则规定不确认与其相关的递延所得税负债。

2. 除企业合并以外的其他交易或事项中，如果该项交易或事项发生时，既不影响会计利润，也不影响应纳税所得额，所产生的资产、负债的初始确认金额与其计税基础不同，形成应纳税暂时性差异的，交易或事项发生时，不确认相应的递延所得税负债。

该规定主要是考虑到由于交易发生时既不影响会计利润，也不影响应纳税所得额，确认递延所得税负债的直接结果是，增加有关资产的账面价值或是降低所确认负债的账面价值，使得资产、负债在初始确认时，违背历史成本原则，影响会计信息的可靠性。

该类交易或事项在我国企业实务中并不多见，一般情况下有关资产、负债的初始确认金额均会为税法所认可，不会产生两者之间的差异。

3. 与子公司、联营企业、合营企业投资等相关的应纳税暂时性差异，一般应确认相关的递延所得税负债，但同时满足以下两个条件的除外：一是投资企业能够控制暂时性差异转回的时间；二是该暂时性差异在可预见的未来很可能不会转回。满足上述条件时，投资企业可以运用自身的影响力决定暂时性差异的转回，如果不希望其转回，则在可预见的未来该项暂时性差异即不会转回，从而对未来期间不会产生所得税影响，无须确认相应的递延所得税负债。

二、递延所得税负债的计量

所得税准则规定，资产负债表日，对于递延所得税负债，应当根据适用税法规定，按照预期清偿该负债期间的适用税率计量。即递延所得税负债应以相关应纳税暂时性差异转回期间按照税法规定适用的所得税税率计量。

在我国，除享受优惠政策的情况以外，企业适用的所得税税率在不同年度之间，一般不会发生变化，企业在确认递延所得税负债时，可以现行适用税率为基础计算确定。对于享受优惠政策的企业，如经国家批准的经济技术开发区内的企业，享受一定期间的税率优惠，则所产生的暂时性差异应以预计其转回期间的适用所得税税率为基础计量。

无论应纳税暂时性差异的转回期间如何，准则中规定递延所得税负债不要求折现。对递延所得税负债进行折现，企业需要对相关的应纳税暂时性差异进行详细的分析，确定其具体的转回时间表，并在此基础上，按照一定的利率折现后确定递延所得税负债的金额。实务中，要求企业进行类似的分析工作量较大、包含的主观判断因素较多，且很多情况下无法合理确定暂时性差异的具体转回时间，准则中规定递延所得税负债不予折现。

【例 14 - 13】A 企业 2004 年 12 月 31 日购入设备账面价值 100 万元，期末无残值（为简化分析），采用直线法折旧。假设企业会计折旧年限为 5 年，税法折旧年限为 4 年。2003 年至 2009 年各年会计利润均为 50 万元（会计折旧前），2007 年以前企业所得税税率为 33%，2008 年改为 25%。

A 企业的会计处理如下：

（1）2005 年至 2007 年企业所得税有关会计处理

会计年折旧额 $= 100 \div 5 = 20$（万元）

税法年折旧额 $= 100 \div 4 = 25$（万元）

（会计）所得税 $= (50 - 20) \times 33\% = 30 \times 33\% = 9.9$（万元）

（税法）应交所得税 $= (50 - 25) \times 33\% = 25 \times 33\% = 8.25$（万元）

递延税款 $= 9.9 - 8.25 = 1.65$（万元）

（2）2008 年所得税的会计处理

计算 2008 年递延所得税负债：

递延所得税负债 $= [(50 - 20) - (50 - 25)] \times 25\% = 1.25$（万元）

对 2005 年至 2007 年递延所得税负债重新计量：

递延所得税负债调整额 $= [(50 - 20) - (50 - 25)] \times 3 \times (25\% - 33\%) = -1.2$（万元）

借：所得税费用   12 000（红字）

    贷：递延所得税负债   12 000（红字）

2008 年递延所得税负债的会计处理：

借：所得税费用   75 000

    贷：应交税费——应交所得税   62 500

        递延所得税负债   12 500

2008 年递延所得税负债累计数：

2008 年递延所得税负债合计数 $= 1.25 - 1.20 = 0.05$（万元）

（3）2009 年所得税的会计处理

税法规定的折旧年限已到期限，会计的折旧年限内尚需继续计提折旧，会计的折旧年限到期后递延所得税负债转回，所得税会计处理如下：

递延所得税资产 $= 20 \times 25\% = 5.00$（万元）

借：所得税费用   75 000

    递延所得税资产   50 000

        贷：应交税费——应交所得税   125 000

第七节　递延所得税资产

一、递延所得税资产的确认

（一）确认的一般原则

递延所得税资产产生于可抵扣暂时性差异。资产、负债的账面价值与其计税基础不同产生可抵扣暂时性差异的，在估计未来期间能够取得足够的应纳税所得额用以利用该可抵扣暂时性差异时，应当以很可能取得用来抵扣可抵扣暂时性差异的应纳税所得额为限，确认相关的递延所得税资产。

同递延所得税负债的确认相同，有关交易或事项发生时，对税前会计利润或是应纳税所得额产生影响的，所确认的递延所得税资产应作为利润表中所得税费用的调整；有关的可抵扣暂时性差异产生于直接计入所有者权益的交易或事项的，确认的递延所得税资产也应计入所有者权益；企业合并中取得的有关资产、负债产生的可抵扣暂时性差异，其所得税影响应相应调整合并中确认的商誉或是应计入合并当期损益的金额。

确认递延所得税资产时，应关注以下问题：

1. 递延所得税资产的确认应以未来期间很可能取得的用来抵扣可抵扣暂时性差异的应纳税所得额为限。在可抵扣暂时性差异转回的未来期间内企业无法产生足够的应纳税所得额用以利用可抵扣暂时性差异的影响，使得与可抵扣暂时性差异相关的经济利益无法实现的，则不应确认递延所得税资产；企业有明确的证据表明其于可抵扣暂时性差异转回的未来期间能够产生足够的应纳税所得额，进而利用可抵扣暂时性差异的，则应以很可能取得的应纳税所得额为限，确认相关的递延所得税资产。

在判断企业于可抵扣暂时性差异转回的未来期间是否能够产生足够的应纳税所得额的问题，应考虑以下两个方面的影响：

一是通过正常的生产经营活动能够实现的应纳税所得额，如企业通过销售商品、提供劳务等所实现的收入，扣除有关的成本费用等支出后的金额。该部分情况的预测应当以经企业管理层批准的最近财务预算或预测数据以及该预算或者预测期之后年份稳定的或者递减的增长率为基础。

二是以前期间产生的应纳税暂时性差异在未来期间转回时将增加的应纳税所得额。

考虑到可抵扣暂时性差异转回的期间内可能取得应纳税所得额的限制，因无法取得足够的应纳税所得额而未确认相关的递延所得税资产的，应在会计报表附注中进行披露。

2. 对与子公司、联营企业、合营企业的投资相关的可抵扣暂时性差异，同时满足下列条件的，应当确认相关的递延所得税资产：一是暂时性差异在可预见的未来很可能转回；二是未来很可能获得用来抵扣可抵扣暂时性差异的应纳税所得额。

对联营企业和合营企业等的投资产生的可抵扣暂时性差异，主要产生于权益法下被投资单位发生亏损时，投资企业按照持股比例确认应予承担的部分相应减少长期股权投资的账面价值，但税法规定长期股权投资的成本在持有期间不发生变化，造成长期股权投资的账面价值小于其计税基础，产生可抵扣暂时性差异。可抵扣暂时性差异还产生于对长期股权投资计提减值准备的情况下。

3. 对于按照税法规定可以结转以后年度的未弥补亏损（可抵扣亏损）和税款抵减，应视同可抵扣暂时性差异处理。在预计可利用可弥补亏损或税款抵减的未来期间内很可能取得足够的应纳税所得额时，应当以很可能取得的应纳税所得额为限，确认相应的递延所得税资产，同时减少确认当期的所得税费用。

应予说明的是，可抵扣亏损是指企业按照税法规定计算确定准予用以后年度的应纳税所得弥补的亏损。在确定可抵扣亏损时，一般应以适当方式与税务部门沟通，取得税务部门的认可。与可抵扣亏损和税款抵减相关的递延所得税资产，其确认条件与其他可抵扣暂时性差异产生的递延所得税资产相同，在估计未来期间是否能够产生足够的应纳税所得额用以利用该部分可抵扣亏损或税款抵减时，应考虑以下相关因素的影响：

（1）在可抵扣亏损到期前，企业是否会因以前期间产生的应纳税暂时性差异转回而产生足够的应纳税所得额；

（2）在可抵扣亏损到期前，企业是否可能通过正常的生产经营活动产生足够的应纳税所得额；

（3）可抵扣亏损是否产生于一些在未来期间不可能重复发生的特殊原因；

（4）是否存在其他的证据表明在可抵扣亏损到期前能够取得足够的应纳税所得额。

企业在确认与可抵扣亏损和税款抵减相关的递延所得税资产时，应当在会计报表附注中说明在可抵扣亏损和税款抵减到期前，企业能够产生足够的应纳税所得额的估计基础。

（二）不确认递延所得税资产的特殊情况

某些情况下，如果企业发生的某项交易或事项不属于企业合并，并且交易发生时既不影响会计利润也不影响应纳税所得额，且该项交易中产生的资产、负债的初始确认金额与其计税基础不同，产生可抵扣暂时性差异的，所得税准则中规定在交易或事项发生时不确认相关的递延所得税资产。其原因同该种情况下不确认递延所得税负债相同，如果确认递延所得税资产，则需调整资产、负债的入账价值，对实际成本进行调整将有违会计核算中的历史成本原则，影响会计信息的可靠性。

二、递延所得税资产的计量

（一）适用税率的确定

同递延所得税负债的计量原则相一致，确认递延所得税资产时，应当以预期收回该资产期间的适用所得税税率为基础计算确定。

另外，无论相关的可抵扣暂时性差异转回期间如何，递延所得税资产均不要求折现。

（二）递延所得税资产的减值

所得税准则规定，资产负债表日，企业应当对递延所得税资产的账面价值进行复核。如果未来期间很可能无法取得足够的应纳税所得额用以利用可抵扣暂时性差异带来的经济利益，应当减记递延所得税资产的账面价值。

同其他资产的确认和计量原则相一致，递延所得税资产的账面价值应当代表其为企业带来未来经济利益的能力。企业在确认了递延所得税资产以后，因各方面情况变化，导致按照新的情况估计，在有关可抵扣暂时性差异转回的期间内，无法产生足够的应纳税所得额用以利用可抵扣暂时性差异，使得与递延所得税资产相关的经济利益无法全部实现的，对于预期无法实现的部分，应当减记递延所得税资产的账面价值。除原确认时计入所有者权益的递延所得税资产，其减记金额亦应计入所有者权益外，其他的情况应增加减记当期的所得税费用。

因无法取得足够的应纳税所得额利用可抵扣暂时性差异而减记递延所得税资产账面价值的，继后期间根据新的环境和情况判断能够产生足够的应纳税所得额利用可抵扣暂时性差异，使得递延所得税资产包含的经济利益能够实现的，应相应恢复递延所得税资产的账面价值。

另外，应当说明的是，无论是递延所得税资产还是递延所得税负债的计量，均应考虑资产负债表日企业预期收回资产或清偿负债方式的所得税影响，在计量递延所得税资产和递延所得税负债时，应当采用与收回资产或清偿债务的预期方式相一致的税率和计税基础。

【例 14 – 14】A 企业 2003 年 12 月 31 日购入设备账面价值 60 万元，期末无残值（为简化分析），采用直线法折旧。假设企业会计制度规定折旧年限为 5 年，税法折旧年限为 6 年。2003 年至 2009 年各年会计利润均为 100 万元（会计折旧后），2007 年以前企业所得税税率为 33%，2008 年改为 25%。A 企业的会计处理如下：

（1）2004 年至 2007 年企业所得税有关会计处理

会计年折旧额 = 60 ÷ 5 = 12（万元）

税法年折旧额 = 60 ÷ 6 = 10（万元）

递延税款 = （12 – 10）× 33% = 0.66（万元）

（2）2008 年以后企业所得税有关会计处理

适用税率发生变化时，应对已确认的递延所得税资产和递延所得税负债进行重新计量，除直接在所有者权益中确认的交易或者事项产生的递延所得税资产和递延所得税负债以外，应当将其影响数计入变化当期的所得税费用。

递延所得税资产和递延所得税负债的计量，应当反映资产负债表日企业预期收回资产或清偿负债方式的所得税影响，即在计量递延所得税资产和递延所得税负债时，应当采用与收回资产或清偿负债的预期方式相一致的税率和计税基础。

① 2008 年所得税的会计处理

调整 2004 年至 2007 年递延所得税资产

递延所得税资产调整额 = 0.66 × 4 ÷ 33% × （25% – 33%）= – 0.64（万元）

计算 2008 年递延所得税资产

递延所得税资产 = （12 – 10）× 25% = 0.50（万元）

2008 年递延所得税资产累计数

2008 年递延所得税资产合计数 = – 0.64 + 0.50 = – 0.14（万元）

借：所得税费用　　　　　　　　　　　　　　　256 400

　　贷：应交税费——应交所得税　　　　　　　　　255 000

　　　　递延所得税资产　　　　　　　　　　　　　　1 400

② 2009 年所得税的会计处理

税法规定折旧年限已足额提完不再计提折旧，递延所得税资产转回，所得税会计处理如下：

递延所得税资产 = 10 × 25% = 2.50（万元）

借：所得税费用	250 000
贷：应交税费——应交所得税	225 000
递延所得税资产	25 000

第八节　特定交易或事项中涉及递延所得税的确认

一、与直接计入所有者权益的交易或事项的相关所得税

与当期及以前期间直接计入所有者权益的交易或事项相关的当期所得税及递延所得税应当计入所有者权益。直接计入所有者权益的交易或事项，如对会计政策变更采用追溯调整法或对前期差错采用追溯重述法调整期初留存收益的、可供出售金融资产公允价值的变动计入所有者权益的、同时包含负债及权益成分的金融工具在初始确认时计入所有者权益的情况等。

【例 14 - 15】甲公司于 2008 年 2 月自公开市场以每股 8 元的价格的价格取得丙公司的普通股 100 万股，作为可供出售金融资产核算（假定不考虑交易费用）。2008 年 12 月 31 日，甲公司该股票投资尚未出售，当日市价为每股 12 元。按照税法规定，资产在持有期间公允价值变动不计入应纳税所得额，待处置时一并计算应计入应纳税所得额的金额。甲公司适用的所得税税率为 25%。假定在未来期间不会发生变化。

甲公司在 2008 年年末应进行的会计处理如下：

借：可供出售金融资产	4 000 000
贷：资本公积	4 000 000
借：资本公积	1 000 000
贷：递延所得税负债	1 000 000

假定 2009 年甲公司以每股 13 元的价格将该股票对外出售，结转该股票出售损益时的会计处理如下：

借：银行存款	13 000 000
贷：可供出售金融资产	12 000 000
投资收益	1 000 000
借：资本公积	3 000 000
递延所得税负债	1 000 000

贷：投资收益   4 000 000

二、与企业合并相关的递延所得税

企业合并发生后，购买方对于在合并前本企业已经存在的可抵扣暂时性差异及未弥补亏损等，可能因为企业合并后，估计很可能产生足够的应纳税所得额利用可抵扣暂时性差异，从而确认相关的递延所得税资产。该递延所得税资产的确认不应成为企业合并的组成部分，不影响企业合并中应确认的商誉，或是因企业合并成本小于合并中取得的被购买方可辨认的净资产的公允价值的份额，应计入当期合并损益的金额。

购买方对于在购买日取得的被购买方在以前期间发生的经营亏损等可抵扣暂时性差异，按照税法规定可以用于抵减以后年度应纳税所得额的，如在购买日因不符合递延所得税资产的确认条件未确认相关的递延所得税资产，以后期间有关的可抵扣暂时性差异带来的经济利益能够实现时，企业应确认相关的递延所得税资产，减少利润表中的所得税费用，同时将商誉降低至假定在购买日即确认了该递延所得税资产的情况下应有的金额，减记的商誉金额作为利润表中的资产减值损失。按照上述过程确认递延所得税资产，原则上不应增加因企业合并成本小于合并中取得的被购买方可辨认净资产公允价值的份额而计入合并当期利润表的金额。

【例 14－16】A 企业进行一项非同一控制下的企业合并，因会计准则规定与税法规定的处理方法不同，在购买日产生可抵扣暂时性差异 300 万元。假定购买日及未来期间企业适用的所得税税率为 25% 。

购买日因预计未来期间无法取得足够的应纳税所得额外负担，未确认与抵扣暂时性差异相关的递延所得税资产 75 万元，购买日确认的商誉金额为 2 000 万元。

该项合并一年后，因情况发生变化，企业预计能够产生足够的应纳税所得额用来抵扣原合并时产生的 300 万元可抵扣的暂时性差异的影响，A 企业应进行以下会计处理：

借：递延所得税资产   750 000
　　贷：所得税费用   750 000
借：资产减值损失   750 000
　　贷：商誉   750 000

如 A 企业预计能够产生足够的应纳税所得额用来抵扣原合并时产生的 300 万

元可抵扣暂时性差异影响的情况，发生于购买日之后一年以内，则 A 企业应对合并时进行的会计处理进行追溯调整：

借：递延所得税资产　　　　　　　　　　　　　750 000
　　贷：商誉　　　　　　　　　　　　　　　　　　　　750 000

三、与弥补亏损相关的递延所得税

新准则规定："资产负债表日，企业应当对递延所得税资产的账面价值进行复核。如果未来期间很可能无法获得足够的应纳税所得额用以抵扣递延所得税资产的利益，应当减记递延所得税资产的账面价值"。也就是说，如果本期确认一项递延所得税资产，意味着在转销递延所得税资产的期间内将会产生本期所得税费用。如果在转销递延所得税资产的期间内，企业没有足够的应纳税所得额，则意味着不能转销这项所得税资产。

比如对弥补亏损的会计处理，我国现行税法允许企业亏损向后递延弥补 5 年，旧制度关于所得税处理规定中对可结转后期的尚可抵扣的亏损，在亏损弥补当期不确认所得税利益。而新准则要求企业对能够结转后期的尚可抵扣的亏损，应当以可能获得用于抵扣亏损的未来应纳税所得额为限，确认递延所得税资产。使用该方法，企业应当对 5 年内可抵扣暂时性差异是否能在以后经营期内的应纳税所得额中充分转回作出判断，如果不能，企业不应确认。

四、与股份支付相关的递延所得税

与股份支付相关的支出在按照会计准则规定确认为成本费用时，其相关的所得税影响应区别税法的规定进行处理。如果税法规定与股份支付相关的支出不允许税前扣除，则不形成暂时性差异；如果税法规定与股份支付相关的支出允许税前扣除，在按照会计准则规定确认成本费用的期间内，企业应当根据会计期末取得的信息估计可税前扣除的金额计算确定其计税基础以及由此产生的暂时性差异，符合确认条件的情况下应当确认相关的递延所得税。其中预计未来期间可税前扣除的金额，超过按照会计准则规定确认的与股份支付相关的成本费用，超过部分的所得税影响应直接计入所有者权益。

五、合并财务报表中因抵消未实现内部销售损益产生的递延所得税

企业在编制合并财务报表时，因抵消未实现内部销售损益，导致合并资产负

债表中资产、负债的账面价值，与其在纳入合并范围的企业按照适用税法规定确定的计税基础之间产生暂时性差异的，在合并资产负债表中应当确认递延所得税资产或递延所得税负债，同时调整合并利润表中的所得税费用，但与直接计入所有者权益的交易或事项及企业合并相关的递延所得税除外。

企业在编制合并财务报表时，按照合并报表的编制原则，应将纳入合并范围的企业之间发生的未实现内部交易损益予以抵消。因此，对于所涉及的资产负债表项目在合并资产负债表中列示的价值与其在所性的企业个别资产负债表中的价值将不同，进而可能产生与有关资产、负债所属个别纳税主体计税基础的不同，合并财务报表作为一个完整的经济主体，从这个角度来确认该暂时性差异的所得税影响。

【例 14-17】甲公司拥有丁公司 80% 的有表决权股份，能够控制丁公司的生产经营决策。2008 年 9 月，甲公司以 800 万元将一批自产产品销售给丁公司，该批产品在甲公司的生产成本为 500 万元。至 2008 年 12 月 31 日，丁公司尚未对外销售该批商品，假定涉及商品未发生减值。甲公司、丁公司适用的企业所得税税率均为 25%，且在未来期间不会发生变化。税法规定，企业的存货以历史成本作为计税基础。

甲公司在编制合并财务报表时，对于与丁公司发生的内部交易应进行以下抵消处理：

借：营业收入 　　　　　　　　　　　　　　　8 000 000
　　贷：营业成本 　　　　　　　　　　　　　　5 000 000
　　　　存货 　　　　　　　　　　　　　　　　3 000 000

经过上述抵消处理后，该项内部交易中涉及的存货在合并资产负债表中体现的价值为 500 万元，即未发生减值的情况下，为出售方的成本，其计税基础为 800 万元，两者之间产生了 300 万元的可抵扣暂时性差异，与该差异相关的递延所得税资产在丁公司并未确认，为此在合并财务报表中应进行以下处理：

借：递延所得税资产 　　　　　　　　　　　　750 000
　　贷：所得税费用 　　　　　　　　　　　　　750 000

第九节　所得税费用的确认和计量

企业核算所得税，主要是为确定当期应交所得税以及利润表中应确认的所得税费用。按照资产负债表债务法核算所得税的情况下，利润表中的所得税费用由两个部分组成：当期所得税和递延所得税。

一、当期所得税

当期所得税是指企业按照税法规定计算确定的针对当期发生的交易和事项，应缴纳给税务部门的所得税金额，即应交所得税，当期所得税应以适用的税收法规为基础计算确定。

企业在确定当期所得税时，对于当期发生的交易或事项，会计处理与税收处理是不同的，应在会计利润的基础上，按照适用税收法规的规定进行调整，计算出当期应纳税所得额，按照应纳税所得额与适用所得税税率计算确定当期应交所得税。一般情况下，应纳税所得额可在会计利润的基础上，考虑会计与税收之间的差异，按照以下公式计算确定：

应纳税所得额＝会计利润＋按照会计准则规定计入利润表但计税时不允许税前扣除的费用＋（／－）计入利润表的费用与按照税法规定可予税前抵扣的费用金额之间的差额＋（／－）计入利润表的收入与按照税法规定应计入应纳税所得额的收入之间的差额－税法规定的不征税收入＋（／－）其他需要调整的因素

当期所得税＝当期应交所得税－应纳税所得额×适用的所得税税率

二、递延所得税

递延所得税是指按照所得税准则规定应予确认的递延所得税资产和递延所得税负债在期末应有的金额相对于原已确认金额之间的差额，即递延所得税资产及递延所得税负债当期发生额的综合结果。用公式表示即为：

递延所得税＝（期末递延所得税负债－期初递延所得税负债）－（期末递延所得税资产－期初递延所得税资产）

应予说明的是，企业因确认递延所得税资产和递延所得税负债产生的递延所得税，一般应当计入所得税费用，但以下两种情况除外：

一是某项交易或事项按照会计准则规定应计入所有者权益的，由该交易或事项产生的递延所得税资产或递延所得税负债及其变化也应计入所有者权益，不构成利润表中的递延所得税费用（或收益）。

【例14-18】甲公司持有的某项可供出售金融资产，成本为400万元，会计期末，其公允价值为480万元，甲公司适用的所得税税率为25%。除该事项外，该企业不存在其他会计与税收之间的差异，且递延所得税资产和递延所得税负债不存在期初余额。

（1）甲公司在会计期末确认80万元的公允价值变动时的会计处理：

借：可供出售金融资产   800 000

　　贷：资本公积——其他资本公积   800 000

（2）确认应纳税暂时性差异的所得税影响时的会计处理：

借：资本公积——其他资本公积   200 000

　　贷：递延所得税负债   200 000

二是企业合并中取得的资产、负债，其账面价值与计税基础不同，应确认相关递延所得税的，该递延所得税的确认影响合并中产生的商誉或是计入合并当期损益的金额，不影响所得税费用。

三、所得税费用

计算确定了当期所得税及递延所得税以后，利润表中应予确认的所得税费用为两者之和，即：

$$所得税费用 = 当期所得税 + 递延所得税$$

【例14-19】甲公司2008年度利润表中利润总额为2 400万元，该公司适用的所得税税率为25%。递延所得税资产及递延所得税负债不存在期初余额。

2008年发生的有关交易和事项中，会计处理与税收处理存在差别的有：

（1）2008年1月开始计提折旧的一项固定资产，成本为1 200万元，使用年限为10年，净残值为0，会计处理按双倍余额递减法计提折旧，税法规定按直线法计提折旧。假定税法规定的使用年限及净残值与会计规定相同。

（2）向关联企业捐赠现金400万元。假定按照税法规定，企业向关联方的捐赠不允许税前扣除。

（3）当年度发生研究开发支出1 000万元，其中600万元资本化计入无形资产成本。假定所开发无形资产于期末达到预定使用状态。税法规定企业发生的费用化的研究开发支出，可按实际发生额50%加计扣除；企业发生的资本化的研究开发支出，形成无形资产的可按无形资产成本的150%摊销。假设会计和税收处理上无形资产都按10年摊销。

（4）违反环保规定应支付罚款 200 万元。

（5）期末对持有的存货计提了 60 万元的存货跌价准备。

（6）期末计提产品质量保证 200 万元。

（7）持有某上市公司股票 200 万股，取得时每股价格 10 元，划分为交易性金融资产，期末股票市场价格下跌至每股 9 元。

甲公司 2008 年与所得税相关的计算及会计处理如下：

1. 2008 年度应交所得税

应纳税所得额 = 24 000 000 + 1 200 000 + 4 000 000 – 2 000 000 + 2 000 000 + 600 000 + 2 000 000 + 2 000 000 = 33 800 000（元）

应交所得税 = 33 800 000 × 25% = 8 450 000（元）

2. 2008 年度递延所得税

甲公司 2008 年资产负债表相关项目金额及其计税基础如表 14 – 1 所示。

表 14 – 1　甲公司 2008 年资产负债表相关项目金额及其计税基础　　（单位：元）

项　目	账面价值	计税基础	差异	
			应纳税暂时性差异	可抵扣暂时性差异
存货	16 000 000	16 600 000		600 000
固定资产：				
固定资产原价	12 000 000	12 000 000		
减：累计折旧	2 400 000	1 200 000		
减：固定资产减值准备	0	0		
固定资产账面价值	9 600 000	10 800 000		1 200 000
无形资产	6 000 000	6 000 000		
交易性金融资产	20 000 000	18 000 000	2 000 000	
合计			2 000 000	1 800 000

递延所得税资产 = 1 800 000 × 25% = 450 000（元）

递延所得税负债 = 2 000 000 × 25% = 500 000（元）

递延所得税 = 500 000 – 450 000 = 50 000（元）

3. 利润表中应确认的所得税费用

所得税费用 = 8 450 000 + 50 000 = 8 500 000 （元）

借：所得税费用   8 500 000

  递延所得税资产   450 000

 贷：应交税费——应交所得税   8 450 000

   递延所得税负债   500 000

【例14－20】沿用【例14－19】中有关资料，假定甲公司2009年当期应交所得税为924万元。资产负债表中有关资产、负债的账面价值及其计税基础相关资料如表14－2所示，除所列项目外，其他资产、负债项目不存在会计和税收的差异。

表14－2 甲公司2009年资产负债表有关资产、负债账面价值及其计税基础（单位：元）

项目	账面价值	计税基础	差异	
			应纳税暂时性差异	可抵扣暂时性差异
存货	32 000 000	3 3600 000		1 600 000
固定资产：				
固定资产原价	12 000 000	12 000 000		
减：累计折旧	4 320 000	2 400 000		
减：固定资产减值准备	400 000	0		
固定资产账面价值	7 280 000	9 600 000		2 320 000
无形资产	5 400 000	5 100 000	300 000	
预计负债	2 000 000	0		2 000 000
合计			300 000	5 920 000

甲公司2009年与所得税相关的计算及会计处理如下：

1. 当期所得税 = 当期应交所得税 = 9 240 000 （元）

2. 递延所得税

（1）期末递延所得税负债（300 000 × 25%）   75 000

   期初递延所得税负债   500 000

   递延所得税负债减少   425 000

（2）期末递延所得税资产（5 920 000 × 25%） 1 480 000

期初递延所得税资产　　　　　　　　　　　　　　　　　　450 000

递延所得税资产增加　　　　　　　　　　　　　　　　　1 030 000

递延所得税 = -425 000 - 1 030 000 = -1 455 000（收益）

3. 所得税费用

所得税费用 = 9 240 000 - 1 455 000 = 7 785 000（元）

借：所得税费用　　　　　　　　　　　　　7 785 000

递延所得税资产　　　　　　　　　　　1 030 000

递延所得税负债　　　　　　　　　　　　425 000

贷：应交税费——应交所得税　　　　　　　　　9 240 000